DIE LETZTEN ZUERST

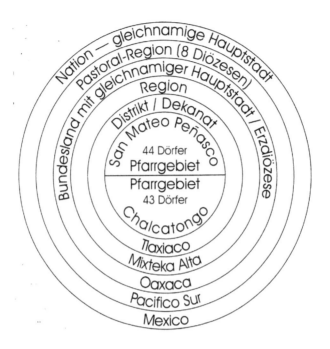

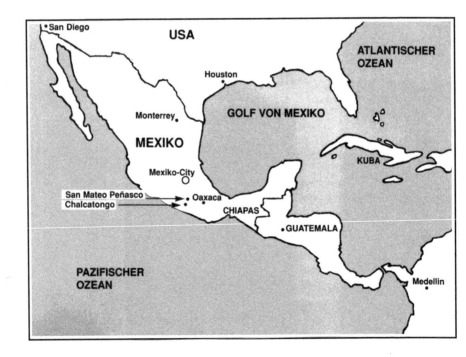

Arno Dähling

Die Letzten zuerst

Erfahrungen deutscher Kapuziner in Mexiko

Karin Fischer Verlag

Besuchen Sie uns im Internet:
www.deutscher-lyrik-verlag.de
www.karin-fischer-verlag.de

*Bibliografische Information
der Deutschen Nationalbibliothek*

Die Deutsche Nationalbibliothek verzeichnet
diese Publikation in der Deutschen Nationalbibliografie;
detaillierte bibliografische Daten sind im Internet über
http://dnb.d-nb.de abrufbar.

ISBN 978-3-8422-4671-3

Alle Rechte vorbehalten
© Arno Dähling 2019
© für diese Ausgabe Karin Fischer Verlag GmbH 2019
Gesamtgestaltung: yen-ka
Alle Fotos und Grafiken von Arno Dähling

Hergestellt in Deutschland

Meinen Mitbrüdern

18.2.1985

Vermutlich ist es gut und nützlich, unseren Einsatz in Mexiko ein wenig festzuhalten. Ich nehme mir vor, meine persönlichen Erfahrungen und Eindrücke so aufzuschreiben, dass sie für andere – auch zu Hause in Deutschland – nachvollziehbar sind. Die deutsche Sprache ist bis jetzt noch die einzige Möglichkeit. Spanisch hoffe ich eines Tages so gut zu können, dass wenigstens die direkte Kommunikation funktioniert. Bis jetzt hapert es noch gewaltig. Ab und zu möchte ich Überblicke, zusammenfassende Darstellungen, notieren und mich um einen allgemein verständlichen Stil bemühen.

Wir sind also zu dritt. Joachim Wrede aus Warstein, Pirmin Zimmermann aus Büßlingen und ich, Arno aus Bocholt; drei Kapuziner der Rheinisch-westfälischen Ordensprovinz, ausgesandt in Münster am 3.2.1985 in einer schönen Feier, um in der Erzdiözese Oaxaca – Erzbischof ist Don Bartholomé Carrasco Briseño – unter den Mixteken, einem indianischen Volk, zu leben und dem Evangelium einen Weg zu bahnen. Wir möchten durch unser Leben, eventuell auch durch unser Wort, Zeugnis geben von der frohen Botschaft, die wir selbst gehört und in unserem Leben angenommen haben. Das Wichtigste ist also, dass wir als Brüder in einer frohen Gemeinschaft einander verbunden sind und bleiben. Vielleicht kann unser Lebensstil für die Mixteken ein wenig »Licht« bedeuten, während wir uns zugleich von der Lebensart der indianischen Bevölkerung inspirieren lassen.

Und wo befinden wir uns in diesem Moment? Die Niederlassung der spanischen Kapuziner, »Las Aguilas«, unser derzeitiger Aufenthaltsort, ist eine Pfarrei samt Kloster im südlichen Teil der Riesenstadt Mexico City. Die spanischen Kapuziner sind seit etwa dreißig Jahren hier. Sie sind uns jetzt behilflich, in Mexiko »zu landen«. Nur ein paar Schritte entfernt beginnt die »Totenschlucht«, ein tief eingeschnittener Erosionsgraben, an dessen Hängen man früher die Toten bestattet hat. Heute befinden sich dort die Hütten der Armen. Die wohlhabenderen Leute wohnen oben, über der Schlucht. »Las Aguilas« ist praktisch das »Mutterhaus« der langsam entstehenden »Delegation« der Kapuziner in Mexiko. Leiter, Delegat, ist Paco (Francisco) Jiménez. Paco (Francisco) Sadaba macht den Pfarrseelsorger. Dazu kommen zwei Spanier vom alten Schlag, Roberto und Jaime. Daniel, ein schon älterer Mitbruder, ist in Mexiko geboren. Zwei jüngere mexikanische Priester und vier Studenten runden das Bild ab.

20.2.1985

In der vergangenen Woche waren wir drei Deutschen zusammen mit all den hiesigen Mitbrüdern in der Niederlassung Cuernavaca. Vier Brüder bilden dort die Stammmannschaft. Dazu kommen sechs junge Leute, die entweder als Postulanten oder schon als Novizen dort sind. Die gesamte Delegation besteht aus neunzehn Mitgliedern plus neun Brüdern in Grundausbildung. Die spanischen Kapuziner sehen die Schwesternarbeit bei den Kapuzinerinnen als ihre Hauptaufgabe an. Dazu kommen die Pfarrarbeit in Las Aguilas und erst in der letzten Zeit die Ordensausbildung der jungen Brüder. Die Tage in Cuernavaca waren für uns Deutsche sehr erfreulich, besonders wegen der kreativen Einstellung der jungen Mexikaner. Von ihnen geht eine ungekünstelte Freundlichkeit aus, die richtig gut tut. Sie helfen uns bei unseren Versuchen, in der spanischen Sprache zurechtzukommen, und zeigen auch untereinander große Hilfsbereitschaft und Rücksichtnahme. Die älteren spanischen Mitbrüder schütteln wahrscheinlich innerlich den Kopf, wenn sie hören, dass wir Deutschen, die kaum ein paar Brocken Spanisch sprechen, bei den Indígenas einsteigen wollen. Sie selbst sind in Mexiko immer gleich oben auf, da sie die Sprache von Haus aus mitbringen.

Im vergangenen Jahr waren drei Mitbrüder hier in Mexiko zu einer Erkundungsreise. Eckehard Krahl als Provinzial, Ephrem Rapp als Missionsprokurator und Viktrizius Veith als Generaldefinitor wollten schauen, ob und wie der Beschluss des deutschen Provinzkapitels, ein neues missionarisches Engagement in Mexiko zu beginnen, realisierbar sei. Die Informationen, die sie nach Hause mitbrachten, waren eine wichtige Hilfe für das nun begonnene Unternehmen. Die Kundschafter hatten schon Kontakt zu Erzbischof Don Bartolomé Carrasco Briseño bekommen. Der Bischof hatte auch bereits einen Einsatzort vorgeschlagen, nämlich Chalcatongo in der Region Mixteca-Alta. Etliche andere Orte wurden ausgeschlossen, zum Teil aufgrund geographischer bzw. klimatischer Bedingungen, zum Teil aus spirituellen Gründen. Die drei Kundschafter hatten nämlich Ausschau gehalten, wo und wie die »Option für die Armen« gelebt werden könne. Dieser theologische Impuls lag schon den Beschlüssen des Provinzkapitels zugrunde. Er passt bestens zu unserer franziskanischen Ausrichtung. Das Unternehmen wurde schließlich in Deutschland ausgeschrieben. Daraufhin konnte man sich für den Einsatz melden. Joachim und Pirmin wurden sofort, ich dann ein wenig später benannt, nach Mexiko in die Erzdiözese Oaxaca zu gehen und dort die Aufgabe der Indígenapastoral als Einsatz unter den Armen in Angriff zu nehmen. Sprachstudien, um das Spanische zu lernen, waren die Hauptsache in der Vorbereitungsphase. Andere Dinge wollten wir an Ort und Stelle in Erfahrung bringen. – Morgen wollen wir einen Antrittsbesuch bei unserem zukünftigen Bischof in Oaxaca machen.

28.2.1985

Gestern Abend sind wir von Oaxaca zurückgekommen. Es gibt viel zu erzählen. Schon der Hinflug in der Vormittagszeit war sehr eindrucksvoll, der Rückflug nach Mexico City in der Abendstunde ganz anders, aber ebenfalls faszinierend, besonders der Landeanflug in der Dämmerung über der riesigen Stadt. Wir drei Deutschen wurden von dem Mitbruder Daniel begleitet. Das war sehr hilfreich. Er ist des Öfteren als Spiritual bei den Kapuzinerinnen, den Schwestern in Oaxaca, im Haus, kennt sich also gut aus. Seine Telefonate haben uns überall die Türen geöffnet. Noch am Donnerstag, nachdem uns die Schwestern in ihrem Konvent als Gäste begrüßt hatten, wurden wir zum Bischofshaus gebracht. Don Bartolomé Carrasco zeigte sich erfreut über unsere Ankunft und hatte schon gleich die Erwartung, wir sollten sofort ohne Umschweife in Chalcatongo beginnen. Wir konnten ihm jedoch vermitteln, dass wir zunächst eine Einführungsphase benötigten, einerseits, um in der spanischen Sprache weiterzukommen, andererseits, um die Örtlichkeiten und die Gewohnheiten der Leute kennenzulernen. Wir vereinbarten dann, dass wir zunächst nach Las Aguilas in Mexico City zurückkehren würden und zur Pastoralkonferenz der Diözese vom 26. bis 28 März wieder nach Oaxaca kämen. Danach würden wir in Chalcatongo die Feiern der Karwoche mitmachen. Außerdem kam der Punkt unserer Aufenthaltsgenehmigung zur Sprache. Wegen des eigenartigen Verhältnisses zwischen Staat und Kirche sind wir als Priester formell illegal im Land. Der Bischof hatte die Vorstellung, dass er diesen Punkt durch einen Brief an einen ihm bekannten Beamten der Einwanderungsbehörde regeln könne. Weswegen der Bischof wollte, dass wir sofort mit unserem Einsatz beginnen sollten, wurde am Abend im Haus der Schwestern klar. Dort erschien ein junger Priester, Pater Edmundo, den der Bischof übergangsweise nach Chalcatongo geschickt hatte. Edmundo war aber bereits für eine weitere Pfarrstelle benannt, sodass es ihm unmöglich schien, weiterhin in Chalcatongo festzusitzen. Der Kontakt mit Edmundo war sehr herzlich, und wir konnten regeln, dass der Himmelfahrtstag, der 16. Mai, der Termin für die Ablösung würde. Don Bartolomé hatte zugesagt, uns an diesem Tag persönlich in Chalcatongo einzuführen. Zuvor würde Edmundo uns helfen, das Pfarrgebiet kennenzulernen. Bis zum 16.5. würde Edmundo also in Chalcatongo bleiben. Dann wollten wir noch ein paar praktische Dinge wegen der klimatischen Verhältnisse in Erfahrung bringen. Edmundo winkte ab. Das sei alles kein Problem. Der Mitbruder Daniel hatte in der Zwischenzeit seine Beziehungen spielen lassen und teilte nun mit, wir würden am folgenden Tag um 9 Uhr morgens abgeholt. Ein Freund des Hauses hätte eine Camioneta, einen Kleinlastwagen, und einen Fahrer zur Verfügung gestellt, damit wir einen ersten Besuch vor Ort in Chalcatongo machen könnten.

Aufgrund widriger Umstände ging die Fahrt erst um 13:30 Uhr los. Mexikanische Pünktlichkeit. Daniel, Edmundo, Schwester Socorro und wir drei Deutschen vertrauten uns dem Fahrer Arnulfo an, der in einer rasanten Tour die Panamerikana bezwang. Nach Tlaxiaco, der Distriktsstadt, wo wir im Pfarrhaus einen kleinen Imbiss einnahmen, ging es auf einer Schotterstraße hinauf in die Berge des »Mixtekischen Knotens«. Eine wunderschöne, herbe Landschaft. Kurven und noch einmal Kurven, Kiefernwald, luftig, offen, eine Furt über einen kleinen Fluss, Steine, Agaven, nur einmal ein paar Häuser, Hütten eher, die Passhöhe auf ca. 2.800 Metern, Sonnenuntergang und schließlich das Hochtal von Chalcatongo, Lichter tief unten in der Ferne, Ankunft bei Nacht, um genau zu sein um 20 Uhr. Das Eingangstor. Das Haus im Dunkeln. Das elektrische Licht funktioniert, das Wasser schlecht und recht. Eine kleine scheue Frau huscht über den Platz: Tia Maria, die Haushälterin von Edmundo. Sie verschwindet in einer kohlrabenschwarzen Hütte, der Küche, bereitet auf dem offenen Feuer eine Mahlzeit, knetet den Teig für die Tortillas, wie mechanisch. Die mitgekommene Schwester ist anscheinend eine Verwandte der kleinen Frau. Es gibt einige größere Räume, weiß gekälkt. Wir bauen Betten aus zusammengeschobenen Stühlen. Edmundo besorgt ein paar Decken aus der Nachbarschaft. Die Kälte der Nacht kriecht langsam in die Hosenbeine. Wir setzen uns zu Tisch. Es gibt einige fremdartige Dinge. »Seid ihr zufrieden?«, fragt Edmundo, fragen alle. Ja, wir sind zufrieden. Wir sitzen in einer vollkommen unbekannten Umgebung, jedoch im Kreis von Freunden. Ja, wir sind sehr zufrieden.

Am Morgen werden wir auf recht ungewöhnliche Weise aus dem Schlaf geholt: Ein Lautsprecher von enormem Schepperklang tönt über Chalcatongo. Einige Fetzen des Gekreisches verstehen wir: »Kommt alle zum Gottesdienst um 8:30 Uhr. Die Deutschen sind da. Sie werden demnächst mit euch arbeiten.«

Dann Musik, eine halbe Stunde lang, blechern, laut, sonderbar. Edmundos Methode, den Leuten die Wahrheit zu sagen, ist in der Tat neu für uns. So erklären sich die großen Lautsprechertüten auf der Kirchenkuppel. Als wir ans Licht kamen, hatte Tia Maria schon einen Kaffee gekocht. Das richtige Frühstück sollte es nach dem Gottesdienst geben. Die starke Morgensonne beleuchtete den Kirchplatz. Bald hatten wir die Türe entdeckt, die auf die beiden Türme der großen Kirche führt. Der erste Eindruck: Vorsicht, Gefahr! Gleich stürzen die Türme zusammen! Überall Erdbebenschäden. Immerhin: Vom Kirchendach hat man einen schönen Rundblick über den Ort und die Talmulde von etwa fünf bis sieben Kilometer Durchmesser. Das ganze Gebiet der Pfarrei ist vielleicht dreißig mal fünfzig Kilometer groß. Ich bin mir über die landschaftlichen Gegebenheiten noch nicht ganz im Klaren. Es scheint, als sei das Gebiet, das selbst auf 2.300 Meter Höhe liegt, auf mehreren Seiten noch einmal von Höhenzügen umgeben. Hinter dem Gebirgskranz stürzt das Gelände in tief eingeschnittenen Tälern zum Pazifik hin ab. Das Hochtal von Chalcatongo ist ein trockengelegter See. Heute wird rund um das Dorf Mais angepflanzt. Aktuell sind die Felder frisch gepflügt. Es ist Trockenzeit, das Klima kühl, aber nicht unangenehm. – Zum Gottesdienst, den wir alle gemeinsam feierten, kamen ungefähr sechzig Personen. Dazu einige Hunde. Die alte, wie gesagt erdbebengeschädigte, seinerzeit von den Dominikanern errichtete Kolonialkirche hätte für zirka zweihundert Personen Platz. Edmundo gab sich bei der Predigt alle Mühe, den Leuten hier und da eine Antwort zu entlocken. Das klappte nur bedingt. Stattdessen gab es beim Friedensgruß einige Bewegung. Offensichtlich wurde aufmerksam zugehört, als Edmundo uns Deutsche vorstellte. Die Überraschung kam nach dem Gottesdienst. Alle Leute belagerten die Sakristei, um uns persönlich zu begrüßen. Jetzt wurde es lebendig. Viele weiße Zähne strahlten uns entgegen. Mit jedem einzelnen tauschten wir die Umarmung des Willkommens aus. Es gibt nichts Großartiges, keine Gegenstände, die einen kulturellen Reichtum darstellen würden, aber es gibt die Sonne, den Nachthimmel, die Erde, die Landschaft, das Klima und vor allem die Gesichter der Menschen, die Würde und Zuvorkommenheit ausstrahlen.

Nach dem Frühstück stiegen wir wieder in unsere Camioneta. Edmundo zeigte uns einige von den mehr als vierzig Dörfern, die zur Pfarrei Chalcatongo gehören. In der Pastoral ist anscheinend über mehr als zehn Jahre so gut wie nichts geschehen. Edmundos beiden Vorgänger waren krank. Er selbst hat versucht, die Dörfer wenigstens ein Mal im Jahr zu besuchen. Er hat ein kleines Motorrädchen für die weiten Wege. In Allende trafen wir eine junge Dame an, die dort als Architektin, Praktikantin in Regierungsauftrag, eine Kapelle errichtet. Die Leute leben in fensterlosen Holzhäusern, weit verstreut in der gebirgigen Landschaft, um das Zentrum des Dorfes herum. Das zweite Dorf, Reforma, liegt ganz oben an der Kante des Gebirges mit grandioser Aussicht über die weiten Kämme der Sierra Madre del Sur. Edmundo spricht immer wieder von den nordamerikanischen Sekten, die in der Zeit der Minimalbetreuung durch die katholische Seelsorge in etlichen Dörfern Fuß gefasst haben. Eine Art Coca-Cola-Symbolismus führt zur Spaltung der Dorfgemeinschaften und höhlt den kulturellen Bestand der indianischen Campesino-Gemeinden aus. Das beinahe angeborene Minderwertigkeitsgefühl der indianischen Bevölkerung ist wirklich erlösungsbedürftig. Als wir nach Allende zurückkamen, reichte man jedem von uns eine Flasche Coca-Cola. Das war für die Leute das Beste, das sie anbieten konnten.

Edmundo hat eine brauchbare geographische Skizze aller Dörfer angefertigt und auch die Pfarrbücher in Ordnung gebracht. Für das Jahr seiner Präsenz hat er sechshundert Taufen aufgelistet. Über die Finanzen wissen wir noch nicht viel. Die Leute geben bei Kollekten je einen Peso. Das ist in DM umgerechnet 1,5 Pfennig. Wenn die Kirche voll ist, bringt eine Kollekte also rund 3 DM. Die Menschen verdienen im Durchschnitt in Mexiko etwa 25 DM am Tag. Das ist aber für die Städter errechnet. Hier auf dem Land leben die Menschen hauptsächlich ohne alle finanziellen Einkünfte von den Naturprodukten ihrer Felder, also fast ausschließlich vom Maisanbau. Alle Waren, die nicht in Eigenarbeit hergestellt werden können, sind kaum zu bezahlen. Übrigens: Anlässlich der Begrüßung in der Sakristei schenkten einige Leute für Edmundo und uns ein Körbchen mit Eiern und ein paar Tortillas.

Am Sonntagmorgen machten wir uns mit unserer Camioneta auf den Rückweg nach Oaxaca. Die sechseinhalb Stunden lange Kurvenfahrt überstanden wir einigermaßen. Die Schwestern Kapuzinerinnen empfingen uns noch einmal so herzlich wie zuvor. Jetzt waren wir schon Heimkehrer. Der Mitbruder Daniel arrangierte mit Hilfe der Schwestern wieder einige Termine für uns. So besuchten wir die wichtigsten touristischen Sehenswürdigkeiten der Stadt. Am Montagabend haben wir für einen Verwandten von Don Francisco Alonso, der uns seine Camioneta mit dem Fahrer Arnulfo geliehen hatte, ein Requiem gefeiert. Der junge Mann war plötzlich scheinbar grundlos verstorben. – Don Francisco zeigte uns später das nächtliche Oaxaca vom Hügel Fortín aus. Ein imposanter Anblick. Die alte Kolonialstadt hat etwa dreihunderttausend Einwohner.

Am nächsten Tag fuhr noch einmal Arnulfo vor und brachte uns nach Mitla, einer präkolumbianische Ausgrabungsstätte.

Auf dem Touristenmarkt haben Joachim und Pirmin bereits einen Poncho erstanden. Für mich, der ich etwas zu groß geraten bin, fand sich nichts Passendes. Am Mittwoch brachten uns die Schwestern mit ihrer Camioneta zum Monte Albán, ebenfalls eine präkolumbianischen Ausgrabungsstätte unweit Oaxaca. Für Mexiko-Touristen ist der Monte Alban heutzutage ein Muss, ähnlich wie die großen Pyramiden in Teotihuacán.

Am Dienstag waren wir mit Daniel noch einmal bei Don Bartolomé Carrasco. Der Bischof empfahl uns einen Anwalt in Mexico City, der uns bei den Formalitäten wegen der Aufenthaltsgenehmigung helfen würde.

4.3.1985

Jetzt sind wir wieder in Las Aguilas, Mexico City. Wir haben uns darüber verständigt, dass wir für unsere Arbeit in der Mixteca einen Jeep benötigen. Ein wie es heißt günstiges Angebot liegt bereits vor. Das Auto soll umgerechnet 41.000 DM kosten. – Eben hat uns hier Memo, ein deutscher Canisianer besucht. Die Brüder haben im Bundesstaat Hidalgo eine Niederlassung samt Autowerkstatt. Er konnte uns einiges bezüglich der Autopapiere sagen. Pirmin hat vor, die Canisianer baldmöglichst zu besuchen, um dort eine Art Auto-Praktikum zu machen.

18.3.1985

Ab und zu ist es gut, anzuhalten und zu fragen: Wo stehen wir? Ein wichtiger Punkt ist die spanische Sprache. Wir bemühen uns redlich. Joachim ist schon ganz gut hineingekommen. Ich suche immer noch nach den verschiedenen Formen der Verben. Wenn ich mit Paco in Englisch verhandle, kommen spanische Brocken dazwischen, wenn ich Spanisch zu sprechen versuche, kommen die englischen Worte dazwischen. Typische Anfängerprobleme. Manchmal ist es wie verhext. Aber ich habe Hilfe. Die Brüder in Las Aguilas geben sich Mühe. Zwei Mal in der Woche bekomme ich Unterricht bei Schwester Mirenschu. Besonders erfreulich finde ich den Kontakt mit einem Musikerehepaar aus der Nachbarschaft: Dona Ninfa und ihr Gatte Don Filiberto. Sie sprechen bewusst ganz langsam mit mir und pflegen eine echte Kommunikation statt irgendwelcher Übungen. Auf diese Weise kann ich ins aktive Sprechen kommen.

Die Essensgewohnheiten hier in Las Aguilas sind dem spanischen Stil entlehnt. Wir haben uns für Chalcatongo vorgenommen, uns den indianischen Bräuchen anzupassen. Eine Ordensschwester, Mutter Oberin, die uns gute Ratschläge geben wollte, meinte, wir dürften es auf keinen Fall so halten wie die armen Campesinos. Wir würden an Mangelerscheinungen krank und könnten die Sache nicht durchhalten. Für alle Fälle erwähnte sie schon einmal, dass ihre Gemeinschaft hier in der Stadt ein großes Krankenhaus unterhält.

Heute kam ein Brief von Eckehard. Er kennt die Lage hier ja von seinem Besuch vor etwa zwei Jahren und kann daher die richtigen Fragen stellen. Wir sind dankbar für ein Lebenszeichen von zu Hause, zumal wir nicht wissen, inwieweit unsere Briefe überhaupt in Deutschland ankommen. Am vergangenen Freitag habe ich morgens um 8 Uhr mit Ephrem telefoniert. Das ging problemlos. Wir haben vereinbart, dass er wegen des Jeeps einen Scheck in Höhe von 41.000 DM an Paco Jiménez schickt. Joachim hat mit dem Händler die Verhandlungen getätigt.

Der Wagen soll schon am kommenden Freitag bereitgestellt werden. Hoffentlich klappt die Sache mit der Bezahlung termingerecht.

19.3.1985

Der Jeep ist tatsächlich am Freitag gekommen. Joachim und Pirmin sind zurzeit in Cardonal bei den Canisianern. Pirmin kam am Samstag kurz von dort zurück und hat den Wagen gleich nach Cardonal mitgenommen, um sich mit den technischen Einzelheiten befassen zu können. Die Brüder hier in Las Aguilas sind über Pirmins Mut erstaunt, weil er es wagt, die für ihn unbekannte Strecke nach Cardonal mit dem neuen Jeep allein in Angriff zu nehmen. Die Brüder trauen uns nicht allzuviel zu, sie denken wohl, wer nicht gut Spanisch kann, hat auch in anderen Bereichen Probleme.

24.3.1985

Heute müssen wir unsere Sachen zusammenpacken, weil wir morgen mit dem Jeep nach Oaxaca fahren wollen. Dass die Bezahlung des Jeeps noch nicht über die Bühne ist, macht mich unruhig, vor allem auch deswegen, weil Paco Jiménez am Ostersonntag nach Europa fliegen will. Der erwähnte Scheck trägt Pacos Namen und kann von niemand sonst eingelöst werden. Ich habe Paco einen entsprechenden Brief hinterlegt. Darin versuche ich auch, die Fragen bezüglich unserer Aufenthaltsgenehmigung voranzutreiben. Hoffentlich geht das alles gut.

17.4.1985

Nach einigen reichlich turbulenten Tagen in Oaxaca und Chalcatongo bin ich nun wieder hier in Las Aguilas, in Mexico City. Joachim und Pirmin sind dagegen in Chalcatongo geblieben, um bei Edmundo »in die Schule zu gehen«. Jetzt erzähle ich erst einmal von der Fahrt mit dem Jeep nach Oaxaca. Die Panamerikana, auf der wir den Großteil der Strecke zurückgelegt haben, besteht aus lauter Kurven. Kurven und noch einmal Kurven. Abgesehen von einigen Lastwagen waren wir praktisch allein unterwegs. Die Landschaft ist interessant bis überwältigend. Bergauf, bergab, Wüste, Kakteen, Agaven und immer weiter Wüste. Nur ganz selten ein Dorf. Kreuzungen oder Abzweigungen so gut wie nie. Als wir den Gabelpunkt erreichten, von dem aus der Weg rechter Hand nach Tlaxiaco abzweigt, fühlten wir uns fast schon auf bekanntem Terrain. Kurz nach Nochistlán wurde es Nacht. Schließlich erreichten wir gegen 21 Uhr Oaxaca. Noch ein wenig Herumirren in der Stadt, dann hatten wir unsere Adresse, das Haus der Kapuzinerinnen gefunden.

Wegen der Diözesanversammlung, zu der uns der Bischof eingeladen hatte, wollten wir einige Tage in Oaxaca bleiben. Als Gäste der Kapuzinerinnen waren wir, wie sich herausstellte, bedeutend besser untergebracht als mancher »Landpfarrer« des Bistums. Die Diözesanversammlung findet halbjährlich statt. Der Ort ist ein Exerzitienhaus der Schwesterngemeinschaft vom Guten Hirten. Meine Erinnerung ergibt folgendes Bild: Etwa hundert Priester der Diözese mit weiteren 150 Personen, darunter viele Ordensschwestern, sind die Teilnehmer. Circa zwanzig Personen sind Laienvertreter, davon einige wenige Campesinos.

Was die Herkunft betrifft, sind die meisten Personen typisch mexikanische Mestizen. Dazu einige weiße Gesichter, Spanier oder Italiener. Außer uns waren noch zwei weitere Deutsche da: Klaus aus Oberschwaben und Theo aus Recklinghausen, beide Steyler Missionare. Der Klerus der Diözese ist nicht sonderlich homogen. Offenbar gibt es immer wieder Gerangel um die »Fleischtöpfe«. Im Stadtzentrum gibt es gut situierte Pfarreien, in den Außenbezirken und auf dem Land »knabbert man am Hungertuch«. Aus diesem Grund lässt sich kaum jemand leichthin »in die Berge« versetzen. Unter Don Bartolomé hat sich wohl einiges verbessert. Für uns ist Edmundo ein Beispiel dafür, dass die jungen Priester einen hohen Idealismus mitbringen. Die Ordensschwestern findet man, außer wenn sie in der Stadt Schulen haben, als Missionarinnen »in den Bergen«. Die Versammlung hatte besonders die »Option für die Armen« zum Thema. Damit bekommen die Mitarbeiter »aus den Bergen« größeres Gewicht. Mir ist eine Szene aufgefallen, in der im Namen des Bischofs offiziell deklariert wurde, dass von jetzt an nicht mehr »über« die indianischen Campesinos gesprochen werden soll, sondern »mit ihnen«. Das bedeutet auch, dass dieser Sektor in den künftigen Versammlungen deutlicher repräsentiert sein muss. Don Bartolomé hat mithilfe von ADVENIAT eine Institution namens CEDIPIO ins Leben gerufen, die sich auf Diözesanebene um die Entwicklung einer eigenständigen indianischen Pastoral bemüht. Die vier hauptamtlichen Mitarbeiter von CEDIPIO scheinen die einzigen bezahlten Kräfte des Bistums zu sein. Auch der Bischof selbst muss sehen, wie er zurechtkommt. – Erwähnt werden soll auch, dass wir zu Beginn der Versammlung eigens begrüßt wurden. Applaus.

Einiges ist deutlich geworden: Chalcatongo, unser Einsatzort, gehört zur Erzdiözese Oaxaca. Der Bundesstaat Oaxaca gilt als »Armenhaus« Mexikos. Und »die Berge« sind noch einmal das »Armenhaus« Oaxacas. Unserer franziskanischen Berufung entsprechend sind die Weichen offenbar richtig gestellt. Wir gehen zu den Armen. Soweit ist der Fall klar. Gehen wir aber »als Arme zu den Armen«? Dieser Punkt ist noch nicht so klar. Können wir »Brüder« der indianischen Campesinos sein? Wir werden der Versuchung widerstehen müssen, die »Stärkeren« zu sein. Wir sind besser ausgerüstet, leben in feineren Umständen, haben Freunde, profitieren vom Status als Priester, sind besser gebildet, haben eine potente Gemeinschaft im Rücken und auch sonst viele Vorteile gegenüber den wirklich Armen. Die Campesinos haben alles das nicht. Vielleicht leben sie auf einem kleinen Stück Land, das sie fast ohne Hilfsmittel bewirtschaften, ohne Sicherheit, ob es überhaupt zu einer Ernte reicht, von der sie dann das ganze Jahr zehren müssen. Ihre jungen Leute schicken sie in die Städte, damit sie durch Schwerstarbeit ein paar Kröten verdienen. Manchmal sieht man in der Landschaft einen Esel mit zusammengebundenen Füßen, damit er nicht fortlaufen kann. Ein Bild für die Campesinos, die auch keine Möglichkeit haben, ihrer bedrängenden Situation zu entkommen ... Viele versuchen, ihrem Schicksal zu entfliehen, indem sie in die Städte abwandern. Nur hilft das wenig. Ganz wenige »schaffen« es. Andere kommen zurück. Sie lieben ihre Heimat, doch was sie gewinnen, ist »zum Leben zu wenig und zum Sterben zu viel«.

18.4.1985

Zwischendurch gab es in Oaxaca eine wirklich erfreuliche Nachricht. Paco hatte es hinbekommen, den Jeep zu bezahlen. Die Information erhielten wir von Pater Jesus Gil, einem Mitbruder der Delegation, der in Guadalajara lebt. Wir sahen ihn jetzt zum ersten Mal bei den Schwestern.

Bezüglich der Aufenthaltsgenehmigung gibt es noch keine Entwarnung. Der Teufel steckt im Detail.

Am Samstagmorgen, kurz vor unserer Abfahrt nach Chalcatongo, haben wir noch ein kleines Fest gefeiert: die Taufe des Jeeps. Pirmin musste erst noch in die Werkstatt. Ein elektronischer Fehler beim Öldruckmesser konnte zum Glück schnell behoben werden. Dann ging es los. Die Schwestern schmückten das Auto mit Blumengirlanden und holten ihre Musikinstrumente hervor. Alle machten mit, ungefähr fünfzehn Schwestern. Ein Lied wurde angestimmt. Die Plaketten des heiligen Franziskus und der Jungfrau von Guadalupe bekamen tüchtig Weihwasser ab. Wir alle auch. Wieder ein Lied. Jetzt der weltliche Teil. Schwester Theresa, die Kleinste und Fröhlichste von allen, hatte die Aufgabe der Namensgebung. Sie schüttete ein Glas Apfelsekt mit großem Schwung über die Motorhaube und sprach feierlich die Worte »Ich taufe dich auf den Namen Chapulín«. Die Schwestern hatten den Namen ausgesucht. Chapulín bedeutet »Berghüpfer«. Sehr passend. Nun wollte Theresa die Hupe betätigen, damit das Neugetaufte sein »Amen!« sagen sollte. Aber die Hupe tat es nicht. »Das Baby ist ein braves Kind, es schreit nicht ...« Es folgten noch ein paar andere Kleinigkeiten dieser Art. Wir kamen aus dem Lachen nicht heraus. Dann haben wir nicht mehr lange gezögert und das Auto bis in den letzten Winkel hinein mit unseren Sachen vollgestopft. Um 11 Uhr, nach einem überaus herzlichen Abschied, brachen wir auf. Um 15 Uhr waren wir in Tlaxiaco und kamen zum Einbruch der Dunkelheit in Chalcatongo an.

Unsere Ankunft in Chalcatongo war nichts Besonderes. Im

Pfarrhof lagerte eine beträchtliche Jugendgruppe, wie sich später herausstellte teilweise Verwandte von Pater Edmundo, der zur Feier der Karwoche eingeladen hatte. Die jungen Leute veranstalteten so etwas wie eine Theaterprobe. Dann bereiteten sie sich auf die Nacht vor, indem sie Matten ausrollten und Stühle in Position brachten. Wir machten es ebenso.

Der nächste Tag war der Palmsonntag. Wir wussten zunächst nicht, was passieren würde. Zuerst ging der Lautsprecher los. Die Musik übertönte das Frühstück. Dann zog die ganze Truppe dorfauswärts bis zur nächsten Gemeinde, ein Kilometer weiter südlich. An der unfertigen Kapelle wurde wieder geübt. Das dauerte. Schließlich legten wir die liturgischen Gewänder an, und die Feier der Palmweihe begann. Inzwischen waren auch Gottesdienstbesucher eingetrudelt. Jeder wollte einen von den großen Palmzweigen ergattern. Dann eine Prozession mit der Figur eines Palmesels zurück zur Hauptkirche und das Festhochamt. Insgesamt eine Veranstaltung von fünf Stunden Dauer. Ein schneller Imbiss, und schon ging es wieder los. Diesmal nach San-Miguel-el-Grande, ein Dorf mit ebenfalls einer alten, erdbebengeschädigten Kolonialkirche in sieben Kilometern Entfernung. Wieder die Palmweihe und das Hochamt. Jetzt aber, der Weg nicht mitgerechnet, insgesamt nur zwei Stunden. Zurück in Chalcatongo haben wir uns in unseren Nebenraum verkrochen, um ein wenig auszuspannen. Der Raum gleicht einer Baubude, an die Kirchenwand angelehnt, in der man während der Regenzeit nicht wohnen kann, weil, wie Edmundo meinte, das Wasser von den Wänden hinabläuft.

Für die nächsten Tage der Karwoche hatte Edmundo arrangiert, dass wir nach San-Miguel-el-Grande gingen, um dort Gottesdienste zu feiern. Der Jeep ermöglichte die Hin-und-Her-Bewegungen. Der Zuspruch seitens der Gemeinde ließ zu wünschen übrig. Trotzdem waren die Leute erfreut, dass auch bei ihnen etwas stattfand. Der Mayordomo des Ortes war mit seinem Team für unsere Verpflegung zuständig. Wir spürten, dass Edmundo auch in dieser Gemeinde etwas in Gang gebracht hatte. Der Mayordomo nahm die Gelegenheit wahr, ständig davon zu sprechen, dass doch einer von uns als Seelsorger in seiner Gemeinde wohnen bleiben könne. Man hat dort vor nicht langer Zeit ein Curato, eine schlichte Priesterunterkunft, gebaut.

In der Nacht zum Donnerstag kam Don Francisco mit seinen zwei Kindern und zwei Neffen von Oaxaca nach Chalcatongo, um jetzt auch selbst in der Karwoche bei uns einen Besuch zu machen. Da ich mich wegen anhaltender Durchfälle ziemlich schlecht fühlte, bot er mir an, mich am folgenden Tag, dem Karfreitag, nach Oaxaca mitzunehmen, damit ich einen Arzt aufsuchen könne. Joachim und Pirmin rieten zu, also habe ich die Beiden ihrem Schicksal überlassen und bin mit Don Francisco zurück nach Oaxaca gefahren. Die nächste Nacht habe ich bei ihm zu Hause auf einem Sofa verbracht. Dann hat er mich zum Arzt gebracht. Ich hatte im Lexikon geblättert, damit ich für eine Zustandsbeschreibung die richtigen Worte sagen könnte. Nach einer gründlichen Untersuchung verschrieb der Arzt mir Medikamente und mahnte: »Sie müssen viel trinken und sich schonen, damit sie wieder zu Kräften kommen ...« Don Francisco bezahlte die Medizin und lieferte mich bei den Kapuzinerinnen ab. Bei den Schwestern, die ihr Bestes gaben, um den Patienten bei Laune zu halten, bin ich bis zum Dienstag nach dem Weißen Sonntag geblieben. Schwester Asunción bekam von mir den Spitznamen »Eva«, weil sie immer wieder mit einem gekochten

Apfel aufwartete. Im Kloster war viel Betrieb, weil die Salesianer, die auf der anderen Straßenseite ein Haus bewohnen, in der Osterwoche eine Versammlung abgehalten haben und von den Kapuzinerinnen verköstigt wurden. Die Salesianer sind seelsorglich verantwortlich für die Region Mixe, eine indianische Enklave. Das Haus ist ihr Zufluchtsort in der Stadt.

19.5.1985

Ich schreibe von jetzt an hier in Chalcatongo. Zuerst möchte ich von unserem Einführungsfest berichten. Joachim und Pirmin haben ja hier in Chalcatongo seit der Heiligen Woche, der Karwoche, ausgehalten. Ich bin am 10.5. zusammen mit Pater Carlos Ruiz, einem Priester aus der Diözese Mexiko, der ab Juli ins Noviziat nach Cuernavaca gehen will, um Kapuziner zu werden –, mit Carlos also bin ich von Mexiko aus nach Oaxaca geflogen. Dort sind wir am Wochenende bei den Schwestern geblieben und am Montagmorgen mit dem Bus nach Tlaxiaco gefahren. Das ging problemlos. In Tlaxiaco habe ich in der einzigen dort vorhandenen Bank ein Konto für uns eröffnet. Die 30.000 Peso zur Kontoeröffnung konnte ich mit Not aufbringen. In der Bank mussten wir drei Stunden lang Schlange stehen, aber das nur nebenbei. Gegen 15 Uhr fuhr von Tlaxiaco aus ein Kleinbus ab, sodass wir Chalcatongo noch am selben Abend erreichen konnten. Für Dienstag und Mittwoch hatte Joachim einen Einsatz in einem der Dörfer vereinbart, sodass wir uns nur ganz kurz sahen und noch keine Zeit hatten, Dinge zu besprechen. Edmundo war ebenfalls auf Achse. Trotzdem konnten wir »Restlichen«, Pirmin, Carlos und ich, zusammen mit Maria, der Köchin, einiges zur Vorbereitung des Einführungstages in die Wege leiten. Am Mittwoch haben wir zum Beispiel einen »Hausputz« veranstaltet. Ein Grund dafür war unsere Erfahrung, dass Besucher hier sofort von Flöhen überfallen werden. Das wollten wir unseren Festgästen nach Möglichkeit ersparen. Der Nachteil der Putzaktion: Das wenige vorhandene Wasser war aufgebraucht, sodass bald ein echter Wassermangel auftrat. Aufs Ganze gesehen waren wir am Mittwoch noch recht unsicher, wie das Fest verlaufen würde. Edmundo wollte nicht glauben, dass der Bischof persönlich käme. Er begründete seine Meinung damit, dass er vor wenigen Tagen mit dem Bischof gesprochen habe und dieser nichts von seinem Vorhaben erwähnt habe. Hintenherum hörten wir, dass Edmundo geplant habe, schon vor dem Stichtag das Lokal zu verlassen. Ich habe entsprechend am Donnerstag noch einmal mit ihm gesprochen und ihn gebeten, zu bleiben. Wir vereinbarten eine Art »Ablösesumme« von 70.000 Pesos und noch einmal 20.000 für Maria. Maria geht mit Edmundo nach Pinotepa-National. Sie hat selbst Umschau gehalten und eine junge Frau, Francisca, gefunden, die bereit ist, für uns die Köchin zu machen. In einem ersten Vorstellungsgespräch haben wir anvisiert, dass Francisca fünf Stunden am Tag für uns arbeitet, insbesondere, um das Mittagessen zu bereiten und die Wäsche zu waschen. Nach dem Muster von Las Aguilas werden wir entsprechend das Frühstück und das Abendessen in eigener Regie bewerkstelligen. Am Mittwochabend sind wir in Begleitung von Herrn Guadalupe Nicolás, dem Vorsitzenden des Komitees zur Rekonstruktion der Kirche, zur Nachbarin gepilgert, um einige Dinge fürs Fest auszuleihen: Tischdecken und Geschirr. Am späten Abend kam Joachim von seinem Einsatz zurück und erzählte mit Freude von Ndoyocoyo, einem ziemlich entlegenen Dorf...

Die Feststimmung zog auf, als wir am Donnerstag – der Donnerstag ist der Markttag in Chalcatongo – die ersten Gäste begrüßen durften. Pater Daniel kam mit Don Francisco und Arnulfo gegen 10 Uhr an. Daniel teilte mit, dass der Bischof um 14 Uhr zum Essen hier bei uns sein wolle. Da wir kein Wasser hatten, fuhren Joachim und ich mit einer Tonne los, um in einem Nachbarort zu »tanken«. Später fiel auch noch das Gas aus, sodass die Küchenmannschaft, Maria, Francisca und einige freiwillige Helferinnen, auf dem offenen Feuer weiterkochen mussten. Im Büro gab es infolge des Markttages großen Andrang. Viele Leute aus entlegenen Dörfern wollten wissen, wann der nächste Tauftermin sei. Wir konnten nur schlecht Auskunft geben. Wir hatten ja noch gar nichts planen können.

Der Rest des Festes in Stichworten. Ich habe für »Kontinente« in Deutschland schon einen ausführlichen Bericht geschrieben. Der Bischof kam tatsächlich zum Mittagessen. Zunächst wollten ihn aber viele Menschen, die in den Pfarrhof kamen, begrüßen. Beim Gottesdienst am Abend überreichte uns Don Bartholomé Carrasco, Erzbischof von Oaxaca, formell das Schreiben zur Übernahme der Pfarrei Chalcatongo. Dazu symbolisch den Tabernakelschlüssel. Nach der Feier fuhr er schnell wieder Richtung Oaxaca. Auch Edmundo verabschiedete sich und brauste mit Maria davon. Pinotepa ist sein neuer Standort. – Die Gästeliste des Festtages enthält außer den schon Genannten: Pater Fernando Cruz und Schwester Anilú als Vertreter von CEDIPIO (Centro Pastoral Indígena Oaxaca).

Am folgenden Tag blieben Schwester Anilú und Pater Fernando noch für ein paar Stunden bei uns, um uns in die Geheimnisse der Indígenapastoral einzuführen. Eine große Hilfe bedeutete es auch, dass Schwester Anilú auf meine Bitte hin an einem Gespräch mit unserer neuen Köchin Francisca teilnahm. Francisca soll monatlich 12.000 Pesos bekommen bei einer Berechnungsgrundlage von 400 Pesos pro Tag. Das entspricht den örtlichen Verhältnissen.

01.6.1985

Heute haben wir hier am Pfarrsitz zum ersten Mal seit unserer Amtsübernahme Taufen und Hochzeiten gehalten. Ich bin dankbar, dass alles so gut über die Bühne ging. Ich hatte Sorge, dass vor lauter Papierkram die eigentliche Verkündigung zu kurz kommen würde. Aber da wir zu viert (einschließlich Carlos) waren, ging es doch ganz gut. Die Hauptarbeit im Büro hat Joachim gemacht. Er kennt sich schon etwas besser aus, da er bei Edmundo in die Schule gegangen ist. Die Leute können sich nur schwer ausdrücken. Sie verstehen gar nicht, warum wir dieses oder jenes fragen. Und unsere Sprachunkenntnisse bilden auch eine gewisse Barriere. Dennoch war schließlich die ganze Feier aus einem Guss. Zur Vorbereitung des Sakramentenempfanges müssen die Leute, so ist die noch nicht sehr alte Regel, zwei Tage lang an sogenannten Pláticas teilnehmen. Wir haben uns die entsprechenden Vorträge zu viert aufgeteilt. Durch den Wechsel wurde es nicht allzu langweilig. Die Themen waren: »Wer ist Jesus?« (Joachim), »Die Würde des Menschen« (Carlos), »Die heilige Schrift und die Kirche« (Pirmin), »Die Verantwortlichkeit des Christen« (Arno) – und am nächsten Tag: »Die Taufe im Zusammenhang von Kreuz und Auferstehung« (Joachim), »Die einzelnen Symbole bei der Tauffeier« (Arno) und als Zusammenfassung: »Der Glaube in der Familie« (Carlos). Zwischendurch haben wir mit Liedern ein wenig Auflockerung betrieben. Die Versammlung bestand im Wesentlichen aus Campesinos aus den Agéncias (Nebendörfern), die zu Chalcatongo gehören. Die meisten Menschen haben wohl noch nie eine Messfeier miterlebt. Eigentlich hätten die Pláticas, wie es das Wort sagt, mehr Gespräche sein sollen. In unserer Ausbildung zu Hause haben wir viel von Erwachsenenbildung gehört. Aber fürs erste ist es uns hier nicht möglich, wirklich in ein Glaubensgespräch einzutreten. Es fehlen die Voraussetzungen. Wenn überhaupt, dann antworten die Leute mit »Ja« oder »Nein«, und das war es dann. Das Glaubenswissen ist gleich Null. In religiösen Dingen gibt es zwar die Bräuche, die im Leben der Dörfer eine große Rolle spielen, aber keine Sprachebene, die fruchtbar werden könnte. Dazu kommt, dass die Menschen während der Versammlungen auch anderen Bedürfnissen nachgehen. Die Mütter stillen zum Beispiel während der Vorträge ihre Kinder, damit sie nicht schreien. Dennoch bin ich mit den Pláticas zufrieden. Die Leute sind gekommen und geblieben. Das ist die Basis. Die Vorträge waren abwechslungsreich. Vielleicht haben die Menschen doch etwas dazugewonnen. Die Feier der Sakramentenspendung war dann recht schön. Joachim hat den Part »Taufen« übernommen, Carlos die »Hochzeiten«. Pirmin hat »Kantor« gemacht, und ich war der Hauptzelebrant bei der Eucharistiefeier. Die Feier dauerte insgesamt zwei Stunden. Danach die Ausgabe der Dokumente. Als Einnahmen der Gebühren verbuchten wir 4.500 Pesos. Je 200 für eine Taufe und 700 für eine Hochzeit. Ein großes Manko bei der Veranstaltung war unsere Wasserknappheit. Es gibt aber keine Lösung des Problems, solange das Municipio meldet, die Dorfpumpe funktioniere nicht.

Für die nächste Zukunft haben wir einen Plan gemacht, wie wir in Sachen Pastoral verfahren wollen. In den Cabeceras

(Hauptdörfer) der Pfarrei (das sind Chalcatongo, San-Miguel-el-Grande, San-Esteban-Atatlahuca, Santa-Catarina-Yosonotú, Cañada-Morelos und San-Felipe-Tindaco) wollen wir je zwei Tage lang einen Antrittsbesuch machen. In San Felipe ist dies bereits geschehen.

Wir hatten diese Visite am Montag – der Montag soll unser »Gemeinschaftstag« sein – gut vorbereitet. Zwar kam dann doch manches anders als erwartet, aber man kann sagen, dass wir an den zwei Tagen einen guten Kontakt zu den Leuten gefunden haben. Der Ort liegt sehr reizvoll auf einer vorgelagerten Bergkuppe.

5.6.1985

Gestern wurde vom Municipio per Lautsprecherdurchsage bekannt gegeben, dass das Wasser wieder fließen würde. Und tatsächlich: Das Plätschern klingt mir sehr angenehm in den Ohren. In den vergangenen Wochen gab es nur ganz selten für einige Minuten fließendes Wasser. Wir mussten sehr sparen. Wir waren schon dazu übergegangen, das (seltene) Regenwasser vom Kirchendach aufzufangen. Und in den letzten Tagen haben wir mit unseren Eimern Wasserholaktionen von einer tiefer gelegenen Zapfstelle unternommen. Nun ja, jetzt gab es erst einmal Entwarnung.

Der hiesige Arzt vom »Centro de salud« meint übrigens, was meine Durchfälle betrifft, es handele sich nicht um eine Amöbeninfektion (das war die Diagnose des Arztes in Oaxaca gewesen). Joachim hat auch mit dieser Sache zu kämpfen. Die neue Medizin scheint anzuschlagen …

19.6.1985

Soeben kommen wir von unserem Antrittsbesuch in Atatlahuca zurück. Es war insgesamt eine gute Visite. Wir haben mit vielen Leuten Kontakt bekommen. Die Atmosphäre war erfreulich offen. Somit haben wir jetzt die Visiten in den Cabeceras abgeschlossen. Chalcatongo und San Miguel haben eine »Sonderbehandlung« bekommen, da wir dort ja jeden Sonntag einen Gottesdienst halten. – Viele Gespräche bei den Besuchen beziehen sich auf Taufen und Hochzeiten. Meistens denken die Leute, dass wir schon bei dieser Gelegenheit zum Zwecke der Sakramentenspendung gekommen seien. In unserem Konzept, das auch Pater Edmundo zuvor vertreten hat und das dem Diözesanplan entspricht, sieht es aber so aus, dass zu den Sakramenten die »Pláticas« gehören, zwei Tage der Vorbereitung. Jeweils im Rhythmus von acht Wochen wollen wir diese Pláticas in den einzelnen Cabeceras anbieten. Ein Brief an die Gemeinden hält die Einzelheiten fest. Das alles ist für die Menschen neu und ungewohnt, dazu mit erheblichem Aufwand verbunden. Die Campesinos müssen jeweils aus ihren kleineren Dörfern, die den Hauptdörfern zugeordnet sind, in die Cabeceras kommen, dort eventuell übernachten usw. Die alten Traditionen sagen, dass der Priester am Patronatsfest ins Dorf kommt und die Sakramente ohne weitere Vorbereitung spendet. Diese Vorgehensweise hat der Bischof untersagt, weil bei den Festen nicht zuletzt wegen des Alkohols keine Glaubensunterweisung möglich ist. Mit anderen Worten: Wir treten jetzt mit neuen, hohen Forderungen an die Dörfer heran. Und wir wissen natürlich noch nicht, ob unsere Rechnung aufgeht. Abgesehen davon möchten wir uns über die Sakramentenspendung hinaus etwas für den Gemeindeaufbau einsetzen. Das ist langfristig sogar das Wichtigste. Erst wenn wir Mitarbeiter, Katecheten gewinnen können, vervollständigt sich das Bild. Für die Zukunft peilen wir deshalb schon einmal – als Projekt für die Kinderkatechese durch die noch zu gewinnenden Mitarbeiter – die »Erstkommunion« an. Am 7. Juli werden erstmalig sieben Personen ins Zentrum von Atatlahuca kommen, um einen »Lehrgang« in Sachen Kinderkatechese mitzumachen. In Atatlahuca wurde auch erkennbar, dass die protestantischen Sekten Einfluss haben. Ein Teil der Gemeinde ließ sich ostentativ nicht blicken. Die anderen Leute, vor allem aus den Nebendörfern, den Rancherias, sind umso bereiter zur Zusammenarbeit mit uns. Durch die Visiten kennen wir jetzt auch die Daten der Patronatsfeste der Dörfer, auch der kleinen. Natürlich wird es unser Bemühen sein, diese Feste mitzumachen. Für die Gespräche ist typisch, dass es zunächst viele Missverständnisse gibt. Die Leute können sich nicht so leicht in unsere Überlegungen hineindenken. Sie verstehen nur, was sie schon kennen. Dazu kommen die Sprachschwierigkeiten. Gerade in Atatlahuca wird viel Mixtekisch gesprochen. Spanisch geht nur bedingt. Immerhin konnten wir die Verantwortungsbereiche der Leute in Erfahrung bringen und einige Initiativen unsererseits ankündigen. Dafür sind die Leute offen und dankbar. Am Schluss der Zweitagesvisite in Atatlahuca haben wir noch einige Häuser gesegnet. Wir kamen auf dem Weg dorthin durch die Landschaft, am Fluss entlang und so weiter. Das tat mir gut. Ich hatte das Gefühl, allmählich Boden unter die Füße zu bekommen.

Eine andere Sache: unsere Gemeinschaft hier. In der kurzen Zeit von einem Monat haben wir, meine ich, schon ganz gut an Fahrt gewonnen. Unser Tagesplan sieht so aus, dass wir um 6:45 Uhr die Laudes beten. Es folgt eine halbe Stunde stille Zeit. Dann das Frühstück. Um 14 Uhr Mittagessen. Abends um 19:30 Uhr Vesper und anschließend Abendessen. Eine Hl. Messe steht nicht fest im Tagesplan, weil sich die Dinge dauernd ändern. Der Wochenplan sieht bei uns so aus: Montags ist Gemeinschaftstag mit Reflektion über die bisherigen Erfahrungen und Planung für die Zukunft. Wir lassen das Hoftor geschlossen und unterbinden so den »Publikumsverkehr«. Einer von uns ist jeweils der Hebdomadar, also der in der jeweiligen Woche für alle anfallenden Dinge Erstverantwortliche. Dienstag und Mittwoch können Besuche in den Dörfern stattfinden. Donnerstags haben wir »Residenzpflicht«, denn der Donnerstag ist in Chalcatongo Markttag für die ganze Region. Der Markt findet rund um die Kirche und auf dem Zoccalo, dem Dorfplatz vor dem Municipio, statt. Der Markttag ist generell der Knotenpunkt für alle Kommunikation. Viele Menschen kommen ins Pfarrbüro, um Dokumente zu erbitten, Tauftermine zu erfragen oder andere Angelegenheiten. Der Freitag und der Samstag sind für die Pláticas in den Cabeceras, den Hauptdörfern, vorgesehen. Am Sonntag ist in Chalcatongo und San Miguel regelmäßig ein Gottesdienst.

Die Gemeinschaft besteht aus uns dreien plus im vergangenen Monat Pater Carlos Ruiz, der uns eine große Hilfe war, nun aber seine Zeit hier beendet. Übermorgen wollen wir, noch mit Carlos, nach Oaxaca zum 450-jährigen Jubiläum der Erzdiözese fahren. In gewissem Sinn gehört auch Francisca zur Gemeinschaft. Sie ist eher der ruhige Typ. Sie überrascht uns oft durch die Art, wie sie zu Werke geht, aber sie kommt irgendwie zu Potte.

10.7.1985

Gestern haben wir die Sakristei umgeräumt. Don Manuel Zafra, der für die Kirche Verantwortliche seitens des Dorfes, hat fleißig mit Hand angelegt. Er hat es uns ermöglicht, dass wir die Hälfte der Sakristei zu unserer Privatkapelle umgestalten konnten. Die Sakristeischränke sind voller Dinge aus »alten Zeiten«. Don Manuel kann zu jedem Stück sagen, wann und wo es gebraucht wurde. In einer Nische der Sakristei befindet sich ein sehr schönes altes Fresco, eine Abendmahlszene. Zu den Kichenschätzen gehören etliche Heiligenfiguren, darunter auch eine Madonna (ohne Kind), die das ursprüngliche Titularbild der Kirche aus der Kolonialzeit sein könnte. Das Patronat der Kirche ist: Santa Maria de la Natividad (Mariä Geburt). Das heutige zentrale Altarbild stellt eine jugendliche Maria dar, ist aber wohl nicht die ursprüngliche Figur. Obwohl es ein starkes Traditionsbewusstsein gibt, werden alte Dinge nicht unbedingt geschätzt.

Die Regenzeit ist jetzt voll im Gange. Wenngleich Hochsommer, ist es feucht und in den Räumen klamm. Die Leute sind zufrieden. Regen ist Leben. Für uns braucht es einiges an Gewöhnung. – Ich wiege jetzt 67,5 Kilo. Das ist nicht zu viel. Das andere Problem sind die Flöhe. Joachim und Pirmin werden auch geplagt, aber sie reden nicht davon. Andere, die Einheimischen, sind anscheinend immun. Vielleicht ziehen die Biester nur mein Blut vor. Über die hygienischen Zustände am Ort braucht man nicht lange zu reden. Es gibt sie nicht. Francisca müht sich redlich. In der Küche werden die Gerätschaften mit kaltem, stehendem Wasser abgewaschen nachdem sie zuvor tüchtig eingeseift wurden. Ab Donnerstag, dem Markttag, gib es ein wenig frisches Ost und Gemüse. Nach zwei, drei Tagen ist der Vorrat erschöpft, dann gibt es Nudeln mit Ei, Tortillas mit Bohnen, Reis mit Tomatengeschmack und Chili. Einmal pro Woche, Mittwochs, steht auch Fleisch, Huhn, auf dem Fahrplan. Brot ist gänzlich unbekannt. Nur »süße Milchbrötchen«, von Don Manuel Zafra gebacken, sind in seinem Geschäft erhältlich. Eine Art Käse, der auch zum Kochen verwandt wird, reichert den Speiseplan am Donnerstag an. Wir bemühen uns, die Dinge so zu nehmen, wie sie hier sind, und keine eigenen Ansprüche zu stellen. Wir möchten uns nicht von den Lebensbedingungen der Einheimischen absetzen, sondern, im Gegenteil, hineinwachsen.

Die Campesinos der Dörfer leben an der Existenzgrenze. Die Comerciantes, die Händler im Zentrum von Chalcatongo, haben einen anderen Stil. Sie können sich bessere Dinge leisten. Sie sind die Überlegenen, haben Ansprüche, auch uns gegenüber.

Für uns ist klar: wir haben in einer wirklich armen Region unser Engagement begonnen. Wir nehmen, soweit möglich, Anteil an den Lebensbedingungen der Menschen, auch an ihrer Armut. Das ist ja das, was wir wollen. Im franziskanischen Sinn. Ohne diese Einstellung wäre der Versuch, hier das Evangelium zu verkünden, saft- und kraftlos. Das spiegelt die Gesamtsituation in Lateinamerika, auch und gerade in den Barrios (Slums) der Großstädte, wider. Zu oft und zu sehr ist das Christentum im Gewand der Herrschaft dahergekommen. Das Antlitz des Gekreuzigten steht allzu oft gegen die wirkliche Kirchengeschichte. Die Armut hier hat eine erstaunliche Affinität zu dem »armen, gekreuzigten Christus«, eine Ähnlichkeit, die im reichen Europa kaum noch zu spüren ist. Während man in Europa fragt, ob es Gott überhaupt gibt, nimmt er hier die Gestalt des Armen an. Man könnte es so sagen: Für den Europäer, der nicht mehr recht glauben kann, gibt es ein neues Sakrament: die Begegnung mit dem armen Bruder. Wer den verloren gegangenen Sinn des Lebens wiederfinden will, muss sich mit der nackten eigenen Existenz versöhnen. In der Begegnung mit dem Aussätzigen hat Franz von Assisi diese Erfahrung gemacht. Wenn ich dem armen Bruder leibhaftig begegne, wird mir der Glaube neu geschenkt. Das heißt: Solang ich, der Reiche, der ich nicht mehr glauben kann oder will, nicht wirklich einen Armen zum Bruder habe, kann mir niemand helfen, den Sinn meines Lebens wiederzufinden. Ich werde keinem Prediger, keiner nur hingesagten Botschaft von der Güte Gottes vertrauen, solange ich nicht wirklich den »Armen Bruder« umarmt habe. In ihm ist Gott gegenwärtig. Die »alten« sieben Sakramente sind schwach geworden. Aber es gibt ein neues, ein achtes Sakrament: »die Begegnung mit dem Armen Bruder«.

Meine Gedanken, wenn ich sie mir jetzt, nach dem Mittagessen, noch einmal anschaue, sind wohl etwas kühn. Wer erlaubt mir, so zu sprechen? Nun, ich brauche keine Erlaubnis von außen. Ich kann mir die Genehmigung wohl selbst erteilen.

Was mich betrifft, so hängt meine Meldung für »Mexiko« mit der schon früher von mir vertretenen Idee vom »achten Sakrament« zusammen. Was zuvor gedanklich gereift war, soll nun an der Wirklichkeit erprobt werden. Bei unserer Aussendungsfeier im Februar in Münster habe ich in einem Dankeswort ähnlich gesprochen. »Wir ziehen aus, um das Sakrament des armen Bruders zu empfangen. Wo gewinnt das Reich Gottes heute Gestalt? Wo kann man Gott begegnen? In der Umarmung mit dem armen Bruder. Wir ziehen aus, nicht so sehr um den Menschen in Mexiko etwas zu bringen, vielmehr um etwas zu empfangen. Wir möchten in der Umarmung mit dem armen Bruder die Nähe Gottes, seine Gegenwart, erfahren.« Es ist also heute nicht das erste Mal, dass ich mir derlei Gedanken mache. Ich suche nach der realen Wahrheit. Mir scheint, dass ich nicht so weit entfernt bin von den zentralen Fragen für unsere Welt und Kirche in dieser Zeit. In dieser entlegenen Ecke der Welt, wo wir praktisch keinen Kontakt zu den Nachrichten der Presse, des Radios und des Fernsehens haben, spielt sich etwas Wichtiges ab: Gott sucht sich einen neuen Ort für eine Offenbarung. Der Ort ist: die Armut. Mir scheint, dass die lateinamerikanischen Bischöfe in Medellin und Puebla es schon halb wussten: sie haben die »Besondere Option für die Armen« ausgerufen. Sie ahnten vielleicht, welche Dynamik diese Option entfalten würde. Wahrscheinlich haben die Bischöfe noch sehr die Vorstellung gehabt, dass die Kirche sich im Namen des Evangeliums der Armen annehmen müsse. Es zieht aber der Tag herauf, da die Armen – umgekehrt – der Kirche das Evangelium nahe bringen. In Zukunft werden die Gemälde von der Herrlichkeit Gottes nicht die Bischöfe, sondern die Armen in der ersten Reihe zeigen.

Für mich ist wichtig, dass ich in Sachen des Glaubens zu mir selbst stehen kann. Als Sohn dieser Zeit habe ich in Deutschland die Denkweise der weltlichen Menschen angenommen. Die Ideale des säkularisierten Menschen sind denen des religiösen Dogmatismus überlegen. Der »Religiöse« erscheint gestrig. Der »moderne Mensch« hingegen leidet an der Sinnlosigkeit des eigenen Lebens. Der religiös Denkende flieht in eine Scheinwelt. Der Säkularisierte nimmt daran Anstoß. So kreisen beide um ein Nichts. Ich glaube, dass mir, dass dem säkularisierten Menschen der Ort der Gottesoffenbarung neu gezeigt wird: Der Ort ist der »Arme Bruder«. Deswegen wage ich es, vom Sakrament des Armen Bruders zu sprechen. In der realen Begegnung mit dem Armen ist mir die Umarmung des sich offenbarenden Gottes geschenkt. Deswegen bin ich nach Mexiko gekommen und habe so ziemlich alles, was man hinter sich lassen kann, hinter mir gelassen. Ich bin aufgebrochen, um in die Begegnung mit dem armen Bruder einzusteigen. Ich will die Wahrheit wissen, real, mit beiden Augen, mit beiden Armen, mit ganzem Herzen. Und wie geht das? Es gibt einen Irrtum. Das ist der Irrtum des heiligen Martin. Er neigte sich vom Pferd herab und gab dem Bettler sein halbes Gewand. Er blieb auf dem Pferd, dort oben, sitzen, gab nur sein halbes Gewand. Die Geste genügt nicht. Die Geste muss tiefer greifen. Ich muss der Empfangende werden. Ich muss warten. Bis der Arme Vertrauen fasst und mich umarmt. Wenn der Arme mich, der ich nichts zu bieten habe als meine Sinnlosigkeit, in seinem Haus, auf seinem Marktplatz, auf seinen Wegen durch die Landschaft begrüßt, wenn er Vertrauen fasst und mich in sein Leben einlässt, dann ist dies der Ort der Gottesbegegnung, der Moment der Offenbarung. Es gibt keinen Gott, der aus der Ferne zuschaut. Es gibt jedoch den, der mir im Antlitz des Armen begegnet.

Man muss dem Zeitgenossen, der keine Antwort gelten lässt und immer weiter zweifelt, einen Vorwurf machen: Dass er sich nämlich in der Frage nach dem Sinn des Lebens nicht wirklich am Grunde seiner Existenz betreffen lässt. Er weicht Gott aus. Er weicht der Begegnung mit dem Armen aus. Ohne die Umarmung durch den armen Bruder bin ich vereinzelt, auf mich selbst mit meinen Zweifeln zurückgeworfen. In der Umarmung mit dem Ärmsten der Armen bin ich dagegen in universeller Weise in die menschliche Gemeinschaft hineingenommen und gleichzeitig dem gekreuzigten Christus ähnlich geworden. In dieser Umarmung entzünden sich meine Liebesfähigkeit und Hingabebereitschaft. Ich muss selbst arm werden, um in der Umarmung durch den Bruder zu bestehen. Franz von Assisi hat das klar erkannt. Sein neues Leben begann, als er sich von allem Reichtum trennte, als er nackt dastand, dem armen Gekreuzigten sehr ähnlich. Ganz arm wollte er von nun an dem armen Jesus folgen. Aus dieser Quelle entspringt die universelle Geschwisterlichkeit. Nicht das Almosengeben ist das Sakrament, sondern die leibhaftige Umarmung durch den armen Bruder. Es wird höchste Zeit, dass die Kirche der »ersten Welt« in der Frage der Gottesbegegnung Fortschritte macht. Der Abstand der säkularisierten Menschen zu Glaube und Kirche nimmt ständig zu. Die hergebrachte Predigt schlägt nicht mehr an. Was Wunder, wenn der Ort der Gottesoffenbarung verschüttet ist?!

Zu Recht heißt es, die Quelle der Gottesbegegnung sei das Gebet, wobei vor allem das kontemplative Gebet gemeint ist. Kontemplation heißt ja, sich auf die eigene Existenz vor Gott einlassen. Kontemplation ist die innere Seite der Gottesbegegnung. Die äußere Seite ist die gelebte Teilhabe an der Armut des Bruders. Beides gehört zusammen. Die Sinnleere ist eine Grunderfahrung auch der Kontemplation. Sie wird spürbar, wenn alle vordergründigen Befriedigungen im Aushalten der Stille hintergangen werden. Wer die Stille bewusst sucht, und die »Leere«, die sich auftut, nicht mit irgendwelchen Gütern der äußeren Welt füllt, ist dem Zeitgenossen, der die Sinnlosigkeit erfährt, sehr nahe. Jedenfalls ist dies meine Einsicht. Die vordergründigen Antworten reichen nicht mehr aus. Die schmerzhaft erfahrene Leere kann dann aber der neue Ort der inneren Gottesbegegnung werden. In die Leere kann der Heilige Geist einströmen. Dieser innere Vorgang findet sein Ambivalent in der Selbstentäußerung und der Begegnung mit dem armen Bruder. Die Leere der selbstgewählten Armut wird von Seiten Gottes mit der Erfahrung seiner Nähe gefüllt. Und wiederum: Daraus erwächst die universale Geschwisterlichkeit (vgl. Sonnengesang des Franz von Assisi). Wo zuvor »Einsamkeit« herrschte, wird nun das Fest der Feste gefeiert, die Armut wandelt sich in Fülle, das Bittere wird zur Süßigkeit.

15.7.1985

Man sagt, die Leute, die Mixteken der »Tierra fria«, der kalten Erde, seien in ihrer Gemütslage ebenfalls »kalt«. Die Seelsorge, die Pastoral, sei entsprechend »duro«, hart. Ich mache mir dazu des Öfteren Gedanken. Ja, es stimmt, dass die Campesinos, die Indígenas, recht verschlossen wirken, besonders, wenn man ihnen zum ersten Mal begegnet. Wir sind für sie Fremde. Und der Umgang mit Fremden ist ihnen ungewohnt und unheimlich. Was sollen wir anders erwarten, als dass die Menschen zunächst misstrauisch, abweisend sind? Möglich, dass das Klima die Lebensart der Menschen ein wenig widerspiegelt. Die Erfahrung sagt aber auch: Die Campesinos sind ausgesprochen liebenswürdig und zuvorkommend, wenn sie erkennen, mit wem sie es zu tun haben. In der Begegnung kommen dann allerlei Unfähigkeiten zum Tragen. Ich habe Probleme, mich in der spanischen Sprache gewandt genug auszudrücken, und stelle dann fest, dass die Campesinos das gleiche Problem haben, weil sie sich alltäglich in der indianischen, der mixtekischen Sprache bewegen. So erstirbt der Kontakt manchmal sehr schnell. Die Leute tragen in ihrer Lebensart, in ihrem ganzen Wesen die Last von Jahrhunderten der Unterdrückung mit sich herum. Sie wirken wie die Esel stumm und ergeben. Aber der Eindruck täuscht. Das Unvermögen, aus der eigenen Enge herauszufinden, hat die Kehrseite der Hoffnung. In der Begegnung mit uns, diesen Eindruck habe ich oft, wittern die Menschen die Morgenluft der Erlösung. Sie spüren, dass ihnen die Last nicht für immer auferlegt ist, dass sie Befreiung finden könnten. – Meistens sind die Kontakte praktische, sachbezogene Gespräche. Manchmal ist es mehr. – Was mich betrifft: Ich weiß, was seelische Gefangenschaft bedeutet. Und auch die »Erlösung« kenne ich aus der eigenen Lebensgeschichte. Ganz gewiss geht es nicht allein um eine theologische Position. Da ist Psychologie im Spiel. Ich mag die Menschen, wenn sie zunächst verschlossen wirken, dann aber in ihren Gesichtszügen neue Hoffnung erkennen lassen. Psychologie ja. Aber auch Theologie. In das Dunkel kommt Licht. Das Leben besiegt den Tod. Die Mexikaner im Allgemeinen, die Indígenas ebenfalls, kennen die Umarmung. Wenn sie eine Gruß ausrichten lassen, sagen sie: »Bring ihm/ihr eine Umarmung von mir mit.« Darüber hinaus gibt es bei den Indígenas als wechselseitige, sehr respektvolle Geste den Handkuss. Ist es falsch, zu sagen, dass es sich hier um ein sakramentales Zeichen handelt? Kann ich diesen Brauch nicht auch als Zeichen der Gottesbegegnung werten? Ich glaube, ja. Jedenfalls lerne ich zu sehen, wo in der indianischen Welt sich Gottes Gegenwart bemerkbar macht.

Ich schreibe hier noch einmal auf, was uns Don Bartholomé zu Weihnachten (nach Deutschland) geschrieben hat: »Wenn ihr zu uns kommt, um mit uns unter den Indígenas zu arbeiten, werdet ihr Gott schauen.« Und im Büro von CEDIPIO in Oaxaca steht an der Wand geschrieben: »Die Indígenas sind das sichtbare Antlitz des unsichtbaren Gottes.«

17.7.1985

Heute waren wir, José-Luis, Sigifredo und ich, zum Pastoralbesuch in Morelos-Atatlahuca. José-Luis und Sigifredo sind die beiden Studenten aus Las Aguilas, Mexico City, Kapuziner, die zurzeit bei uns ihr Seelsorgspraktikum machen. Die Einladung zu dem Besuch war von dem Katecheten Elias Bautista López ausgegangen. Er war dabei, als wir vor gut einer Woche, am Sonntag, dem Wahlsonntag, noch einmal über das Projekt der

Erstkommunion gesprochen haben. Die Visite in Morelos sah so aus: Wir sind mit Chapulín, unserem Jeep, die achtzehn Kilometer zum Hauptort, nach Atatlahuca, gefahren. Das dauerte eine Stunde. Um 10 Uhr kamen wir an. Ein junger Mann aus Morelos, Fidel Quiróz, hat uns, wohl im Auftrag des Präsidenten, auf dem Weg nach Morelos, den wir ja nicht kannten, begleitet. Der Fußmarsch, meist in ansteigendem Gelände, war für mich eine ziemliche Anstrengung, da ich noch nicht »eingelaufen« bin. Man sagt, der Weg betrage eine Stunde. In Wirklichkeit waren es zwei. Oben an der Agéncia angekommen, fanden wir niemanden vor. Alle Gebäude waren leer und sozusagen totenstill. Da vom Ortszentrum her nicht sichtbar ist, wo die Menschen wohnen, haben wir unseren Begleiter losgeschickt, um zu schauen, ob der Katechet Elias zu Hause sei. Es dauerte eine Weile, dann kam Fidel mit zwei Frauen und zwei Kindern zurück. Elias, der Mann, der Vater, sei außerhalb zur Arbeit und man wisse nicht, an welchem Tag er zurückkäme. Die Tochter Rosalia nahm uns schließlich mit zum Haus der Familie. Wir bekamen jetzt jeder drei Bananen zum Essen. Inzwischen war es 14 Uhr. Damit waren die Möglichkeiten erschöpft. Nach einigem Hin und Her entließen wir Fidel und machten uns an den Abstieg zum Fluss. Das Zentrum von Atatlahuca wirkte, als wir dort ankamen, ebenfalls völlig verwaist. Allein Chapulín, der Jeep, wartete auf uns. Um 18 Uhr waren wir wieder in Chalcatongo. Resultat: der Besuch, ein erster Versuch, eine komplette Pleite.

22.7.1985

Betreffs Atatlahuca lohnt sich ein Zwischenbericht. Am 5. und 6. Juli, Freitag und Samstag, haben wir dort, im Zentrum, die

»Pláticas« für Taufe und Hochzeit angeboten. Das lief erstaunlich gut. Als wir eintrafen, waren schon etwa zwanzig Personen anwesend. Am Schluss, am Samstag, waren es dann aber über hundert. Probleme gab es, weil einige Eltern nicht glaubhaft machen konnten, dass sie verheiratet waren. Das ist der geforderte Standard. Die Taufe darf nur gespendet werden, wenn sichergestellt ist, dass die Kinder in ordentlichen Verhältnissen aufwachsen können. Am Ende kam aber doch alles ziemlich gut heraus.

Außerdem wollten wir diejenigen Personen, die sich früher schon mit Namen gemeldet hatten, zu einem Gespräch über eine eventuelle Erstkommunion der Erwachsenen versammeln. Das hat praktisch nicht geklappt. Mit einigen weiteren Personen konnten wir zwar sprechen. Es hat sich aber herausgestellt, dass uns die Möglichkeit fehlt, die Leute systematisch einzuladen. Mit unseren pastoralen Anliegen müssen wir mehr an schon vorhandene Traditionen und Bräuche anknüpfen. Eventuell sollten wir auch die Schiene über die Dorf-Autorität nutzbar machen.

Im Hintergrund ist erkennbar, dass in den Dörfern wie hier in Atatlahuca der Spaltpilz der Sekten wirksam ist. Sabbatisten und Zeugen Jehovas isolieren ihre Parteigänger und unterminieren allgemeine Projekte der Dörfer wie zum Beispiel die traditionell verpflichtende Gemeinschaftsarbeit, das Tecjo. Die Strategien der Sekten zerstören die Einheit der Dörfer und wirken sich entsprechend destruktiv aus. Auch unsere Arbeit leidet darunter. So sind Misserfolge quasi vorprogrammiert. Andererseits sind wir willkommen, weil die Leute spüren, dass wir ihre Traditionen und Bräuchen neu aufnehmen möchten. Das stärkt das Zusammengehörigkeitsgefühl der Mixteken.

25.7.1985

Vorgestern Abend hat in Chalcatongo die Runde zum Bibelgespräch zum ersten Mal einigermaßen funktioniert. Zwei Anläufe zuvor waren nicht so gelungen. Vorgestern bin ich vormittags mit Francisca an allen Häusern vorbei und habe die Betroffenen persönlich eingeladen. Anhand der Schriftstelle, in der Johannes der Täufer seine Jünger zu Jesus schickt mit der Frage, ob er der Messias sei, haben wir über die Hoffnungen und Erwartungen der Campesinos gesprochen. Ich denke, die Sache kann fortgesetzt werden, denn die zehn Teilnehmer/-innen haben wohl gespürt, dass die Bibel durchaus aktuellen Zündstoff enthält.

28.7.1985

Sigifredo ist heute Morgen Richtung Mexico City abgereist. José-Luis will morgen noch einmal Joachim und Pirmin in Oaxaca treffen. Meiner Ansicht nach war das Praktikum der beiden eine gelungene Sache. Für uns war es eine Hilfe, und ich glaube, dass die beiden bei uns etwas lernen konnten. Sie haben in den vier Wochen viel gesehen. Es hat ihnen Freude gemacht, unter den doch schwierigen Bedingungen zu arbeiten – so wie uns auch.

Zur Segnung eines neuen Hauses, eines Anbaus, waren wir von Don Cucu eingeladen. Die Familie kennt sich gut aus. So erfuhren wir: Unsere Vorgänger als Pfarrer hier in Chalcatongo waren Pater Edmundo Santiago für ein Jahr, davor Pater Jesus Juárez Cordoba für zwei Jahre, davor Pater Agustin Ruiz Alcántara für fünf Jahre. Davor Pater Manuel Soto Orosco für 32 Jahre, davor Pater Margarito Hernández für 25 Jahre und davor

Pater Joaquin Salazar – für wie viele Jahre wussten sie nicht. Der Name Manuel Soto Orosco ist von besonderem Interesse, weil Don Bartolomé erzählte, seine erste Amtshandlung als Erzbischof von Oaxaca sei gewesen, diesen Priester zu versetzen. Die Klage der Leute war damals, der Priester habe sich mit seinem großen Hund in den Pfarrhof eingeschlossen und sei dadurch für die Leute unerreichbar geworden. In Atatlahuca hörten wir, er sei wegen der Taufen auf einem Pferd ins Dorf gekommen und habe kaum etwas anderes getan, als seine persönlichen Ansprüche in Sachen Mahlzeiten und Unterbringung zu verfolgen. Wir unsererseits können immerhin feststellen, dass er die Taufbücher sehr ordentlich geführt hat.

Eine weitere Notiz: Zu einem Gedenkgottesdienst für einen Verstorbenen war ich in Reforma, dem Dorf oben an der Bergkante, das wir ganz am Anfang kennengelernt hatten. Nach dem Gottesdienst ging es zum Friedhof, der ein wenig entfernt auf einer Anhöhe liegt. Die Leute bringen das gesegnete Kreuz mit und setzen sich auf die umliegenden Gräber zum Totenmahl. Es wird gesprochen und gelacht. Natürlich ist außer den Tacos aus Mais auch Pulque und Mescál im Spiel. Ich habe nicht bemerkt, dass gebetet wurde, und ich bin auch nicht zu weiteren heiligen Handlungen aufgefordert worden. Die Gruppe bestand aus etwa zehn Männern und zehn Frauen, dazu die Kinder. Der Friedhof wurde nach Auskunft des ältesten Mannes 1933 angelegt. Er ist ziemlich groß. Man hat von dort einen schönen Blick auf einen Nachbarort, Santo Domingo Ixcatlán, der zur Nachbarpfarrei Yosondúa gehört und mit dem Chalcatongo Grenzkonflikte hat. Ein Eindruck, der sich mir in diesem Zusammenhang aufdrängt, ist der, dass die Menschen ihre Bräuche ganz unreflektiert durchziehen. Es gibt keine Erklärungen, sondern nur Riten. Man kann sagen, wann man was wie macht, aber man kann nicht sagen, warum man dieses oder jenes so tut.

Dann noch eine Notiz zu den Besuchern aus dem Nachbarstaat Guerrero. Als wir vor einigen Tagen nach Hause kamen, saß ein ganzer Trupp dieser Männer vor unserer verschlossenen Hoftür. Sie waren von fern her angereist und warteten geduldig auf unsere Rückkehr. Sie wollten Messen bestellen, was sie auch taten. Es ist unglaublich, aber wahr. Sie bestellten eine Unzahl von Messen und gaben jeweils das kleine Stipendium. Wir mussten entsprechend Belege ausstellen. Weiter nichts. Sie sprachen kein Spanisch, drückten ihren Willen aber unmissverständlich aus. Diese Szene kommt öfter vor. Die Leute aus Guerrero kommen in indianischer Tracht. Sie sind ebenfalls Mixteken. Mehr wissen wir bislang nicht.

3.8.1985

Pirmin und Joachim kamen am Mittwoch vom CENAMI-Kurs in Mexico City zurück. Am Donnerstag und Freitag waren Pirmin und ich dann zur Dekanatsversammlung in Tlaxiaco. Einige Neuigkeiten haben wir von dort mitgebracht. Der bisherige Dekan, Pater Luis B. (dessen 25-jähriges Priesterjubiläum wir am 10./11.7. in Putla gefeiert hatten) wird ein Sabbatjahr machen. Deshalb muss bei der nächsten Dekanatsversammlung, die im Oktober bei uns in Chalcatongo stattfinden soll, ein neuer Dekan gewählt werden. – Was die Gebäude der Pfarrei in Tlaxiaco betrifft, war ich über die vielen großen Räume dort überrascht. Auch die Beköstigung war sehr gut. Wir haben deshalb gleich vorgewarnt, dass man in Chalcatongo nicht mit solch großzügiger Ausstattung rechnen könne. – Bei den Gesprächen während der Versammlung habe ich mich ab und zu geäußert, hauptsächlich mit der Absicht, die Seglares, die Laien, ein wenig zu Beiträgen herauszufordern. Es hat ja nicht viel Sinn, nur dabeizusitzen, ohne aktiv beteiligt zu sein. Die Pfarrer sollten, was sie ständig betonen, wirklich Hörende sein. Die Teilnahme an diesen Runden ist ein wenig anstrengend, weil die meisten Pfarrer eher Reden halten, als miteinander zu kommunizieren. Die Teilnehmerzahl, einschließlich der Seglares, lag bei etwas über zwanzig Männern und Frauen.

Zur Inflation, die zurzeit galoppiert, äußere ich mich hier nicht. Nur so viel: Der Geldwert hat sich innerhalb von sechs Monaten halbiert. Gerade die Ärmeren leiden darunter und kommen noch mehr ins Hintertreffen.

In Tlaxiaco liegt im Pfarrbüro eine gute Landkarte der Umgebung mit Straßen und Flüssen. Die habe ich mit Hilfe von Transparentpapier abgemalt. Mich interessieren vor allem die Flüsse. In Chalcatongo befinden wir uns anscheinend im Quellgebiet einiger bedeutender Wasserläufe. Eine bessere Karte, etwa mit Höhenlinien, scheint es nirgendwo zu geben. Das Gebirge, die »Sierra Madre del Sur« mit dem »Mixtekischen Knoten«, ist offenbar noch nie genau vermessen worden, obwohl ich denke, dass die Straßenbauämter und die Elektrizitätsämter doch genauere Informationen haben müssten. Unsere Region ist weit und breit die am höchsten gelegene und damit die kälteste. Alle anderen Pfarreien haben ein angenehmeres, wärmeres Klima.

Am 8. September ist bei uns das Patronatsfest der »Geburt Mariens«, der »Virgen de la Natividad«. Bislang fehlt mir noch eine intensivere Beziehung zur lokalen Tradition. Ich würde mich nicht wundern, wenn ähnlich wie bei »San Miguel-el-

Grande« auch für die »Natividad« vorspanische Motive ausfindig zu machen sind. Die Bibel erlaubt viele Möglichkeiten der Identifikation. Für Lateinamerika insgesamt wird zum Beispiel der Begriff des »Volkes Gottes« in Anspruch genommen. Dieses Volk sind wir, heißt es dann. Die Armen Gottes, das sind wir. Und was die Offenbarung, auch die Erlösung betrifft, so werden diese Begriffe lebendig, wenn man davon ausgeht, dass es sich um ein tatsächliches, gegenwärtiges Geschehen handelt. »Offenbarung« findet jetzt im Volk statt. Eine »Erlösung« muss im Hier und Heute das gegenwärtige Volk betreffen. Die Botschaft darf keine nur verbale Ansage von außen sein, sondern muss eine lebensechte Realität werden. Was die Evangelisierung betrifft, erfordert das ein ganz neues Denken. Bisher war die »Frohe Botschaft« etwas von außen, von Europa. Keine schlechte Botschaft, aber eine fremde. Christus muss jetzt ein amerikanisches, ja ein indianisches Gesicht bekommen. Die »alte Welt« wird aufhorchen, wenn sie von hierher zu hören bekommt, dass der leidende Christus, der Gekreuzigte, mit dem leidenden, in fünfhundert Jahren geknechteten Volk der Indígenas identisch ist. Noch haben die Einheimischen eine ziemlich hoffnungslose Brille auf. Sie sehen sich selbst als die Zurückgebliebenen, fast schon Gestorbenen. Es könnte aber sein, dass sie die Botschaft des Christentums neu verstehen und sich aneignen. Dann wird ihr Grab aufspringen, sich öffnen und Frucht bringen.

8.8.1985

Im Gespräch mit einem Gast, unserem Mitbruder José-Maria aus Santo Domingo, wurde für mich eine politische Fragestellung etwas klarer. Die Missionsgeschichte Mexikos ist bei allem guten Willen, den die Franziskaner-Missionare Spaniens mitbrachten, geprägt von einem starken Gefälle. Die einheimischen Indígenas haben den christlichen Glauben unter Druck angenommen. In der Politik hat es später die Independencia, die Unabhängigkeit von Spanien und schließlich zur vergangenen Jahrhundertwende die Revolution gegeben. Das sind Bewegungen zur Befreiung aus politischer und geistiger Bevormundung gewesen. Die Revolution hatte deutlich antiklerikale Züge. Im Sinne der Befreiung von geistiger Abhängigkeit ist dies ein durchaus legitimer Teilaspekt. Die Kirche Mexikos muss heute die »Revolution« bejahen können. Sie darf dabei nicht in die vorrevolutionäre paternalistische Attitüde zurückfallen. Dies ist in der praktischen Seelsorge eine heikle Angelegenheit. Es erfordert die Auseinandersetzung des Seelsorgers mit den eigenen, verdeckten Strebungen nach Macht, nach Herrschaft, nach Niedrighaltung des je anderen. Für uns selbst ist es von ausgesprochen vorrangigem Wert, dass wir hier in Gemeinschaft angetreten sind. Damit haben wir ein praktisches Übungsfeld. Dort, wo unter uns die Gemeinschaft gelingt, werden wir hoffentlich auch gegenüber den Indígenas eine angemessene Haltung entwickeln. Umgekehrt: Wo die Gemeinschaft wegen interner Widersprüche misslingt, wo wir uns gegenseitig besiegen und beherrschen wollen, werden wir psychologisch folgerichtig auch nach außen die falschen Impulse setzen. Wir müssen die Verstrickungen, die die historische und aktuelle Erlebniswelt der Indígenas sind, quasi bei uns selbst in den Blick bekommen und zur Lösung bringen. Hier ist ein hohes Bewusstsein erforderlich. Das Streben nach Macht, von welcher Seite auch immer, erzeugt auf der politischen Ebene blutige Revolutionen. Sich stark zu fühlen, Überlegenheit auszuspielen, von oben herab zu agieren, erfolgreich sein zu wollen, alles das birgt in sich die

Gefahr der Unterdrückung des Schwächeren. Deshalb braucht es den religiösen Unterbau. Wirkliche Befreiung (der Indígenas) ist nur in heiligem Geist möglich.

10.8.1985

Jetzt erinnere ich mich wieder. Eine merkwürdige Begegnung. Es war in San Felipe Tindaco, wo die Schotterstraße endet. Ein Mann aus Yujia, das etwa vier Kilometer entfernt am Abhang des Gebirges liegt, wartete zusammen mit seinem Esel auf die Ankunft des Getränkehändlers, Don Onesimo von Chalcatongo, der einmal in der Woche zu einem bestimmten Zeitpunkt dort mit seinem Kleinlastwagen auftaucht. Es geht um das Gesicht des Mannes, ich müsste sagen: sein Antlitz. Von den Strapazen des Weges gezeichnet, erschien es mir wie das leibhaftige Gesicht des Gekreuzigten. Als der Händler schließlich auftauchte, lud er seinem Esel und auch sich selbst so viele volle Flaschen wie nur irgend denkbar auf, um sie in sein Dorf zu tragen. Ich sah es und glaubte zu wissen, was ein Kreuzweg ist.

15.8.1985

Gestern hatten wir den Doktor vom Centro de Salud zu Gast. Er wollte sich verabschieden, weil sein Praktikumsjahr zu Ende war. Wir sprachen mit dem Doktor über die Krankheiten, wie sie hier vorkommen. Die häufigste Krankheit sei der Durchfall. Der Doktor beklagte darüber hinaus die schlechte Ernährungslage eines Großteils der hiesigen Bevölkerung. Besonders bemerkenswert fand ich seine Sichtweise, dass sich die Menschen oftmals daran gewöhnen, nicht zu essen bzw. nur von Tortillas und Bohnen zu leben. Bei andauernden Durchfällen werden nach und nach sämtliche Reserven abgebaut. Schließlich lebt man von der Substanz. Der Körper ist zunehmend geschwächt. Die Menschen unserer Region haben oft nicht genug zu essen. Aufgrund der strukturellen Armut kann von ausgewogener Ernährung nicht die Rede sein. Krankheiten sind die Folge. Bei starkem Durchfall kommt ein Hungergefühl gar nicht auf. Ich habe es bei Hausbesuchen immer wieder erlebt, wie die Angehörigen beklagten, dass der Patient nicht essen wolle. Ich kann das aus eigener Erfahrung nachvollziehen. Es scheint besser zu sein, nicht zu essen. Der Körper wird dann schwächer und schwächer, bis zum tatsächlichen Sterben. Eine fatale Abfolge.

Etwas anderes. In der Region gibt es viele Menschen, die sehr hart körperlich arbeiten. Zum Beispiel tragen sie auf dem Rücken Holz, mit der Axt geschlagene Bretter, zum Markt, um es dort für wenig Geld zu verkaufen. Wenn sie Esel hätten, würden sie das Holz nicht selbst tragen. Sie können die Tiere aber nicht halten, nicht ernähren. Oder sie verrichten in Gemeinschaftsarbeit, dem Tecjo, Wegesanierungen. Sie tragen ihre Lasten nach Gewohnheit der indigenen Bevölkerung, die früher das Rad nicht kannte, auf dem eigenen Rücken. Man kann sagen, die Indígenas sind zähe Typen, zu Anstrengung und zum Durchhalten bereit. Das geht aber nur bei entsprechender Ernährung. Vor einigen Tagen habe ich einem Mann ein paar Möhren und Tortillas gegeben. Auf meine Beobachtung hin, er sei schwach auf den Beinen, sagte er, er habe heute – es war etwa 15 Uhr – noch nichts gegessen. Es gibt viele Menschen, die offensichtlich schwach auf den Beinen sind. Es genügt ein wenig Alkohol, Pulque, dass jemand sich nicht mehr halten kann. Manchmal liegen Menschen am Straßenrand. Die Vorbeigehenden sagen: »*Borracho*«, ein Betrunkener. Das Bild gehört geradezu zur Normalität. Allerdings muss man dazu sagen, dass die Pulque, der Agavensaft, ein reguläres Nahrungsmittel ist, welches nicht ohne Alkohol zu haben ist.

Bei unseren Besuchen in Atatlahuca stellen wir fest, dass die »Kraftlosigkeit« auch als soziales Phänomen aufscheint. Bei der Messe am vergangenen Sonntag, an der immerhin ca. dreißig Personen teilnahmen, waren bestimmt zwei Drittel (leicht oder schwer) betrunken, die Frauen auch. Man trifft sich am Sonntag auf dem Dorfplatz, trinkt Pulque und wankt wieder nach Hause. Einige werden am Wegesrand liegen bleiben und ihren Rausch ausschlafen. Irgendwann werden sie nicht mehr aufstehen. Das Leben wird über sie hinweggehen. Ich weiß, wo der Friedhof von Atatlahuca ist. Wir segnen nach einer Messe die Kreuze, die die Familien zum Friedhof tragen und auf den Gräbern aufrichten. Mehr nicht.

Wir nehmen in vielerlei Weise am Leben der Campesinos teil. Durch unser »Europäer-Sein« heben wir uns aber auch ab, äußerlich und innerlich. Es wäre gewiss verantwortungslos, wenn wir uns unter das Existenzminimum abfallen lassen würden. Wir müssen für uns selbst sorgen, damit wir genug Kraft haben, unsere Aufgaben zu erfüllen. Wir brauchen keine übermäßigen Reserven. Wir brauchen allerdings auch selbst jemanden, der uns wieder aufrichtet, falls wir einmal »aus den Latschen kippen«. – Ich bin nicht sicher, ob es unsere Aufgabe sein muss, den Menschen etwa durch finanzielle Zuwendungen zu helfen. In gewissem Sinn natürlich: ja. In anderem Sinn ist es aber wichtiger, ihre Armut zu teilen. Einen einzelnen Menschen kann man eventuell durch materielle Hilfe »auf die Beine stellen«. Die strukturelle Armut wird dadurch nicht geringer. Die Last, die auf der ganzen Indígena-Bevölkerung liegt, wird dadurch nicht verändert. Durch die Teilnahme an ihrer Armut aber heben wir das Kreuz, das auf dem Volk lastet, an einer Ecke ein wenig an. Das schafft Luft. So kann das Leben darunter ein wenig aufblühen, können sich Kräfte der Befreiung regen.

Jesus hat Kranke geheilt und Hungernde gespeist. Die eigentliche Erlösungstat war aber keine Hilfeleistung, sondern das Kreuz. Es kostet mich einiges, wenn ich mit meinen Mitteln anderen, Ärmeren, beistehe, ihnen zu einem besseren Leben verhelfe. Es kostet mehr, ich muss mich mehr einlassen, wenn ich die Armut als mein Kleid, als mein Kreuz annehme. Das ist der Nachfolgegedanke. Es muss wohl die eine und die andere Weise der Nächstenliebe geben. Man kann nicht materiell helfen, wenn man selbst arm ist wie eine Kirchenmaus. Umgekehrt kann man nicht solidarisch mit den Armen sein, solange man den eigenen Lebensstandard hochhält und sich dadurch von den Armen absetzt. Jedenfalls halte ich es für gegeben, dass der Weg des franziskanischen Ordenslebens der der solidarischen Teilnahme am Leben der Armen ist. Franz von Assisi, auch Klara von Assisi wollten am Prinzip der Armut in diesem Sinne festhalten, weil sie es als den Weg der Erlösung, des wahren Lebens, den Weg Jeus selbst, erkannt hatten. Das Almosengeben ist von einer alttestamentlichen Grundhaltung, geprägt nach dem Motto: Ich möchte meinen Verpflichtungen Gott und den Menschen gegenüber nachkommen und mir einen gnädigen Richter verschaffen. Ich möchte auch mein Gewissen beruhigen. Neutestamentlich dagegen ist das Bestreben, christusähnlich zu werden, nicht um meinetwillen, sondern um des Bruders, der Schwester willen, ja, um der Menschheit, des Menschseins, der Menschenwürde, letztlich um der gesamten Schöpfung willen. Der Jünger Jesu verteilt keine Almosen. Er kommt ohne Beutel, ohne Sicherung. Auf diese Weise gibt er Zeugnis von der Wahrheit, der Wirklichkeit des Evangeliums, der frohen Botschaft von der Erlösung, vom Anbruch des Gottesreiches, das zuerst und vorrangig die Armen einlädt. Ich denke an den Kreuzweg, den »dritten Fall Jesu unter dem Kreuz«. Das Kreuz liegt horizontal auf ihm. Ein Bild für das historische Leiden der indigenen Völker in ganz Lateinamerika. Dieses Kreuz muss aufgerichtet werden, damit es zum Zeichen des Heiles werden kann.

17.8.1985

Hier schreibe ich den Brief ab, den ich im Namen von uns dreien den jungen Leuten, Klostergästen, in Stühlingen schicken möchte. Hoffentlich sind die anderen Beiden einverstanden.

»An alle, die zur Zeit in Stühlingen, im Kloster zum Mitleben, sind! Wir drei hier in Chalcatongo nehmen an, dass ihr in Stühlingen ganz gern mal einen Brief von uns bekommt. Wir grüßen euch aus Mexiko und möchten ein wenig von hier erzählen. Die Landschaft könnt ihr euch etwa so wie den Hochschwarzwald vorstellen, nur wachsen hier keine Tannen, sondern Kiefern. In den Tälern und auch sonst an allen denkbaren Stellen bauen die Leute Mais an. Der Mais ist das Grundnahrungsmittel. Man stellt daraus Tortillas her, eine Art Fladenbrot. Außerdem wachsen hier noch die Bohnen. Das ist schon ungefähr alles. Die Leute essen also tagein, tagaus kaum etwas anderes als Tortillas mit scharfen Gewürzen und Bohnen mit Zwiebeln. Andere Dinge können sie sich nicht leisten, weil sie sie kaufen müssten, und dazu ist kein Geld da. Überhaupt ist unser Eindruck, dass die Armut hier tief sitzt. Wir versuchen, in unserem Lebensstil Solidarität zu üben. Allerdings geht das nicht in jeder Hinsicht, denn wir müssen auch an unsere Gesundheit denken. Unsere Köchin ist Franziska. Sie kocht wie es hierzulande üblich ist. Wenn ihr wissen wollt, was sie verdient: Sie bekommt von uns umgerechnet 120 DM im Monat. In vieler Hinsicht sind die einheimischen Indígenas, die Mixteken, Opfer nicht nur früherer Politik zur Zeit der Kolonisation, sondern leiden auch unter der heutigen Weltwirtschaftsordnung. Man kann richtig einen Zorn bekommen, wenn man sieht, wie den Menschen die letzten Möglichkeiten, sich selbst über Wasser zu halten, genommen werden. Als Söhne des heiligen Franz von Assisi haben wir aber nicht vor, deswegen große Revolutionspläne zu schmieden, sondern möchten nur, soweit möglich, das Leben der Leute hier teilen. So hoffen wir, den Idealen des heiligen Franziskus und der heiligen Klara zu entsprechen, denn Gott ist nicht der, der den Reichen hilft, noch reicher zu werden, sondern er hat sich in Jesus Christus selbst erniedrigt und auf die Seite der Armen und Schwachen gestellt. Die Armen erfahren am besten dadurch von der Güte Gottes, dass man ihnen die »Predigt des eigenen Lebens« hält, so wie die ersten Kapuziner das gedacht haben. Wir grüßen euch von hierher und hoffen, dass euch eure eigenen franziskanischen Experimente Freude machen.«

Joachim und Pirmin sind einverstanden mit diesem Brief.

26.8.1985

In der vergangenen Woche haben wir am »Plenario« der Erzdiözese teilgenommen. Im Verlauf der Tage hat Pater Fernando Ruiz auf meine Bitte hin dafür gesorgt, dass der Bischof wegen unserer Aufenthaltsgenehmigung einen Brief verfasst hat, der es uns hoffentlich ermöglicht, im Oktober den Status des »visitante« zu erreichen.

Bei den Schwestern Kapuzinerinnen, die ihre Gastfreundschaft uns gegenüber wieder voll entfaltet haben, sprachen wir auch über einen eventuellen Besuch der Schwestern hier bei uns in Chalcatongo. Wegen der Klausurordnung der Schwestern ist das aber nicht so leicht zu bewerkstelligen. Der Plenario hatte die Rolle der Laien in der Kirche zum Thema. In meiner Kleingruppe, in der außer mir noch einige ältere Priester saßen, war diesbezüglich kaum etwas zu holen. Wir haben bei uns selbst erlebt, dass wir sprachlich schon viel besser zurechtkommen als beim letzten Plenario im März. Mit zwei franziskanischen Schwestern (FMM) aus dem Kreis der Missionarinnen hatten wir intensivere Kontakte und haben über eine eventuelle »Ansiedlung« der Schwestern in unserem Pfarrgebiet spekuliert. Von den Schwestern selbst kam der Vorschlag, unser Anliegen schriftlich zu fassen. Ich will auch an Paco Jiménez in Las Aguilas schreiben. Vielleicht lässt sich ein Treffen mit der entsprechenden Provinzoberin in Mexico City arrangieren. Acht dieser Schwestern arbeiten bereits in der Diözese, nämlich im Dekanat Sola-de-Vega, im Zapotekengebiet. Am Donnerstagabend waren wir auf Einladung des deutschen Mitbruders Nicolas, den wir schon vom letzten Plenario her kannten, im neuen Novitiatshaus der Steyler Missionare zu Gast. Bis um halb ein Uhr in der Nacht haben wir uns ausführlich ausgetauscht. Nicolas schilderte, wie schwierig es sei, die Einheimischen Indígenas zu aktiver Mitarbeit zu motivieren. Andererseits erzählte er voll Freude, dass ihn die Arbeit beflügele, weil sie so direkt am Puls des Lebens sei; ganz anders als in Deutschland, wo die Menschen ihrem eigenen Leben gegenüber entfremdet seien, sodass man sich ständig mit scheinbaren

Wichtigkeiten befassen müsse, die keine wirkliche existenzielle Bedeutung haben.

28.8.1985

Während der Novene zum Patronatsfest in Chalcatongo müssen wir jetzt jeden Tag die Vesper und die Messe ausarbeiten. Am Montag haben wir bei unserer wöchentlichen Reflektion die Themen festgelegt. Die Erstkommunion der Kinder wurde früher hier im Zentrum von Chalcatongo als Familienangelegenheit betrachtet. Den Kindern hat man einen Katechismus in die Hand gedrückt und gesagt: »Dann lern mal schön.« Das genügte zur Vorbereitung. Wir haben zur Elternversammlung eingeladen und möchten für die Kinder einen Kurs anbieten. Dieser Kurs findet während der Novene täglich statt. 25 Kinder nehmen teil. Die Gruppe ist nicht leicht zu führen, weil eine grundlegende Disziplin im Verhalten fehlt. Erfreulich war die Elternversammlung am vergangenen Sonntag. Nach einigen Schwierigkeiten war von allen Kindern wenigstens ein Elternteil anwesend. Nun können wir die Erstkommunion während des Festes als Gemeinschaftsfeier gestalten.

In den anderen Cabeceras, zum Beispiel San-Miguel-el-Grande, ist die Sache noch um Einiges schwieriger. Es ist wie ein Teufelskreis. Es gelingt nicht, Katecheten zu gewinnen. Die Aufgabenstellung überfordert von Anfang an die möglichen Kandidaten, die erst gar nicht anbeißen. Ohne Mitarbeiter kann aber ein pastorales Projekt kaum begonnen werden. Trotzdem dürfen wir zufrieden sein. Nach anfänglichem Zögern waren in San Miguel-el-Grande kurz vor dem Patrozinium zwanzig Personen unserer Einladung gefolgt. Sie hatten zwar ganz andere

Ideen und wollten über die Taufen und Hochzeiten sprechen, aber wir konnten den Spieß umdrehen und haben versucht, auch das Projekt der Erstkommunion der Kinder in der Vorbereitung zum Fest zu verankern.

4.9.1985

Gestern Mittag kam Pater Tranquilino, der Nachbarpfarrer von Itundujia, hier bei uns an. Er war die 25 Kilometer zu Fuß über die Berge marschiert, um in Chalcatongo zu telefonieren. Er wusste nicht, dass es hier im Dorf, obwohl es eine ranghohe »Villa« ist, überhaupt keinen Telefonanschluss gibt. Tranquilino hat ein Problem mit dem Abholzen des Waldes in seinem Gebiet. Die Leute sind fast geschlossen gegen die Maßnahmen der Regierung, die entsprechende Lizenzen an private Unternehmungen vergibt. Sie haben aber Angst, sich mit der Regierung auseinanderzusetzen. Im Moment geht es anscheinend darum, den Baumbestand genauer zu erfassen und Informationen über den Abtransport der Stämme zu bekommen. Wir unsererseits sehen des Öfteren die schweren Lastwagen auf dem Weg von San-Miguel-el-Grande nach Tlaxiaco. Tranquilino meint, die Hölzer würden direkt nach Oaxaca in eine Papierfabrik geschafft. Der Weg, die Schotterstraße, nach Tlaxiaco wurde jüngst erneuert. Er führt durch die Bergeinsamkeit, sodass niemand genau weiß, was passiert. Wenn man die vielen Stellen in der Landschaft sieht, die bereits von der Bodenerosion zerfressen sind, kann man nur gegen dieses Regierungshandeln protestieren. Tranquilino denkt so, aber er begibt sich auch in Gefahr. Man merkt es ihm an, dass er Angst hat. Er beneidet uns, die wir in Gemeinschaft sein können. Für ihn ist das Alleinsein eine harte Sache. Er ist fast ständig zu Fuß unterwegs, um seine fünfzig Dörfer zu besuchen. Er bleibt jeweils zwei bis drei Tage in einem Dorf.

Während des Plenario haben uns einige Schwestern, Missionarinnen, erzählt, wie sie in ihrem Gebiet vorgehen. »Wir gehen zu zweit los. Die beiden anderen hüten derweil das Pfarrhaus. Wir bleiben zwei oder drei Wochen in einem Dorf, vor allem, um das Patrozinium vorzubereiten. Zum Fest selbst kommt dann ein Priester von Oaxaca dazu.« Wir erleben in diesen Tagen ebenfalls, wie die Leute im Blick auf ihr Patrozinium stärker motiviert sind, auf Einladungen zu reagieren. Hier in Chalcatongo sind die vielen Gottesdienste durchweg gut besucht.

Übrigens ist auch der Katechet Miguel Hernandez Chaves wieder bei uns. Er hat mit Edmundo seinerzeit begonnen und bedeutet auch uns jetzt eine große Hilfe. Unter anderem gräbt er im Hof eine Zisterne aus. Das heißt, er haut den Felsboden in Stücke. Das ist Knochenarbeit. Er verdient sich so bei uns ein wenig Geld für seine Familie, die in Santa Cruce Tacaua, in der Nachbarpfarrei Yosondua lebt. Wir profitieren von seiner Anwesenheit auch sehr hinsichtlich unserer Sprachfähigkeit. Und auch bezogen auf ein Verstehen der indianischen Mentalität. – José-Luis, unser Mitbruder, hat uns einen netten Brief geschrieben, in dem er mitteilt, dass er sich für das kommende Jahr erneut zu einem Praktikum bei uns gemeldet hat.

Gestern habe ich eine Predigt über die Kerze als Symbol gehalten. Die Kerze verzehrt sich, um in die Umgebung hinein Licht zu spenden. So kann man das Glaubensleben verstehen. Seid »Licht der Welt«, sagt Jesus.

Das Bild kann auch für uns selbst fruchtbar sein. Jedenfalls müssen wir aufpassen, dass nicht das Gegenteil passiert, das wir »Dunkelheit« verbreiten. Wenn wir uns daran stoßen, dass alles so schwerfällig geht, dass unsere Ideen auf Widerstand stoßen, wenn wir ärgerlich werden und nur unsere Ziele vor Augen haben, wenn wir Resignation entwickeln oder »auf die Pauke hauen«, wenn wir also Macht ausüben, statt den Menschen nachzugehen, wird es dunkel um uns her ... Der Umgang mit den Menschen, die tatsächliche Wirklichkeit ist deshalb ein dauerndes geistliches Übungsfeld. Wir befinden uns in der Probe auf die Echtheit unserer Motive. Die »Schwäche« der Campesinos, ihre mangelnde Bildung, ihr Zurückgebliebensein, ihre Abwehr und ihr Misstrauen dürfen nicht unsere »Stärke« provozieren. Wo wir in den Tonfall der Herrscher, der Besserwisser, der Alleskönner verfallen, nimmt unser Auftrag Schaden. Es ist sehr nötig, dass wir diesbezüglich selbstkritisch bleiben. Da wir in Gemeinschaft angetreten sind, besteht die Hoffnung, dass die Korrekturfähigkeit nicht verloren geht. Wir dürfen eine kraftvolle Verkündigung des Evangeliums versuchen, müssen uns aber hüten, unsere Stärken gegen die einfachen Menschen zu richten. Wir würden sie, statt sie aufzurichten, erniedrigen.

9.9.1985

Nun haben wir in den vergangenen Tagen zum ersten Mal das Patronatsfest von Chalcatongo zu Ehren der »Santissima Virgen de la Natividad« (Mariä Geburt) gefeiert. Gestern, zum Hochamt, war die Kirche voll besetzt. Es können an die tausend Leute gewesen sein. Das haben wir so noch nicht erlebt, und es wird sich außerhalb des Festes auch nicht wiederholen. Die Festwoche, die Novene, begann am vergangenen Mittwoch. Wir haben jedem Tag ein Thema gegeben und dazu dann die Predigten, morgens und abends, gehalten. Diejenigen Personen, die die Verantwortung für das Fest tragen, die Mayordomo und Novenarios, haben mit großem Engagement ihre Aufgaben erfüllt. Da ist allerhand zu tun, wie Kirchputz, »Einkleidung der Virgen« und nicht zuletzt die vielen Festessen, mal in bescheidenem, mal im großen Rahmen. Für unsere Dienste hat man insgesamt 15.000 Pesos gegeben. Die Kollekten waren für die Wiederherrichtung der Kirchtürme. Während der Festtage war Serapio aus Cuernavaca bei uns. Auf diese Weise haben die Mitbrüder der Delegation uns ein Zeichen der Solidarität gegeben. Wir selbst waren oft Gäste der Novenarios bzw. der Mayordomo. Manchmal zwei Mal am Tag, die ganze Clique, einschließlich Miguel H. Ch., der wieder ein paar Tage für uns gearbeitet hat.

Am Freitagmittag um ein Uhr begann der Umzug, die Calenda, mit zwei schön geschmückten Symbolwagen. Die Motive: Die »katholischen Könige« und die »Virgen de Guadalupe«. Am Samstagmittag kam auch eine vierzigköpfige Radwallfahrt von Mexico City an. Joachim hat sie mit einem Gottesdienst empfangen. Die Leute haben sich offenbar daran gewöhnt, uns drei zusammen zu sehen. Wenn wir mal nicht gemeinsam auftauchen, wird gleich gefragt: »Wo sind die anderen?«

11.9.1985

Gestern war ich in Tlaxiaco, hauptsächlich wegen der Geldangelegenheiten. Das Konto funktioniert jetzt. Die Fahrt auf einem Camioneta: Drei Stunden hin, vier Stunden zurück. In Tlaxiaco habe ich noch bei der gerade stattfindenden Animateuretagung hereingeschaut. Siebzig »Ehrenamtliche« lernten, wie sie's in ihren Comunidades, Gemeinden, mit den Pláticas halten sollen.

Man sagt, insgesamt arbeiten in der Pfarrei Tlaxiaco mehr als dreihundert Animateure für achtzig Comunidades, sprich Dörfer. In Tlaxiaco macht seit zehn Jahren auch eine Gruppe von Schwestern der Hl. Familie mit. Offenbar geht die Saat nun auf. Bei uns dagegen kann man noch jeden Katecheten, wenn es überhaupt einen gibt, einzeln erfassen. Der Kurs war gut nachvollziehbar. Ich habe mich gefreut, das meiste ordentlich zu verstehen. Insbesondere die Erklärungen von Pater Elpidio haben mir Spaß gemacht. Er wirkt sonst eher leise und zurückgezogen. Hier aber zeigte er eine Menge Witz und Tiefgang. Als die Gruppen in einer Art Selbstdarstellung ihre Comunidades charakterisierten, wurde, gerade auch bei den »echten« Indígenas, viel Kreativität sichtbar. Einen Spruch, den ich in Tlaxiaco an die Wand geschrieben fand, möchte ich hier wiedergeben: »Das bessere Geschenk, das du jemandem machen kannst, ist nicht, ihm von deinen Reichtümern mitzugeben, sondern, dass du ihm hilfst, seine eigenen Reichtümer zu entdecken.« – In einem anderen Moment schwärmte Elpidio vom zweiten vatikanischen Konzil, das den Geist der Geschwisterlichkeit entfacht habe. Der Priester sei nun wirklich »einer aus dem Volk«. Er trage keine Soutane mehr, um sich elitär abzuheben. Der Geist der Pharisäer passe nicht mehr in unsere Zeit. Man spürte deutlich, wie Elpidio sich mit den Lefebvristen auseinandersetzte, die in Tlaxiaco agieren. Ich habe am Morgen auch gehört, wie diese über Lautsprecher das Rosenkranzgebet in die Straßen plärren.

13.9.1985

Bei Joachims Geburtstagskaffee war auch Don Gustavo dabei. Er war früher einmal in Chalcatongo »presidente municipal«

und führt in der Dorfhierarchie die Händler, die Mestizen an. Eine Aussage seinerseits möchte ich festhalten. Er meinte ohne jeden Selbstzweifel: »Ihr seid doch nicht nur wegen der Sakramente hier. Ihr wollt unsere Gegend ausforschen ...« Ich habe mich gleich – in aller Freundlichkeit – entrüstet gezeigt. Don Gustavo gibt die gängige Meinung der kirchlich engagierten Händler wieder. Er kann die Deutschen im Allgemeinen hoch loben wegen ihrer kulturellen und technischen Leistungen, sozusagen von Gutenberg bis Werner von Braun. Das Klischee besagt aber auch, dass die Deutschen immer unterwegs sind, um irgendwo ihren Vorteil zu suchen. So werden wir entsprechend von ihm – und nicht allein von ihm – eingeordnet. Platt gesagt: Wir sind dann hier in Mexiko, um auf Kosten der Armen fett zu werden. Na schön!

Interessant ist in diesem Zusammenhang die Sichtweise der nordamerikanischen Sekten. Demnach sind die Katholiken erstens »Säufer« und zweitens »Kommunisten«. Wer das Spiel der Kapitalisten, nämlich die Ausbeutung durch fremde Mächte, nicht mitspielen will, wird diffamiert und politisch ausgegrenzt. Allerdings klappt dieser Mechanismus seit der mexikanischen Revolution nur, wenn die politischen Amtsträger »gekauft«, korrumpiert werden. Man ist speziell auch in Deutschland geneigt, der Agitation der amerikanischen Sekten gegen die angeblichen katholischen Kommunisten eher Glauben zu schenken als den eigenen katholischen Brüdern. Vergleiche: der Fall »Oscar Romero«.

19.9.1985

Am Sonntagmorgen, noch in der Nacht, haben wir ein Erdbeben erlebt, kurzwellige Erschütterungen, von denen wir wach wurden. Pirmin hatte nichts bemerkt. Als wir am Morgen nachschauten, war in der Kirche etwa ein Eimer voll Putz von der Orgelempore heruntergekommen. Außen, vom Turm herunter, ebenfalls ein Eimer voll Mörtel. – Heute, Donnerstag, haben wir auch am Tag ein Erdbeben erlebt. Das war so: Wir saßen zur Laudes in der Sakristei. Während der Meditationsstille, genau um 7:20 Uhr, nahm ich wahr, wie eine von den Blumen in der Vase vor der Muttergottes zu vibrieren begann. Nur die eine, eine Fuchsie mit den Glöckchen. Dann spürte ich auch durch den Stuhl hindurch eine Bewegung des Bodens. Ich machte die anderen darauf aufmerksam. Ein Erdbeben. Joachim meinte, wir sollten lieber ins Freie gehen. Also gingen wir in den Hof. Natürlich interessierte uns, was der Kirchturm machte. Wir sahen hinauf und in diesem Augenblick setzte erneut ein Beben ein. Nicht so sehr eine kurzwellige Erschütterung wie am Sonntag, sondern ein langwelliges Beben. Der Kirchturm begann sichtbar zu schwanken, sehr sichtbar. Ich dachte: »Er kippt!«, und lief zum Tor, um die Leute zu warnen, die unterhalb des Turmes ihre Marktstände aufbauten. Auf mein Rufen reagiert hat so schnell niemand. Noch ein paar Schwingungen des Turms, dann Schluss. Wie zum Beweis, dass das Ganze keine Einbildung war, blieb die Turmuhr genau um 7:20 Uhr stehen. – Etwas später hören wir, dass das Erdbeben in Mexico City großen Schaden angerichtet hat. Es habe viele Tote gegeben.

24.9.1985

Das war jetzt eben der stärkste Regenguss, den wir bislang erlebt haben. In fünf Minuten fielen 1,7 cm Wasser. Ich habe, als es losging, eine flache Schüssel aufgestellt und konnte nachher mit Hilfe von Pirmins Schweizer Taschenmesser alles schön ausmessen. Also sind in fünf Minuten 17 Liter Wasser per Quadratmeter vom Himmel gestürzt. Anscheinend verabschiedet sich auf diese Weise die Regenzeit.

Für das Bibelgespräch heute Abend habe ich die Stelle Mt 24,1-4 ausgewählt. Das passt zur »Endzeitstimmung«, die vom Erdbeben ausgelöst wurde. Es heißt jetzt, es habe in Mexico City mehr als eintausend Tote gegeben. Hier hat eine Familie eine Messe bestellt für eine Tochter, die in Mexico City umgekommen ist. Es könnte durchaus sein, dass eine Katastrophe dieses Ausmaßes auch politisch Dinge in Bewegung bringt. In einem Buch von Manfred Mols über MEXIKO IM 20. JAHRHUNDERT (Paderborn: F. Schöningh 1981) lese ich wörtlich: »Die Zeit tickt.« Mols gibt der PRI-Herrschaft höchstens noch ein oder zwei Jahrzehnte. Das Buch wurde 1981 geschrieben ... Im Bibelgespräch befanden die (sieben) Teilnehmer, dass das Beben im Zentrum der Stadt, ja des Staates Mexiko, eine Bekehrung auslösen sollte ...

Wir haben uns als Aufgabe gestellt, an der Armut der Armen Anteil zu nehmen. Das heißt aber gerade nicht, dass wir zur Adresse von Bittgesuchen werden sollten. Wir müssen deswegen manchmal eine ziemliche Härte an den Tag legen und die Menschen in ihrer Bettelgeste zurückweisen. Das fällt Pirmin und auch Joachim schwer. Bei vielen Gelegenheiten »rücken uns die Armen auf den Pelz«. Wenn es möglich ist, versuchen wir, den Menschen nahezulegen, an den entsprechenden Stellen ihr Recht einzufordern, statt sich selbst zu Bittstellern herabzuwürdigen. Manche Leute, Indígenas durch und durch, verstehen das Problem. Ihr Stolz ist in einer historisch fünfhundertjährigen Leidensgeschichte begründet. Zwar fehlt die Kraft, ihr eigenes Schicksal selbst in die Hand zu nehmen. Sie sind passiv geworden. Sie weichen aus, haben ihre Opferrolle weitgehend internalisiert. Sofern sie in der indianischen Gemeinschaft verankert sind, bleiben sie in ihrem Innersten dennoch trotzig selbstbewusst. Die soziologische Analyse heißt: Die Indígenas sind in ihrem eigenen Land zu Sklaven herabgesunken. Andere bestimmen ihr Leben. Das sind in Mexiko heute, seit der Revolution um die Jahrhundertwende, die Mestizen. In Chalcatongo, in unserem Gebiet, spiegelt das Gefälle zwischen Händlern und Campesinos diese Dinge wider.

Zurück zu den Sekten, die im Bereich der Unterschicht nicht nur in Centro-America, sondern auch in Mexiko weit vorgedrungen sind. Sie kaufen der katholischen Mehrheitskirche den Schneid ab, und zwar wohl vor allem deshalb, weil sie ein »Emporkommen« des je einzelnen Menschen propagieren. Das klingt verlockend. Sie, besonders die Sabbatisten und Zeugen Jehovas, sind damit in gewissen Sinn in Mexiko systemkonform, nämlich der PRI-Herrschaft verpflichtet. Im katholischen, mestizischen Milieu überwiegt ebenfalls deutlich eine konservative Grundeinstellung. Diese ist aber wegen des staatlich dogmatisierten Laizismus nicht systemkonform. Die Sekten lehren die Leute, sich nach unten abzusetzen und nach oben anzubiedern. Das ist amerikanischer Ideologieimport. Erzbischof Bartolomé Carrasco hat uns am Anfang auf die Frage, wie wir uns denn einstellen sollen, geantwortet: »Ihr müsst die Menschen lieben. Mehr kann ich auch nicht sagen.« Das fällt, offen gesagt, nicht ganz leicht. Allzu oft fordern die Leute, insbesondere die Händler, von uns hartnäckig, ihre Wünsche, zum Beispiel nach Privatgottesdiensten, zu erfüllen, gehen aber auf unsere Vorstellungen nicht ein. Wir müssen taktisch vorgehen und sie gewissermaßen austricksen, indem wir die Gottesdienstordnung vorgeben und die Intentionen wegen eines Anliegens nur annehmen, wenn auch die Intentionen weiterer Familien eine Rolle spielen. Positiv registrieren wir, dass auf diese Weise die Besucherzahlen bei den Sonntagsgottesdiensten in Chalcatongo ansteigen, einfach deswegen, weil mehr Familien, auch aus den umliegenden Dörfern, zum Zuge kommen.

20.10.1985

Ich schreibe hier einfach einen Abschnitt aus dem Buch von M. Mols ab, der sich auf die wirtschaftliche Entwicklung Mexikos nach dem zweiten Weltkrieg bezieht. »Des Weiteren hat die intensive Vernachlässigung des campo dazu geführt, dass die Durchschnittseinkommen aus agrarischem Erwerb weit unter den Einkommen in anderen Produktionszweigen liegen, dass Arbeitslosigkeit und Unterbeschäftigung auf dem Land wesentlich provozierender sind als in den Städten, dass das ›Land‹ zurückgeblieben ist in der Alphabetisierung, in der medizinischen Betreuung, im Ernährungsniveau, den Wohnverhältnissen etc., kurz, dass sich hier im Laufe der Jahre eine Verelendung akkumuliert hat, die für viele auf dem Land lebenden Menschen selbst noch die Slums rund um die urbanen Zentren attraktiver machen als den Verbleib in ihrer angestammten Heimat.« (Manfred Mols: MEXIKO IM 20. JAHHUNDERT, Paderborn: F. Schöningh 1981.) Für unser Gebiet, ein »Rückzugsgebiet« der indigenen Bevölkerung, der Mixteken, gilt dies alles quasi doppelt. Auch die Migration, die temporäre oder dauernde Abwanderung in die Städte, Mexico City und Tijuana, steht in diesem Zusammenhang. Dies wiederum führt dazu, dass die Mixteken zunehmend ihre angestammte Kultur verlieren und oft nur zu den Patronatsfesten bzw. zum Totenfest in ihren Dörfern anzutreffen sind.

23.10.1985

Gestern und vorgestern hat hier bei uns in Chalcatongo die Dekanatsversammlung stattgefunden. Wir sind dankbar, dass alles so gut über die Bühne ging. Die Versammlung findet etwa alle zwei Monate an einem der Pfarrsitze statt. Die Teilnehmerzahl variiert ein wenig. Hier bei uns waren 27 Leute beteiligt, die Pfarrer der neun Pfarreien und jeweils einige Mitarbeiter, zum Teil Ordensschwestern und auch einige »seglares«, Laienmitarbeiter. Unter den 27 Teilnehmern waren sieben Frauen. – Man trifft zum Mittagessen des ersten Tages bei dem jeweiligen Gastgeber ein und tritt nach dem Mittagessen des zweiten Tages die Rückfahrt an. Die meisten kamen mit einem Auto, andere mit dem Bus. Die Wege sind beträchtlich. Diejenigen, die an der Straße nach Putla ihre Wirkungsstätte haben, müssen über Tlaxiaco fahren, ein enormer Umweg. Südlich von uns liegen, ohne Umweg über Tlaxiaco, nur Yolotepec (Yosondua) und Itundujia. Zurzeit sieht die Besetzung der Pfarreien so aus: In Tlaxiaco ist Pater Elpidio Santiago seit einem Jahr Pfarrer. Vikar ist jetzt Pater Edmundo Santiago, der zuvor hier in Chalcatongo war. Zum Team gehören vier Schwestern von der »sagrada familia«, eine Kongregation, die auch in Guatemala arbeitet. In San Miguel Progreso haben vier Schwestern der »Missioneras Guadalupanas« die Pfarrverantwortung. Bei Gelegenheit kommt ein Priester aus Tlaxiaco zur Mithilfe. In Yucuhiti arbeitet seit einigen Jahren der Amerikaner Pater John Reuter. In Putla ist jetzt als Nachfolger von Pater Luis Barrita Pater Heriberto, der vorher in Rom kanonisches Recht studiert hat. In Zacatepec leben vier Claretianer. In Itundujia ist der verantwortliche Pfarrer seit zwei Jahren P. Tranquilino Martínez. In Yolotepec, mit Wohnsitz in Yosondua, arbeitet P. Alejandro Solalinde. Einige jüngere Helfer mit ordensähnlicher Lebensauffassung helfen ihm. In San Mateo Peñasco hat P. Mario Ordáz die Verantwortung. Er ist allein, hat aber mit Achiutla noch eine weitere Pfarrei zu betreuen.

Der Entwicklungsstand der einzelnen Pfarreien ist sehr unterschiedlich. Chalcatongo hinkt in vielen Aspekten hinterher. In pastoraler Hinsicht führend sind wohl Tlaxiaco und Putla (die Städte). Die Größe der Pfarreien ist ebenfalls unterschiedlich. Tlaxiaco ist mit weiteren achtzig Dörfern die größte. Wir in Chalcatongo rangieren mit 43 Dörfern im mittleren Bereich. Somit deckt das Dekanat Tlaxiaco einen Großteil der »Mixteca«, des Siedlungsgebietes der Mixteken, ab.

Für uns war es das erste Mal, dass wir als Gastgeber der Versammlung aufgetreten sind. In Putla und Tlaxiaco hatten wir »nur« teilgenommen. Jetzt mussten wir für Unterkunft und Verpflegung sorgen und außerdem den »Moderator« stellen. Pirmin und Joachim hatten sich schon früh mit der Vorbereitung befasst, während ich noch in Mexico City war. Den springenden Punkt bildeten die Übernachtungen. Pirmin hat im Dorf viele »Betten« angeworben, sodass wir mit guten Voraussetzungen den Tag erwarten konnten. Einige Frauen hatten angeboten, in der Küche zu helfen. Im Resultat ist zu sagen, dass alles recht gut geklappt hat. Der einzige etwas dunkle Punkt war, dass wir am Abend erst verspätet zum Essen kamen. Dadurch mussten die Gastgeber der »Betten« eine Stunde länger auf ihre »Kundschaft« warten. Das Essen war einfach, schmackhaft und liebevoll zubereitet. Mittags haben wir draußen unter dem Vordach gegessen, abends im Saal. – Die Versammlung selbst war zunächst von der Wahl des Dekans geprägt. Es galt, einen Nachfolger für Pater Luis Barrita zu finden. Da uns die Moderation zufiel, mussten wir die Wahl »bewerkstelligen«. Der erste positive Punkt war schon einmal, dass alle Pfarreien ihre Vertreter geschickt hatten. Ich habe dann als Moderator zunächst einfach die Fragen zu klären versucht, die ich selbst hatte. Einige Stimmen wurden laut, die meinten, wir sollten nur einen Kandidaten für das Amt wählen und die eigentliche Ernennung dem Bischof anheimstellen. Andere wollen den Dekan wirklich selbst wählen. Diese Position fand dann die Mehrheit, nicht zuletzt deswegen, weil wir, wie sich herausstellte, ohnehin nur eine Zwischenlösung bis zum Auslaufen der offiziellen Amtsperiode finden mussten. Dann haben wir die Kandidatenliste erarbeitet. Jede Pfarrei konnte einen Vorschlag machen. Genannt wurden: P. Mario, P. John, P. Heribert, P. Alejandro und P. Elpidio. Heribert und Elpidio erklärten daraufhin, sie würden die Wahl nicht annehmen, weil sie erst vor kurzen ins Dekanat gekommen seien. Bei der eigentlichen Wahl hatte dann wieder jede Pfarrei eine Stimme, die mündlich, nach Beratung im Team, abgegeben wurde. Die Mehrheit von 51 Prozent sollte beim ersten Wahlgang genügen. Und so wurde Pater Alejandro Solalinde im ersten Wahlgang mit fünf Stimmen zum neuen Dekan gewählt. Applaus. Alejandro nahm die Wahl an und stand am Abend der heiligen Messe vor, die wir mit den Leuten von Chalcatongo feierten.

Nach der Wahl haben wir dann die Themenliste für das weitere Gespräch aufgestellt. Den Hauptpunkt bildete der Erfahrungsaustausch. Ich habe jedes Pfarrteam gebeten, darzustellen, woran im Moment vordringlich gearbeitet wird. Es kam zu einem lebhaften Austausch. Auch die Seglares, auch die Frauen beteiligten sich in angemessener Weise. Dies ist wohl in gruppendynamischer Hinsicht der schwierigste Punkt: Die Pfarrer sind es mehr gewohnt, zu reden. Sie schalten sich schneller ein, warten nicht ab und sprechen auch gern zu lange. Am zweiten Tag wurde ich als Moderator von einem Seglar aus Putla abgelöst. Das ist so üblich, obwohl es eigentlich jemand aus der gastgebenden Gemeinde sein soll. »Unsere« Josefina, die wegen der Küche nur teilweise anwesend war, kam aus diesem Grund nicht zum Zuge. Für mich war die Rolle als Moderator nicht ganz einfach, unter anderem wegen der mangelhaften Sprachkenntnisse. Andererseits bringen wir ein gutes Stück Unvoreingenommenheit mit, was auch von Vorteil ist. Die Diskussion kreiste dann am Abend und in Fortsetzung am nächsten Morgen um die Pláticas, die Sakramentenvorbereitung. Die überwiegende Zahl der Teilnehmer machte deutlich, dass sie diese Form vehement befürwortet. Die selbstgesteckten Ziele können allerdings wegen eigener Defizite von den Pfarrern und ihren Mitarbeiter/innen nicht immer eingelöst werden. Gelegentlich gibt es den Verdacht, dass die Leute nur in eine andere Pfarrei gehen müssen, um die Taufen »billiger«, d. h. ohne Pláticas zu erreichen. Wir haben den Eindruck, dass es in unserem Fall so etwas wie eine Krise gibt. Besonders in Yosonotú und Atatlahuca gibt es unausgesprochene Widerstände gegen die hohen Forderungen. Es kann aber auch sein, dass einfach nicht so viele Taufen erforderlich sind wie zu Beginn unserer Arbeit. Die mangelnde Bereitschaft der Indígenas, sich in eine Pflicht nehmen zu lassen, wurde im Laufe der Dekanatsversammlung immer wieder als das Haupthindernis in der pastoralen Arbeit bezeichnet. Dazu ist allerdings zu sagen, dass es für diese Haltung historische Gründe gibt, die auch, wenn auch nicht nur, mit Kirche und Glauben zu tun haben. Der Indígena ist stets auf Abwehr eingestellt. Seine Mentalität ist eine Antwort auf mancherlei Bedrohung, auf vielfache Unterdrückung. Der Indígena, allgemein gesprochen, hat eine große Fähigkeit entwickelt, sich unfähig zu zeigen und zwar nach »außen«, nicht nach »innen«. Unter sich, im eigenen Milieu, sind die Menschen sehr fähig. – Das alles ist eine Sache des Vertrauens. Meine Hoffnung besagt, dass unsere franziskanische Gesinnung hier Veränderungen ermöglicht. Das hat etwas zu tun mit der »Inkarnation«, mit der Fleischwerdung des Glaubens. Der Indígena hört die Botschaft, aber er glaubt ihr nicht. Das gelebte Zeugnis hätte die Kraft, Misstrauensschranken zu überwinden. Eigentlich ist die Sache ganz simpel. Die einfachen Menschen glauben nur, was sie sehen. Sie wollen das gelebte Zeugnis sehen, nicht nur die vielen Worte hören. Worte allein verfangen nicht. Zum Ausgangspunkt machen die einfachen Menschen ihre eigenen Erwartungen. Sie wenden sich an einen ihrer Heiligen. Wenn dieser Heilige ihre Bitten ungehört lässt, rufen sie einen anderen, »besseren« an. So einfach geht das. Wahrscheinlich ist das auf der ganzen Welt so. Es ist überall ein weiter Weg von »mein Wille geschehe« bis zu »Dein Wille geschehe« im Sinne des Vaterunsers. So gesehen ist Evangelisation, Mission, erst möglich auf der Basis von glaubhaftem Zeugnis. Es braucht lebendige Heilige, nicht tote. Wobei diese Vorbilder unbedingt Einheimische sein müssen.

Zur kulturellen Identität der indigenen Bevölkerung gehört das katholische Glaubensbewusstsein. Das stimmt, aber es stimmt nur bedingungsweise. Hinter dem »katholischen« Glauben verbirgt sich nämlich auch der ursprünglich indigene Glaube. Letzterer scheint verschüttet, wurde von offizieller kirchlicher Seite bekämpft, als »heidnisch« gebrandmarkt. Jetzt ist er ein untergründiges, kaum noch fassbares Substrat. Auf der Oberfläche bekennen sich die Einheimischen zum katholischen

Glauben. »Wir sind sehr gläubig«, können sie ausdrücken. Ansonsten erschöpft sich ihre Zustimmung in dem immerzu wiederholten »*Sí, padrecito*«. Sie sagen immer »Ja«, meinen aber etwas anderes, das sie selbst nicht recht ins Wort bringen können. Ihre traditionelle kulturelle Einbettung in die katholische Welt ist deshalb zwiespältig. Die mestizische Mehrheit der Mexikaner tickt in dieser Hinsicht ganz anders. Für sie ist die indigene Kultur – etwa der Azteken – bloße Vergangenheit.

Die Indígenas, Campesinos, haben eine eigene Art mit diesen Fragen umzugehen. Sie durchschauen ihre eigene Situation nicht. Sie sehen nur, was sich auf ihrem Dorfplatz abspielt. In allen existenziellen Unsicherheiten zünden sie vor ihren »Santitos«, ihren Heiligenbildern, Kerzen an. In jedem Haus befindet sich ein Hausaltar, der auch mit ihrer spirituellen Beziehung zu den Toten zu tun hat. Man könnte meinen, die Menschen würden in ihrer Armut in eine religiöse Scheinwelt fliehen. Das stimmt aber nicht. Die religiösen Bräuche sind praktischer Ausdruck ihrer indianischen Identität. Hier finden sie den Halt, den sie im sozialpolitischen Feld schmerzlich vermissen. Zwar symbolisiert der Heiligenkult den sozialen »Rückzug«, doch ist es ein Rückzug, der mit verschütteten Quellen, den abgestorbenen Wurzeln, zu tun hat. Zum Glück, sagen wir, reißt man den Menschen nicht gar so leicht das Herz aus der Brust. So zeigen die Indígenas, die Mixteken, ein Selbstbewusstsein, das erstaunen lässt. Es ist der Stolz der Underdogs, der auf ihren Gesichtern steht. Sie weigern sich, für das Elend der Armut, das sie hautnah betrifft, die Schuld zu übernehmen. Sie ziehen sich vor den drohenden Gewalten buchstäblich in die hintersten Winkel der Berge zurück. Das ist ihre eigentümliche Überlebenskunst.

31.10.1985

Joachim ist seit vorgestern in Atatlahuca, Pirmin seit gestern in Yosonotú. Wir haben uns gesagt, dass wir uns für das Totenfest auf die Municipien verteilen wollen. Für mich bleiben Chalcatongo und San-Miguel-el-Grande. Ich bin mal gespannt, wie nachher unsere Beurteilung ausfallen wird. Sonntagabend ist der drei- bis viertägige Einsatz zu Ende. – Nachts wird es inzwischen beträchtlich kälter. Besonders am Morgen weiß man nicht recht, wie man's anstellen soll. Vorgestern hat es noch einmal kurz und kräftig geregnet. Damit dürfte die Regenzeit endgültig vorbei sein. Der Himmel ist jetzt den ganzen Tag über strahlend blau. So kann mich die Natur mit mancher Plage versöhnen.

4.11.1985

Das Fest der Toten fiel diesmal auf das Wochenende. Joachim war bereits seit Dienstag in Atatlahuca. Er äußerte sich zufrieden mit seinem Einsatz. Ich konnte aber noch nichts Genaues erfahren, weil er gleich anschließend nach Oaxaca zur Priester-Vollversammlung fuhr. Pirmin äußerte sich ebenfalls zufrieden. Er war seit Donnerstag in Yosonotú. Er hat den Weg, hin und zurück, zu Fuß zurückgelegt. Per Brief hatte er sich bei Don Juan angemeldet und wurde auch entsprechend erwartet. Der Hauptakzent liegt in Yosonotú auf dem Allerseelentag. Nachmittags kommen die Menschen aus den Dörfern, die zu Yosonotú gehören, auf den Friedhof, der am Rand des Dorfes liegt, also nicht wie in San-Miguel-el-Grande in unmittelbarer Nähe der Kirche. Pirmin hat den Eindruck, dass seine Anwesenheit beim Fest für die Leute etwas Ungewohntes war. Er hat zuerst versucht, mit Don Juan einen Zeitplan zu erarbeiten. Er kam aber nicht weit damit. Was die Leute nicht aus der Tradition heraus kennen, ist nur schwer zu vermitteln. Insgesamt ist sein und auch mein Eindruck, dass die Leute das Totenfest etwa in der Art begehen wie in Deutschland Weihnachten gefeiert wird, nämlich als Familienfest. Die Seelen der Toten werden als in den Familien gegenwärtig vorgestellt. Man empfängt sie feierlich in dem Haus, in dem sie früher gelebt haben, und bereitet ihnen auf dem Hausaltar ein Mahl. Alle Familien begehen diesen Ritus gleichzeig in ihren Häusern. Schließlich, am folgenden Tag, gehen alle auf den Dorffriedhof, um die Toten wieder zu verabschieden. Auch jetzt wird Mahl gehalten, an den Gräbern auf dem Friedhof. Ich hatte den Einsatz in Chalcatongo und San Miguel. Mein Gespür sagt: Ich lag in der Planung falsch. Die angebotene Messfeier wurde in Chalcatongo praktisch nicht angenommen. Die Nachfrage richtete sich vor allem auf Weihwasser, das die Leute im Pfarrhaus holten. Ich hätte mich stärker an den Bräuchen – die ich aber nicht kannte – orientieren müssen. Meine Idee war, auch in San-Miguel-el-Grande präsent zu sein. Das klappte wegen der Uhrzeiten nur bedingt. In San-Miguel gibt es eine besondere Verehrung der »Anima«, der Seele, die als Imágen, als Bildnis, in der Kirche aufgestellt wird, eine Frauengestalt mit flehendlich erhobenen Händen, deren nackter Oberkörper aus den Flammen der Hölle (?) ragt. Die Menschen verehren dieses Bildnis mit viel Inbrunst. – Immerhin war ich dann am folgenden Tag noch in Reforma, denn dort wird alles einen Tag später gefeiert. Auf dem Friedhof spürte ich, dass der Ort viel größer ist, als ich gedacht hatte. Ich habe alle Gräber systematisch mit Weihwasser gesegnet.

9.11.1985

Schnell eine Notiz: Bei den letzten Pláticas hier in Chalcatongo haben etwa 120 Personen teilgenommen. Das bedeutet drei Trauungen und dreiundzwanzig Taufen. Geholfen hat uns diesmal der Katechet Felipe aus Yosondúa, weil Joachim zurzeit in Oaxaca ist. Pirmin und ich wollen morgen wegen eines Termins mit CEDIPIO (Centro Diözesano de Pastoral Indígena) ebenfalls nach Oaxaca.

21.11.1985

Joachim hat an der Priesterversammlung, bei der es, wie er meint, sehr offen zuging, teilgenommen. Die Schwestern in Oaxaca waren wieder sehr nett, und wir hatten viel Freude bei der Nachfeier von Pirmins Namenstag und, zufällig, auch Serapios Geburtstag.

Bei der Dekanatsversammlung in Yucuhiji habe ich mir die Buchtitel notiert, die Pater John Reuter über die »Mixteca« gesammelt hat. Das kann sehr helfen, die kulturellen Zusammenhänge verstehen zu lernen.

10.12.1985

Ich war wieder einmal in Mexico City wegen unserer Aufenthaltsgenehmigung. Viel weiter gekommen bin ich nicht, weil die Behörde zurzeit wegen des Erdbebens nicht arbeitet. Das Hauptgebäude in der Colonia Roma ist betroffen, und viele Mitarbeiter dieser Behörde sind ums Leben gekommen.

13.12.1985

Der Kontostand bei der Bank ist jetzt, nachdem die Überweisungen von Deutschland her geklappt haben, ungefähr 1 Million Pesos, das sind etwa 10.000 Mark. Damit können wir die Erneuerung des Pfarrhausdaches in Angriff nehmen. Die Wellbleche sind in Oaxaca schon bestellt. – Vor vierzehn Tagen haben wir in Chalcatongo zum ersten Mal so etwas wie eine Kirchenversammlung, Junta, versucht. Die Dachreparatur war eines der Themen. Bis jetzt ist das »Comité zur Reconstrucion des Templos« das einzige offizielle Gremium. Der Verantwortliche für Kirchenangelegenheiten seitens des Dorfes ist Don Manuel Zafra, mit dem wir gut zusammenarbeiten können. Andere »Posten« sind vakant. Man muss aber auch an die jährlich sich ablösenden Mayordomias denken, die das Patrozinium verantworten.

Gestern waren wir alle drei ausgeflogen und haben in verschiedenen Gemeinden das Fest der »Virgen de Guadalupe« gefeiert. Die Bräuche, an denen wir anknüpfen können, variieren in den Dörfern. In Santa Catarina Yosonotú zum Beispiel spielt die »Übergabe der Wachskiste« eine große Rolle. Das ist der Moment, an dem die Verantwortung für das Patronatsfest von der einen auf die nächste Mayordomia übergeht. Die Wachskiste muss in diesem Moment mindestens so viel Kerzenwachs enthalten wie im Vorjahr, denn sonst kann der neue Mayordomo die Unkosten für das Fest nicht bestreiten. In feierlicher Prozession wird die Kiste in sein Haus getragen. Bald danach kommt er ins Pfarrhaus in Chalcatongo, um den Priester zu bitten, beim Fest die Heilige Messe zu feiern und die fälligen Taufen zu spenden. Jetzt will er auch die Quote für den Priester begleichen. In letzterem Punkt haben wir allerdings abweichende Vorstellungen. Da wir die Taufen nicht während des Festes spenden wollen und auch weitere pastorale Projekte, zum Beispiel die Erstkommunion der Kinder, in Gang bringen möchten, nehmen wir die Bezahlung unserer Dienste erst später an. So üben wir eine sanfte Gewalt aus, um einen Ansatz für weitere Aktivitäten zu gewinnen, die der Mayordomo mitverantworten soll. Taktik muss sein.

17.12.1985

Gestern haben wir unseren Nachbarpfarrer Alejandro und sein Team in Yosondúa besucht. Die Vereinbarung war, dass wir ihnen ein wenig über Franz von Assisi erzählen. Da ich meine Dias zum Thema von Deutschland mitgebracht hatte und inzwischen auch einen Projektor (für ca. 700 Mark) gekauft habe, konnte ich die entsprechenden Bilder vorführen. Das dürfte ein fruchtbarer Impuls gewesen sein. Wer lange genug hier in der Abgeschiedenheit arbeitet, trocknet spirituell leicht aus. – In der Mittagszeit haben wir auch einen Besuch bei den Wasserfällen von Yosondúa gemacht. Der Fluss Esmeralda, Smaragd, stürzt sich dort über Katarakte etwa zweihundert Meter in die Tiefe. Ein eindrucksvolles Naturschauspiel. Natürlich habe ich dort auch Fotos gemacht. Der Wasserfall liegt etwa eine halbe Stunde Fußwegs unterhalb von Yosondúa. Langsam verstehe ich die geographische Lage, in der wir uns befinden, besser. In Richtung Norden haben wir von Chalcatongo aus den Riegel des Gebirges mit einer Gesamthöhe von 3.000 Metern zwischen uns und dem vierhundert Meter tiefer gelegenen Tlaxiaco. Vor Kurzem haben wir ja auch in Yucuhiji bei der Dekanatsrunde sehen können, wie die Landschaft hinter den Bergen, die sich westlich von Yosonotú und Atatlahuca erheben, aussieht. Es ist wirklich beeindruckend, wie die Täler in Richtung pazifischer Ozean abstürzen. Nach Osten hin, bei San Felipe Tindáco und bei Reforma, endet unser Gebiet ebenfalls mit einem tief eingeschnittenen Tal. Nebenbei: In Mexico City konnte ich beim letzten Besuch wieder keine genauere topographische Karte bekommen.

23.12.1985

Seit Mai dieses Jahres sind wir drei deutschen Kapuziner der Rheinisch-Westfälischen Ordensprovinz nun offiziell in Mexiko engagiert. Wir fühlen uns inzwischen einigermaßen zu Hause, wenngleich vieles noch fremd und unbekannt anmutet. Durch die Feste in den vergangenen Wochen sind wir jetzt aber doch schon in fast allen Dörfern der Pfarrei ein wenig präsent. Das ist unsere erste Aufgabe: den Kontakt mit den Menschen, den Mixteken, aufzunehmen, um so eine Brücke für die Verkündigung des Evangeliums zu bauen. – Heute, Montag, haben wir unseren internen Gemeinschaftstag gehalten. Die Pfarrhoftür blieb geschlossen. Wir brauchen den Tag um unserer Reflektion und Planung willen. Eine Stunde der Stille sollte dazu dienen, nach innen zu schauen und zu prüfen, wie weit wir in unserem Engagement gehen können und wollen. Heute Nachmittag war dann das Thema die »Eucharistiefähigkeit«. Wir stellen fest, dass die große Mehrheit der Bevölkerung wenig oder nie zur Kommunion geht. Was können wir da bewegen? Ich persönlich würde gern am Weihnachtsfest die Generalabsolution erteilen. Joachim und Pirmin sind dagegen. Es sieht so aus, als ob die

Leute in dem Umstand, dass sie nie gebeichtet haben, eine Sperre gegenüber dem Kommunionempfang sehen. Bis in jüngste Zeit hinein ist ihnen das so vermittelt worden. Mir scheint in der Koppelung von Beichte und Kommunion ein unerlöster Zusammenhang zu bestehen, den die Menschen nicht selbst zu verantworten haben. Das Problem ist kirchlich hausgemacht. Man redet den Menschen Sünden ein, um sie dann lossprechen zu können. Ein echtes, persönliches Sündenbewusstsein kann nur wachsen im Kontakt mit Gott und Christus. Erst muss die Gotteserkenntnis wachsen. Danach kann man von persönlicher Schuld reden, nicht vorher. Im Übrigen glaube ich, dass die Menschen hier nicht in erster Linie Sünden begehen, sondern unter der Sünde leiden, Opfer sind. Die schreiende Armut ist als Ungerechtigkeit aufzufassen, die nicht zu Lasten der Menschen geht. Natürlich resultiert daraus auch persönliches Fehlverhalten. Eine Generation gibt der anderen die Angst und die Minderwertigkeitsgefühle weiter.

Aus solchen Zusammenhängen kann man die Menschen nicht dadurch erlösen, dass man sie an ihrem Sündenbewusstsein packt. Man muss sie von diesem Druck aufgrund der zuvorkommenden Liebe Gottes befreien, lossprechen. Meine Meinung. Das Kommen des Gottesreiches darf im Milieu der Armut nicht an Vorbedingungen geknüpft werden. Das wäre unbiblisch und der Evangelisation, wie sie von Jesus herkommt, zuwiderlaufend. Der Sünder, der eigentliche Täter, der Ausbeuter und Unterdrücker, soll sich bekehren, ja. In den Augen Gottes ist der Arme schon frei. Er darf eintreten. Er ist der bevorzugte Gast bei der Tischgemeinschaft des Herrn.

Solche Dinge müssen wir unter uns, eventuell auch im Dekanat, weiter besprechen.

26.12.1985

Heute, am zweiten Weihnachtstag, Donnerstag, ist in Chalcatongo wie gewöhnlich Markt. Weihnachten hat hier in der Gegend keinen hohen Stellenwert. Seit dem 16. Dezember wurden allabendlich die »Posadas« gefeiert. Ab und zu haben wir teilgenommen, Joachim auch in San-Miguel-el-Grande. Die Figuren von Maria und Josef werden in Erinnerung an die Herbergssuche in Prozessionsform von Haus zu Haus getragen. Jeden Abend wird von einer anderen Familie für die beiden Heiligen eine Herberge, eine Posada, in Art einer Krippe hergerichtet. Man singt die traditionellen Lieder und wird im Haus des Gastgebers mit einer Kleinigkeit, Tamales, beköstigt. Etwa fünfzig bis siebzig Personen, darunter viele Kinder, machten den Umzug mit. Wenn wir mitgegangen sind, haben die Leute dies offensichtlich mit Freude als eine Bestärkung erfahren. Dienstag war dann der Heilige Abend. Ich hatte zunächst einen Gottesdienst in Zaragoza, San-Miguel-el-Grande. Anschließend wurde ich zu einer kranken, alten Frau gebeten. Später am Tag sprach ich mit Don Cucu wegen der Mitternachtsmesse im Zentrum. Da stellte sich heraus, dass das Lied »Stille Nacht« praktisch unbekannt ist. Pirmin musste noch um 19 Uhr die Vesper in Cañada Morelos halten. Inzwischen schob Franziska den Hahn, den Joachim und Miguel H. geschlachtet hatten, in den Ofen. Pirmin kam gerade rechtzeitig zurück, sodass wir ein gemeinsames Mahl halten und ein wenig in unserem Stil den Heiligen Abend verbringen konnten. Aus Deutschland war tatsächlich an diesem Tag Post gekommen, die wir gemeinsam angeschaut haben. Allerdings saßen Franziska und Miguel H. eher unbeteiligt dabei. Die Mitternachtsmesse verlief herrlich chaotisch. Die Mädchen kamen als Engel und die Jungen als

Hirten zur Kirche. Sie hatten allerlei lebendige Tiere, große und kleine, dabei, wurden dann aber im Laufe der Feier recht müde. Zum Abschluss des Gottesdienstes bekam das Jesuskind von allen Anwesenden einen kleinen Gute-Nacht-Kuss, während der Chor das Ro-Ro-Ro-Wiegen-Lied immer von neuem wiederholte. – Nach der Mitternachtsmesse hatten wir noch eine Einladung bei Don Manuel, unserem »Kirchen-Chef«. Er feierte seinen 68. Geburtstag. Da durften wir nicht fehlen. Um 2:30 Uhr fielen wir schließlich in die Betten.

30.12.1985

Der erste Weihnachtstag sah so aus: Sieben Gottesdienste mussten gehalten werden. Joachim hatte die Messe um 10 Uhr hier in Chalcatongo und wurde dann nach Cañada Morelos abgeholt. Pirmin ging zu Fuß nach San-Miguel und nach Guerrero San-Miguel, und ich war mit Chapulín, dem Jeep, in Guadalupe-Victoria, in Juárez-San Miguel und in Yosonotú. Für mich war die Tour recht stramm, zumal wir den Jeep erst noch flottmachen mussten. In Guadalupe konnte ich mit dem Gottesdienst erfreulicherweise bald beginnen. Die Leute gaben beim Gesang ihr Bestes, haben aber in José, dem Katecheten, keine Stütze, weil der den Ton nicht halten kann. Nach der Messe waren noch einige Imágenes zu segnen, außerdem einige Kinder. – Der Weg nach Juárez ist ordentlich weit. Am Eingang des Dorfes hat mich Joaquina, die Katechetin, gestoppt, um zusammen mit ihrer Verwandten das letzte Stück mitzufahren. Beim Einsteigen gab sie mir ein Brot mit Fleischeinlage. Das kam mir zu diesem Zeitpunkt, 12 Uhr, gerade recht. Der Gottesdienst in Juárez war gut besucht, nicht zuletzt deswegen, weil der Agente, Dorfälteste, gut mitgezogen hat. Anschließend die Segnung eines neuen Traktors, der Stolz des Dorfes. Als ich um 15 Uhr weiterfahren wollte, ließ man mich nicht. Ich »musste« noch etwas essen. Um 16 Uhr kam ich dann in Yosonotú an. Dort waren der Sakristan und einige andere »Bedienstesten« zur Stelle, alte Männer, mit denen ich kaum etwas anfangen konnte. Don Juan war noch nicht da. Die anderen Leute seien »beim Fest, alle betrunken«, sagte man, mir ohne dass ich verstanden hätte, was gemeint war. Wir haben dann trotzdem mit etwa zehn Teilnehmern die Hl. Messe gefeiert. Nach und nach kamen einige Leute dazu. Am Schluss sah es dann doch ganz gut aus. Der Hintergrund für diese Szene ist der, dass die Leute sagen: »Das Fest findet beim Mayordomo statt«, was so viel bedeutet wie: Dort, am Haus des Gastgebers, gibt es für alle zu essen und zu trinken. Und wenn sich die Menschen dort einmal niedergelassen haben, setzen sie sich nicht so leicht noch einmal in Bewegung, um zum Gottesdienst zu kommen. Dennoch. Sie kamen. Nur habe ich nicht geschaltet und mir dadurch einen heftigen Fauxpas geleistet. Mitten während des Gottesdienstes kam nämlich ein Mann, angetrunken, auf mich zu und wollte mich begrüßen. Ich wies ihn ab, weil er den Ritus störte. Nachher stellte ich fest: Es war der Mayordomo. – Nach dem Gottesdienst bin ich mit einer Familie, von der ein junger Mann durch ein Unglück zu Tode gekommen war, zum Friedhof gegangen. Der Bruder des Verstorbenen kümmerte sich derart liebevoll um die Mutter, dass es mir wirklich sehr zu Herzen ging. Alle weinten. Ich auch. – Ich musste dann noch eine ganze Reihe von Gräbern segnen, bevor ich mich wieder auf den Weg machen konnte. Es war jetzt dunkel. Ich war in Eile, weil Franziska uns zu einem Abendessen in das Haus ihrer Familie eingeladen hatte. Unten am Fluss hielt mich ein Mann auf. Er sei der, der das »Evangelium« d.h.

die Kindersegnung, bestellt habe. Ich erinnerte mich, dass wir in unserem Arbeitsbuch eine derartige Eintragung hatten. Warum er dann nicht ins Dorf zum Gottesdienst gekommen sei, fragte ich ihn. Er habe sich im Datum geirrt, war die Auskunft. Na ja. Ob wir dann jetzt zur Kirche gehen könnten, fragte er. »Nein«, war meine Antwort, »wenn schon, dann gehen wir zu Ihrem Haus.« – »Das geht nicht. Es muss doch in der Anwesenheit Gottes sein!« – »Es geht dennoch. Ich erkläre es Ihnen. Gehen wir!« Also sind wir zu seinem Haus gegangen. Das Auto habe ich einfach am Straßenrand stehen lassen. »Wir haben kein Weihwasser im Haus.« – »Das macht nichts, ich werde welches segnen.« – »Die Madrina (Patin) ist noch nicht da. Wir rufen sie.« Die Madrina kam dann sogar ziemlich schnell. Das Kind schrie. »Das Kind muss jetzt erst noch das weiße Kleid anbekommen.« – »Nein, es geht auch so. Das Kind ist wichtig, nicht das Kleid.« Dann war es doch noch eine ganz schöne Feier. »Die Gegenwart Gottes ist dort, wo wir unseren Kindern die Liebe schenken«, erklärte ich. Und das Kind wollte meinen Finger nicht mehr loslassen. »Pater, du musst jetzt noch das Kleid segnen.« – »Okay, kein Problem.« – »Padrecito, haben wir dich beleidigt?« – »Nein, es hat mir Freude gemacht. Darf ich jetzt gehen?« – »Sind wir in Frieden miteinander?« – »Ja, bestimmt. Heute ist doch Weihnachten ...«

Ich wollte rechtzeitig zu Hause sein, wegen der Einladung. Als ich gegen 19:45 Uhr in Chalcatongo ankam, beichtete mir Franziska, dass es mit der Einladung heute nichts würde. Ich war ganz froh. So haben wir noch ein wenig bei uns zusammengesessen, einige deutsche Weihnachtslieder gesungen und sind dann zu Bett gegangen. Wir hatten ja noch Schlaf nachzuholen ...

31.12.1985

Für ungefähr zwanzig DM habe ich in Mexico City ein Thermometer erstanden, mit dem ich nun die Tagestemperaturen (im Schatten) messen kann. Hier in Chalcatongo auf etwa 2.700 Meter ü. M. beginnt der Tag jetzt in der Trockenzeit mit etwas sechs Grad Celsius bei Sonnenaufgang. Zum Mittag hin steigt die Temperatur bis zu sechzehn Grad an. Am Abend senkt sie sich wieder bis neun Grad um 22 Uhr. Das ist die mittlere Kurve. Sie variiert nur wenig. Wenn kein Wind geht, ist es zum Aushalten. Innerhalb des Hauses ist die Kurve etwas flacher. Es wird nicht gar so kalt, aber auch entsprechend weniger warm, sodass ich jetzt hier gut eingemummt sitze und schreibe.

Eben war ein Vater, der hier in Chalcatongo lebt, mit seinem Sohn, der in der Stadt Oaxaca wohnt, mit seinem kleinen Töchterchen auf dem Arm hier, um wegen einer Taufe anzufragen. Der Sohn, meinte der Vater, sei jetzt hier für ein paar Tage zu Besuch und die Taufe solle am 1. Januar sein. Ich fragte nach ›Pláticas‹. Ja, sie hätten in Oaxaca teilgenommen, aber keine schriftliche Bestätigung. Ich habe gezögert, zuzustimmen, und auf einmal stellte sich heraus, dass weder die Eltern noch die Padrinos (Paten) verheiratet sind. Unter diesen Umständen könne die Taufe natürlich nicht stattfinden, erklärte ich und versuchte, dem jungen Mann nahezulegen, erst einmal über die Heirat nachzudenken. Der aber, modern aufgemacht in Hinsicht auf Kleidung und Brille, war schon eingeschnappt, weil er seinen Willen nicht bekam. In diesem Gespräch habe ich zum ersten Mal, seit wir hier in Chalcatongo sind, eine beleidigende Bemerkung gehört. In Deutsch lautet sie etwa so: »Was will dieser Priester denn überhaupt hier? Er kann ja nicht einmal ordentlich Spanisch!« – Ich schreibe diese Szene auf, um zu zeigen, wie gut wir es normalerweise haben. Die Leute, besonders die Campesinos, akzeptieren uns trotz unserer offensichtlichen Grenzen. Es fällt niemandem ein, uns zu kritisieren, geschweige denn zu beleidigen. Da müssen schon die eher überheblichen Stadtmenschen (Mestizen) kommen. Die Indígenas verlieren niemals den »respeto«, den Respekt.

4.01.1986

Heute Morgen habe ich auf meinem Weg nach Abasolo zum ersten Mal das »Eis« gesehen. Es handelt sich um Raureif. Ich war in Abasolo wegen der Erstkommunionvorbereitung. Heute war der »Elterntag«. Die Eltern sollen spüren, dass es eigentlich ihre Aufgabe ist, ihre Kinder an die Dinge des Glaubens heranzuführen. Da mich ein Lastwagen mitgenommen hatte, war ich schon früh vor Ort. Etwa 45 Minuten später kam eine Frau und sagte: »Ach du liebe Güte, der Pater ist ja noch ganz allein hier ...« Ich bat sie, nachzuschauen, wo denn die anderen Eingeladenen blieben. Sie ging und kam mit zwei alten Leuten zurück, Oma und Opa eines der zehn angemeldeten Kommunionkinder. Sie seien als Ersatz gekommen für die Eltern, die den Termin nicht wahrnehmen könnten. Nach und nach trudelten auch die anderen ein. Um 12 Uhr waren alle da: 25 Erwachsene. Sie hatten aber keine Zeit zu bleiben. Also sprach ich ein wenig über den Gründonnerstag und die Heilige Messe. Dann folgte eine kleine Bußfeier. Die Kinder hatten zuvor, insgesamt acht Mal, an einem Mittwochnachmittag für eine Stunde am Unterricht teilgenommen. Das musste genügen. Es zeigte sich, wie schwierig es ist, eine Struktur in die Sache zu bringen. Die Leute sind es nicht gewohnt, Terminabsprachen ernst zu nehmen.

Dennoch: Auch ein magerer Erfolg ist ein positiver Impuls. Man kann darauf aufbauen.

Übrigens: Gestern kam ein Telegramm von der Firma, bei der wir die Wellbleche für das Dach geordert haben. Die Bank habe unsren Scheck nicht eingelöst. Das ist ein »dicker Hund«. Ich werde also wieder einmal eine Reise tun müssen, um die Sache voranzubringen. Insgesamt werden die Kosten sich damit um ein Drittel erhöhen.

7.1.1986

Ich denke über das Thema »Sünde und Schuld« nach. Den Kranken und Leidenden wird in der Bibel immer wieder gesagt: Deine Sünden sind dir vergeben. Das soll doch wohl heißen: Du bist nicht selbst der Sünder, der deine Leiden verursacht hat. Die Schuld liegt anderswo. Du bist freigesprochen, weil es nicht gerecht ist, dir zusätzlich zu deinem Leiden auch noch die Schuld daran zu geben. Suche die Schuld nicht bei dir selbst, sondern fühle dich frei! – Natürlich gibt es auch den Verursacher, denjenigen, der das Leiden anderer Kreaturen zu verantworten hat. Im Zusammenhang mit den leidvollen Bedingungen, in denen die Indígenas, die Campesinos, heute stecken, ist das eine historische aber auch eminent aktuelle, politische Fragestellung. – Des Weiteren: »Sünde« und »Leid« stehen in einem ursächlichen, wechselseitigen Verhältnis. Wenn es keine Sünde gäbe, gäbe es auch kein Leid. Das wäre der paradiesische Zustand. So ist die reale Welt aber nicht. Ganz im Gegenteil. Das Leid verursacht nicht die Sünde, wohl aber – umgekehrt – verursacht die Sünde Leid. »Erlösung« bedeutet, diesen Zusammenhang, die Koppelung aufzuheben. Ein Leugnen des Zusammenhangs, der

Wahrheit, ist unsinnig. Um der Wahrheit auf die Spur zu kommen, bemüht sich die lateinamerikanische Kirche im Anschluss an die Bischofskonferenzen »Medellin« und »Puebla« um eine Analyse der Realität. Man schaut zunächst die Seite der »Lasten« an. Wo und wie leiden die Menschen? Dann fragt man weiter: »Warum ist das so? Wo sind die Ursachen, die Quellen, die dazu führen, dass ganze Völker leiden, in der Armut versinken? Woher kommt der Druck? Wer legt die Lasten auf?« Es genügt nicht, auf die Vergangenheit, die gewissermaßen tote Vorgeschichte, zu verweisen. Die gegenwärtigen sozialen Strukturen müssen in den Blick genommen werden. Ein erlöstes Denken darf die Ursache, die Schuld, nicht bei den Opfern suchen. Man kommt unwillkürlich zu der Schlussfolgerung, dass die zur Leiderfahrung der Armut gehörige Schuld bei den »Reichen« liegen muss. Das allerdings ist ein reichlich simples Modell. Dennoch steckt ein großes Korn Wahrheit darin. Die »Schuld« der Reichen ist vielleicht nicht so sehr ihr Reichtum selbst als vielmehr ihr Beitrag zur Aufrechterhaltung von Unrechtssystemen, die zu Lasten der Armen gehen, sodass diese nicht nur aktuell die Beeinträchtigung ihres Lebens erfahren, sondern darüber hinaus in unentrinnbarer Verstrickung gefangen bleiben. Ihre Leiden haben keinen positiven Sinn.

Religiös gesprochen kann Leiden allerdings einen erlösenden Sinn haben. Das ist aber eine andere Sache. Ähnlich wie die frei gewählte Armut einen prophetischen Aspekt enthält, so auch das frei gewählte Leid des Erlösers. Hier geraten wir an eine Argumentationsgrenze. Die biblische »Armut im Geiste« macht jedenfalls eine Sichtweise möglich, die über die ideologische Verteidigung der je eigenen Position hinausgeht … Im Blick auf die »Reichen«, die Privilegierten, wird man von der Dringlichkeit der Bekehrung sprechen müssen … Die freiwillige, solidarische Annahme der »Armut« wird mit dem Begriff »Selbstopfer« adäquat angesprochen. Das führt theologisch direkt hinüber zur Kreuzesnachfolge. Frage: kann man eine solche Sichtweise den gesellschaftlich »Privilegierten« schmackhaft machen? Kann es für sie Bedeutung gewinnen, von Jesus als dem zu sprechen, der die »Schuld der Welt« auf seine Schultern nimmt? Die Zustimmung zu solchen Thesen setzt wohl eine persönliche Bekehrung voraus.

8.2.1986

Heute Abend wollen wir noch unser einjähriges »In-Mexiko-landen-Jubiläum« feiern und dann am Montag bei unserer wöchentlichen Reflektion ein wenig Bilanz ziehen.

Gestern und heute hatten wir in San Felipe Tindaco die Pláticas mit geschätzten achtzig Teilnehmern, wobei einige Leute, die gar nicht verpflichtet gewesen wären, dazukamen. Es waren dann zwei Hochzeiten und acht Taufen. – Am vergangenen Wochenende hatten wir die Pláticas in Chalcatongo mit ungefähr 250 Teilnehmern. Das waren vierzehn Hochzeiten und 49 Taufen.

9.2.1986

Joachim und Pirmin sind zurzeit wegen der »tramites«, Formalitäten, zur Aufenthaltsgenehmigung in Mexico City. Deswegen waren sie leider nicht hier, als Besuch von Cardonal kam. Dort, im Bundesstaat Hidalgo, haben die deutschen Canisianer ihre Niederlassung. Einige der Brüder bzw. Schwestern kennen wir bereits. Ich bin mit dem Besuch nach San Felipe Tindaco gefahren. Während der drei Tage gab es viele gute Begegnungen, sodass die Gäste vermutlich einen besseren Eindruck von unserer Arbeit bekommen haben als realistisch wäre. Francisca hat sich große Mühe gegeben und z.B. überbackene Sardellen (aus der Dose) gemacht. Die Gäste sind dann, nachdem ihr Auto wieder flott war, nach Oaxaca weitergereist, um an einem Treffen für Basisgemeinden teilzunehmen, das erstmalig auf Ebene von ganz Mexiko stattfinden sollte.

Zurück zu den Pláticas. In Chalcatongo waren die Leute am Freitag recht pünktlich um 9:30 Uhr anwesend. So konnten wir die Themen, die wir ja bereits auswendig vortragen, wie geplant loswerden. Die Stimmung war gut, entgegenkommend. Nur wenige Teilnehmer liefen zwischendurch nach draußen. Hier am Pfarrsitz lässt sich alles besser organisieren, nicht zuletzt deswegen, weil hier donnerstags der Markttag ist. In den entfernt liegenden Dörfern ist logischerweise alles schwieriger. So kommen die Leute dort oft scheinbar zufällig, jedenfalls schlecht vorbereitet, zum Termin. In Atatlahuca und Yosonotú, ebenfalls in San Felipe, haben wir es bislang gelten lassen, wenn ein Kind erst am Abend des ersten Tages zur Taufe eingeschrieben wurde. Auch andere »requisitos«, Bedingungen, lassen wir dort leichter unter den Tisch fallen. Für uns bedeutet es eine erhebliche Belastung, wenn wir mit der Veranstaltung nicht beginnen können, weil die Leute so spät auftauchen. Aber das ist wohl ein typisches Problem für deutsche Gemüter. Ich denke so: Wenn wir insgesamt die Mehrheit derer, die die Adressaten sind, in unserem Rahmen versammeln können, wird die Minderheit langsam aber sicher beidrehen. Was die Mehrheit tut, macht Schule.

13.2.1986

Am Montag haben wir bei unserer Reflektion versucht, die Beziehungen unter uns ein wenig zu klären. Ich denke, es war ein gutes Gespräch, wenngleich oder vielleicht gerade weil auch weniger Gutes zur Sprache kam. Unser Gemeinschaftsleben ist ja nicht konfliktfrei. Wenn wir untereinander unsere Grenzen kennen, können wir uns gegenseitig leichter akzeptieren. Jeder darf seine Eigenheiten haben. Es geht darum, an unseren Grenzen nicht zu scheitern. Dann wäre unser Auftrag »im Eimer«. Jeder von uns hat eine ordentliche Portion Idealismus im Gepäck. Psychologisch ausgedrückt: Da sind verborgene Über-Ich-Strukturen am Werk. Das führt gelegentlich zu Problemen, weil wir uns in unseren Erwartungen gegenseitig überfordern. Als Resultat unseres Austausches haben wir einen Brief an Eckehard, unseren Provinzial in Deutschland, geschrieben, in dem Sinne, dass er sich keine Sorgen um uns zu machen braucht. Wir kommen miteinander zurecht. Wir versuchen, authentisch zu sein. Das ist ein gutes Ziel. Es bringt uns in Zusammenhang mit den Campesinos, die auf uns den Eindruck machen, authentisch zu sein. Sie haben keine großen Ambitionen. Ihre Armut erzwingt eine Lebenseinstellung, die in dieser Hinsicht sehr gesund ist. Sie kämpfen mit den praktischen Notwendigkeiten, nicht mit irgendwelchen nur gedanklichen Vorstellungen.

Wenn wir ebenfalls authentisch sein möchten, dann heißt das, dass man uns unsere Menschlichkeit, unsere Grenzen, ruhig ansehen darf. Vielleicht kann man es so sagen: Wir haben uns keine »Rolle« zugelegt. Wir spielen nicht, Missionare zu sein, sondern sind es.

15.2.1996

Soeben kommen wir von San-Miguel-el-Grande wieder. Die Pláticas waren von ungefähr achtzig Leuten besucht. Das bedeutet sechzehn Taufen und vier Hochzeiten. Gestern haben Pirmin und ich die Sache ohne Joachim bestritten, der zur Fiesta in Ndoyonocoyo, das zu Atatlahuca gehört, war.

Die vergangene Woche haben wir in Yosonotú verbracht. Dort findet am zweiten Freitag der Fastenzeit das Fest des »Señor de la Columna« (der Herr an der Geißelsäule) statt. Es ist ein Wallfahrtsfest für die ganze Region. Wir waren zu dritt dort, einmal weil jeder die Erfahrung machen wollte, zum anderen weil uns gesagt wurde, dass beim Fest sehr viel Betrieb sei. Unsere Planung, von Montagmorgen bis Samstagmorgen anwesend zu sein, war genau richtig. Zwischendurch, am Dienstag, waren Pirmin und ich in Morelos-Yosonotú und haben im Vorbeigehen die Höhle kennengelernt, von der es heißt, dass die Menschen hier um Regen beten, besonders intensiv, wenn die Regenzeit verspätet einsetzt. Joachim hat derweil im Zentrum Büro gemacht und schon den ersten Pilgergottesdienst gehalten. Am Mittwoch setzte der Betrieb massiv ein. Den ganzen Tag über kamen Lastwagen an, auf denen die Pilger anreisten, besonders aus dem Gebiet von Putla und Huajápan de Leon. Auch die Leute aus dem Nachbarstaat Guerrero machten sich durch ihre weiße Tracht bemerkbar. Stark vertreten waren ebenfalls die Trickie, besonders auffallend und schön die roten, gestickten Gewänder der Frauen. Am Abend waren derart viele Leute am Ort, dass wir uns fragten, wie sie wohl die Nacht verbringen würden. Die Antwort ist: Überall lagerten die Menschen auf dem bloßen Boden, um zu schlafen. Manche auf ihren Lastwagen. Kein freies Fleckchen mehr zu finden.

Wir: dicht gedrängt im Curato. Die Nacht war nicht sonderlich kalt. Man sagt, im vergangenen Jahr hätte es während des Festes viel geregnet. »Der Februar spinnt«, sagen die Leute. Am Donnerstag fanden insbesondere die Segnungen statt. Das bedeutet, dass den ganzen Tag über mindestens einer von uns mit einem Eimer Weihwasser in der Kirche präsent sein musste, um die langen Schlangen derer zu bedienen, die nichts anderes wollten, als dass ihre Andachtsgegenstände oder sie selbst mit ihren Kindern den Segen bekämen. Zuvor waren sie, ebenfalls in langen Schlangen, an die große Heiligenfigur des Señor de la Columna herangetreten, um sie mit einem Zweig oder einer Blume zu berühren. Sonst passierte nichts, das heißt nichts, was man äußerlich hätte sehen können. Ein zweiter von uns hatte Bürodienst. Das bedeutet, an einem kleinen Tisch zu sitzen und die Mess-Intentionen der Pilger entgegenzunehmen. Schnell den Namen eines Verstorbenen notieren, weitere Anliegen anhören, auch die Gesundheit der Tiere einbeziehen und: Der Nächste bitte! Der Dritte von uns hatte jeweils Freizeit, um über den Markt zu schlendern oder andere Eindrücke zu sammeln. Bei mir hieß das auch: ein paar Fotos zu schießen. Die andere Hauptsache unseres Einsatzes waren die Gottesdienste. Zwei Messfeiern, eine morgens ganz früh, die andere gegen Abend. Die Kirche, gar nicht so klein, war immer gedrängt voller Pilger, so voll, dass wir uns regelrecht durchkämpfen mussten, um zum Altar zu gelangen. Während der Messe dann die Verlesung der Intentionen, der Namen derer, für die die Pilger die Messe bestellt hatten. Eine riesenlange Litanei. Nur die Verlesung der Liste dauerte eine geschlagene halbe Stunde. Ähnlich der Kommuniongang: das reinste Chaos. Dennoch atmosphärisch alles sehr dicht. Ohne Frage ein religiöses Spitzenereignis. Nie zuvor konnte ich bei der Predigt so aus mir herausgehen.

Noch nie war mir die Botschaft von der Erlösung durch das Leiden Christi – des Herrn an der Geißelsäule – derart nah gekommen.

20.2.1986

Noch ein Nachtrag zum Pilgerfest in Yosonotú. Gegessen haben wir jeweils im Haus von Don Juan. Der Geldbetrag, den wir für uns bekommen haben – die Intentionen – belief sich auf 121.000 Pesos, also etwa 500 DM. Die weiteren Spendengelder gingen an den Templo.

11.3.1986

Eben komme ich von Tlaxiaco zurück. Die Sache mit den neuen Nummernschildern für Chapulín, unseren Jeep, ging erstaunlich zügig über die Bühne. Die andere Angelegenheit mit unserer Aufenthaltsgenehmigung lief in der letzten Zeit dagegen weder zügig noch unkompliziert. Ganz im Gegenteil. Dennoch kann ich melden, dass wir jetzt einigermaßen auf Linie sind. Mein letzter Aufenthalt in Mexico City hatte neben den Papierangelegenheit das Ziel, unseren Generaldefinitor Juan Carlos Pedroso zu treffen. Er hat die Delegation der Kapuziner visitiert. Wir hatten allerdings falsche Termine, sodass ein Treffen nicht stattfand. Das ist nicht so schlimm, denn der Mitbruder wird im Juli wieder in Mexiko sein und wir können in Cuernavaca an einem Meditationskurs mit ihm teilnehmen.

19.3.1986

Heute kamen die neuen »Mitteilungen« aus der Heimat, die letzten vor dem nun anstehenden Provinzkapitel. Zur Information der Brüder fand sich darin auch ein Abschnitt aus dem Pastoralplan der Erzdiözese Oaxaca. Ich bin zurzeit dabei, ein weiteres Tonbild zu gestalten, das zu Hause in Deutschland die hiesige Problematik verdeutlichen soll. In kirchlichen Kreisen wird gern die Ansicht vertreten, die Eroberer und Kolonisatoren hätten die Indígenas ausgebeutet und unterdrückt, während die katholische Kirche solidarisch auf der Seite der Einheimischen gestanden habe. Dieses Bild ist grundlegend falsch. Die Kirche hat die Indígenas ebenfalls kolonisiert, geistig-religiös nämlich. Die Religion der Einheimischen wurde systematisch zerstört, nicht nur nicht anerkannt, sondern als heidnisch geächtet und verfolgt. Heute muss eine angemessene Pastoral einen umgekehrten Weg gehen, nämlich den theologischen und kulturellen Wert der indigenen Religion neu herausarbeiten, und wo immer dies noch möglich ist, wieder »zum Leben erwecken«. Der Ausdruck »Inkulturation« gefällt mir daher nicht sonderlich, so wenig wie die Bezeichnungen »Mission« oder »Entwicklungshilfe«. Die Begriffe suggerieren eine falsche Rollenverteilung. Die Indígenas müssen als Subjekt ihrer eigenen Religion und Geschichte gesehen werden, nicht als Objekt. Ihnen selbst gehören Stimme und Wort. Wir sollten wachsam sein und zu entdecken versuchen, inwieweit dies (noch) möglich ist. Vieles ist verschüttet, aber nicht tot. Unser Charisma als Kapuziner, als Franziskaner, nämlich unsere Lebensform der solidarischen »Armut«, verpflichtet uns, prophetisch die Stimme zu erheben und unter anderem um eine wahrere, ehrlichere Sicht der historischen Zusammenhänge bemüht zu sein. Die Umkehrung der Perspektive besagt, dass nicht weiterhin »die Heiden« zur Bekehrung aufgefordert werden, sondern zuerst und besonders die »Christen« der Bekehrung bedürfen. Es scheint, als sei Gott dabei, die Fronten zu wechseln.

28.3.1986

Heute ist Karfreitag. Die Feiern der Heiligen Woche nehmen unsere Aufmerksamkeit sehr in Anspruch. Bis jetzt ist alles einigermaßen gelungen. Die Palmsegnung am vergangenen Sonntag fand vor der Calvario-Kapelle im Unterdorf statt. Die »Präsentation der Apostel« hat trotz mancher Schwierigkeiten in der Vorbereitung ganz gut geklappt. Die »Apostel« und die »Soldaten« waren kaum zu den Proben erschienen. Einzig der »Christus« (Ruben Raul Nicolas Huitron) nahm die Dinge ernst. Von Beruf ist er Lehrer. Auch die anderen Hauptrollen, Matheus und Petrus, sind gut besetzt. Für den Gründonnerstag haben wir in Absprache mit dem Mayordomo die Banda von San Felipe eingeladen. Um 20 Uhr war alles gelaufen: zuerst, noch im Pfarrhof, erneut die »Präsentation der Apostel«, dann eine Prozession nach Progreso. Dort die »Fußwaschung« und »Abendmahlsfeier«. Anschließend die Prozession zurück zur Hauptkirche und die Eucharistiefeier. Schließlich die »Gefangennahme« auf dem Vorplatz. Die Beteiligung der Gemeinde war nicht gerade überwältigend, der Tatsache geschuldet, dass der Donnerstag Markttag ist und die Händler von Chalcatongo entsprechend vollbeschäftigt sind. Unsere Nachforschungen ergeben, dass die »lebendige« Ausgestaltung der Heiligen Woche noch sehr neu ist. Edmundo, unser Vorgänger, hat damit begonnen. Früher hat man die Feiern mit dem »Santo Entierro«, der großen Christusfigur gehalten. – Zum Kreuzweg am Karfreitag, heute, später.

19.4.1986

Nach der Karwoche waren wir wieder in Oaxaca bei »unseren« Schwestern. Es ist eine gute geistliche Erholung, dort zu sein. Die Schwestern bemühen sich sehr um uns, manchmal zu sehr. Abends haben wir jeweils gemeinsam Rekreation gehalten, mit Lieder-Singen und Spielen. Zu den Mahlzeiten waren wir auch im Konvent eingeladen. Die Tische haben die Schwestern draußen im Kreuzgang aufgebaut. Normalerweise essen die Schwestern in ihrem Refektorium, sobald sich aber eine Gelegenheit ergibt, ziehen sie um und nutzen den Garten, nicht zuletzt der Abwechslung wegen.

Die Schwestern sind wohl auch dankbar für unseren Besuch. Das bedeutet für sie eine gewisse Verlebendigung. – Außerdem haben wir in der Stadt unsere »Geschäfte« erledigt. – Am letzten Tag unseres Aufenthaltes kam die Nachricht, dass Pater Francisco, der Novizenmeister der Steyler, samt zwei Novizen und einer Carmeliterin auf der Straße zwischen Mexico City und Oaxaca tödlich verunglückt sei. Ein harter Schlag. Der Salesianerpater Carlos hat uns berichtet, dass er wenig später die Unfallstelle gesehen habe. Die Camioneta und ein Autobus seien frontal zusammengestoßen. – Kein Wunder, dass uns »unsere« Schwestern beim Abschied dringend ans Herz gelegt haben, vorsichtig zu fahren. Die Strecke von Oaxaca bis hierher, Chalcatongo, beträgt fast genau 250 Kilometer. Man braucht sechs Stunden.

Von Donnerstag bis Samstag hatten wir Pater Alejandro und sein Team, Pater Tranquilino und Pater Mario mit seinem Bruder zu Gast. Es sollte eigentlich eine Auszeit für das ganze Dekanat werden. So konnten wir immerhin mit einigen Nachbarpfarrern eine Freizeit veranstalten. Wir haben vor allem Fußball gespielt: Mexiko gegen Deutschland. Deutschland hat am Ende 12 zu 3 gewonnen. Ein gutes Vorzeichen für die kommende Weltmeisterschaft hier in Mexiko. – Eine ganz andere Sache: Ich mache mir Gedanken zur Missionstheologie. Zu allen Zeiten hatten die Missionare irgendwelche Zielvorstellungen und hofften, dass ihr Einsatz wirksam werden würde. Was unsere eigenen Vorstellungen betrifft, so haben wir natürlich auch die Hoffnung, dass wir etwas bewirken. Aber was? Die Grundfrage ist wohl diejenige nach der Erlösung. Wer selbst erlöst ist, dessen Aktivitäten speisen sich aus dieser Quelle. Wer wenig erlöst ist, dessen »Mangel« wirkt sich ebenfalls aus. Ob man es nun selbst wahrnimmt oder nicht: Alle Handlungen, besonders die Sprechhandlungen, bringen entweder die destruktiven oder die konstruktiven Energien zur Wirkung, oder eine Mischung davon. Ich muss also, logischerweise, zuerst an der eigenen Erlösung interessiert sein. Es könnte sonst passieren, dass ich an sich richtige Wahrheiten in destruktiver Weise verkünde, um zu dominieren, meine Minderwertigkeitskomplexe auszuleben, um zu herrschen, mich in Szene zu setzen und so weiter. Vielleicht ist das, was ich sage, inhaltlich richtig, aber ich trage es in moralisierender, ungnädiger, intoleranter, fordernder, abwertender, hochmütiger Weise vor. So wird die Wahrheit verdunkelt und ins Gegenteil verkehrt. Und nun ergibt sich eine erstaunliche Einsicht. Die Indígenas Amerikas sind der christlichen Botschaft gegenüber einerseits erstaunlich offen, andererseits erstaunlich resistent.

Sie hören gern eine Botschaft, die ihnen Leben verheißt. Sie ziehen sich aber zurück in den Untergrund, wenn sie es mit stolzen Kirchvertretern zu tun bekommen. Die gesamte Missionsgeschichte des Kontinents zeigt das. Die Einheimischen haben sich nie wirklich zum Christentum bekehrt. Sie sind bekehrt worden. Das ist etwas anderes. Ihr Eigenes ist nur in oberflächlicher Weise mit der christlichen Botschaft verschmolzen. Eine wirkliche Inkulturation hat nicht stattgefunden, steht, wenn überhaupt, noch aus. Für uns heißt das praktisch: Warum sollten sich die Mixteken von uns – Ausländern – etwas sagen lassen, bevor wir den nötigen Schritt auf sie zugegangen sind? Sie spüren instinktiv unser Unerlöst-Sein. Allerdings auch umgekehrt. Sie nehmen wahr, dass wir uns methodisch von früheren Dominations-Strategien absetzen, einen anderen, ihnen unbekannten neuen Stil pflegen. Schlussendlich: Ein Recht, die christliche Wahrheit zu verkünden, hat nur der, der sie auch lebt. Eine positive Ausstrahlung, die das Gegenüber ernst nimmt, kann dann missionarisch fruchtbar werden. Wir müssen uns immer wieder klarmachen, dass die ablehnende Haltung, das Verstockt-Sein, mit dem wir es zu tun bekommen, eine in sich gerechtfertigte Abwehr ist und einen Selbstschutz bedeutet. Es geht nicht um destruktive oder »böse« Ablehnung. Es handelt sich um einen historischen Effekt, ein Resultat jahrhundertealter Unterdrückung. Wir können nur versuchen, den Mangel durch ein Mehr an eigener Echtheit, an gelebter Spiritualität wettzumachen.

Am Montagmorgen war ich mit Don Guadalupe Nicolás unterwegs, um in verschiedenen Rancherias von Chalcatongo Holzbalken und Latten für unsere Dachrenovierung zu erbitten. Diese Initiative beruht auf einem Beschluss der Gemeindeversammlung. In Cañada Morelos ergab sich eine Wartezeit, während derer mir Don Guadalupe einen bemerkenswerten Vorschlag machte. Er forderte mich bzw. uns auf, doch den Armen, von denen wir dauernd sprächen, zu sagen, dass sie mehr arbeiten müssten. Die Armut sei durch Faulenzerei bedingt. Wir kennen dieses Argument natürlich schon. Insbesondere die Sekten benutzen es. Es aus dem Mund Don Guadalupes zu hören, war überraschend. Er gehört in Chalcatongo zu den Bessergestellten. Wie er sein Geschäft und seinen Wagenpark zusammengebracht hat, wissen wir nicht. Ich habe mich so geäußert: Wo man in der Welt hinschaut, sind Armut und Verantwortungsverweigerung zwei Aspekte, die sich wie ein Teufelskreis gegenseitig bedingen. Ein Grund liegt im fehlenden Anreiz. Wer keinen Lohn erhält, für den ist Arbeit widersinnig. Statt sich über Faulenzerei zu beklagen sollten die Arbeitgeber besser gerechte Löhne zahlen. Aber von solchen Thesen wollte Don Guadalupe natürlich nichts wissen. Die Arbeiter sind seiner Ansicht nach selbst schuld an ihrer Misere. Dass ihre Arbeit den »Mehrwert« schafft, der es ihm selbst ermöglicht, zurzeit für seine Geschäfte ein weiträumiges neues Gebäude zu errichten, verdrängt er wohlweislich. In der Tat legen die Armen in Mexiko und anderwärts eine Haltung an den Tag, die besagt, so wenig wie möglich für ihre Arbeitgeber zu tun, um nicht dauernd die Ausgebeuteten zu sein.

26.4.1986

Vor ein paar Tagen haben zwei Frauen aus Yosondúa bei uns eine Messe bestellt. Wir sollten die Feier halten, »damit Gott die Mörder bestraft«. Der Ermordete war der Bruder der älteren Frau und der Mann der jüngeren. Die Mörder sind den Frauen namentlich bekannt. Diese haben von staatlicher Seite anscheinend nichts zu befürchten. Deswegen sehen die Frauen nur den Ausweg, dass Gott sie bestraft. Die staatliche Gerichtsbarkeit steht auf tönernen Füßen. Das Vertrauen in die Amtsträger fehlt völlig. Nur reiche Leute bekommen über die Korruption ein Recht. Das politische System der PRI (Partei der immerwährenden Revolution) führt dazu, dass jeweils nur systemkonforme Leute an den Schaltstellen sitzen. »Probleme« werden stillschweigend aus der Welt geschaffen. Den beiden Frauen stand eine deutlich erkennbare Finsternis ins Gesicht geschrieben.

Betreffs der Problemlage »Mord« können wir uns nur wundern, wie oft davon die Rede ist. Besonders die Männer aus dem Nachbarstaat Guerrero, die häufig bei uns vorsprechen, um Messen zu bestellen, reden davon. Sie bringen lange Namenslisten von Leuten mit, die sie als ihre Feinde einstufen. »Das sind die Leute, die mich ermorden wollen«, heißt es dann … Im Hintergrund geht es vielfach um Viehdiebstahl. Man wirft sich gegenseitig Mordabsichten vor und schreitet womöglich zur Tat, um den Feinden zuvorzukommen.

Ich habe heute einen Brief von Pater José Carlos Pedroso aus Rom bekommen. Ich hatte ihm meine Meinung zum Dokument des 5. Plenarrates des Ordens geschrieben. Dem Thema nach ging es bei dieser Ordensversammlung um unser prophetisches Apostolat. Ich habe ihm dargestellt, warum ich das Dokument für unbefriedigend halte. Ich sehe den Schlüssel für diese Frage darin, die »heilige Armut« zu ergreifen. Ich gehe davon aus, dass es nicht unsere erste Aufgabe ist, den Armen zu helfen, sondern selbst arm zu sein. In der Kontemplation nach innen und in der Lebensform nach außen sollten wir uns immer mehr auf die »Armen der Welt« zu bewegen. So tragen wir durch unser Kapuziner-Sein zum Frieden der Welt bei, indem wir die Mauern überwinden, die zwischen den Privilegierten und den Zu-kurz-Gekommenen stehen. – So oder so ähnlich hatte ich mich Pater Pedroso gegenüber geäußert. Und er hat mir diese Sicht bestätigt, jedoch darauf aufmerksam gemacht, dass es – man sollte es kaum glauben – im Orden Leute gebe, die meinen, dass ein Teil der Mitbrüder an einer Paranoia, dem »Armutswahn«, erkrankt sei, weil sie ständig das Wort »Armut« im Mund führten. Die Meinung Pater Pedrosos: »Wir leben nicht den Gekreuzigten, wenn wir nicht wirklich arm sind« und »Es gibt keine Kontemplation, es sei denn man lebte die Armut«.

10.5.1986

Nun sind die Pláticas von San-Miguel-el-Grande zu Ende. Für mich war die Sache insofern anstrengend, als ich gestern sehr unter Druck geriet, weil wir wegen der zögernden Haltung der Leute den Anfang nicht hinbekamen. Obwohl sie anwesend waren, gingen sie nicht in die Kirche hinein. Heute habe ich mich etwas beruhigt. Durch ein Gespräch mit Don Alejandro haben wir die Gesamtsituation von San Miguel besser verstanden. Die Sektentätigkeit ist dort recht stark, zum Teil auch in den Rancherias. Das untergräbt unsere Autorität. Da es im katholischen Milieu an Bekennermut fehlt, stehen wir allein auf weiter Flur. Wer sich mit uns verbindet, wird sogleich von den Propagandisten, insbesondere den Sabbatisten, angehauen. Etwa so: »Ihr Katholiken feiert die Taufen an einem Werktag, obwohl ihr doch sagt, dass ihr den Sonntag hochhalten wollt. Das ist widersprüchlich ...« – Don Alejandro macht Reklame für unsere Aktivitäten am Sonntag. Joachim vermutet wohl zu Recht, dass da auch ökonomische Interessen im Spiel sind. San Miguel möchte gern am Sonntag das Marktgeschehen ankurbeln.

Etwas anderes Berichtenswertes ist der Katechetenkurs, den wir von Sonntagabend bis Mittwochmorgen hier am Pfarrsitz gehalten haben. Es war unser erster Versuch, solch eine Veranstaltung durchzuziehen. Wir sehen in dem Anliegen, Mitarbeiter aus der Bevölkerung zu gewinnen, den wichtigsten Punkt unserer Arbeit. Eigentlich mangelt es in jeder Hinsicht an Voraussetzungen, sowohl was die infrage kommenden Kandidaten als auch was die äußeren Umstände betrifft. Trotzdem haben wir es versucht und alle erreichbaren Personen angesprochen. Manche sind tatsächlich gekommen. Allerdings nur aus dem Einzugsgebiet von Chalcatongo selbst. Der Methode nach haben wir zwischen Plenum und Gruppenarbeiten abgewechselt. Das war für die Teilnehmer/-innen vollkommen neu. Es forderte sie heraus, aktiv zu werden. Das ist anstrengend, aber auch vielversprechend. Von Yujia war Don Andrés dabei, ein verlässlicher Mann, der schon ein hohes Bewusstsein mitbringt, Katechet zu sein, wenngleich das Rüstzeug fast völlig fehlt. Teilnehmerzahl insgesamt: ungefähr fünfzehn Personen, ältere und jüngere, Männer und Frauen.

16.5.1986

Heute vor genau einem Jahr hat uns Erzbischof Don Bartolomé Carrasco hier in Chalcatongo eingeführt. Morgen werden wir zur Priesterweihe von Angel (Mitarbeiter von Alejandro) nach Yosondúa fahren. Don Bartolomé wird die Weihe vornehmen. So haben wir für unseren »Gedenktag« einen schönen Punkt.

Gestern sind wir alle drei wegen des Festtages von »San

Isidro Labrador« ausgeflogen. Pirmin hat uns bis Atatlahuca (Joachim) und Yosonotú (mich) gebracht. Dann kam jeweils der weitere Weg zu Fuß. Für mich ging es in Begleitung Don Silvestres (Sakristan in Yosonotú) und des Mayordomos der Fiesta über Lagunilla (zweieinhalb Stunden) nach Zaragoza (noch einmal rund drei/vier Stunden). Der Weg ist anstrengend. Es geht bergauf und wieder bergab. Zaragoza liegt dann sehr tief unten an einem Abhang. Die Landschaft ist mächtig eindrucksvoll. Man schaut vom oberen Rand des Gebirges hinunter auf das Dorf. Die Berghänge stürzen dann noch weiter hinab. Die Fiesta hat insofern gut geklappt, als Mayordomo (Gastgeber) und Agente (Dorfvorsteher) an einem Strick zogen. Das ist längst nicht überall der Fall. Die Teilnahme an den Patronatsfesten ist oft die einzige Möglichkeit, von uns aus mit den Menschen in Kontakt zu kommen. Allerdings bedeutet es eine ordentliche Mühe, diesen Einsatz zu machen, nicht nur der Wege wegen. Die jeweiligen Mayordomo, die ihr hochrangiges Amt nur für ein Fest ausüben, versuchen meistens mit viel Aufmerksamkeit, ihre Pflichten als Gastgeber einzulösen. Es kommt aber auch vor, dass wir den Eindruck gewinnen, die Institution der Mayordomia sei im Zerfall begriffen. Dann lösen sich die Dinge nur zufällig ein. Die Dörfer haben gewöhnlich ein Curato für die Unterkunft des Pfarrers und auch eine Kapelle. Die Dienstposten werden meistens mit alten Männern besetzt, die die Türe aufschließen, die Kerzen anzünden, Blumen bereitstellen und – nicht zuletzt – die Kollektengelder einsammeln. Nach den Gottesdiensten wird man in das Haus des Mayordomos zum Essen geführt, auch abends, nach der Vesper. Die Nacht gestaltet sich problematisch, weil auf der Cancha, dem Basketballplatz, bei Einbrechen der Dunkelheit die »Toros« (Bambusgestelle gespickt mit Knallkörpern) abgebrannt werden. Anschließend ist

Tanz mit Musik aus tönenden Lautsprechern. Der Lärm geht etwa bis 2 Uhr nachts, und gegen 6 Uhr morgens geht es schon wieder los mit weiteren Böllern. Auch die Lehrer haben einen großen Anteil am Krach. Sie »untermalen« die Basketballwettkämpfe der Jugend mit Lautsprechergetöse und sind auch sonst nur selten hilfreich. Sie vereinnahmen die Mayordomia und produzieren im Dorf auf dem politischen Feld Konkurrenzen. Insgesamt muss man feststellen, dass die staatlichen Organe, soweit sie in den Gemeinden Einfluss gewinnen, die alten Traditionen der indianischen Kultur gefährden, indem sie sich zum Beispiel »über« die Mayordomia setzen. Alles das führt dazu, dass wir manchmal zwischen den Stühlen sitzen. In Zaragoza war das allerdings für mich wenig der Fall. Ich habe mich trotz der Anstrengungen wohl gefühlt.

28.5.1986

In der vergangenen Woche hatten wir Besuch von drei Fachleuten in Sachen Landwirtschaft. Anilú, uns schon bekannt, Chilo aus Mexiko (CENAMI) und Ricardo, ein Agronom. Die Idee war vom Präsidenten von Atatlahuca, Francisco Alvarado, und vom Mayordomo von Aldama gekommen. In Atatlahuca lief die Sache nicht so gut. Der Präsident hatte eine Schülergruppe als Teilnehmer organisiert. In Aldama klappte es besser. Das Gespräch mit etwa zwanzig Campesinos verlief zur allgemeinen Zufriedenheit. Von Ricardo, dem Agrarfachmann, erfuhren wir, dass es in Mexiko neue Gesetze gebe, die die Korruption in Sachen Waldnutzung eindämmen soll. Die »Companias« können demnach nicht mehr die Rechte an der Waldnutzung erwerben. Sie bleiben in der Hand der Kommunen.

Gestern Abend hatten wir eine Gemeindeversammlung hier in Chalcatongo. Auf Einladung der Mayordomo kamen viele Leute, um die aktuellen Angelegenheiten der Gemeinde durchzugehen. Gute Ergebnisse erzielten wir bezogen auf den regelmäßigen Kirchputz. Negativ zu Buche schlug die Abwesenheit von Don Guadalupe Nicolás, dem »Präsidenten des Komitees zur Rekonstruktion des Tempels«. So haben wir über ihn sprechen müssen, statt mit ihm reden zu können. Aus solchen und ähnlichen Gründen ist uns daran gelegen, die alte Institution der Mayordomia neu zu beleben. Die Mayordomia ist ursprünglich die oberste Autorität in den Indígena-Gemeinden.

Diese Rangordnung hat sich aber weithin verflüchtigt. Ich bin nicht abgeneigt, eine Art Pfarrsatzung zu erarbeiten, damit die Kompetenzen klarer zu Tage treten (typisch deutsch, dieses Ansinnen!). – Was die Finanzen betrifft, habe ich der Gemeindeversammlung und dann auch Don Guadalupe persönlich kundgetan, dass ich nicht bereit bin, die Kollekten des Festes dem Komitee zur Verfügung zu stellen, wenn nicht zuvor eine saubere Abrechnung des vergangenen Jahres vorliegt. Joachim hat bei der Versammlung den spirituellen Rahmen gestaltet, und Pirmin hat Notizen fürs Protokoll gemacht, während ich den »Moderator« abgegeben habe.

Bei unserer Montagsreflektion hat uns das Thema »Francisca« beschäftigt. Im Anschluss an den Katechetenkurs hat sie ohne etwas zu sagen eine junge Frau, Florentina aus La Paz, an ihrer Seite beschäftigt. Unter nicht geklärten Bedingungen verbrachte Florentina einige Tage bei uns, um, wie sie sagt, von Francisca zu lernen. Das macht den Eindruck, als wolle Francisca bei uns aussteigen. Andere Unregelmäßigkeiten legen den Schluss nahe, dass wir uns vielleicht neu orientieren müssen. Ich habe

Francisca deshalb direkt gefragt. Sie meinte, dass sie etwa für zwei Monate aus unserem Dienst ausscheiden möchte, um ihre persönlichen Dinge zu regeln. In der Zwischenzeit könne doch Florentina ihre Stelle übernehmen. Ich habe geantwortet, dass wir mit Florentina nicht einverstanden sein können, weil sie zu jung sei und nicht hier im Dorf wohne. Wir kamen darauf, eventuell Doña Hermina zu bitten. Jedenfalls versicherte ich Francisca, dass wir sie nach der Pause gern weiter behalten möchten. Francisca ihrerseits meinte, dass sie auch gern bleiben würde. Sie war dankbar für das Gespräch.

Noch einmal zum Thema »Mayordomia«. Die Bräuche fußen auf dem religiösen Konzept des »Versprechens«, des »Gelübdes«. Ein Versprechen muss eingelöst werden. Im Rahmen der traditionellen Lastenverteilung übernimmt ein Dorfgenosse dem verehrten Heiligen beziehungsweise Gott gegenüber die Pflicht, für ein kommendes Fest der Mayordomo, der Gastgeber zu sein. Die Dorfgemeinschaft bestätigt dieses Amt. In der Vorbereitung und beim Ablauf des Festes darf dann nichts Notwendiges fehlen, denn in einem solchen Falle hätte der Mayordomo sein Gelübde nicht eingelöst. Es gilt vor allem, die alten Bräuche zu erfüllen. Der Pfarrer spielt als Interpret der Bräuche ebenfalls eine Rolle. Jedenfalls liegt hier der Punkt, an dem wir unseren Einfluss geltend machen können.

Die Pláticas in Yosonotú waren erfreulich gut besucht. Etwa fünfzig Personen waren dabei, einige aus Zaragoza und auch San-Miguel-el-Grande. Drei Hochzeiten und acht Taufen konnten gefeiert werden, trotz der Regenzeit, die schon eingesetzt hat.

Eine gegenteilige Erfahrung haben Joachim und Pirmin in San Felipe gemacht. Als sich nach mehreren Stunden Wartezeit, obwohl es einige Voranmeldungen gab, noch immer niemand blicken ließ, sind sie unverrichteter Dinge wieder abgezogen.

Montag und Dienstag war die Dekanatsversammlung in Itundujia. Wir haben erneut von der Situation wegen der Waldabholzung gehört. Einige Familien des Dorfes, ein Municipio, haben sich zusammengetan und verkaufen gegen verhältnismäßig geringe Gegenleistung den Waldbestand an die Companias. Die Gemeinde selbst geht dabei leer aus. Die Familien halten jede Information über die Vorgänge geheim, auch über eventuelle Verträge. Das »Komitee zur Verteidigung der Rechte des Dorfes« steht somit auf schwachen Füßen und kämpft, nur von der Kirche (Pater Tranquilino) unterstützt, gegen eine Übermacht der Manipulation auf allen Ebenen der öffentlichen Verwaltung. Das Volk als solches bleibt stumm, weil es von den Familien handgreiflich bedroht wird. Einzig die Zeitungen bringen hier und da einen Artikel, wobei am Ort selbst kaum jemand lesen kann. Das Dekanat hat nun zum Thema »Wald in Itundujia«« eine Resolution verfasst, um dem Komitee zur Seite zu springen.

Ein anderes Thema des Dekanates war die politische und wirtschaftliche Lage Mexikos insgesamt. Die gegenwärtige Finanzkrise des Staates (Präsident ist noch Miguel de la Madrid), mühsam verdeckt durch die Fußballweltmeisterschaft, weitet sich zur Katastrophe aus. Der Geldwert des Peso sinkt rapid, natürlich insbesondere zu Lasten der kleinen Leute, die mehr für die lebensnotwendigen Dinge bezahlen müssen, aber weniger verdienen können. Anscheinend hat man von Staats wegen jetzt die Abtragung der Auslandsschulden eingestellt. Die Auswirkungen auf die Volkswirtschaft sind kaum zu überblicken. Jedenfalls reiht sich Mexiko auf diese Weise eindeutig in die Reihe der Dritte-Welt-Länder ein. Die staatstragende Kaste (PRI) reagiert zunehmend nationalistisch. Die vor zwei Wochen abgehaltenen Kommunalwahlen werden auf Dekanatsebene als reine Farce gewertet. Das System der Manipulation funktioniert reibungslos, weil die Aufstellung der Kandidaten für die Ämter nur von bestimmten Cliquen (der PRI) vorgenommen wird. Die späteren eigentlichen Wahlen werden schlicht ignoriert. Die Leute sind über ihre Rechte weithin nicht informiert. Der Bischof hatte zur Wahl einen Brief an alle Gemeinden aufgesetzt. Aber das nützt auch nicht viel.

In Cañada Morelos und La Union war gestern das Patronatsfest des heiligen Antonius. Wir haben an den beiden Tagen vor dem Fest die Pláticas angeboten. Das war aber keine besonders gute Idee, da hauptsächlich Leute aus Aldama teilgenommen haben, insgesamt immerhin dreißig Personen.

Francisca hat für Mai 20.000 Pesos bekommen. Wir haben Lohnerhöhungen bisher immer von uns aus vorgenommen.

Heute habe ich einen Traktor und eine Camioneta von Don Guadalupe Nicolás gesegnet. Ein deutlicher Hinweis darauf, dass auch hier in Chalcatongo »die Reichen immer reicher« werden.

Von der Fußballweltmeisterschaft bekommen wir fast nichts mit. Ein Fernsehempfang ist nicht möglich, obwohl einige Familien ein Gerät haben. Auf dem entsprechenden Sender kommt nur Schnee. Abends hört Pirmin auf dem Kurzwellenradio die »Deutsche Welle«, so sind wir bezüglich der Ergebnisse einigermaßen auf dem Laufenden. In der kommenden Woche wollen Pirmin und ich nach Mexico City fahren, nicht zuletzt, um noch einige Spiele am Fernsehen verfolgen zu können. Für ein Halbfinalspiel hat Pirmin eine Platzkarte in Guadalajara. Er kann dort bei den Kapuzinerinnen campieren.

Ich lese zurzeit mein erstes dickeres Buch in spanischer Sprache: die GESCHICHTE AMERIKAS (Koel). Das Buch ist aus der Sicht Spaniens geschrieben. Manches ist interessant, weil die Mentalität durchscheint, mit der die Spanier seinerzeit Amerika erobert und kolonisiert haben. So verwundert es zum Beispiel nicht, dass sich die Indígenas haben taufen lassen. Nur so konnten sie einen Rechtsstatus erreichen, wenn auch einen untergeordneten. Wer getauft war, stand unter dem Schutz der Kirche. Ungetaufte waren eine Art Freiwild und wurden in die Sklaverei, etwa zur Minenarbeit, verschleppt, obwohl es offiziell keine Sklaverei gab. Klar, dass die Kirche sich rechtfertigte. Man sprach natürlich nicht von Zwangstaufen, aber freiwillige Bekehrungen waren das sicher nicht.

15.6.1986

Eine Erkenntnis: Wir versuchen, die Mixteken zu mehr Eigenverantwortlichkeit zu bewegen. Manches ist aber von vorneherein aussichtslos. Beim Betrachten des Abendhimmels entdecke ich: Es ist vergeblich, eine Wolke anbinden zu wollen.

Ich war ziemlich lange von Chalcatongo abwesend. In Mexico City habe ich einen Kurs bei CENAMI mitgemacht und dann noch einen Kurs in Cuernavaca mit dem Thema »Meditation«. Schließlich ein Aufenthalt in Las Aguilas. Aber alles der Reihe nach! Die Fußballbegeisterung im Haus Las Aguilas war nicht so enorm. Dennoch hat es Freude gemacht, in der internationalen Gemeinschaft zu sein, als das Turnier in die Endrunde ging. Nacheinander wurden die »wichtigen« Nationen aus dem Feld geschlagen: Mexiko, Spanien und Brasilien. Als Deutscher war ich dann gewissermaßen die letzte Hoffnung auf den Titel. Im Endspiel »Argentinien gegen Deutschland« ging dann aber der »Pott« an Argentinien. Pirmin war zum Halbfinale in Guadalajara. Er hat das sehr interessante Spiel Deutschland gegen Frankreich live gesehen. Es endete 2:0 für Deutschland.

Der Kurs bei CENAMI war zur Einführung in die Indígena-Pastoral gedacht. Trotz Zahnschmerzen konnte ich einiges lernen, besonders aus den Rollenspielen. Die hohe Teilnehmerzahl von etwa siebzig Personen machte es allerdings schwer, zuzuhören. Die mexikanische Regierung verfolgt offenbar ein Konzept, nach dem sich die Indígenas in die dominante mexikanische, das heißt mestizische Gesellschaft integrieren soll. Damit wird eine eigenständige kulturelle Entwicklung negiert. Alle staatlichen Institutionen wie beispielsweise die Schulen arbeiten in diese Richtung. Von Seiten der Anthropologen wird ein Gegenmodell propagiert. Aber auch das ist problematisch, wie man zurzeit in den USA und Südafrika beobachten kann, denn es führt zur Isolation der indigenen Bevölkerungsgruppen. Die Vertreter von CENAMI befürworten ein Modell, das zuallererst die reale, nicht zuletzt ökonomische Situation der Indígena-Gemeinden ins Auge fasst. Dabei spielt die Methode »Sehen, Urteilen, Handeln« eine herausragende Rolle. Unter den Teilnehmern des Kurses waren viele Ordensschwestern, die in der »Mission« arbeiten wollen. Unterrepräsentiert waren meiner Meinung nach die »Seglares« (Laien), das heißt die Indígenas selbst.

In Las Aguilas ergaben sich weitere Kontakte, zum Beispiel mit einigen Brüdern aus Mittelamerika. Und auch noch einmal mit den Nachbarn Ninfa und Filiberto, Pianistin und Komponist. Zwischendurch habe ich den SPIEGEL-Redakteur Armin Wertz besucht, der ganz in der Nähe von Las Aguilas seine Wohnung hat. Joachim, der auch in Las Aguilas auftauchte, brachte von Chalcatongo die Nachricht mit, dass Francisca ein Kind geboren habe. Ich musste wirklich lachen wegen unserer Blindheit in diesen Dingen. Im Dorf kamen logischerweise Gerüchte auf, ob einer von uns »es« gewesen sei. Da Francisca sich selbst schließlich in anderer Weise äußerte, legten sich jedoch diesbezüglich die Wogen.

Zusammen mit Joachim und sechzehn anderen Brüdern aus Lateinamerika (die meisten keine Einheimischen, sondern Brüder aus weiteren Provinzen) habe ich dann in Cuernavaca an dem Meditationskurs teilgenommen. Pater Carlos Pedroso kam auch. Die zehn Tage waren geprägt von der persönlichen Einübung in die Stille, in das Schweigen. Die Gespräche, soweit dafür Raum war, kreisten um die Errichtung von Einsiedeleien im Bereich Lateinamerikas. Das Für und Wider zeigt, wie »neu« das »alte« Thema ist. Nicht zuletzt praktische Probleme verhindern diesbezüglich klare Entscheidungen der entsprechenden Provinzkapitel. Übrigens äußerte sich Paco Jiménez uns gegenüber, dass er mit Freude wahrnehme, wie wir Kontakt zur Delegation halten.

Die Tage in Mexico City endeten mit einem Besuch der Sonne- und Mondpyramiden in Teotehuacán.

In Las Aguilas gab es auch Unerfreuliches zu hören. Pater José Lius, der Noviziatsleiter, war – angeblich wegen Magengeschwüren – gänzlich ausgefallen. Daraufhin haben nacheinander sämtliche Novizen das Boot verlassen. Wir hatten die jungen Leute als eine sehr lebendige und aufgeschlossene Truppe kennengelernt. Auch der uns bekannte Sigifredo ist aus dem Orden ausgetreten. Die Delegation steht somit auf ziemlich wackeligen Füßen. Der derzeitige Ersatzhausobere von Las Aguilas, Pater Roberto, wird von Depressionen heimgesucht. Daniel hat Probleme mit dem Alkohol. Als jüngere Brüder bleiben noch: José Luis, Martin, Ruben und Francisco. Sie fangen zusammen mit Abelardo und Javier in Bondojito (eine riesige Pfarrei in Mexico City) neu an. Hoffentlich klappt das.

Ein Thema, das mich beim Kontemplationskurs in Cuernavaca beschäftigt hat: »Das Schweigen«. Die Stille hat den Charakter des Schwachen. Sehr leicht, sehr schnell ist sie gestört. Der Lärm, manchmal jedes kleine Geräusch, ist stärker, mächtiger. Die Stille kann sich dem Lärm gegenüber nicht durchsetzen. Sie hat keine »Waffen«. Besonders in der Einstiegsphase zur Meditation ist sie wehrlos. Ich war persönlich bei den Übungen häufig von Lärm bedroht und deswegen recht aufgeregt. Erst die gelungene Versenkung lässt die Ruhe aufkommen, den inneren Frieden jenseits aller Nervosität. Ich meine dies zunächst als Körpererfahrung, dann aber auch als spirituelle Offenheit. Die Stille, das Schweigen, ist dann gewissermaßen »der Arme« in der Kontemplation. In der Not, der Gereiztheit, auf der Suche nach dem inneren Frieden treffe ich auf die mächtigen Gegner, die jeden Ansatz von Stille im Keim erstickende Bedrohung, die Macht, die Rücksichtslosigkeit, die sich ohne zu zögern und ohne Respekt vor der schwächeren Stille durchsetzt. In diesem inneren Ringen um die Stille finde ich den sozialen Kampf zwischen Macht und Ohnmacht widergespiegelt. Im Aushalten der

Störungen, im Durchleiden der »Angriffe« wächst die Stille, verstärkt sich, wird fassbar, erlebbar und gewinnt Form, wird schließlich zur Erfahrung des inneren Friedens. Nun, in der Versenkung, ist der Lärm kein Feind mehr. Die Ruhe ist jetzt stärker. Die Stille ist ein Kraftquell. Ich bin immer noch »arm«, aber zugleich »reich«. Ich habe einen Schatz (im Himmel), den Rost und Motte nicht zerstören. – Das Problem: Der geistige »Zustand« der Versenkung ist nicht von Dauer. Er ist selbst wieder sehr zerbrechlich.

5.8.1986

Heute Nachmittag habe ich Francisca und ihre Mutter bei ihnen zu Hause besucht. Die Mutter und auch Francisca selbst äußerten sehr deutlich den Wunsch, dass Francisca wieder bei uns arbeiten könne. Wenn die Mutter die Arbeit mit den Kindern, auch dem jetzt Neugeborenen, akzeptiert, wäre Francisca relativ frei. Die Mutter stimmte dem zu. Unter uns haben wir die Sachlage auch noch einmal besprochen. Wir nehmen die Dinge schlussendlich wieder so auf, wie wir sie bislang gehandhabt hatten.

9.8.1986

Im Moment ist Joachim dabei, den Kommunionkindereltern etwas über Jesus zu vermitteln. Am (ersten) Elterntag nehmen 24 Erwachsene teil. – Wir haben die Erstkommunion hier am Pfarrsitz folgendermaßen strukturiert: Zuerst kommt ein Elterntag mit der Anmeldung der Kinder. Sodann werden die Kinder einen Monat lang täglich unterrichtet. Gegen Ende dieses Monats kommt noch ein Elterntag, an dem auch konkrete Dinge für die Feier angesprochen werden können. Die Feier selbst soll am Vortag zum Patrozinium, also am 7. September sein. Insbesondere die Elternarbeit ist für die Leute »überraschend«. Sie möchten nur ihre Kinder schicken, damit soll es genug sein. Der Pfarrer ist ja »zuständig«. Wir möchten aus pastoralen Gründen weiterkommen und die Eltern selbst in die Verantwortung einbeziehen. Die Erwachsenen tun sich schwer, zu kommunizieren. Man ist gemeinhin der Auffassung, dass der Kommunionempfang dazu dient, seine Sünden loszuwerden. Die Vermengung von Buße und Kommunion bringt mancherlei geistliche Probleme mit sich. Das trifft aber nur für die Leute hier am Pfarrsitz zu. In den entfernten Dörfern sind solche Fragestellungen anscheinend kaum relevant.

Die Erzdiözese Oaxaca hat gegenwärtig 160 Pfarreien.

30.8.1986

Heute, Samstag, am zweiten Elterntag im Zusammenhang mit der Erstkommunion der Kinder, sind 37 Personen da, darunter viele Paten. Es macht Freude, mit der Gruppe zu arbeiten.

8.9.1986

So haben wir jetzt zum zweiten Mal hier in Chalcatongo das Patrozinium gefeiert. Es war wieder recht gelungen. Seit dem letzten Jahr haben wir viel dazugelernt, was unsere Sprachfähigkeit betrifft, aber auch im Kennenlernen der Bräuche. Zu vielen Menschen haben wir einen engeren Kontakt gewonnen. In der Festvorbereitung waren besonders die Treffen der Festverantwortlichen, der Mayordomo und Novenarios wichtig. Die Erstkommunionfeier wurde ein wirklich festliches Ereignis. Während der Novene haben wir täglich die stets gut besuchte Vesper gefeiert und dazu das »Magnifikat«, jeden Abend einen Vers, zur Grundlage genommen. Heute, am eigentlichen Patroziniums-Tag fanden ebenfalls viele Menschen den Weg zum Gottesdienst. Am Nachmittag habe ich noch einmal spontan eine Messe gehalten, vor allem der Leute aus San Pablo wegen. Don Andres hat meine Ansprache ins Mixtekische übersetzt.

Zu Beginn der Novene habe ich eingeladen, die Dias von der »Heiligen Woche« anzuschauen. Der Saal war überfüllt. Die Leute haben auf diese Weise wahrscheinlich mehr sehen und verstehen können als bei der ursprünglichen Zelebration. So ergänzen und befruchten sich die Dinge gegenseitig. Von den Dias habe ich inzwischen einige an KONTINENTE, unser Missionsmagazin in Deutschland, geschickt. Andre Bilder habe ich reserviert für ein Tonbild, das daraus werden soll. Den Text habe ich bereits konzipiert.

Leider habe ich nicht sofort Aufzeichnungen gemacht, als die Nachricht kam, dass Pater Tranquilino in Itundujia ins Gefängnis gesteckt wurde. Im Übrigen ist im Dekanat zurzeit viel Wirbel wegen der vielen Versetzungen.

Beim Plenario der Erzdiözese in Oaxaca wurde das Thema »Die Stellung der Laien in der Kirche« recht fruchtbar behandelt, besonders durch die tatsächliche Anwesenheit der »laicos compromitidos«. Man spürte, dass diese Gruppe nicht nur als Zuhörer dabei war, sondern sich aktiv mitgestaltend einschaltete.

13.9.1986

Joachim kam soeben von Atatlahuca zurück, wo er erfahren hat, dass der abgehende Presidente Municipal die Gemeinde unter Druck setzt, einer Gesellschaft die Rechte zur Nutzung des Waldbestandes einzuräumen. Die Gemeinde spricht sich dagegen aus, hat aber einen schlechten Stand gegen die Machenschaften der Amtsträger.

20.9.1986

Vor Kurzem haben hier in Chalcatongo wie überall im Bundesstaat Oaxaca Kommunalwahlen stattgefunden. Es geht um das Amt des Präsidenten im Municipio. Nachdem von Seiten der Dörfer und auch vom Zentrum Chalcatongo Kandidaten aufgestellt waren, wurde gewählt. Als Sieger ging Don Pablo aus Allende aus der Wahl hervor. So weit, so gut. Dann aber passierte Folgendes: Am Sonntag, den 7.9. war vom Municipio her ständig der Lautsprecher zu hören. Verschiedene Lokalgrößen meldeten sich zu Wort. Don Pablo wurde der Korruption bezichtigt. Man wollte durch eine Art Volksentscheid seinen offiziellen Einzug ins Municipio verhindern. Vor allem Leute aus Chapultepec machten sich stark. Ich kam per Zufall am Sonntag durch Chapultepec und wurde prompt von einigen Wortführern angehalten nach dem Motto: »Du bist doch auch der Meinung, dass da etwas unternommen werden muss ...« Ich äußerte mich in dem Sinne, der Präsident sei doch legal gewählt. Das enttäuschte die Gruppe. Nun wollten sie mich »nicht länger aufhalten«. In der Nacht hörte ich Schüsse. Das erklärt sich so: Die Leute von Chapultepec hatten das Municipio besetzt, um zu verhindern, dass der neue Präsident einziehen könne. Aber sie hatten die Rechnung ohne den Wirt gemacht, denn Don Pablo hatte ebenfalls eine Truppe mobilisiert, die das Rathaus wieder befreite. Jemand aus Chapultepec wurde bei dieser Gelegenheit nackt ausgezogen und mit Pistolenschüssen durch die Straßen gejagt. – Aufgrund solcher Begebenheiten machen wir uns natürlich Gedanken über die Politik. Der »Staat« gibt sich als die einzige Institution, die das Sagen hat. Auf lokaler Ebene ist die gewählte Autorität sakrosankt. Andere Dienstämter werden von ihr besetzt und als verpflichtend, jedoch unbezahlt, eingefordert. Das macht sich der Staat beziehungsweise der Präsident zunutze. Er kann sich über alle Forderungen aus dem Volk hinwegsetzen und tut das auch. Das wiederum bringt die Leute »auf die Palme«. Die Indígena-Bevölkerung gerät in die Falle, weil auch die alten Bräuche stark auf dem Autoritätsprinzip beruhen. Man kann ihre Erwartungen leicht übergehen und ihre Dienstbereitschaft manipulieren. Dazu kommt, dass es die PRI-Partei versteht, die gewählten Autoritäten von sich abhängig zu machen. So »muss« ein gewählter Präsident Mitglied der PRI sein beziehungsweise werden und unterliegt damit deren Gesetzmäßigkeiten.

Um der Übersicht willen habe ich gerade mal gezählt, wie viele Taufen wir im vergangenen Jahr gefeiert haben. Es sind – von Fiesta zu Fiesta – genau 400 Taufen in der gesamten Pfarrei gewesen.

10.10.1986

Vor Kurzem haben wir hier im Pfarrhof die beiden großen Bäume gefällt. Die drei Herren aus Progreso, die die Arbeit eigentlich machen wollten, entpuppten sich als rechte Angsthasen, sodass unser Nachbar Alvaro die gefährliche Arbeit übernahm. Lobend erwähnen möchte ich besonders die Teilnahme von Don Manuel Zafra und Don Guadalupe Nicolás, die sich beide erfreulich verantwortlich zeigten. Ein Ast hat eine Elektroleitung zerrissen. Dadurch gab es in Chalcatongo für eine Nacht keinen Strom. Das hat aber niemanden sehr aufgeregt.

In San-Miguel-el-Grande wird jetzt das Fest vorbereitet. Außerdem findet der Ämterwechsel statt. So werden wir es demnächst mit neuen Leuten zu tun bekommen. Ich habe bei meinem mehrtägigen Aufenthalt Don Alejandro öffentlich für seine erfreuliche Zusammenarbeit gedankt, wenngleich ich ihn in seinem Anliegen, eine selbstständige Pfarrei zu werden, nicht unterstützen konnte. Durch den Einfluss der Sekten ist in San Miguel manches anders, für uns schwieriger, als anderswo.

Von »Las Aguilas« in Mexico City ist zu berichten, dass der Mitbruder Mario um Dispens von seinen Gelübden gebeten hat. Er will heiraten; ein schmerzlicher Verlust nach den Wirren um das Noviziat im vergangenen Jahr. Serapio soll/will für zwei Jahre nach Rom zum Bibelstudium. Zum gegenwärtigen Zeitpunkt auch keine leuchtende Idee. Sechs Aspiranten werden vermutlich das Postulat beginnen. Von den sieben des vergangenen Jahres bleiben drei, die in Honduras bei Pater Nilo (aus den USA) das Noviziat machen sollen.

Zum Thema »Kirche und Politik« ist mir ein geschichtlicher Umstand bekannt geworden, der bedeutsame Wirkungen entfaltet hat: der »patronato real«. Die Könige Spaniens, ähnlich Portugals, haben die Oberhoheit in Kirchenfragen beansprucht.

Nicht zuletzt war die kirchliche Hierarchie dadurch in die Belange der Conquista und der Kolonisation eingebunden. Erst spät, in der Revolution, wurde die These von der Trennung zwischen Staat und Kirche durchgesetzt. Seitdem hat die Kirche im mexikanischen System überhaupt keinen öffentlichen Status. So ist die Lage bis heute, was einem Anachronismus gleichkommt, zumal die Bevölkerung sehr ausdrücklich katholisch ist. – Gerade wegen des »patronato real« war die Kirche, wenn auch halbherzig, an einer Trennung von Staat und Kirche selbst interessiert. Sie wollte ihre eigenen Angelegenheiten vom Staat unabhängig regeln. Die Gründung der »Propaganda finde« mit ihren Nuntiaturen ist dafür ein Beleg. Im Revolutionszeitalter hat sich dann aber die These von der »Trennung« gegen die Kirche gewandt und zu ihrer Unterdrückung geführt. – Übriges ist der »patronato real« wohl einer der Gründe, weswegen es der Kapuzinerorden nie geschafft hat, in Lateinamerika präsent zu werden. Der Orden hat den »patronato real« abgelehnt und sich dadurch die Möglichkeiten selbst verstellt. Die Kapuziner haben stattdessen – zusammen mit den Karmelitern – die Gründung der »Propaganda finde« mitgetragen. Über diese vatikanische Institution sollte die Entsendung von Missionaren in die Welt organisiert werden, und zwar jenseits des Einflusses der politischen Instanzen. Die Franziskaner haben in diesem Punkt anders reagiert und sind infolgedessen in ganz Lateinamerika stark vertreten.

Heute ergibt sich ein neues Bild. Um glaubwürdig Kirche zu sein, muss man sich in die weltlichen Dinge, letztlich die Politik, einmischen. Man darf den Politikern das Feld nicht einfach überlassen. Der Appell »Raus aus der Politik!« wirkt sehr konservativ, geradezu naiv. Es geht in der Evangelisation um das Gesamt der menschlichen Nöte und Hoffnungen. Das Volk muss eine Chance bekommen, sich zu entfalten, und zwar vielfach gegenüber dem Machtmissbrauch der regierenden Cliquen. Die Kirche muss die Politik herausfordern, der Sache des Allgemeinwohls zu dienen. Ihre Rolle sollte nicht unpolitisch sein, sondern durchaus politisch, aber eben nicht verfilzt mit der Macht, sondern oppositionell, vielleicht prophetisch.

15.10.1986

Beim zweiten Kurs für Katecheten standen zwar zwanzig Personen auf der Einladungsliste, es kamen aber nur vier. Außerdem war noch Miguel H. mit von der Partie. Natürlich ist das Arbeiten mit einer kleinen Gruppe einfacher. Auch wir selbst lernen eine Menge dazu. Mir ist besonders die große Kluft aufgefallen zwischen der Volksreligiosität und der offiziellen kirchlichen Verkündigung. Die Volksreligiosität scheint ein reiner Ritualismus zu sein. Die Einheimischen sind darin zu Hause und fürchten wohl auch deren Verlust, wenn das einfache Befolgen der Riten durch reflektierendes Nachdenken aufgebrochen wird. Die Leute können das eigene Verhalten nicht begründen, Fragen nicht beantworten. Diejenigen, die sich bei solchen Kursen engagieren, tun den Schritt unter Begleitung und als Gruppe mit viel Gewinn. Sie wollen nicht zurück, geraten aber möglicherweise mit ihren Dorfgenossen in Konflikt. Von uns aus kommen wir nicht auf die Idee, die Volksreligiosität abzulehnen. Es geht darum, sie auch gedanklich zu untermauern. Erst dann wird sie wirklich sozial relevant und kann Kraft gewinnen.

In diesem Zusammenhang steht auch eine negative Erfahrung, die wir immer wieder machen, nämlich jene, dass wir bei den Feiern der Festmesse buchstäblich allein gelassen werden.

Der Mayordomo bestellt und bezahlt den Priester. Der soll dann »mal machen«. Eine Teilnahme, ein Mitfeiern ist nicht nötig. Hauptsache, der Ritus findet statt. Das ist alles. So ähnlich verhält es sich mit den Dienstämtern. Einige alte Männer werden beauftragt, etwa die Kapelle zu pflegen. Heraus kommt ein rein schematisches Kerzen-Anzünden und Wieder-Auspusten. Das war es dann. Am lebendigsten sind noch die Beerdigungen. Hier weiß die Dorfgemeinschaft genau, wie es geht. Alle Gänge usw. werden, wie es die Bräuche wollen, vollzogen. Wir wundern uns darüber, dass mancherorts alte, magische Gebete gemurmelt werden, einfach deswegen, weil das immer so war. Die Leute sind mit sich im Reinen. Wenn unsereins eine Frage hat, sagen sie »*Si, padrecito*«, so, als wenn sie die Frage gar nicht verstehen, aber dem Priester auf jeden Fall Recht geben wollen. So entgehen sie weiterem Rechtfertigungsdruck; eine jahrhundertealte Taktik.

Vor einigen Tagen, am Samstag, kam eine sehr nette Frau aus Zaragoza und fragte, ob wir ihr zwei braune Eier verkaufen könnten. Ihre Tochter sei mit Fieber krank, und sie sollte mit den Eiern behandelt werden. Ich habe geantwortet, dass sie die Eier doch in einem der Geschäfte kaufen könne. Unsere Eier seien auch nicht heiliger und wunderbarer als die Eier anderer Leute. Außerdem seien wir ebenfalls Sünder. Trotzdem wollten wir aber für ihre Tochter beten. Das alles interessierte die Frau aber nicht. Da ich mich nicht auf ihren Wusch einließ, zog sie enttäuscht ab. Sie dachte wohl, sie sei in ihrer Not allein gelassen worden. – Am Abend erwähnte ich den Fall. Miguel H., der wieder bei uns arbeitet, meinte, dass es wohl öfter vorkomme, dass ein Curandero, Heilpraktiker, von den Leuten zwecks Behandlung Eier von Landhühnern verlange. Die Substanz der

»biologischen« Eier soll den »Dreck«, der sich im Körper festgesetzt hat, aufsaugen. Mit meinen Bemerkungen zur Heiligkeit lag ich also völlig daneben. Die Frau hatte bei uns angefragt, weil am Samstag die Geschäfte geschlossen sind ... Diese Art von Missverständnissen gibt es oft. Die Leute können sich nicht ausführlich erklären, und wir verstehen die Umstände nicht.

26.10.1986

Eben war ich bei der Familie Huitrón. Ich wollte eigentlich Rubén sprechen, der in der Heiligen Woche den Jesus dargestellt hat. Pater Johannes Henschel von KONTINENTE meinte, ich solle Rubén wegen seiner Motivation befragen, dann könnten die Dias, die ich geschickt hatte, zu einem gediegenen Artikel ausgebaut werden. Bei der Familie Huitrón, Rubén war nicht anwesend, habe ich nun Folgendes erfahren: Die »lebendige Darstellung« des Kreuzweges ist zur Zeit des Paters Manuel Soto Orosco eingeführt worden. Der erste Darsteller war der Jugendliche Delfino Cuevas Cruz. Zuvor hatte man die »Heilige Woche« ausschließlich mit dem Santo Entierro in der Kirche gefeiert. Das blieb so bis vor zwölf Jahren. Die einzige »lebendige« Figur war bis dahin der »Centurión«, der Hauptmann, den man als den »blinden Cornelius« bezeichnete. Seine Hauptaufgabe bestand darin, bei der Kreuzigung mit seiner Lanze die Brust Jesu zu öffnen. Bei dieser Gelegenheit sprang ein Tropfen von Jesu Blut in seine Augen, sodass er wieder sehen konnte. Es wird klar, dass die »Blindheit« im übertragenden Sinn zu verstehen ist. Vorher weiß der Hauptmann noch nicht, wer Jesus ist. Jetzt erkennt er: Der Gekreuzigte ist der Sohn Gottes. Somit ist der Hauptmann der Repräsentant des Volkes, das den Erlöser kennenlernt. – Die Prozession mit dem »Santo Entierro« hat früher so ausgesehen: Man verließ die Hauptkirche am Abend des Karfreitags nach der »Predigt der sieben Worte« und zog ganz, ganz langsam durch die Nacht zur Kapelle Calvario im Unterdorf. Dort wurde der »Heiland ins Grab gelegt«. Bis zum folgenden Abend um 21 Uhr blieb die Figur dort und wurde dann, wieder in Prozessionsform, in die Hauptkirche zurückgebracht, um Ostern feiern zu können. – Am Ostersonntag gab es noch einmal einen Auftritt des Centurión, den man »Dar la Pasqua« nennt. Dieser Akt fand am Nachmittag statt. Am Abend brannte man ein Feuerwerk ab. – Ich fragte nach, wie die »lebendige Darstellung« denn akzeptiert sei. Die Antwort: »Im Vergleich zu früher gehen viel mehr Leute mit.«

7.11.1986

Im Dekanat ist viel Bewegung. Kaum einer der uns bekannten Kollegen bleibt. So sind wir fast schon die »alten Hasen«. Auch Alejandro und Tranquilino haben einen Ortswechsel vollzogen.

25.11.1986

Gestern ist Joachim nach Atatlahuca gefahren, um dort den Kontakt zu halten. San Esteban Atatlahuca ist in unserem Gebiet zweifellos die ärmste Ecke. Wir hatten zuvor davon gesprochen, dass dort praktisch keine Fiestas gefeiert werden. Der Grund, den die Leute angeben, ist der: »Ja, früher haben wir auch so schöne Feste gefeiert wie die anderen Gemeinden. Aber heute will und kann niemand mehr Mayordomo sein. Uns fehlen einfach sämtliche Möglichkeiten.« Beim Fest der Toten am 2. November haben Joachim und ich beobachtet, dass der Schnapsverkäufer mit seinem Lastwagen dort stand. Es war zu dem Zeitpunkt zwar keine Kundschaft anwesend, aber der Schnaps repräsentierte dennoch das einzige Produkt, das zum Fest gekauft wurde. Die sonst üblichen Mahlzeiten mit Tamales, Posole und Früchten fielen für Atatlahuca aus. Man ging zum Friedhof, hatte aber nichts zu essen dabei. Und das sagt viel, denn das rituelle Mahl auf dem Friedhof ist einer der stärksten Punkte im Brauchtum der Indígenas.

Wir können es uns leisten, die nötigen Dinge einfach einzukaufen. Unsereiner ärgert sich schon, wenn vielleicht einmal nicht pünktlich gekocht wird. Dort, wo die Armut zu Hause ist, wird überhaupt nicht gekocht. Es ist nichts da, was gekocht werden könnte. Man kaut an einer Tortilla herum und schlürft Pulque. Das ist alles. Der Hunger geht nur scheinbar weg. Man überlebt, gerade noch.

30.11.1986

Vom Dekanatstreffen bei den Schwestern in San Miguel Progreso bringe ich Eindrücke mit, die mir zu denken geben. Ich habe beobachtet, wie die Schwestern die indianischen Mitarbeiter duzen und auch sonst ziemlich betulich und von oben herab ansprechen. Das gefällt mir bei den Leuten, die aus dem Norden Mexikos kommen, oft nicht. Sie haben einen Kommunikationsstil, den ich beleidigend finde. Die Schwestern, fünf an Zahl, sie kommen aus Saltillo, Catequistas Guadalupanas, behandeln die Campesinos wie Kinder. Zugegebenermaßen senden die Campesinos auch viele Signale eines unmündigen Verhaltens aus. Es ist viel Hilflosigkeit, manchmal gespielte Hilflosigkeit, dabei. Man wird oft geradezu provoziert, eine »Autorität« herauszukehren. Ich stelle das auch für uns fest. Umso wichtiger ist es dann, sich dessen bewusst zu sein, und nicht auf dieser Ebene zu kommunizieren. Der psychologische Faktor ist sehr wichtig, wenn es darum geht, die eigenen Missionsmethoden zu überdenken. So war die spanische Conquista sehr deutlich eine Mission von »oben herab«. Man hat die Indígenas systematisch gefügig gemacht und allen Widerstand gebrochen. Dies unter dem Deckmantel der Überlegenheit der christlichen Botschaft gegenüber der heidnischen Religion der indianischen Bevölkerung. In der Zwischenzeit haben die »Mestizen« viel von den damaligen Strategien übernommen und weitergeführt. So traurig wie das ist: Gerade ihre strukturelle Armut führte dazu, dass die Campesinos im geheimen Widerstand gegen die unterdrückenden Mechanismen ihr Eigenes, zum Beispiel ihre Sprache und viele ihrer Bräuche, bis heute bewahren konnten. Mit Bildungsprogrammen, die auf Anpassung, auf Integration setzen, beißt man sich die Zähne aus. Wir müssen solche Vorgegebenheiten in Rechnung stellen, wenn auch wir im Sinne der Kirche den Indígenas fremdartige Dinge vermitteln wollen. Es ist sicher nicht der Sinn der Evangelisierung, die überlebenswichtigen kulturellen Muster zu zerschlagen. Das war die alte Missionsidee. Man wollte die neue, überlegene Botschaft durchsetzen, indem man die alten, minderwertigen (angeblich teuflischen) Auffassungen beiseiteschob.

Die Rückfragen bezüglich der Evangelisation, der Mission, hängen auf der sozial-politischen Ebene mit dem Thema »Institutionskritik« zusammen. Die Mechanismen der Herrschaft gehören analysiert. Politische Prozesse zur Befreiung um der Würde des Menschen willen sind – geschichtlich – immer notwendig und sollten, meine ich, gerade ein Charakteristikum unseres Jahrhunderts sein. Es bedrückt mich, dass man kirchlicherseits diese Dinge nur vor sich her schiebt. Man bleibt hübsch »in der Sakristei«. Zu Mose hat Gott gesagt, dass er dabei ist, anwesend ist, wenn sich das Volk aus der Knechtschaft befreien will. Unsere westliche Kirche tut sich schwer, diesen Impuls für sich fruchtbar zu machen. Warum? Weil sie geschichtlich gesehen selbst die Rolle des Unterdrückers eingenommen hat. Die indigenen Völker wissen das. Sie sind ihrer Vergangenheit beraubt und in ein europäisches Korsett gezwungen worden. Die Kirche trägt an einer Erblast. Es ist nicht so leicht, das alles aufzuarbeiten. Die »Befreiung« der Völker steht noch aus. Die Kirche leistet dazu nur geringe, in sich widersprüchliche Beiträge. Auch in unserer Ordensgemeinschaft ist das so. Die Papiere vom Plenarrat V in Brasilien reden zwar vom Erkennen der »Zeichen der Zeit«, doch ist die Analyse diesbezüglich unbefriedigend. Man glaubt, die Eroberung des amerikanischen Kontinents habe ja auch »viel Gutes« gebracht. Das klingt nicht prophetisch. Die Märtyrer unserer Zeit sind eher in glaubensfernen linksgerichteten Organisationen zu finden. Das wiederum ist der Kirche ein Dorn im Auge.

Bei den geistlichen Gesprächen mit den Schwestern in Oaxaca ist mir wieder bewusst geworden, dass Franz von Assisi mit seinem unbedingten Festhalten an der »Heiligen Armut« nicht nur die damalige, sondern auch die heutige Welt auf den Kopf gestellt hat. All die Themen von der »Befreiung«, der »Institutionskritik« und der »Analyse der Herrschaftsstrukturen« haben in Franz von Assisi und seiner Spiritualität einen wichtigen Ansatzpunkt und darüber hinaus ihre Wurzeln in der Bibel. Franz von Assisi hat von seinen Brüdern verlangt, dass sie »die Welt verlassen« und den »Punkt außerhalb« suchen, von dem man die Menschheit in einer universalen Geschwisterlichkeit neu organisieren könne. Dieser Punkt außerhalb ist »Heilige Armut«.

1.12.1986

Mit unserer internen Besprechung klappt es wohl nicht. Joachim hat sich einer Familie angenommen, die ihr krankes Kind wegen einer Nottaufe dabeihat. Und das, obwohl die Hoftür geschlossen ist. So geht das ständig. Immer kommt etwas dazwischen.

Ich wollte noch von unserem Ausflug auf den nahe Chalcatongo gelegenen Hügel Fortín berichten. Das war auch an einem Montag, nämlich dem Tag des Friedensgebetes in Assisi, als der Papst sich mit den Vertretern der Weltreligionen traf. Zusammen mit Miguel H. haben wir diesen Ausflug unternommen. Man hat dort eine sehr schöne Panoramasicht auf Chalcatongo einerseits und die Bergwelt in Richtung Oaxaca andererseits. Wir haben bei dieser Gelegenheit unser eigenes Friedensgebet gehalten. Dabei konnten wir an die Arbeit unserer Ordenskommission »justicia et pax«, Gerechtigkeit und Frieden, anknüpfen. Es leuchtet ein, dass eine »Friedensarbeit« zuerst einmal um eine größere strukturelle Gerechtigkeit bemüht sein muss. Auf der Basis einer auch ökonomischen Gerechtigkeit ist ein Fortschritt in Sachen Frieden unter den Völkern zumindest denkbar. Ein Friede, der lediglich den freien Welthandel absichern soll, eine »*Pax gringa*«, wie man hier sagt, ist eine Perversion jeden echten Friedens der Völkergemeinschaft. Wenn lediglich ein System der Privilegien, der Vorteile, aufrechterhalten wird, hat das nur eine weitere Last für die Unterprivilegierten, also weitere Ungerechtigkeit zur Folge. Das Bild dafür ist: Die Schere zwischen Arm und Reich öffnet sich immer weiter. Es wird manipuliert und pervertiert, alles nach dem Muster: Das Recht des Stärkeren beugt das Recht des Schwächeren.

4.12.1986

Wie man durch die deutsche Kirchenzeitung KIRCHE UND LEBEN erfährt, haben die nordamerikanischen Bischöfe ein Hirtenwort verfasst, das die »Verschuldungskrise« der Dritten Welt anspricht. Man darf, meinen die Bischöfe, die Lösung nicht erneut auf Kosten der Armen suchen. Gut so. Dennoch meine ich, dass die gesamte Problematik, Auslandsverschuldung in Milliardenhöhe, zu wenig von der moralischen Seite her gesehen wird. Während die Kirche etwa in Sachen Sexualität ständig die moralischen Implikationen anspricht, wird dieser Aspekt in ökonomischen Fragen beständig ausgeblendet. Die Schuldenkrise ist doch nicht vom Himmel gefallen. Sie ist verursacht. Und zwar in der Hauptsache von den Ländern der Ersten Welt, die einem nur schlecht bemäntelten Neokolonialismus huldigen. Es genügt bei Weitem nicht, den armen Ländern mitleidsvoll helfen zu wollen, solange man auf dem hohen Ross der Ausbeuter sitzen bleibt.

Auf derselben Seite von KIRCHE UND LEBEN findet sich ein kleiner Artikel über Mutter Theresa von Kalkutta. Mutter Theresa scheint sich streng davon abzusetzen, aus dem Evangelium politische Konsequenzen ableiten zu wollen. Ihre dreitausend Schwestern sollen auf der Basis der Kontemplation unpolitisch die Nächstenliebe üben, also den Armen beistehen, helfen. Das scheint mir doch eine rechte Engführung zu sein, und zwar gerade im Blick auf die Kontemplation, die – so wird es jedenfalls in Taizé gesehen – »Aktion und Kontemplation« in Wechselwirkung miteinander sieht und zusammenbindet. In der theologischen Debatte hat hierzu J. B. Metz Verdienste gesammelt. »Politik und Mystik« lautet seine These. Um auf die nordamerikanischen Bischöfe zurückzukommen: Sie prangern bezüglich der Finanzkrise die Korruption und die Kapitalflucht der Drittweltländer an. Das klingt analytisch, ist aber nichts als Etikettenschwindel. Die »Schuld« wird wieder einmal den Opfern zugeschoben. Nach wie vor scheut man die wahre Wahrheit.

16.12.1986

In den letzten Tagen war viel Arbeit. Joachim hatte fast täglich einen Einsatz in einem der Dörfer. Pirmin hat sich sehr viel Mühe gegeben mit der Neuverlegung der Wasserleitungen. Praktisch von Null an ist er fast schon zu einem richtigen Installateur mutiert.

Unsere pastorale Zukunftsplanung muss vor allem einen Punkt im Fokus haben: die Rolle der Katecheten. Als Priester gilt es, Zurückhaltung zu üben und wo immer es möglich erscheint, die Katecheten, Männer und Frauen, ins Spiel zu bringen. Ich empfinde es als einen Glücksfall, dass Pirmin bei uns im Team ist. Er kann sich als Laienbruder einbringen, Gottesdienste feiern, Besuche machen, Segnungen spenden usw., fast genauso wie Joachim und ich als Priester. Damit hat er für weitere Katecheten wie etwa Miguel H. eine Vorreiterfunktion. Wo immer es gelingt, die Katecheten in ihrer Rolle zu fördern und zu bestärken, ist unsere Arbeit zukunftsträchtig, erfolgreich. Wo sich alle Erwartungen auf den »Priester« konzentrieren, bleiben wir gestrig, verhaftet in einem überholten Kirchenbild.

Übrigens hat Erzbischof Don Bartolomé Pirmins so definierten Dienst ausdrücklich gutgeheißen. Auch die Arbeit der Ordensschwestern im Dekanat liegt auf dieser Schiene.

17.12.1986

Die Leute zeigen oft ihren Glauben. Sie bitten um die Feier einer Totenmesse oder wollen die Taufe eines Kindes erreichen. Das ist der Glaube von der Art, wie er im Neuen Testament begegnet. »Dein Glaube hat dir geholfen«, sagt Jesus, wenn er als Heiler unterwegs ist. Von Jesus gehen aber auch Impulse auf einer anderen Ebene aus. Er beruft Jünger in seine Nachfolge, lässt sie an seiner Aufgabe teilhaben. Das dient dem Gemeindeaufbau, dem Erstarken eines organisierten Reiches Gottes. Auf beiden Ebenen soll der Glaube bestärkt werden, das Reich Gottes aufblühen. Für uns bedeutet das, dass wir uns auf die unmittelbaren Bedürfnisse der Menschen einlassen, jedoch Schritte zum Gemeindeaufbau nicht vernachlässigen.

21.12.1986

In Cañada Morelos läuft zurzeit die Vorbereitung von etwa dreißig Kindern auf die Erstkommunion. Die Hauptarbeit der Katechese liegt bei Doña Libier, die ihrerseits sagt, dass ihr einige Jugendliche helfen. In Cañada haben die Frauen in Sachen Religion das Sagen.

26.12.1986

Vom Weihnachtsfest möchte ich den Besuch des holländischen Anthropologen Marten Jansen erwähnen. Er kam mittags am Heiligen Abend vorbei, um mal bei uns »hereinzuschauen«. Joachim hatte früher schon seine Frau, Aurora Perez, die aus Progreso/Chalcatongo stammt, kennengelernt. Marten ist Professor für Anthropologie mit dem besonderen Schwerpunkt »Mixteca« in Leiden, Niederlande. Marten, Joachim und ich haben nun am Heilige Abend mehrere Stunden im Comedor zusammengesessen und – in Deutsch – Erfahrungen ausgetauscht. Pirmin war in der Zwischenzeit in Yosonotú und Cañada Morelos.

Besonders haben wir über den »*respeto*«, den Respekt, gesprochen. In der Lebensauffassung der gesamten indianischen Welt spielt der Respekt eine zentrale Rolle. Das bedeutet so viel wie »Ehrfurcht, Annahme, Zärtlichkeit«. Der Indígena bringt jeder anderen Person (jedem anderen Lebewesen) ein Höchstmaß an Respekt entgegen. Er würde es besonders gegenüber Autoritätspersonen niemals an Respekt fehlen lassen. Allerdings erwartet er, dass auch ihm selbst mit Respekt begegnet wird. In der sozialen Wirklichkeit seit der Kolonialzeit geschieht es dem Indígena fortlaufend, dass zwar von seiner Seite der Respekt nicht fehlt, dass aber vom Gegenüber eine gegenteilige Haltung gezeigt wird, nämlich die Herablassung und sogar Verachtung. Heute ist die Beziehung zwischen der indianischen und der mestizischen Welt in dieser Weise aus dem Lot. Der Indígena hat die Hochachtung eingebüßt. Er würde aber seine Natur verleugnen, wenn er, umgekehrt, ebenso den Respekt vermissen ließe. Das gegenwärtige staatliche Erziehungssystem läuft darauf hinaus, sich über dieses kulturelle Grundmuster hinwegzusetzen. Die politische Obrigkeit profitiert zwar vom Respekt der Indígenas, antwortet aber nicht in dialogischer Weise auf der gleichen Ebene. Das politische Konzept ist nicht auf Gegenseitigkeit ausgerichtet. All die Tugenden, die man im christlichen Milieu predigt, sind von dem Begriff des Respektes umschlossen. Aufmerksamkeit gegenüber dem Gesprächspartner, Sensibilität gegenüber seinen Bedürfnissen, Gastfreundschaft, Toleranz ... all dies ist für den Indígena der Respekt. Wenn der Campesino in die Stadt kommt, spürt er, wie das dortige Milieu ihn von seiner angestammten Kultur entfremdet. Er wird verachtet statt mit Respekt behandelt zu werden. Das schmerzt. So kann es sein, dass er sich anzupassen sucht und auf diese Weise immer mehr von seinen inneren Werten verliert. Das öffnet ihn auf andere Muster hin. Vor allem die Sekten wissen dies zu nützen und trichtern den hilflosen Campesinos ihre Maximen des Individualismus und des sozialen »Aufstiegs« ein. Bei den sogenannten »Radicados«, jenen Campesinos, die inzwischen in der Stadt zu Hause sind und nur gelegentlich zu den Festen in der alten Heimat auftauchen, spürt man deutlich, wie sie ihre Lebenseinstellung geändert haben. Sie empfinden ihre Herkunft als Belastung und möchten die angestammten kulturellen Leitideen, speziell auch die mixtekische Sprache, hinter sich lassen.

Wir kamen – an Weihnachten keine Überraschung – auch auf die Krippe zu sprechen. Marten meinte, er kenne sich in den Dingen der Religion nicht sonderlich gut aus, als Anthropologe sei er aber daran interessiert. Ich hatte am Morgen unsere Krippe im Comedor aufgebaut und statt Weihnachtsbäumen Maiskolben dazugestellt. Marten meinte, das passe sehr gut zusammen, denn »Jesus« sei für die Indígenas der Maisgott, das Gotteskind. Und das sei einleuchtend, denn man sehe in beiden das »Leben«. Jesus ist Brot, ist Leben. Mais ist ebenfalls Leben.

Diese Identifikation ist auch für die indianische Kultur möglich. Die »Götter« der alten indianischen Religion, meinte Marten, seien in das christliche Glaubensverständnis eingegangen, praktisch mit ihm verschmolzen. Im Mixtekischen würde man noch heute vom »Herrn Sonne« und »Herrn Regen« sprechen. Die Erde sei übrigens nicht einfach weiblich, sondern männlich und weiblich zugleich, denn beide Geschlechter stehen für Fruchtbarkeit. Auch im Blick auf die Naturelemente gelte der Respekt. Wenn sich der Indígena die Natur, etwa bei der Ernte, zunutze mache, würde er das niemals tun, ohne sich zuvor bei der Erde, der zuständigen Gottheit – rituell – die Erlaubnis zu holen. Anders als die jüdisch-christliche religiöse Grundauffassung, die vom Sündenfall und von der Erlösung spreche, habe die indianische Religion ein »Lebensraum-Konzept«. Die Götter gewähren einen Raum, in dem sich das Leben entfalten kann. Sie schränken diesen Raum ein oder erweitern ihn. In der entsprechenden Abhängigkeit von der Macht der Götter kann der Mensch, die Familie, der Stamm oder das Volk sich entfalten. Die Verehrung der Gottheiten sei Ausdruck des Dankes für die Lebensmöglichkeiten, die die Götter gewähren. – Marten meinte, die beiden religiösen Konzepte, das indianische und das christliche, könnten durchaus nebeneinander existieren, da sie nicht in Konkurrenz stünden. Tatsache ist jedoch, dass die christliche »Invasion« dazu geführt hat, dass die indianischen Konzepte als heidnisch bekämpft wurden und immer noch werden. Das hinwiederum führte und führt nach wie vor dazu, dass die Indígenas mit ihren Anliegen in den Untergrund ausweichen. Die Christen sahen und sehen ihre Konzeption als grundlegend überlegen an. Außerdem lehnen sie im Prinzip jede Vermischungen religiöser Konzepte als Synkretismus ab. Da liegt das Problem.

Auch haben wir uns über die Sprache, das Mixtekische, unterhalten. Marten versteht die Einheimischen einigermaßen. Er findet es aber schwierig, selbst zu sprechen, denn zum einen gebe es praktisch keine schriftlichen Quellen, auch keine Grammatik. Die andere Schwierigkeit sei die des Tonus, das heißt, dass bei anscheinend gleichem Wortlaut die Klänge, die Tonhöhe unterschieden werden müsse. Die meisten Fremden, die Mixtekisch zu sprechen versuchen, unterschieden zu wenig diese Besonderheit und äußerten dadurch vielfach Dinge, die in den Ohren der Einheimischen obszön klingen. Um Missverständnisse zu vermeiden, lasse er, Marten, lieber die Finger weg.

Das Überleben der indianischen Kultur hängt allerdings wesentlich vom Überleben der Sprache, auch und gerade von einer schriftlichen Fassung ab. Aus der vorspanischen Epoche haben sich einige wenige Bilder-Schriften, die Kodizes erhalten. Marten ist dafür Fachmann. Unsere Aufgabe ist in diesem Bereich die Bildungsarbeit. Nicht, dass wir selbst die Sprache erlernen, ist die Aufgabe, sondern dass wir wo immer möglich die Mixteken selbst dazu motivieren, ihre eigene Sprache zu gebrauchen und an die nächste Generation zu vermitteln. Der Staat fördert angeblich den Bilinguismus, aber – meint Marten – das sei nur ein Bluff, der dazu dient, das Mixtekische schon in der Grundschule zugunsten der Nationalsprache, Spanisch, zu verdrängen. Die Indígenas müssten das Bildungssystem wieder in die eigene Hand bekommen. Das aber sei wegen der staatlichen Integralismus-Doktrin so gut wie unmöglich.

Gesprochen haben wir auch über den Roman DER AZTEKE und die Menschenopfer zur vorspanischen Zeit. Marten meint, in der sehr bekannt gewordenen Ausstellung über die Kultur der Azteken sei eine äußerst schönfärberische Auslegung geliefert worden. Die Menschen hätten sich demnach freiwillig, aus Verehrung gegenüber den Göttern, auf den Pyramiden schlachten lassen. In Wahrheit seien die Menschenopfer aber das entscheidende Instrument des Herrschaftserhalts der Azteken gewesen. Es kam darauf an, dass die Drohung allgegenwärtig sei. Daher auch das Jonglieren mit den hohen Zahlen der Geopferten. Die Propaganda braucht natürlich das »edle Motiv«, das die wahren Hintergründe verschleiert. Man fragt sich unwillkürlich: Wo ist der große Unterschied zur heutigen Situation? An die Stelle der Azteken sind andere Diktaturen getreten. Sie halten ihre Dominanz ebenfalls mit viel Blutvergießen – aus Maschinengewehren – aufrecht. Man muss nur nach Chile, Brasilien oder Peru schauen. Alle, die des Kommunismus verdächtigt werden, verlieren ihr »Herz«, das heißt ihre Existenzberechtigung. Die Kirche tut häufig genug das Ihre hinzu, um das »edle Motiv« zu legitimieren. Ansonsten ist der erwähnte Roman übermäßig reißerisch.

27.12.1986

Zur Geschichte Chalcatongos und der Mixteca wusste Marten Folgendes beizusteuern: Ein gewisser Fray Francisco de Burgoa habe seinerzeit, im 17. Jahrhundert, Aufzeichnungen zur Geschichte der Region gemacht. Danach habe man in einer Grotte bei Chalcatongo seit dem 12. Jahrhundert die mixtekischen Fürsten begraben. Der Ort müsste in der Nähe des heutigen Jucunicuca liegen. Einer der ersten Missionare aus dem Dominikanerorden, nämlich Fray Benito Hernandez, habe diese Grotte ausfindig gemacht, die Mumien verbrannt und somit einen weiteren Kult verhindert. Wo diese Grotte genau gewesen sei, wisse man heute nicht mehr. Einer der berühmtesten

Fürsten der Mixteca, »Acht-Hirsch-Tigerkralle«, der Name ist von seinem Geburtstag im Mixteken-Kalender abgeleitet, sei 1115 in der Grotte begraben worden. Das Heiligtum sei damals von einer Höhen-Priesterin betreut worden. Dies ergebe sich aus den Bilderhandschriften. Chalcatongo sei also aus alter Zeit als »Todesort im Süden« bekannt. Die regionale Bedeutung des Ortes habe sich bis über die heutigen Municipien Yosondua, San Pablo, Santa Cruz Itundujia und Cabesera Nueva (San Esteban Atatlahuca) erstreckt. Noch heute fühlt sich Chalcatongo als Zentrum der Region und führt den Titel »Villa«, was es verwaltungstechnisch über die anderen Municipien erhebt. Damals jedoch sei San Miguel Aichutla noch bedeutender gewesen, da sich dort eine Orakel-Höhle befand. Die Bedeutung der Orte Tlaxiaco und Teposcolula sei durch die Dominikanerkonvente unterstrichen worden. Schriftliche Quellen dazu sind rar, aber es gibt ein 1593 verfasstes Wörterbuch von Fry Francisco de Alvarado. – Über schriftliche Quellen in der mixtekischen Sprache ist zu sagen, dass seitens einer bestimmten nordamerikanischen Sekte, des »Instituto Linguistico de Verano« Sprachforschungen betrieben wurden, die für Übersetzungen der Bibel gedacht waren. So gebe es mindestens zwölf verschiedene Ausgaben des Markus-Evangeliums in Mixtekisch, die aber alle von minderer Qualität seien. Die Ideologie der Sekte ist derart, dass die Agenten nach Abschluss einer Übersetzung die Region verlassen, weil sie von der Eigenwirksamkeit des Wortes Gottes ausgehen. In San-Miguel-el-Grande habe noch in jüngster Zeit ein Mitglied dieser Organisation gewohnt, nämlich Kenneth Pika, der Arbeiten von guter Qualität hinterlassen habe.

Eine andere Notiz: Es habe zur Zeit der Conquista etwa 25 Millionen Indígenas in Mittelamerika gegeben, davon seien zwanzig Millionen ausgerottet worden, und zwar hauptsächlich durch die von Europa eingeschleppten Infektionskrankheiten. Spanier habe es zunächst nur rund einhundert gegeben. Dies seien die Zahlen, die man in der Geschichtsschreibung für gewöhnlich verwende.

Noch eine Information: In Tlacolula bei Oaxaca gebe es eine berühmte Kapelle mit der Darstellung von Marterszenen christlicher Heiliger, die einen tiefen Einblick in die Leidensmystik der Indígenas gebe.

Etwas anderes: Heute Morgen haben wir eine große Hochzeit gefeiert. Es ist jetzt die Zeit fürs Heiraten, wie in Deutschland im Maimonat. Bemerkenswert an der Hochzeit ist Folgendes: Die Braut war eine Tochter Don Gustavos. Der Bräutigam kommt aus einer uns unbekannten Familie. Zusätzlich zu diesem Brautpaar waren noch zwei weitere Paare angemeldet, eines aus Providencia und eines aus Allende. Die Familie von Don Gustavo, der seinerzeit Präsident in Chalcatongo war, fühlt sich erkennbar als etwas Besseres gegenüber anderen Leuten, vor allem gegenüber den Campesinos. Gestern Abend nun, als es schon dunkel war, kam, nachdem die Familienangehörigen zuvor ausgiebig die Kirche geschmückt hatten, Don Manuel mit einigen Personen, um bei mir vorzusprechen. Don Manuel stellte den einen Herrn mit seiner – weißen – Frau als enge Freunde des Staatspräsidenten Miguel de la Madrid vor. Der Präsidentenfreund, anscheinend Professor an der Uni in Mexico City, erzählte zunächst, dass er fast alle Städte in der Bundesrepublik Deutschland kenne. Er hatte Verbindung zur Friedrich-Ebert-Stiftung der SPD. Das wusste ich aber schon. Dann kam das »Ersuchen«. Die Familie wolle eine Extra-Messe für die Heirat der Tochter. Man wolle nicht gemeinsam mit den anderen Paaren die Trauung feiern. Ich lehnte freundlich, aber bestimmt ab. Der Herr Präsidentenfreund, ein umgänglicher Mann, fragte nach der Begründung. Ich erklärte ihm, dass wir keine »Klassengesellschaft« in der Kirche wünschten. Es sei im Übrigen eine Freude, gemeinsam zu feiern. Das Argument leuchtete dem Herrn Präsidentenfreund wohl ein. Dann kamen einige Einzelheiten, die mir speziell zu denken geben. Der Herr Präsidentenfreund setzte nämlich noch ein wenig nach und erkundigte sich, ob ich der Pfarrer oder ›nur‹ der Kaplan sei. Und was wohl der Bischof dazu sagen würde. Ich habe – lachend – gesagt, sie sollten deswegen ruhig einmal beim Bischof anfragen, dort bekämen sie Interessantes zu hören. Daraufhin meinte der Präsidentenfreund, der Bischof von Oaxaca sei »links«, zwar nicht sehr extrem, aber eben doch »links«. Ich habe geantwortet, dass dies eine Kategorie in der Politik, nicht aber in der Kirche sei. – Bei der Hochzeit selbst waren dann die Brautleute der Gustavos mit dem Präsidentenfreund und seiner Frau als Paten in der Mitte platziert, die beiden anderen Paare rechts und links davon, in derselben Linie. Beim anschließenden Essen waren Joachim und ich bei den Gustavos eingeladen. Ich habe mich noch eine Zeitlang ganz gut mit dem Herrn Präsidentenfreund unterhalten. – Die ganze Szene erwähne ich, um anzudeuten, wie uns die *high society* von Chalcatongo für sich zu vereinnahmen sucht. Das System der Extra-Messen ist ein wichtiges Bauelement dieser Strategie. Es war dies nicht das erste Mal, dass diejenigen, die eine Extra-Messe fordern, bei uns auf Granit bissen.

Die Feier der Erstkommunion der Kinder in Cañada Morelos war eine feine Sache. Zum ersten Mal in unserer Chalcatongo-Geschichte erfuhren wir die wirkliche Mitarbeit von Katecheten, wie gesagt unter der Leitung von Doña Libier. Bei den beiden Elterntagen erschienen auffälligerweise nur die Mütter beziehungsweise Patinnen. Das ist Cañada Morelos.

28.12.1986

Eben waren Marten und seine Frau Gabina Aurora noch einmal da. Ich habe mir ihre Adresse in den Niederlanden notiert. Wir wollen Kontakt halten.

26.2.1987

Der offizielle Besuch aus Deutschland von unserem Provinzial Eckehard und dem Missions-Prokurator Ephrem war eine schöne Sache. Sie werden demnächst selbst einen Bericht in den Mitteilungen der Ordensprovinz veröffentlichen. Hier nur so viel: Wir haben verschiedene gemeinsame Besuche gemacht, die es den beiden Gästen ermöglichen sollten, unsere Situation hier in der Mixteca hautnah zu erleben. Eckehard und Ephrem waren ja damals, im Jahr 1983/84, gemeinsam mit Viktrizius die »Kundschafter« und hatten so schon ihre Füße in Chalcatongo auf die Erde gesetzt. Auch waren sie damals schon mit Don Bartholomé zusammengetroffen. Von der jetzigen Reise wird ihnen der Besuch zur Fiesta in Mier-y-Terán und auch der Tag auf dem Hausberg Chalcatongos, dem Fortín, in Erinnerung bleiben. Obligatorisch war natürlich ein Treffen mit dem Bischof.

Bei den Gesprächen, die wir miteinander hatten, habe ich eine »Problemlage« gespürt, mit der ich eigentlich nicht gerechnet hatte. Die Überschrift könnte lauten: Wohin mit dem Geld? Ephrem als Prokurator teilte mit, dass sich in Deutschland ein ansehnliches Spendenaufkommen zu unserer Unterstützung angesammelt habe. Die Gelder sinnvoll in unserer Arbeit zu verwenden, sei unsere Aufgabe. Schön und gut. Da ergeben sich aber zwei Probleme. Erstens haben wir bislang keine Projektentwicklung vorzuweisen, die dem entsprechen würde, und zum zweiten wollen wir hier zuerst die Armut leben und nicht etwa als »Goldesel« auftreten. Für Ephrem stehen die Erfahrungen mit den Mitbrüdern in Indonesien im Hintergrund. Dort gibt man gern Geld aus. Der Nachteil: Die Mitbrüder Missionare geraten den Leuten gegenüber in eine paternalistische Rolle. Es wird viel getan, es werden Kapellen und Schulen, Kinderheime und Asyle errichtet. Die Missionare sind dann immer die »Chefs«, und sie verstehen sich auch selbst so. Ausnahmen bestätigen die Regel. Erzbischof Don Bartholomé, das weiß ich, hat große Vorbehalte gegenüber dem, wie er es nennt, »Assistentialismus«. – Die beiden Mitbrüder, Obere, neigen dazu, auch Don Bartolomé finanziell »unterstützen« zu wollen. Schlecht ist das ja nicht. Dennoch meine ich, es sei Vorsicht geboten.

Ein Projekt, das Geld kosten wird, ist das geplante Katechetenhaus. Wir haben im Dekanat darüber gesprochen, in Chalcatongo eine Art offene Katechetenschule – für das ganze Dekanat? – zu gründen. Das Modell sieht so aus: Die Anwärter, Männer und Frauen, sollen jeweils eine Woche anwesend sein. Ein halber Tag wäre für handwerkliche Arbeiten vorgesehen, damit sich der Aufenthalt irgendwie finanziert, die andere Hälfte des Tages bliebe für Studien. Bislang steht die Sache aber in den Sternen. Mit CEDIPIO sind wir im Gespräch bezüglich der praktischen Arbeit. – Nebenbei: Wir haben gehört, dass andernorts diejenigen Katecheten, die viel Einsatz zeigen, von der Gemeinschaftsarbeit in ihrem Dorf, dem Tecjo, freigestellt werden.

Bemerkenswert war in jüngster Vergangenheit auch unsere Teilnahme an der jährlichen Versammlung der mexikanischen Kapuziner-Delegation. Inhaltlich ging es um den V. Plenarrat des Ordens in Brasilien. Pater Augustin, ein Mitbruder aus Nicaragua hat uns die entsprechenden, noch vorläufigen »Papiere« vorgetragen. Insgesamt, so meine ich, sind die Ergebnisse enttäuschend. Zum Thema »Unsere prophetische Präsenz in der Welt von heute – Leben und apostolische Tätigkeit« wird nicht viel Überzeugendes gesagt. Das Papier ist eher flau, von Kompromissformeln durchsetzt, die keine Richtung erkennen lassen. Meines Erachtens hat man sich davor gedrückt, unsere prophetische Berufung klar herauszustellen.

Während der Versammlung in Cuernavaca fragte mich Paco Jiménez, ob ich mir vorstellen könne, dass er selbst und die zukünftigen Novizen ihr Einführungsjahr bei uns in San-Miguel-el-Grande verbringen würden. Es geht um die Nähe zu den Armen, die in Cuernavaca kaum real zustande käme. Wir haben das Anliegen befürwortet, nicht ohne Bedenken. Die Sache wird zwar wohl nicht so laufen, aber die Anfrage selbst ermuntert uns, die Beziehung zur Delegation im Auge zu behalten.

27.2.1987

Ich habe mir erlaubt, einen Brief an Kardinal Josef Höffner zu schreiben, in dem ich auf seine Reise nach Lateinamerika reagiere, von der ich durch die Medien erfahren habe. Ich spreche den Umstand an, dass Priester und Laien aus Lateinamerika, wenn sie sich der politischen Probleme, insbesondere der strukturellen Armut weiter Bevölkerungsschichten annehmen, als Kommunisten stigmatisiert und in der Folge nicht zuletzt von ihren Kirchenoberen im Stich gelassen werden. Nicht immer, aber oft. Die Reise des Kardinals spricht in dieser Hinsicht eine andere, bessere Sprache. Das habe ich dem Kardinal gegenüber zum Ausdruck gebracht. Das ungute »Schweigen«, gerade auch der europäischen Kirchoberen, wird durch diese Initiative durchbrochen.

1.3.1987

Immer wieder fallen Lesefrüchte an. In der HERDERKORRESPONDENZ (12/86) findet sich ein Vortrag von Prof. J. B. Metz über die Zukunft des Christentums, in dem auch von der »Inkulturation« die Rede ist. Metz meint, dass es eine unhistorische Denkweise sei, wenn man so tue, als könne sich das Christentum seines europäisch-abendländischen Gewandes entkleiden, um sich dann »unschuldig-nackt« in andere Kulturen zu inkarnieren. Zweifellos hat Metz recht. Und das ist das »Wunder«, das man hier konstatieren kann: Obwohl das Christentum die Religion der europäischen Invasoren, der Ausbeuter und Unterdrücker war und ist, haben es die Opfer, die Indígenas des Kontinentes, angenommen. Es ist zu einer positiven Akzeptanz gekommen, sodass das Christentum heute zum Grundbestand der Identität der indianischen Bevölkerung gehört. Bei näherem Hinsehen ergeben sich aber Fragen, zum Beispiel diejenige nach der Vermengung der religiösen Symbole und dem verborgenen Untergrund im Lebensgefühl der Einheimischen.

Eine andere Idee in dem genannten Vortrag von Metz bezieht sich auf die »Leidens-Erinnerung«. Die Erinnerung an das ungerechte, immer ungesühnte Leiden versteht Metz als ein wesentliches Merkmal des Christentums. Natürlich liegt der Ursprung in der Leidensgeschichte Jesu, die die Bibel bewahrt. Mir fällt auf, wie die Indígenas gerade diesen Punkt der christlichen »Erzählung« aufgesogen haben. Da sie selbst dieses ungerechte Leiden – ausgerechnet von Seiten der Christen – erfahren haben, ermöglicht es ihnen eine Identifikation, die sie von Generation zu Generation weitertragen. Allerdings ist diesbezüglich eine »Erzähltradition« wie im christlich-jüdischen Denken kaum auszumachen. Die historischen Einzelheiten gingen – wohl auch wegen der fehlenden Sprachform – weitgehend verloren. Stattdessen floss die kollektive Erfahrung in das symbolische Empfinden ein. Der »Glaube«, den die Indígenas lebendig halten, hängt sich an die »Leidensgestalten«, die Imágenes, die Bilder. In der Wallfahrt nach Yosonotú, dem »Herrn an der Geißelsäule«, können wir diesen Zug in der indianischen »Seele« eindrücklich beobachten. Das vergangene Leiden wird dynamisch und unvermittelt präsent. Der »Leidensheiland« ist im Bildnis, im Imágen, geradezu greifbar gegenwärtig. Die indianischen Völker kennen keine sprachschriftlichen Überlieferungen. Sie tragen aber das quasi eingeschmolzene entsprechende Bewusstsein in sich. Und es wäre falsch, dies nur im Blick auf die Conquista und deren Folgen zu sehen. Auch die Frühgeschichte der Völker ist geprägt von teils freiwilligem, aber vor allem aufgezwungenem Leiden. Schon bei der Geburt wird das Neugeborene rituell angesprochen: Bereite dich darauf vor, zu leiden. Das Leben ist Leiden!

Eine Frage, die sich anschließt, lautet: Gibt es denn auch positive, aufbauende Symbole? Vielleicht kann man diese in der Gestalt der »Jungfrau« finden. Wichtiger scheint mir jedoch eine vertiefte Auslegung des Bildnisses des »Herrn an der Geißelsäule«. Für mich ist es nicht einfach, diesen Punkt ausfindig zu machen. Doch steckt auch in den Riten um ein »Bildnis des Leidens« eine positive Seite. Das »Imágen« gilt als kraftvoll und wundertätig. Man erwartet beim Fest, wenn das »Heilge Bild« inmitten der Menschen aufgerichtet ist, eine existenzielle »Heilung« und »Heiligung«. Auch den Ritus des Berührens, des Abstreichens, kann man in diesem Sinne auslegen, etwa so: Die Macht des Leidens, das Gott selbst erlitten hat, ist die Kehrseite seiner Lebenskraft, die er uns mitteilt. Das wiederum ist nicht weit entfernt von der christlichen Auffassung, die besagt »im Kreuz ist Heil«.

4.3.1987

Das Jesuitenblatt ORIENTIERUNG veröffentlichte in der Nummer 21/86 einen Aufsatz von Günter Paolo Süss. Interessant ist insbesondere der geschichtliche Aspekt der »Missionsfrage«. In der Patristik gebe es zwei Strömungen, einerseits die rigorose Auffassung, nach der die Heiden wie Ketzer, quasi als feindliches Gegenüber gesehen wurden, und andererseits die moderate Richtung im Anschluss an Justin (gest. 165), der sich um den »Samen des Gotteswortes« auch in anderen Religionen bemüht. In der Conquista habe man sich mehr auf die rigorose Argumentationsweise bezogen. In der Bulle Romanus Pontifex vom 8.1.1455, kaum vierzig Jahre vor der Entdeckung Amerikas verfasst, überträgt Papst Nikolaus V. an den portugiesischen Infanten Heinrich (1394–1460) »das unbegrenzte Recht zur Invasion, Eroberung, Vertreibung, Bekämpfung und Unterwerfung von Sarazenen, Heiden oder irgendwelchen Feinden der Christenheit und – als eine Art finanzieller Entschädigung – das Recht, diese Menschen in immerwährender Knechtschaft zu halten, ihre Güter zu beschlagnahmen und ihre Ländereien in Besitz zu nehmen.« Diese

Methoden beziehen sich zunächst zwar »nur« auf die »Reconquista« gegenüber dem Islam im Süden Spaniens, werden aber sehr bald auf die »Conquista« Amerikas übertragen. Zur Rechtfertigung der Praktiken der Kreuzzüge, der Inquisition und des Kolonialismus bediente sich – meint P. Süss – die Kirche in der Gleichsetzung von »Kirche« und »Reich Gottes« einer höchst problematischen, geradezu häretischen Doktrin.

7.3.1987

Gestern Abend erzählte uns Don Andrés aus Yujia, der wegen des Katechetenkurses zurzeit hier ist, von einer Mörderfliege, die in seine Bienenstöcke eingedrungen sei und die Bienenvölker vernichtet habe. Der Vorgang sei so: Die Fliege beißt die Brut, die Eier an. Sie verursacht dabei selbst nur geringen Schaden. Jedoch wird das gesamte Bienenvolk dadurch angestachelt, sich gegenseitig zu töten. – Meine Reflektion geht dahin, ob nicht der »Druck«, der politisch gegenüber den indianischen Dörfern erzeugt wird, dazu führen kann, dass sich die Dörfer zueinander feindlich verhalten. Und tatsächlich versuchen wir, den Menschen zu vermitteln, dass sie die Aggression, die sie empfinden, nicht gegeneinander richten, sondern sich klarmachen, wo der wirkliche, gemeinsame Feind sitzt. – Vergleiche das Buch DIE OFFENEN ADERN AMERIKAS.

18.3.1987

So reich das Fest des »Herrn an der Geißelsäule« in spiritueller Hinsicht ist, so deutlich spüren wir doch die »Andersartigkeit«

im religiösen Empfinden der Indígenas. Die christliche Botschaft ist auf der Oberfläche anwesend, von Seiten der kirchlichen Akteure über Hunderte von Jahren bekannt gemacht, jedoch von den Einheimischen weder wirklich verstanden, noch innerlich angenommen worden. Die Widerstände sind, trotz der dichten religiösen Atmosphäre, überall spürbar. – Heute sprechen wir im Zusammenhang der Evangelisation in der theologischen Diskussion von einer bislang ausgebliebenen Inkulturation. Aber was heißt das? Zunächst meine ich, sollten wir nicht fragen: »Was hat Jesus getan?«, sondern: »Was hätte Jesus getan?« Eine bloße Nachahmung dessen, was Jesus damals in Israel initiiert hat und was sich dann in der Kirchengeschichte »kristallisiert« hat, reicht nicht hin. Die Symbole, insbesondere die Eucharistie, werden von den Indígenas bis heute nicht verstanden, geschweige denn mitvollzogen. Sie empfinden die Feiern wohl eher als ein geheimes Ritual, ein Mysterium, das nur deshalb zu ihnen spricht, weil es sich um ihren Heiligen, den »Señor de la Columna«, den Herrn an der Geißelsäule, rankt. Jesus ist erst einmal der Messias für das jüdische Volk. Sein unglaublich tiefgreifendes Symbolhandeln lässt sich aufgrund der Zusammenhänge mit dem alten Israel verstehen. Die Geschichte vom Auszug aus Ägypten ist integraler Bestandteil. Jesus, wäre er Teil der indianischen Welt, hätte eine andere persönliche Lebensgeschichte durchgemacht, wäre zu anderen Ausdrucksformen seiner Verkündigung gekommen. Man kann die Dinge der Bibel nicht einfach eins zu eins verpflanzen. Aber auch wenn man zum Beispiel in der Eucharistiefeier statt Brot Mais-Tortillas nehmen würde, wäre nur sehr oberflächlich eine Anpassung erreicht. Es geht wohl eher darum, die Leidensgeschichte der indianischen Völker in den Blick zu bekommen. Ein neuer Moses müsste aus dem eigenen Volk erwachsen, eine eigene Symbolik müsste entstehen, ein authentischer Mythos begründet werden. Die Kirche in ihren Vertretern – wir auch – war und ist ein von außen kommender Fremdkörper, in vieler Hinsicht kompromittiert. So oder so, die These der Inkulturation fordert uns heraus. Keinesfalls darf die Evangelisation heute die Fortsetzung einer Unterdrückungsgeschichte sein. Die »Befreiungstheologie« und die »Besondere Option für die Armen« setzen die Akzente neu. Wir dürfen die christliche Botschaft nicht fundamentalistisch »anwenden«, sondern müssen die verschütteten Quellen der indianischen Identität freilegen, damit der Lebensstrom ins Fließen kommt. Die Schlüsselfrage ist immer: Was sind die Erwartungen der Armen? Jesus wäre darauf zugegangen. Theologisch heißt das: Jesus hat die Armut angenommen, er hat sich arm gemacht. In diesem Sinne hat sich Gott selbst inkarniert. Irgendwie untergründig verstehen die Indígenas diesen Punkt: Gott ist im Leiden des »Señor de la Columna« anwesend.

11.4.1987

Ich notiere einen typischen Zwischenfall. Des Öfteren kommen Männer aus dem Nachbarstaat Guerrero an unsere Pfarrhaustür. Sie bestellen bei uns Messen. Da sie kaum Spanisch sprechen, erfahren wir nur wenige Einzelheiten. Diesmal war das anders. Zwei Männer erzählten Folgendes: Sie seien zu dritt in der Nacht, etwa gegen 21 Uhr, in Chalcatongo angekommen und hätten gleich nach einer weiteren Fahrgelegenheit gesucht. Vor dem Municipio sei ein rotes Auto gestanden. Der Eigentümer habe ihnen versprochen, sie für 2.500 Pesos nach Zaragoza zum Curandero (Heilpraktiker) Mario zu bringen. Auf dem Weg nun, bevor man das Dorf erreicht hatte, sei das Auto stehen geblieben. Der Eigentümer hätte gesagt: »Wenn ihr weiterfahren wollt, macht es 5.000 Pesos.« Da der eine, ein junger Mann, krank war, mussten sie wohl oder übel annehmen. Dann seien sie bis zum Haus des Curanderos gelangt. Er, der Sprecher, habe nun dem Eigentümer einen höheren Geldschein von 20.000 Pesos ausgehändigt. Der sei ins Auto gestiegen und abgefahren, ohne das Wechselgeld herauszurücken. Mit Hilfe von Mario haben sie später ein Schreiben aufgesetzt, um am Municipio eine Anzeige zu erstatten. – Zufällig war ich ein paar Tage später Gast bei Mario. Ich habe den Fall erzählt, und Mario wusste auch sofort, wer der Schurke war, nämlich Don Agustín Ramirez aus Independencia, in dessen Haus wir vor Kurzem wegen der Hochzeit seines Sohnes und einer Haussegnung waren. Mario wusste, dass besagter Herr ihn, den Curandero, »Hexer« nenne. Dieser Herr nutze die Armut und Hilflosigkeit seiner, Marios, Patienten in unlauterer Weise zu persönlichen Zwecken. – Die Guerrero-Leute wollen, wenn sie hier auftauchen, fast immer zu Mario, dem Curandero, und auch zur, wie sie sagen, Santissima Modesta, der Wahrsagerin, die eine Nachbarin von Mario ist.

11.4.1987

Im Zusammenhang mit den Vorbereitungen zur »Heiligen Woche« hatten wir heute Vormittag endlich einmal eine offizielle »Junta« in Kirchenangelegenheiten, eine Versammlung des Volkes von Chalcatongo. Sie wurde vom Präsidenten des Municipios (des Bürgermeisters), Don Pablo, einberufen. Es waren etwa dreihundert Personen im Pfarrhof versammelt. Zunächst waren die Vertreter der Nebendörfer, der Agencias, ungefähr 150

Personen, gekommen. Als weitere Teilnehmer erschienen dann Einwohner des Zentrums von Chalcatongo. Thema war vorrangig die Wiederherstellung des Kirchengebäudes von Chalcatongo. Man hatte vor einiger Zeit, als der Architekt von CEDUE da war, eine Akte angefertigt, die den Beginn der Bauarbeiten auf den 15. Mai festschreibt. Jetzt ging es vor allem darum, das nötige Baumaterial heranzuschaffen. Einiges konnte diesbezüglich geklärt werden, und die Verantwortlichen, u. a. Don Guadalupe Nicolás, machten tüchtig Notizen. Einmütig sagte man »Ja« zum Projekt als solchem. Als es daran ging, die Mitverantwortung der Agencias einzufordern, wurde es schon schwieriger. Ich konnte auch unsere Anliegen ein wenig zur Sprache bringen. Im Prinzip lautet unsere Strategie der Arbeitsteilung: Wir kümmern uns um die Errichtung eines Katecheten-Hauses. Die Gemeinde macht sich für die Kirchen-Renovierung stark. Personalfragen z. B. bezüglich des Komitees kamen nicht zur Sprache. Grundsätzlich ist der Präsident, der Bürgermeister, dafür zuständig, die Ämter zu besetzen. – Bemerkenswert war dann das Ende der Versammlung. Nach zwei Stunden wurde die Frage aufgeworfen, wie viel jeder Einzelne als Privatperson zur Kirchensanierung beitragen könnte. Daraufhin machte sich plötzlich ein Großteil der Teilnehmer auf und davon. Der Präsident selbst lief den Leuten nach, um sie zurück zu bitten. Pech gehabt. Jetzt verließ auch der Rest der Mannschaft die Bühne, sodass wir mit einigen wenigen Getreuen übrig blieben.

28.4.1987

Anfang des Monats hat Francisca uns gesagt, sie wolle für zwei Wochen nach Mexico City gehen, um einen Verwandtenbesuch zu machen. Sie hatte schon vorgesorgt und »Sophia« als Ersatz für diese Zeit angeheuert. Wir stimmten zu und ermunterten sie, ruhig noch eine Woche länger zu bleiben, weil wir nach Ostern in Oaxaca sein würden. Als Sophia dann ihren Dienst antrat, stellte sich heraus, dass sie ihre Aufgabe als Daueranstellung auffasste. Bald darauf erschien Franziskas Mutter und fragte, ob wir wüssten, wo Francisca sei. – Inzwischen scheint es so, dass Francisca nicht von Mexico City zurückzukehren gedenkt. Sie hat dort früher schon einmal für einige Jahre gearbeitet. Drei ihrer Kinder hat sie jetzt mitgenommen. Nur Rocio, der zweitjüngste, ist bei der Oma in Chalcatongo geblieben. Vielleicht ist es noch nicht angebracht, ein »endgültiges« Urteil über Franciscas Dienst zu sagen, jedenfalls fand ich es im Allgemeinen angenehm, mit ihr umzugehen. Sie ist eine patente Frau. Das habe ich auch der Mutter gesagt, die offenbar an ihrer Tochter mehr auszusetzen hat.

Die »Heilige Woche« haben wir ohne größere Pleiten über die Bühne gebracht.
Joachim war in San-Miguel-el-Grande und fand, dass die Leute dort gut mitgemacht haben. Pirmin war in Yosonotú und hatte ebenfalls Erfolgserlebnisse. Hier im Chalcatongo lief alles nach dem Muster vom Vorjahr. Als »Randerscheinungen«, die uns nicht gefallen können, fanden in Progreso am Donnerstag-Nachmittag Sportspiele statt, sodass der Lautsprecherlärm bis ins »Abendmahl« hinein tönte. Ähnlicher Krach war während der Prozession mit dem Santo Entierro von Independencia her zu hören. In ungehöriger Weise fand am Karfreitag in Zaragoza eine Tanzveranstaltung statt. Über den Lautsprecher auf dem Kirchendach hatte ich mich schon am Markttag, dem Donnerstag, öffentlich gegen solche Aktivitäten ausgesprochen. Als

Beschluss kann gelten, dass die Tage Montag bis Mittwoch für derartige Dinge freigegeben sind, nicht aber die drei Heiligen Tage. In der Tradition hat diesbezüglich der Pfarrer das Sagen. Aber was kümmert etwa die Lehrer die Meinung des Pfarrers? Das praktische Problem besteht darin, dass in ganz Mexiko die gesamte »Heilige Woche« arbeitsfrei ist. Also kommen die Verwandten, die Radicados, aufs Land und überfallen gewissermaßen die Dörfer mit ihren Erwartungen. Ihre Interessen sind jedoch zum Gutteil gegenläufig zur Tradition. – Ich habe mich in diesem Jahr verstärkt um den »Centurión«, den Hauptmann, gekümmert. Er ist die tragende Gestalt der Semana Santa und zugleich der Mayordomo. Don Manuel Zafra als »presidente del templo« hat ein eigenes Buch angelegt, in dem er für jedes Jahr die Meldungen zu den Mayordomias der Feste notiert. Wir erhalten von ihm lediglich die entsprechenden Informationen. Damit ist sein Buch das einzig Gültige.

Die Woche nach Ostern in Oaxaca war wieder sehr erholsam. Die Schwestern sind uns sehr zugetan und haben uns auch in einigen praktischen Fragen geholfen. Von Deutschland, Ephrem, war das angeforderte Geld auf dem Konto der Schwestern angekommen.

Erwähnenswert ist auch, dass Miguel H. in der Osterwoche in Mexico City an einem Kurs von CENAMI teilgenommen hat, um gemeinsam mit etwa achtzig anderen Indígenas aus verschiedenen Gebieten Mexicos über das anstehende Gedenken zur 500-jährigen Evangelisation Lateinamerikas nachzudenken. Miguel erzählte gestern bei unserem Montagsgespräch davon, wie ein anwesender Bischof sich über die Ansichten der Indígenas zum Verlauf der Geschichte entrüstete. Gott, so der Bischof, habe die Eroberung Amerikas gewollt als Mittel der Bekehrung der Indígenas. Miguel schloss aus dieser und anderen Einlassungen einiger Bischöfe, dass die Kirchenoberen weit weg vom Volk lebten und sehr konservativ eingestellt seien.

Übrigens habe ich gestern einen persönlichen Brief von Kardinal J. Höffner bekommen, der mir auf meinen Brief antwortet. Er erwähnt, dass er seinerzeit ein Buch geschrieben habe mit dem Titel SPANISCHE KOLONIALETHIK UND EVANGELIUM. Er freue sich darüber, dass man in Lateinamerika überall Zeichen eines sozialen Aufbruchs erkennen könne. – Wir haben uns vorgenommen, in Münster wegen dieses Buches nachzufragen.

6.5.1987

Vorgestern sind zwei Ladungen Holz von Reforma und La Paz angekommen. Sie sind aufgrund des Beschlusses der Generalversammlung, der Junta, angeliefert worden und für den Gerüstbau am Kirchturm vorgesehen.

Aber noch etwas anderes: Schon bei unserem letzten Montagsgespräch hatten wir ausführlich die Bitte der Familie Nicolás-Huitron besprochen, eine Messe für die fünfzehnte Geburtstagsfeier der Tochter (und Sohn, Zwillinge) zu halten. Die »Feier der 15 Jahre« für ein Mädchen ist hier ursprünglich nicht üblich, wird aber von den Familien, die Beziehungen in die Stadt haben, mehr und mehr gefordert. Der Brauch ist eindeutig mestizisch geprägt, also in der Mehrheitsbevölkerung Mexikos verankert. Wir können uns des Eindrucks nicht erwehren, dass durch diese Feier erstens das Privilegien-Denken zum Ausdruck kommt und zweitens die Feier eher säkularen Charakter hat und durch eine Heilige Messe nur ein religiöses Mäntelchen umgehängt bekommt. In unseren Gesprächen haben wir die Richtung für künftige Fälle ein wenig abgesteckt. Als Bedingung für eine kirchliche Feier gilt dann, dass das betreffende Mädchen bereits die Erstkommunion empfangen hat. Ein weiterer Punkt ist der, dass es keine Eucharistiefeier geben soll, sondern einen Wortgottesdienst. – Joachim hatte mit ihnen schon für den 16.5., abends, eine Segnung vereinbart. Jetzt waren sie aber noch einmal da, um doch eine Eucharistiefeier durchzusetzen.

Ich habe versucht, ihnen unsere Argumente zu verdeutlichen. Die Aufwertung der Feier führt langfristig zu einem Verlust an kultureller Substanz. Wir müssen unsere Dienste überdies so ordnen, dass auch die Katecheten zum Einsatz kommen. Wenn sich alles immer auf den Priester konzentriert, haben sie keine Chance. Dann können wir zum Beispiel Pirmin wieder nach Hause schicken. Die Familie N. Huitron sieht nicht, dass sie sich mit ihren Forderungen den Privilegierten im »Oberdorf« angleichen, obwohl sie doch sonst gerade nicht dazugehören wollen. Sie wohnen im »Unterdorf«. Sie möchten auch »jemand« sein, aufsteigen, und verlassen dadurch den kulturellen Boden, auf dem sie eigentlich stehen. Die Feier der *Quinceañera* (15. Geburtstag), die eine Art Jugendweihe für Mädchen ist, läuft auf eine elitäre, exklusive und damit dem katholischen Grundgedanken zuwiderlaufende Symbolhandlung hinaus. Bislang verstehen die Leute kaum, dass wir ihren religiösen Grundanliegen dienen, wenn wir solche Anliegen herabstufen.

12.5.1987

Von Donnerstag bis Samstag hatten wir zum dritten Mal einen Katechetenkurs. Insgesamt beurteilen wir die Veranstaltung als erfolgreich. Die Teilnehmerzahl war von zwölf Dauerbesucher/-innen und vier Teilzeitteilnehmer/-innen geradezu ideal. Als »alte Hasen« waren außer Miguel H. Don Andrés aus Yujia, Josefina J. J. aus Chapultepec und Don Federico aus San Felipe dabei. Auch die neuen Teilnehmer/-innen waren gut motiviert und stabil im Verhalten. Aus früheren Versuchen wissen wir, wie schwer es den Teilnehmer/-innen fällt, sich in den ungewohnten Kommunikationsformen, Gruppenarbeit und Plenum, zurechtzufinden. Als bildliches Motiv hatten wir den »Acker« gewählt, der das Reich Gottes symbolisiert. Praktisch ging es um den Wortgottesdienst. Wir arbeiten ja darauf hin, dass die Katecheten in ihren Dörfern Wort-Gottes-Feiern gestalten. Bibelgespräche und Formen des freien Gebetes müssen natürlich erst einmal eingeübt werden. Die Gemeinschaft der Kursteilnehmer/-innen bietet dafür die besten Voraussetzungen. Deutlich wird auch, wie wichtig eine kontinuierliche Weiterbildung ist. Das geplante Katechetenhaus soll da eine Möglichkeit eröffnen. In praktischen Angelegenheiten klappte während des Kurses auch alles recht gut. Sofia spielte ihre Rolle als »Oberköchin« ordentlich. Ich habe ihr aber erklärt, dass wir sie zu Ende des Monats entlassen müssten, weil dann Josefina J. J. die Stelle übernehmen wird.

14.5.1987

Zum ersten Mal gab es eine ordentliche Sitzung des Komitees zur Sanierung der Kirche. Ein weiteres Komitee für die Arbeiten an der Calvario-Kapelle im Unterdorf gilt ab sofort als Untergruppe dieses Gremiums. Auch die Calvario-Kapelle meldet baulichen Bedarf an. Vorsitzender des Komitees bleibt Don Guadalupe Nicolás. Auch die übrigen Mitglieder sind klar benannt und haben ihre verantwortliche Mitarbeit in Aussicht gestellt. Don Manuel Zafra, seines Zeichens Präsident der Hauptkirche, hat in dem neu organisierten Komitee Sitz und Stimme. Auf dieser Grundlage können die Bauarbeiten hoffentlich zügig vonstatten gehen.

Im Rahmen des Dekanats haben wir versucht, die Sektentätigkeit in unserem Gebiet zahlenmäßig zu erfassen. Das ist nicht leicht, da nur unklare Informationen vorliegen. Allgemein werden die Mitglieder der Sekten oft generell als *hermanos*, Brüder, geführt. Die Gruppierungen sind Sabatistas, Evangelicos del Instituto Verano, Adventistas del septimo dia, Testigos de Jehova, Dominicales und Pentecostes (Pfingstler). Die Streuung ist in den einzelnen Dörfern sehr verschieden, dabei haben die *radicados*, die Leute, die von der Stadt herkommen, unübersehbaren Einfluss.

20.5.1987

Vor einigen Tagen habe ich etwas über die Denkungsart der Leute, bezogen auf die Feier der heiligen Messe, erfahren. Ich wurde zu einem jungen Mann gerufen, der krank auf dem Bett lag. Die Familie sagte, er sei seit einer bestimmten Stunde am Sonntag völlig durchgedreht. Man vermutete, dass ich zu diesem Zeitpunkt in San-Miguel-el-Grande eine Heilige Messe »gegen« den jungen Mann gefeiert hätte, und wollten wissen, wer diese »schwarze« Messe in Auftrag gegeben habe. – Eine nicht unähnliche Situation entstand, als drei Herren von La Paz im Pfarrbüro auftauchten. Ich hatte von Grenzstreitigkeiten mit der Nachbargemeinde Santo Domingo gehört und fragte diesbezüglich nach.

Ein Zusammenstoß der Leute beider Gemeinden hatte zu Toten geführt. Der Grund für die aktuelle Eskalation sei gewesen, hörte ich jetzt, dass die Leute von Santo Domingo denen von La Paz mitgeteilt hatten, sie hätten gegen sie eine Heilige Messe lesen lassen. Offenbar kann man so etwas nicht sagen, ohne die unmittelbare Antwort der Betroffenen hervorzurufen. – In beiden Fällen war mein Eindruck, dass meine Versuche, den Leuten eine angemessenere Vorstellung vom Sinn der heiligen Messe zu vermitteln, auf taube Ohren stießen. – Ich meine nun, dass wir uns hüten müssen, den Menschen ihre falschen, magischen Vorstellungen vorzuwerfen. Der Hintergrund ist erkennbar jener sozialpsychologische Mechanismus, der dazu führt, dass die eigene Wut nicht gegen den Verursacher des Konfliktes ausschlägt, sondern gegen den nächsten Nachbarn gewendet wird, etwa so wie der Vater die Kinder schlägt, wenn er Probleme mit seinem Boss hat. – Noch etwas in diesem Zusammenhang: Den Vorwurf der Magie hat man seitens der Christen in der Missionsgeschichte gegenüber den indianischen Völkern weidlich genutzt, um ihre Kultur und Religion zu diskreditieren.

5.7.1987

Ein Bild, das mir nach der Begegnung mit einem Sekten-Bruder in den Kopf gekommen ist: Die Sekten sind wie die Schmarotzerpflanzen, die Orchideen in den Bäumen. Sie winken gewissermaßen von da oben den Leuten zu nach dem Motto: Sind wir nicht schön? Ihre Art, sich zu ernähren, ist aber die, die alten, vielleicht morschen Bäume auszusaugen. Die Sekten existieren wesentlich auf Kosten der alten Kirche.

Am Donnerstag vor zwei Wochen war ich zum Fest »Corpus Christi« in Yujia. Morgens hörte ich von Don Onesimo, der am Vortag nach Yujia wollte, um Getränke zu verkaufen, dass man weder mit dem Auto noch zu Fuß nach Yujia durchkommen könne, weil auf dem Weg zwischen San Felipe und Yujia ein Bergrutsch die neue Straße unpassierbar gemacht hatte. Ich blieb also erst einmal zu Hause. Gegen zehn Uhr kam aber Don Andrés von Yujia außer Atem bei uns an. Er war den ganzen alten Weg über den Berg in fünf Stunden bis Chalcatongo marschiert, um mich abzuschnappen, bevor ich nicht mehr erreichbar gewesen wäre. Er wusste genau, was er wollte. Wir sollten mit dem Jeep bis zum portillo (oben am Berg über La Paz) fahren und dann zu Fuß auf dem alten Weg nach Yujia absteigen. Ich wusste, dass das eine gewaltige Tour würde, konnte Don Andrés den Wunsch aber nicht abschlagen. Also sind wir zuerst bis zum portillo gefahren und haben den Jeep dort abgestellt. Zwei Stunden dauerte der Abstieg, ca. 1.000 Meter Höhenunterschied. Meine Knie begannen immer wieder zu zittern, und ich musste eine Pause einlegen. Schließlich kamen wir im Dorf an, bekamen auch etwas zu trinken und zu essen. Dann der Gottesdienst, den ich im Sitzen feierte. Und gleich wieder der Rückweg, der Anstieg. Ein Gewitter zog auf, aber doch an uns vorbei. In vier Stunden hatten wir den Anstieg schließlich geschafft, stiegen in den Jeep und waren dann bald zurück in Chalcatongo. Das war für mich, körperlich, die bisher anstrengendste Tour. Jetzt liege ich schon seit vierzehn Tagen auf dem Bett und versuche mich zu erholen. Die alte Geschichte mit der Hepatitis scheint noch nicht überwunden zu sein beziehungsweise meldet sich wieder. In San Miguel Progreso habe ich einen Termin bei den Schwestern platzen lassen. Pirmin hat mich nachher entschuldigt. Es geht nicht anders. Gelegentlich muss man wegen körperlicher Dinge einen Tribut zahlen.

4.7.1987

Zum Stand der Delegation der Kapuziner in Mexiko. Joachim kam von seinem Urlaub in Cuernavaca zurück und brachte die Kopie eines Briefes mit, den der Generalminister Flavio Carraro an die Delegation geschrieben hatte. Darin finden sich Überlegungen zur gegenwärtigen Krisensituation der Delegation. Er bittet die Mitglieder der Delegation, zu überlegen, ob es nicht besser sei, sich als Vizeprovinz einer anderen, dann übergeordneten Provinz des Ordens anzuschließen. Als Alternative schlägt er vor, für drei Jahre einen neuen Delegaten und einen Noviziatsleiter von außen zu schicken. – Die Mitbrüder, insbesondere Paco Jiménez, der ja die Delegation seit Jahren präsidiert, sieht in den Einlassungen des Generalministers einen Misstrauensantrag, sozusagen einen Absetzungsbescheid für sich selbst. Er fühlt sich im Stich gelassen. Er hatte von sich aus um Hilfe gebeten. Dass die Veränderungen aber eine solche Form annehmen, sieht er nicht ein. Und, ehrlich gesagt: ich auch nicht. Auf diese Weise wird die Krise wohl eher verlängert, als gelöst. Im Juli soll eine Visitator kommen und die Meinung der Brüder erkunden. Das alles sieht erst einmal nicht nach Konsolidierung aus.

9.7.1987

Heute kamen die neuen Mitteilungen der Heimatprovinz. Eckehard ist demnach zurzeit in China, um einen Kontakt zur alten Chinamission aufzunehmen. Pater Sixtus Cheng, von dem wir jahrelang nichts mehr gehört hatten, lebt noch. – Auch kam jetzt das Dokument vom V. Plenarrat des Ordens in Brasilien.

Am vergangenen Wochenende haben wir wieder die Pláticas in San Esteban Atatlahuca gehalten. Das war eine echte Nervenprobe. Der Sakristan, ein neues Gesicht, war zwar schon zu Beginn anwesend. Das Curato blieb aber verschlossen, weil der alte Herr offenbar zu nichts in der Lage war. So mussten wir in unser eigenes Quartier quasi einbrechen. Von der Autorität keine Spur, das Dorf wegen der Schulferien wie ausgestorben. Don Emilio, der sonst die Lehrer mit Mahlzeiten versorgt: abwesend. Als wir gegen Mittag an sein Haus kamen, waren nur die drei Kinder, die Älteste, Jesusa, acht Jahre alt, da. Joachim kennt sich dort etwas aus und begann, selbstständig etwas Essbares zu suchen. Dann kam aber Don Emilio hinzu. Abends waren wir bei einer Frau eingeladen, die in San Esteban geboren ist, aber sonst in Mexico City lebt. Sie tat sich schwer, im Haus ihrer Schwester etwas zu essen zu machen. Immerhin war doch noch eine gute Atmosphäre. Im Curato funktionierte sogar das elektrische Licht. Zum Schlafen kamen wir aber kaum, der Flöhe wegen. An den Pláticas haben ungefähr zwanzig Personen teilgenommen. Wegen der Regenzeit war auch nicht mehr zu erwarten.

29.7.1987

Ich bin jetzt hier in Oaxaca. Ich habe das Heft mitgenommen und mache folgende Notizen: Pirmin ist hauptsächlich zu Urlaubszwecken für eine Woche hier. Er hat sich um Chapulín, unseren Jeep, bemüht, der neue Schuhe, sprich Reifen, brauchte. Mein Aufenthalt in Oaxaca hat den Sinn, zusammen mit Miguel H. eine Werkstatt für das Gerben von Fellen kennenzulernen. Vielleicht kann diese Art der Arbeit später in Chalcatongo während der geplanten Katechetenkurse eine Rolle spielen. Leider hat sich Miguel eine Infektion an beiden Füßen zugezogen, sodass es mit der Arbeit in der Werkstatt kaum klappt. Auch mit meiner Gesundheit ist es noch nicht zum Besten bestellt. Der Arzt, Dr. Raul, meint, die Leber sei wieder hinzukriegen, aber ich müsse langsam tun.

Mit Miguel H. habe ich lange über pastorale Strategien gesprochen. Wenn er in Chalcatongo den Bürodienst macht, empfindet er oft eine Zurücksetzung von Seiten der Leute. Sie wollen immer nur den Priester sprechen. Ich habe Miguel zu vermitteln versucht, dass es natürlich ein geistlicher Kraftakt ist, wenn er aus seiner Kompetenz als Katechet den Leuten Angebote, zum Beispiel zum Krankenbesuch, macht. Während die Katecheten versuchen müssen, stärker in diese Dinge einzusteigen, müssen wir als Priester uns zurücknehmen und auf die Katecheten verweisen. Miguel empfindet ganz richtig, dass es falsch ist, sich von den Leuten einschüchtern zu lassen. Und er weiß auch, dass er langsam, langsam, »*quenni, quenni*« in die Spur kommen kann, die Jesus für die Apostel vorgesehen hat: Kranke heilen, Dämonen verjagen, Segen spenden, Frieden bringen ...

7.8.1987

Noch in Oaxaca. Gestern war hier bei den Schwestern ein junger Mann namens Felipe zu Gast. Die Umstände führten dazu, dass ich mich lange mit ihm über wirtschaftliche Dinge unterhalten habe. Er arbeitet in staatlichem Auftrag, um die landwirtschaftlichen Methoden der Region zu »entwickeln«, damit die Ressourcen besser genutzt würden. Paradebeispiel: der kreditfinanzierte Einsatz von Düngemitteln. – Was wollen denn die Agraringenieure bewirken? Die Frage ist doch erst einmal: Wem soll die Methode nützen? Wer sind die Gewinner? Wer gerät ins Hintertreffen? Die staatlichen Agenten wollen nicht mit solchen Fragen belästigt werden. Sie glauben, es gehe allein um technische Effektivität. Welche Haltung die Einheimischen dazu einnehmen, warum sie von alters her dieses oder jenes so oder so machen, interessiert nicht. Hauptsache, es springt ein staatlich definierter ökonomischer Vorteil heraus ... Die indianischen Campesinos werden kurzerhand für »rückständig« erklärt. Also darf, ja muss man sie, um des landwirtschaftlichen Erfolges willen, ausschalten.

8.8.1987

Wir feiern wieder das Patrozinium der »Virgen-de-la-Natividad« in Chalcatongo. Die Gottesmutter gilt den Leuten als ihre Beschützerin, als Anwältin vor Gott. Es geht aber nicht darum, auf die Fürsprache Marias den Zorn Gottes zu besänftigen. Wenn die Verkündigung sich lediglich an die »Sünder« richtete und deren Bekehrung wollte, würde sie falsch. Vor allem dürfen die »Sünder« und die »Armen« nicht gleichgesetzt werden. Was die Armen, die in der Tat gesellschaftlich als »Säufer und Sünder« stigmatisiert werden, nötig haben, ist nicht so sehr eine Verteidigung Gott gegenüber, sondern ein Schutz und eine Hilfe gegenüber den Machenschaften der Mächtigen dieser Erde. Wenn Maria, die Jungfrau, im Magnifikat die Güte Gottes preist, der die »Mächtigen vom Thron stürzt«, ist sie den Armen schon viel näher. – Insgesamt war die Fiesta nicht so brillant wie im vergangenen Jahr. Dennoch: Es gab genügend Lichtblicke. Die Festpredigt hat Pater Angel aus Itundujia gehalten. Heute Abend will ich noch mit ihm darüber sprechen, wieweit wir ihn bei der Finanzierung eines Projektes unterstützen können. Gestern kam ein Brief von Ephrem, in dem er den Kontostand seines Mexiko-Kontos angibt: zurzeit 86.000 Mark. Da müsste sich doch etwas machen lassen.

14.8.1987

Es erscheint mir wichtig, dass wir unsere missionarische Aufgabe auch theologisch durchdringen. Der Begriff der »Evangelisierung« kann natürlich nicht von dem der »Bekehrung« abgekoppelt werden. Es ist aber immer wichtig, den Gesamtzusammenhang mit zu bedenken. Eine »Bekehrung der Ungläubigen« ist bezogen auf die indianischen Völker eine schwachsinnige These. Die Indígenas sind keineswegs »Ungläubige«, Heiden in diesem Sinne, weder früher gewesen, noch heute. Wenn schon, dann sind sie Andersgläubige. Doch dann ist die Forderung nach »Bekehrung« im Sinne von Bekenntniswechsel immer noch absurd. Jedenfalls sind wir nicht hierher nach Mexiko gekommen, um in dieser Richtung etwas zu erreichen. Das Reich Gottes der Gerechtigkeit und des Friedens kann nur aufblühen, wenn diejenigen, die ihm im Wege stehen, sich bekehren. Das könnte eine theologische Leitlinie sein. Die Frage ist dann: Wen trifft diese These? Wer stand in früheren Zeiten und wer steht heute dem Aufblühen des Gottesreiches im Wege? Es geht kein Weg daran vorbei: Auf allen Ebenen müssen sich die Mächtigen, die je Bessergestellten, die Privilegierten, an die eigene Brust schlagen. Im Sinne Jesu sind die Armen bereits gerechtfertigt. Dort, wo ihre Lebensperspektive, ihre Hoffnung auf Veränderung, auf das Ende ihrer Gefangenschaft den Kern der Bemühungen bildet, kann man von einer echten, biblisch begründeten Evangelisierung sprechen.

Ich hatte schon einmal erwähnt, dass Miguel H. in Mexico City an einer nationalen Versammlung der Indígenas teilgenommen hat. Nun gab es Gelegenheit, seine Erfahrungen im Dekanat vorzutragen. Atmosphärisch war sein Beitrag offenkundig der Glanzpunkt des Dekanatstreffens. Es geht um Folgendes: Anlässlich des Stichtags in 1992 zum Gedenken an den Beginn der Evangelisierung Amerikas wurde auf Initiative Roms eine Befragung der indigenen Völker veranstaltet. Organisator war für Mexiko CENAMI. Eine ähnliche Sache hat vor einiger Zeit in Ecuador stattgefunden. Es soll herausgefunden werden, wie die Indígenas als Erstbetroffene sich zu ihrer eigenen Geschichte, insbesondere der Kirchengeschichte, verhalten, wie ihr Selbstverständnis ist. Die Konsultation in Mexico City hat ein recht eindeutiges, schroffes Votum der Verurteilung der Kirche in diesem Sinn zutage gefördert. Die anwesenden Bischöfe, einige wenige in der Versammlung von beinahe dreihundert Personen, Laien und kirchliche Mitarbeiter, haben teilweise eine enorme Verständnislosigkeit geoffenbart, bis hin zu Bemerkungen wie: »Die Leiden, die die Indígenas zu tragen hatten, bedeuten nichts im Vergleich zu dem Reichtum, den ihnen die Kirche gebracht hat.« Im Nachhinein versuchten einige Bischöfe, die Veröffentlichung der Ergebnisse dieser Konsultation zu verhindern, was ihnen aber durch die Interventionen anderer Bischöfe, darunter Don Bartolomé Carrasco, nicht zu gelingen scheint. Miguels eigener Beitrag war, wie er es darstellte, der Vorschlag, einen Kreuzweg zu organisieren, damit das Gedenken nicht zu einer stolzen »Feier der

500-jährigen Evangelisierung«, sondern zu einem »Trauertag« werde.

In der Jesuitenzeitschrift ORIENTIERUNG findet sich in diesem Zusammenhang ein Artikel, der das Dialogprinzip in den Vordergrund stellt. Dort heißt es aber: »Die Kirche hat zahllose theologische, rechtliche und liturgische Strukturen geschaffen, an die sie den Glauben unlösbar festgemacht hat. Daher kann sie sich auf keinen Dialog einlassen. Die Strukturen sind wirkliche Hindernisse für den Dialog, sie korrumpieren die Kirche [...]. Sie verbreiten einen Fäulnisgeruch in der Kirche. Wenn sie, die Kirche, sich nicht vereinfacht und erniedrigt, ist es unmöglich, mit ihr ins Gespräch zu kommen.« Ein Bild, das Miguel H. aufgegriffen hat, sieht so aus: »Wir, die Indígenas, tragen so viele uns von außen umgehängte Lumpen am Leib, dass wir weder diese Lumpen sind, noch wissen, was darunter steckt.« Und: »Man hat uns unsere Mutter entrissen, um uns eine andere zu geben. Sicher ist nur, dass wir jetzt überhaupt keine Mutter mehr haben. Zwei Identitäten streiten in uns, die indianische und jene, die uns durch die religiöse Erziehung aufgenötigt wurde. Den Glauben unserer Völker haben wir verloren, aber zum Glauben, der durch die Kirche vermittelt wird, haben wir nie wirklich Zugang gefunden.«

16.9.1987

Ob es sich bei der folgenden Bemerkung um Ideologie meinerseits handelt? Mir kommt der Gedanke, dass sich das Machtbewusstsein der Oberschicht immer und überall mit juristischen, jedenfalls strukturellen Mechanismen rechtfertigt und durchzusetzen sucht. Das Ohnmachtsbewusstsein auf der anderen Seite hat auch seine Muster: Wir sind die Zukurzgekommenen, man lässt uns nicht zu, wir werden ausgeschaltet, manipuliert ... Wenn letzteres Bewusstsein nicht mehr zum Widerstand motiviert, sondern kraftlos wird, mündet es in Resignation und Selbstzerstörung, zum Beispiel Alkoholismus.

17.9.1987

Die offizielle kirchliche Theologie scheint hierzulande einer inoffiziellen Volksfrömmigkeit gegenüberzustehen. Die kirchliche Theologie wirkt im Kontext der südamerikanischen Geschichte wie eine ausgeklügelte Herrschaftsideologie, die auch die Volkfrömmigkeit zu subsumieren versucht. So wird der Volksreligiosität die Kraft entzogen. Sie wäre sonst der Nährboden für einen Widerstand, oder besser: eine authentische eigene, unabhängige Theologie. Wenn man davon ausgeht, dass die Geschichte (Historie) nicht stillsteht, könnte es sein, dass heute die Zeit angebrochen ist, eine eigenständige indianische Theologie zu entwickeln. Wenn auch auf dem Boden von Ruinen.

Etwas anderes: Heute war ich mit einer Ladung Lebensmittel mit Chapulín, unserem Jeep, in der Nachbarpfarrei Itundujia. Die Schwestern, die in Amoltepéc arbeiten, hatten einen Hilferuf abgesetzt, weil wegen Grenzstreitigkeiten kein Zugang zum lokalen Markt mehr möglich ist.

Während ich in Oaxaca war, hat Joachim einen Besuch von Mitgliedern des »Komitees zur Verteidigung des Waldes« von

Itundujia organisiert, um in Mier-y-Terán in Sachen »Wald« die Bewusstseinsbildung zu fördern. Wir hatten nämlich gehört, dass Mier-y-Terán einen Vertrag mit der gleichen räuberischen Kompanie unterschrieben habe, die in Itundujia zugange ist. Hoffentlich ist dieser Vertrag noch zu stoppen. Wenn die Ausbeuter sich erst eine Rechtsgrundlage verschafft haben, kann man sie kaum noch loswerden, wie Itundujia zeigt.

19.9.1987

Inzwischen ist Josefina J. aus Chapultepec bei uns als Köchin eingestiegen. Sie ist selbst eine Indígena. Das hilft uns sehr, die Dinge hier besser zu verstehen. Josefina ist schon ein wenig als Katechetin versiert. Jetzt haben wir vereinbart, dass sie uns auch hilft, an die mixtekische Sprache heranzukommen. Uns liegt daran, über die Sprache zu den Tiefenschichten der mixtekischen Kultur Zugang zu finden. Gleichzeitig ist es ein Anliegen, mitzuwirken, dass die Mixteken selbst ihre Sprache und Kultur hochschätzen und pflegen. Das ist keine Selbstverständlichkeit, wie man meinen könnte, denn die Indígenas haben die Abwertung ihrer Lebensart durch die dominante Umgebung sehr weitgehend internalisiert.

Heute kam die neue Nummer der KONTINENTE. Bezüglich Lateinamerikas sind dort wichtige Dinge zu lesen. So ein Bericht über die Ablehnung, die die angestrebte 500-Jahre-Feier der »Evangelisation Lateinamerikas« durch eine Konferenz in Lima gefunden hat. Vier Häuptlinge des Ayman-Stammes, der das Christentum nach eigener Einschätzung nur oberflächlich und aus Gründen des Selbstschutzes angenommen hat, sehen in der gegenwärtigen katholischen Kirche so viel an Widersprüchlichkeit, dass das Christentum ihnen bis heute unannehmbar erscheint.

Eine weitere Überlegung: Dem traditionellen Missionsgedanken unterliegt ein statischer Wahrheitsbegriff. Wer, wie es die machtbewusste Theologie der katholischen Kirche über Jahrhunderte getan hat, die Wahrheit als ein gültiges, monolithisches »Sein« betrachtet, kann das Fortschreiten dieser Wahrheit nur durch Unterwerfung derer sicherstellen, die noch nicht an der Wahrheit teilhaben. Man tut den armen Unwissenden, den Heiden, sogar etwas Gutes, wenn man sie zur Bekehrung zwingt. Bei näherem Hinsehen führt das zu einer geistigen Conquista, sprich zur Zwangsmissionierung. Es kommt also darauf an, den ontologisch-statischen Wahrheitsbegriff aufzubrechen und ein geschichtliches Wahrheitsverständnis zu unterlegen. »Wahrheit« ist dann ein offener historischer Prozess. Der europäischen, kirchlich sanktionierten, besser gesagt »römischen« Theologie, gelingt das bislang kaum, weil sie von einem statischen Seins-Begriff nur schwer zu trennen ist. Die Kirche ist deshalb in ihrer eigenen Theologie gefangen. Sie kann sich nicht davon freisprechen, dass sie mit ihrer »Herrschaftsideologie« an der Seite der politischen Eroberung und Kolonisation des Kontinentes eine maßgebliche Rolle gespielt hat. Es geht nicht an, dass ein Bild gezeichnet wird, nachdem die (ebenfalls christlichen!) Ausbeuter die »Bösen« und die Missionare der Kirche die »Guten« waren. Selbst die besten Vertreter der Kirche, die die Auswüchse der Conquista kritisiert haben, verfechten eine Missionstheologie der »Unterwerfung unter den wahren Glauben«.

21.9.1987

Gestern habe ich den Lehrbrief des franziskanischen Korrespondenzkurses über den Dialog mit dem Islam gelesen. Eckehard und Ephrem hatten uns diese Unterlagen mitgebracht. Die franziskanische Missionstheologie bezieht sich besonders auf die Begegnung des Franz von Assisi mit dem Sultan in Ägypten. Joachim und ich haben darüber beim Kaffee weiter gesprochen und sind auf das eigentliche Ziel des Franziskus gestoßen. Demnach wollte er – wie die Kreuzfahrer – den Zugang zu den heiligen Stätten von Jerusalem erreichen. Dies jedoch mit dem Mittel der Friedensgespräche, nicht wie die Kreuzfahrer durch Kriegshandlungen. Er hatte deshalb vor, die Kreuzfahrer von ihren Methoden abzubringen, um so auch den Sultan zu gewinnen. Erfolgreich hätte die Strategie nur werden können, wenn sich der Aggressor, nämlich der Christ, zurückziehen, das heißt »bekehren« würde. Dem Sultan gegenüber hatte Franziskus keine Probleme. Er konnte gut mit ihm reden. Mit den christlichen Führern gelang der Dialog dagegen nicht. Das Dialog-Unternehmen scheiterte bekanntlich. Durch die positive Einstellung, die der Sultan gegenüber Franziskus einnahm, fällt ein scharfes Licht auf die Christen: Sie standen im Widerspruch zu ihrer eigenen Botschaft. – Dies ist eine Auslegung des Geschehens, die in den Quellen so nicht überliefert wird, aber einiges an Wahrscheinlichkeit für sich hat.

In diesem Zusammenhang komme ich noch einmal auf die Konsultation von Lima zurück, von der ich schon gesprochen habe. Die Führer der Indígenas legen den Finger auf die Wunde, wenn sie fragen: »Wie sollen wir Zugang finden zu einem Christentum, das sich dermaßen im Widerspruch zu sich selbst befindet?« Und – leider – müssen wir uns auch selbst fragen, ob wir nicht als Agenten einer unglaubwürdigen Kirche logischerweise erfolglos bleiben müssen, wenn es darum geht, heute in der indianischen Welt Vertrauen zu gewinnen. Andersherum: Vielleicht lässt sich ein Dialog etablieren, der auch von Seiten der Kirche das Prinzip der Gewaltlosigkeit wirklich ernst nimmt und sich der historischen Verirrungen schämt.

22.9.1987

Im Zusammenhang mit einem Gottesdienst für einen jungen Mann, der in Mexico City einem Mord zum Opfer fiel, kommt mir wieder der Gedanke an die Mörderfliege. Die Armen bringen sich gegenseitig um. Die allgemeine Rechtlosigkeit führt zu Bandenkriegen und Fehden in Sinne der Selbstjustiz. Die Reichen, die den Rechtsschutz für sich und ihre Sachen in Anspruch nehmen, bleiben hinter ihren Barrikaden unbehelligt und schauen zu. Das ist manchmal geradezu wörtlich zu verstehen. Man schaue sich nur einmal die Bauweise der reichen Villen an, in deren Schatten die Armen ihr Dasein fristen.

Die Christen haben ihr missionarisches Selbstverständnis immer mit einer universalen, zugleich exklusiven Christologie begründet. Christus ist der universale Erlöser. Daraus folgt: kein Heil außerhalb der Kirche. Also »muss« jeder Mensch um seines eigenen Heiles willen der Kirche inkorporiert, das heißt getauft werden. Wegen der Gleichsetzung von »Kirche« und »Reich Gottes« kommt es dann zu verheerenden Doktrinen der Missachtung anderer Religionen. Heute fragen wir uns aber: Wie können wir zu einer adäquaten Missionstheologie kommen, ohne in solche Fallen zu gehen? Mir scheint, dass ein dynamischer Begriff von »Offenbarung« einen guten Einstieg geben würde. Alle Religionen sind auf die ein oder andere Weise Offenbarungsreligionen. »Gott« oder »das Göttliche« zeigt sich, nimmt Einfluss auf das Weltgeschehen, teilt sich mit. In dem Maß, in dem der Mensch das Göttliche erfasst und sich ihm öffnet, gewinnt er »Erlösung« aus innerweltlichen Verstrickungen. Die Religionen, jede für sich und in verschiedenen kulturellen Ausformungen, wollen je ein Weg sein, auf dem eine Erlösung erreichbar ist. – So oder so ähnlich könnte die Basis für einen Dialog der Religionen beschrieben werden.

Jede Religion muss sich heute befragen lassen, ob nicht ihre reale geschichtliche Gestalt im Widerspruch zu den eigenen Ansprüchen steht. Was das Christentum betrifft, so deuten die Konflikte im Inneren, zum Beispiel die Kirchenspaltungen sowie die Verhältnisse nach außen, Abgrenzungen bis hin zu Glaubenskriegen, darauf hin, dass ein universaler Anspruch in der historischen Wirklichkeit nie eingelöst werden konnte und damit an Plausibilität und Glaubwürdigkeit verliert. Jede der großen Religionen bezieht sich auf ein ursprüngliches, normatives Offenbarungsgeschehen. Je mehr die konkrete Gestalt der gegenwärtigen Glaubensgemeinschaft an dieses Ereignis angeknüpft bleibt und daraus ihre Kraft bezieht, umso deutlicher sind ihre Konturen im jeweiligen »Jetzt« der Geschichte. Für die Christen heißt das, dass das Jesusereignis als Offenbarungsgeschehen normativ bleiben muss. Dies aber gilt zunächst nach innen. Ob sich Menschen aus anderen Kulturkreisen hier anschließen können, ist eine ganz andere Frage. In diese Richtung kann jedoch ein Dialog stattfinden. So gesehen erscheint eine dialogbereite Missionstheologie durchaus sinnvoll. Für mich ergibt sich darüber hinaus ein brauchbarer Ansatzpunkt für ein interreligiöses Gespräch aus dem eschatologischen Prinzip des »Schon und noch nicht«. Die Erlösung ist gleichzeitig »schon« anfänglich präsent wie auch »noch nicht« zu ihrem Ziel gekommen. Das ist das Einfallstor für einen Dialog, der auch in anderen Religionen ein »schon« erreichtes Heil anerkennen kann und gleichzeitig weitere Schritte in diese Richtung erwarten darf. – Ein Dialog mit den indianischen Religionsgemeinschaften verlangt die Zurücknahme eines überhöhten dogmatischen Universalismus. Eine der Grundfragen ist dann, inwieweit sich die Indígenas aus eigener Einsicht dem Christentum anschließen können, das bislang eher als für sie bedrohlich erfahren wurde.

26.9.1987

In der Begegnung mit dem »Armen« steckt auch heute ein wichtiger Impuls für die Erneuerung des Glaubens und der Kirche. Warum? Weil der »Arme« allein durch sein Dasein die Umstehenden auffordert, ihren Glauben ernst zu nehmen. Das Beispiel des Franz von Assisi ist hier geradezu umwerfend. In der Begegnung mit dem Aussätzigen wurde der Arme zum Botschafter des Evangeliums. Franziskus wurde quasi gezwungen, seine Haltung der Abschottung ihm gegenüber aufzugeben. Er »musste« den Aussätzigen umarmen, um der Wahrheit seines Glaubens willen. Der Arme provozierte ihn buchstäblich, sich zu bekehren. Wenn ich das auf unsere Situation hier in Mexiko übertrage, heißt das, dass die Campesinos uns zu unserer eigenen Bekehrung auffordern, nicht ausdrücklich, aber wirklich. Sie entlarven die Zwiespältigkeit der Herzen. Als Vertreter der katholischen Kirche können wir nicht glaubhaft sein, wenn wir ihnen, den Armen gegenüber die alte Conquista weiterspielen. Wir müssen erkennbar bekehrte Zeugen des Evangeliums sein.

Man muss sich innerlich ändern, die Distanz und Abschottung aufgeben, um dem Armen gerecht werden zu können. Und wünschenswert ist natürlich, dass in der ganzen weiten Welt ein ähnlicher geistlicher Aufbruch stattfindet.

Armut ist schmerzhaft, sündhaft. Armut wird gemacht. Wo es keine Teilhabe gibt, wo Privilegien das ökonomische Bild bestimmen, folgt die Abschottung gegenüber dem »Armen« auf dem Fuße. Ganze Völker, soziale Sektoren bleiben marginalisiert, ausgegrenzt. Wenn dieser Zustand wahrgenommen und nicht verleugnet wird, erscheint die Anerkennung der biblischen »vorrangigen Option Gottes für die Armen« als die klare und notwendige Antwort. Der Arme ruft durch sein bloßes Dasein dazu auf, sich dieser Option Gottes zu öffnen. Er ist der wahre Missionar.

21.10.1987

Inzwischen war ich wieder in Mexico City. Es ging um unsere Aufenthaltsgenehmigung. Die Behörde hat die Dinge zwar sofort ausgefertigt, aber mich trotzdem vierzehn Tage warten lassen bis zur Auslieferung der Dokumente. Na ja, die Zeit konnte ich gut nutzen. Unter anderem waren wir von Las Aguilas aus mit drei Brüdern zu Besuch bei Don Sergio Mendez Arcéo, dem Altbischof von Cuernavaca. Vereinbart war, ein geistliches Gespräch zu führen. Ich durfte eine Tonbandaufnahme machen und das Gespräch nachher umschreiben, um es als »Interview« bei KONTINENTE in Deutschland erscheinen zu lassen. Inhaltlich ging es um den amerikanischen Imperialismus und die ständige Anti-Kommunismus-Propaganda, die die Basiskirche Lateinamerikas unter Generalverdacht stellt. Don Sergio, inzwischen emeritiert, erzählte von seiner Stellung im mexikanischen Episkopat. »Die mexikanischen Bischöfe sind untereinander sehr einig ...«, meinte Don Sergio und machte ein paar Atemzüge extra, um dann hinzuzufügen: »... in der Gegnerschaft zu mir.«

Joachim und Pirmin waren unterdessen mit Chapulín, dem Jeep, zur Pazifikküste unterwegs. Pater Tranquilino, jetzt in RioGrande, hatte eingeladen, den Ozean, den Pazifik, zu sehen. Die Tour verlief problemlos.

25.10.1987

Heute Morgen ging der vierte Katechetenkurs zu Ende. Zehn Personen, plus wir selbst, haben teilgenommen. Inhaltlich ging es um die Ökonomie der Campesinos, um Ressourcen, Einkünfte, Verluste und die übrig bleibenden Mittel für den Lebensunterhalt. An diesem »Kreislauf« lässt sich gut sehen, wie die Armut zustande kommt. Die Einkünfte sind niedrig, die Verluste hoch. In den Familien bleibt nichts übrig. Rücklagen für die Wechselfälle des Lebens sind nicht möglich, so wenig wie Investitionen, um etwas aufzubauen. An den Nachmittagen haben wir versucht, diese ökonomischen Daten mit Emotionen wie Freude, Resignation und Furcht in Zusammenhang zu bringen. Dies vor allem zu dem Zweck, dass die Katecheten sich selbst besser verstehen und ihren Dorfgenossen mit besserem Verständnis gegenübertreten können. In ähnlicher Weise die Werte wie Gerechtigkeit, Verantwortung und Nächstenliebe mit den ökonomischen Grunddaten in Verbindung zu bringen, ist wegen Zeitmangels nicht mehr gelungen. Um an das Friedensgebet der Religionsführer von Assisi zu erinnern, haben wir am Samstag noch einen Ausflug auf den Fortín unternommen. Bei dieser Gelegenheit hat Miguel H. Ch. seinen Katechetenkollegen von der Konsultation in Mexico City erzählt. Dabei betonte er besonders, dass die Conquista nicht nur ein historisches Ereignis war, sondern bis in die Gegenwart hinein andauert. – Wir dürfen feststellen, dass die Kommunikation während des Kurses schon viel besser klappt. Die »alten Hasen« tun sich leichter, und die »Neuen« werden gut aufgenommen. Im Mai soll der nächste Kurs für alle stattfinden. In der Zwischenzeit wäre es gut, wenn sich die Einzelnen auch untereinander in kleinen Grüppchen zu einem Erfahrungsaustausch treffen würden.

4.11.1987

Das Fest der Toten haben wir einigermaßen überstanden. Pirmin war in Yosonotú und Joachim in Atatlahuca. Für mich blieben (mit Chapulín, dem Jeep) Chalcatongo, San-Miguel-el-Grande und Reforma. Vieles war uns aus dem Vorjahr bekannt. So musste ich in Chalcatongo wieder den ganzen Tag über kübelweise das Weihwasser segnen. Anderes geht buchstäblich an uns vorbei, weil das Totenfest vorrangig privat in den Häusern gefeiert wird. Immerhin ist eines sichtbar: Die Campesinos pflegen alte Bräuche, die keineswegs mit der Art des mestizischen Totenkultes (Totenköpfe aus Marzipan) gleichzusetzen sind.

9.12.1987

Joachim und ich waren Mitte November in Oaxaca bei der Priesterversammlung der Erzdiözese. Am Schluss der Versammlung gab Don Bartholomé Carrasco bekannt, dass er in Rom um einen Weihbischof als Koadjutor mit dem Recht der Nachfolge nachgefragt habe. Dass er früher schon einen Weihbischof gewünscht hat, wusste der Klerus. Er war von dem »Koadjutor« jedoch überrascht. Es geht das Gerücht, dass man ihm, Don Bartholomé, die Zustimmung zum »Koadjutor« abgerungen hat, um seine pastorale Linie zu durchkreuzen. Ich habe nach dieser Ankündigung in der Sakristei mit ihm gesprochen, um zu erfahren, ob er wirklich selbst diesen Schritt getan habe. Er bestätigte das. Später erfuhr ich, dass er die Namen der aus seiner Sicht geeigneten Kandidaten eingegeben habe und nun hoffe, dass »Rom« einen dieser Kandidaten ernenne ... Wie wir aus den Medien entnehmen, führen die Bischofsernennungen zurzeit rund um den Globus zu antirömischen Protesten. Papst Johannes-Paul II. aber hat zum Beispiel beim Ad-limina-Besuch der österreichischen Bischöfe deutlich gemacht, dass er in diesen Dingen hart und dialogresistent bleibt.

An Don Bartolomé Carrasco haben wir uns um Unterstützung des Anliegens des »Kreuzweges« gewandt, der laut Miguel H. in die Schlussakte der gesamtmexikanischen Konsultation zur »Geschichte seit der Eroberung« aufgenommen wurde. Der Titel soll lauten: »Gedächtnis des fünfhundert jährigen Kreuzweges in Lateinamerika«. Brieflich hat Miguel darum gebeten, diesen Titel nicht zu verändern.

8.1.1988

Es fehlt nur wenig, dann sind wir drei, Joachim, Pirmin und ich, Arno, schon drei Jahre hier in Mexiko. Im Mai 1985 hatte uns der Erzbischof von Oaxaca, Don Bartholomé Carrasco, die Pfarrei Santa Maria de la Natividad, Chalcatongo, übergeben.

Zurzeit sind Bruder Viktrizius Veith (Generaldefinitor unseres Ordens für den deutschsprachigen Bereich) und Bruder Gerhard Lenz (von der Missionsprokur in Münster) hier bei uns zu Gast. Ihr Besuch gilt, wie Viktrizius in einem Brief an die Kapuziner-Delegation in Mexiko ausgedrückt hat, zuerst uns hier in Chalcatongo. Außerdem hat Viktrizius der Kapuzinerdelegation die Namen der neuen Oberen überbracht. Sowohl der Delegat als auch der Noviziatsleiter werden neu ernannt. Bis jetzt kenne ich diese Mitbrüder noch nicht. Aber wir werden sie hoffentlich bei der für Ende Januar angesetzten Versammlung der Brüder kennenlernen. Das Besuchsprogramm war dicht gedrängt. Ich notiere nur das Wichtigste, nämlich das Gespräch mit Don Bartholomé Carrasco. Im November hatte ich angefragt, ob ein Treffen möglich sei. Don Bartholomé meinte aber, er habe den Termin schon anders verplant. Also habe ich gebeten, dass wir wenigstens mit seinem Stellvertreter, Pater Nicolás, sprechen könnten. Nun kam alles anders.

Als wir in Oaxaca eintrafen, war die erste Nachricht, die uns die Schwestern mitteilten, die, dass der Bischof uns persönlich sprechen wolle. Er hatte den Termin schon von sich aus genau festgelegt: am 1. 1. um 11 Uhr. Nachdem am Morgen des 1.1. zunächst Pater Nicolás wie verabredet bei den Schwestern aufkreuzte, sind wir dann bald zum Bischofshaus gefahren, trafen Don Bartholomé aber noch nicht an. Da auf unser Schellen niemand reagierte, steckten wir eine Karte hinter das Türgitter des Bischofs und kamen in einer Stunde zurück. Jetzt empfing uns der Bischof. Er war eigens zu dem Zweck, uns zu treffen, von Juquila zurückgekommen und fuhr anschließend an unser Gespräch auch gleich wieder dorthin. Das sind praktisch zwei Tagereisen, nur um Viktrizius zu treffen.

Der Knackpunkt des Gespräches war dann entsprechend. Er fragte Viktrizius sehr direkt, ob und wann wir Kapuziner denn wohl eine neue Niederlassung in seiner Erzdiözese aufmachen wollten. Viktrizius konnte noch nicht viel dazu sagen, deutlich war jedoch, dass das Ersuchen, die Nachbarpfarrei zu uns in Chalcatongo, San Mateo Peñasco, zu übernehmen, bei ihm auf positive Resonanz stieß. Abgesehen von anderen, mehr generellen Themen in dem eineinhalbstündigen Gespräch, war dies der Punkt, den der Bischof, wie er betonte, persönlich vortragen wollte. Er gab dieser seiner Anfrage also das denkbar größte Gewicht.

Viktrizius sagte dann später, er würde diese Sache selbstverständlich unserem Provinzial in Deutschland, Eckehard, übermitteln. Er wolle also diese Anfrage nicht, was auch denkbar gewesen wäre, allgemein an den Orden weiterleiten, sondern gezielt unsere deutsche Ordensprovinz damit befassen.

Ein anderes nicht unwichtiges Gespräch hatten wir beim Besuch der beiden Mitbrüder in Mexico City mit Pater José-Manuel von CENAMI. Es ging um das Gedenken an die 500-jährige Evangelisation Mexikos seit der Conquista. José-Manuel vermittelte einen Eindruck davon, wie der Episkopat Mexikos mit Ausnahme einiger Bischöfe um Don Bartholomé Carrasco einer ehrlichen Aufarbeitung der geschichtlichen Problematik im Wege steht.

16.3.1988

Wegen anderer Aktivitäten habe ich hier länger keine Aufzeichnungen gemacht. Zu berichten wäre noch von der mexikanischen Kapuziner-Delegation. Kurz nachdem Viktrizius und Gerhard abgereist waren, kam Ende Januar der Generalminister des Ordens, Pater Flavio Carraro, um an der jährlichen Versammlung der Brüder teilzunehmen. Wir Deutschen waren alle drei dabei. Wir hatten den Eindruck, dass manche Scherben aufgelesen, manche Konflikte aufgearbeitet werden mussten. Paco Jiménez hat sich innerlich ein Stück zurückgezogen. Er macht jetzt erst einmal ein Sabbatjahr. Zwei weitere Brüder kommen von außen zur Delegation dazu. Der neue Obere ist nun Pater Mathias, der zuvor Provinzial in Chile war. Pater Ample wird neuer Noviziatsleiter. Als Dauergast mit Verantwortlichkeiten in Las Aguilas ist zusätzlich Pater Marcelino eingestiegen. Inhaltlich hat sich die Versammlung hauptsächlich mit Einzelheiten der Ordensausbildung befasst. Uns fällt auf, dass alles eher von der spanischen als von der mexikanischen Mentalität bestimmt wird. Die »Neuen« sind ebenfalls Spanier.

11.4.1988

Mittlerweile ist es schon Tradition, dass wir in der Woche nach Ostern bei den Schwestern in Oaxaca sein dürfen. Ein besonderes Ereignis in dieser Woche war die Amtseinführung des neuen Erzbischof-Koadjutors Don Hector Gonzales-Martínez. Bei einem Gespräch mit dem deutschen Steyler-Missionar Theo erfuhren wir, dass Don Bartholomé, als der Name des neuen Mannes intern bekannt gegeben wurde, richtiggehend verstört gewirkt habe. Auf Nachfrage habe er erläutert: »Ich habe den Mann zwar irgendwo gesehen, kenne ihn aber nicht.« Der Klerus habe sich darauf verständigt, den neuen Bischof dazu zu »zwingen«, auf die pastorale Linie der Erzdiözese einzuschwenken. Schwester Angela, jetzt Teilzeitsekretärin von Don Bartholomé, gab mir auf meine Frage, ob der neue Mann auf der Dreierliste von Don Bartolomé gestanden habe, die Auskunft: »Offenbar nicht.« Am nächsten Tag waren wir dann auf persönliche Einladung Don Bartholomés als Teil des Klerus zum Mittagessen im Bischofshaus. Anwesend war auch Don Samuel Ruiz aus Chiapas. Schließlich tauchten auch der Delegado Apostólico, Prigione, und Don Hector Gonzales, ein stämmiger Mann guten Aussehens, auf. Beim Essen konnten wir keine weiteren Fragen klären. Joachim erfuhr immerhin, dass Don Bartholomé geäußert habe, er werde öffentlich machen, was notwendig sei, »auch wenn sie mich dafür noch weiter bestrafen«. Wir mussten abwarten, was die offizielle Amtseinführung ergeben würde. Während des Essens sprach ich mit einem Jesuiten und fragte ihn, wie er die Vorgänge sehe. »Reiner Faschismus«, war seine Antwort, »das passt zum Papst aus Polen.«

Die offizielle Feier in der Basilika Soledad verlief dann so: Zunächst der Einzug. Dann eine Ansprache von Don Bartholomé. Er sprach den Werdegang der Pastoral in Oaxaca an, erwähnte vor allem die Veröffentlichungen der Bischöfe von »Pacífico Sur« und erklärte, dass es gerade wegen dieser Veröffentlichungen zu Spannungen zwischen Kirche und Staat, aber auch innerkirchlich gekommen sei. Dem »Neuen« schlug er vor und lud ihn ein, die Erzdiözese zuerst einmal kennenzulernen. Wie die Rollen innerkirchlich verteilt sind, wurde dann nach der Prozession zur Kathedrale deutlich, als der Apostolische Delegat Prigione zur Predigt das Wort ergriff. In Aussage und Diktion die konservativste Predigt, die ich je gehört habe. Er nahm zwar eine Definition des zweiten Vatikanischen Konzils zum Ausgangspunkt, erläuterte den Begriff der »Comunio« dann aber in einer

Weise, die jedem aufgeschlossenen Christen ein Gräuel ist. Ich fand verschiedene Anklänge an die Papst-Reden der letzten Zeit wieder, so die Ansprache vor den österreichischen Bischöfen anlässlich deren Ad-limina-Besuches in Rom. Dasselbe in den USA. Ausdrücklich bezog sich Prigione auf die Worte des Papstes gegen die »Volkskirche« in Managua. Die Quintessenz: Der Papst befiehlt, alle haben zu folgen. Niemandem konnte verborgen bleiben, dass sich diese Auslegung des päpstlichen Primates mit der Art und Weise deckte, wie jetzt in Oaxaca der Koadjutor eingesetzt wurde. Das war ja auch die beabsichtigte Botschaft. Eine wahre Ruhmesfeier der entsprechenden Denkrichtung. Klar, dass Prigione, der Apostolische Delegat, praktisch Nuntius, der Drahtzieher in der Angelegenheit ist. – Stimmungsmäßig genau gegenteilig waren dann die Fürbitten und die Gabenbereitung, bei der von Laien-Indígenas eindrücklich die Nöte und existenziellen Bedrängnisse der Menschen angesprochen wurden. Erschütternd einige von Solotrompete und Trommel vorgetragenen Passagen tiefster Traurigkeit. – Sodann wartete man logischerweise auf ein Wort des neuen Mannes, Don Hector. Ganz am Schluss las er einen theologischen Text über die Kirche vom Blatt. Die Stimme war zwar tragend, der ganze Vortrag jedoch ohne jede direkte Kommunikation. Joachim und ich saßen unter dem Diözesanklerus. Sogar die Überschrift »Schlussgedanken« las der Mann vom Blatt. Inhaltlich war die Rede eine Aneinanderreihung von Zitaten zum Thema Kirche, so die starke Betonung ihres hierarchischen Charakters und die über allem stehende Forderung an den Klerus, den Bischöfen in Disziplin und Askese um der Einheit der Kirche willen zu gehorchen. Die Rede ließ jede, aber auch jede lebendige Bezugnahme auf die gegenwärtige soziale Situation der Menschen vermissen. Infolgedessen ergibt sich das Bild eines Mannes, der seinem Protegé, dem Apostolischen Delegaten Prigione, bis in die Haarspitzen hinein ergeben ist, einschließlich der Bereitschaft, den Klerus, mit dem er ja auskommen muss, schon beim Amtsantritt frontal anzugreifen. Der Hintergrund zu seiner Ernennung von Seiten Roms wird somit klar: Der Klerus soll diszipliniert und die pastorale Linie der Erzdiözese unter Don Bartholomé korrigiert werden. Don Bartholomé ist möglicherweise noch fünf Jahre bis zu seine 75. Geburtstag im Amt. Im gegenwärtigen Jahr wird er sein 25-jähriges Bischofsjubiläum feiern. So wie es sich abzeichnet, kommen fünf Jahre auf ihn zu, die ihm schwer zu schaffen machen werden. Zum Schluss der Messe legte Don Hector seinen Amtseid ab, erstaunlich deswegen, weil ihm genau dieser Schritt in der Ernennungsbulle erlassen worden war. Mehr an »Linientreue« geht nicht. Bei der anschließenden weltlichen Feier war vom Klerus so gut wie niemand zu sehen. Diejenigen, die wir sprechen konnten, so Manuel von CENAMI aus Mexico City, waren mit uns einer Meinung bezüglich der »Katastrophenstimmung«, ein Ausdruck von John Reuter, unserem Mitstreiter im Dekanat. Ebenso der Dominikaner Pater Oscar und sein Provinzial, der zu diesem Anlass nach Oaxaca gekommen war.

Am folgenden Tag haben wir erst einmal die Lokalzeitungen gekauft. In den NOTICIAS fand sich ein längerer Artikel, der unter anderem die Biographie des Koadjutors in Einzelheiten darstellt. Don Hector hat demnach bislang eine einwandfreie Karriere durchlaufen mit Stationen wie stellvertretender Direktor des Priesterseminars in Durango, zuletzt Bischof von Campeche. Nebenbei: Schwester Anilú von CEDIPIO sprach mit jemandem aus Campeche, der meinte: »Wir sind froh, dass wir ihn los sind ...« Die Schlussfolgerung: Der Mann wurde von Prigione systematisch aufgebaut.

Hector Gonzales Martínez, geboren 1938 in Zacatecas, saß übrigens auch in der Bischofskommission, die die Fäden zur mexikanischen Regierung knüpft. Auf Kosten der Gesamtbevölkerung Mexikos werden dort hinter den Vorhängen Strategien gefahren, um die PRI-Regierung an der Macht zu halten. Der Innenminister Barlett gilt als Spezi von PRIgione. Ein Bonbon: Man schreibt den Namen des Apostolischen Delegaten gern mit drei Großbuchstaben zu Beginn. »PRI« sind die Buchstaben der Regierungspartei der »immerwährenden Revolution«. Angeblich ist die ganze Kungelei zum Vorteil der Kirche, die ja sonst in Mexiko politisch gesehen einen schlechten Stand hat. Solcherart konservative Machenschaften lassen sich im Vatikan anscheinend bestens verkaufen.

Während auf Prigione viel geschimpft wird, nimmt man Johannes Paul II., den Papst, gewöhnlich davon aus. Das liegt wohl an dem Umstand, dass der Papst 1968 zu Beginn seiner Amtszeit einen öffentlich sehr erfolgreichen Besuch in Mexiko gemacht hat. Jeder weiß, dass Johannes Paul II. zu jenem Zeitpunkt die »Option für die Armen«, wie sie die Bischofskonferenzen von Medellin und Puebla formuliert hatten, von Herzen befürwortete. Bei damaliger Gelegenheit wurden Textpassagen, die aus der Feder Don Bartholomés stammten, in die Papstreden aufgenommen. Inzwischen hat sich aber diesbezüglich viel geändert. Der Papst ignoriert oder bekämpft sogar die »Option für die Armen«, weil er darin »marxistische Umtriebe« vermutet.

Die von Don Bartholomé und seinen bischöflichen Kollegen im Raum »Pacifico Sur« formulierte Pastoral ist der PRI-Regierung ein Dorn im Auge. Sie hebt deren Legitimation aus den Angeln. So etwas nehmen die Mächtigen, man spricht von den PRI-Dinosauriern, übel. Ein Zeitungsartikel zu den Ereignissen dieser Tage beschreibt die Konstellation so: Prigione identifiziert sich mit dem politischen Status quo. Er wirbt dafür, die PRI-Regierung zu stärken, um die Gesellschaft zu stabilisieren. Das bedeutet, dass die Privilegierten auf Kosten des Volkes in ihrer Position belassen werden und die Unterprivilegierten weiterhin an den Rand gedrängt und ausgebeutet werden dürfen. Der Artikel stellt bezüglich Don Bartholomés fest: Der Erzbischof hat sich, als er die wirklichen Verhältnisse in Oaxaca kennengelernt hat, bekehrt. Bezüglich Don Hectors, des neuen Koadjutors, ist bislang Ähnliches nicht zu spüren.

Am Samstag kam Don Hector zum Konvent der Schwestern Kapuzinerinnen. Beim Gottesdienst, den wir in Konzelebration feierten, erläuterte der Bischof, wie es zu diesem Besuch kam. Er wolle den Beginn seiner Amtszeit unter das Gebet stellen. In der Sakristei sprach ich ihn auf seine Deutschkenntnisse an. Er habe zwei Jahre in Deutschland verbracht, vor allem in Dortmund, habe aber sein Deutsch vergessen. Und das liege daran, dass er sich immer, wohin er auch komme, ganz auf die neue Aufgabe konzentriere. Natürlich haben wir bei dieser Gelegenheit nichts von dem problematisiert, wovon ich zuvor geschrieben habe.

26.4.1988

In Oaxaca konnte ich mit Pater Ignacio Cervantes, dem Generalvikar, sprechen und ihn um seine Meinung bezüglich der Vorgänge in der Erzdiözese bitten. Er stimmte mir in allen kritischen Punkten, wie ich sie benannte, zu. Auch in rechtlicher Hinsicht sei die Ernennung Don Hectors höchst fragwürdig, da der Papst sich an das von ihm selbst promulgierte Recht nicht halte. Die Rede Prigiones ist auch in den Augen Pater Ignacios eine Ansammlung von ultra-konservativen Positionen. Wir werden die Rede noch schriftlich bekommen.

Mit der Kommunität von Miguel H., Cerro Prieto, hatten wir vereinbart, dass wir uns an dem Projekt der Wassersuche beteiligen. Es gab viel Hin und Her. Schließlich meldete der Wünschelrutengänger Erfolg. Wenn die restlichen Dinge klappen, hat sich der Aufwand gelohnt.

Es gibt einen weiteren Grund zur Freude. Mit dreizehn Teilnehmer/-innen haben wir einen weiteren Katechetenkurs über die Runden gebracht. Der Kurs wurde fast ausschließlich von neuen Leuten besucht, darunter drei Personen aus Abasolo. Thema war das »Reich Gottes und seine Werte«, dem das »Reich der Unwerte« gegenübersteht. Die Atmosphäre war gegenüber früheren Kursen schon etwas lockerer. Außerdem konnten wir gestern in San-Miguel-el-Grande zwei Ordensschwestern von den Katechetinnen Guadalupanas einführen. Joachim hat dazu einen gut besuchten Gottesdienst gehalten. Die Schwestern wollen in diesem Monat Mai die Agencias (Nebendörfer), die zu San Miguel gehören, systematisch besuchen. Schwierig ist diese Arbeit auch wegen der Sekten, die in ähnlicher Weise von Haus zu Haus gehen. Wir haben den Schwestern, Sara-Elia, 47, und Clementina, 48, die Akten über die Taufen gegeben, damit sie jeweils einen Ansatzpunkt für Gespräche finden. Morgen wird hier der Muttertag begangen, ein Motiv, das die Lehrer aufgreifen, um Sportveranstaltungen durchzuführen. Das wird für die Schwestern in San Miguel eine Gelegenheit sein, Kontakte zu knüpfen. Die Beziehung zu dieser Schwesterngemeinschaft läuft über das Dekanat. In Chicahuastla (mit Wohnsitz in San Miguel Progreso) haben sie die Pfarrverantwortung.

18.6.1988

Zurzeit befinde ich mich mal wieder in Las Aguilas, Mexico City. Diesmal ist der Zeck: Urlaub. Im Januar/Februar ist hier der Oberenwechsel vollzogen worden. Pater Ample, der seit Februar als Noviziatsleiter mit zwei jungen Leuten in Cuernavaca lebt, will morgen aus gesundheitlichen Gründen nach Spanien fliegen. So konnte ich ihn hier in Las Aguilas sprechen. Seine Erläuterungen sind für mich aber geradezu bestürzend. In Cuernavaca, wo auch der neue Gesamtobere Pater Mathias angesiedelt ist, läuft demnach alles schief. Pater Matias würde von Pater Daniel, einem Alkoholiker, der dort schon länger ist, kontrolliert. Die Novizen seien lediglich Dienstboten Pater Daniels. Er selbst, Pater Ampel, werde von allen geschnitten. Die beiden Jungen hätten sich einen Schlachtruf zurechtgelegt, der lautet: »Wir lassen uns von dem Ausländer nicht dominieren.« Pater Mathias, der nominelle Obere, habe kein Rückgrat. Notwendig sei von Anfang an eine Versetzung Pater Daniels gewesen, diese würde aber von Paco Sadaba und Abelardo blockiert usw. Noch an keiner Stelle in seinem Ordensleben hätte er – meint Pater Ample – in einer derart feindlichen Umgebung aushalten müssen. Der Hauptfehler der Delegation sei der Mangel an einer Führungspersönlichkeit, die aber Paco Jiménez auch nicht gewesen sei.

23.6.1988

Gestern habe ich mit Pater Mathias gesprochen, um mir ein Bild zu machen, wie er die Schwierigkeiten der Delegation sieht. Er beklagt sich über das »Ausweichen« der Mitbrüder, zum Beispiel Paco Sadabas, wenn es um Entscheidungen gehe. Pater Ample habe sich zu sehr in die Vorstellung verbissen, dass Pater Daniel versetzt werden müsse. Pater Mathias neigte dazu, die Novizen nach Centro-America zu schicken. Schlussendlich kam es aber anders: die Brüder der Delegation sprachen sich dafür aus, dass Pater Mathias selbst, der Not gehorchend, in Cuernavaca als Noviziatsleiter eintritt. Pater Ample wird wohl nicht nach Mexiko zurückkehren. Er habe es noch nirgendwo lange ausgehalten, heißt es. Darüber hinaus hat es eine Reihe brieflicher Kontakte mit der Ordensleitung in Rom gegeben, deren Ergebnis aber abzuwarten bleibt. Von einem brasilianischen Mitbruder, der ähnlich wie Pater Marcelino als Gast in Las Aguilas mitarbeitet, habe ich gehört, dass die Provinz Navarra bereit sei, zwölf Mitbrüder nach Mexiko zu entsenden. Wahrscheinlich ist die Bedingung, dass »Mexiko« eine Vizeprovinz von Navarra wird. Die Zukunft wird weisen, ob da etwas dran ist.

Noch in Las Aguilas: Ich fülle meinen Urlaub unter anderem mit Fernsehgucken. In Chalcatongo ist dies bekanntlich unmöglich. Hier aber kann ich teilnehmen an den Sportereignissen wie dem Wimbledon-Turnier. Steffi Graf und Boris Becker waren bei mir noch Unbekannte, aber das hat sich rasch geändert.

10.7.1988

Als letzte Nachricht vor meiner Abreise von Mexico City erfuhr ich noch, dass Pater Flavio Carraro in Rom beim Generalkapitel des Ordens als Generalminister wiedergewählt wurde. Unmittelbar nach meiner Rückkehr in die Mixteca ging's zum

Dekanatstreffen nach Putla. Die Versammlung verlief diesmal ziemlich stockend, vor allem deswegen, weil der Pfarrer dort, Pater Crescencio, die Rolle des Koordinators nicht auszufüllen vermochte. Der neue Dekan ist Pater Felipe-de-Jesus, der in Tlaxiaco die Pfarrverantwortung hat. Fast die gesamte Mannschaft wurde im Zuge der Tagung von Durchfall geplagt. Das wird wohl am Wasser gelegen haben, das die Katecheten, wie man hörte, »vom Fluss heraufgeholt« haben.

1.8.1988

Joachim kam heute Morgen aus dem Urlaub und einem Kurzbesuch bei CENAMI zurück. Er zeigte mir einen Brief, den er schon vor Wochen aus Deutschland, von Pater Franz-Solan-Nüßlein, erhalten hatte. Der Mitbruder macht sich Sorgen, dass das Gedenken an die fünfhundert Jahre seit der Conquista zu einer »politischen Propaganda, zur Anklage« gegen die Spanier genutzt wird. »Sieh mal an!«, denke ich, es darf also ruhig weitergehen mit der Rechtfertigung der Ausbeutung. Eine kritische, anklagende Stellungnahme aber wird gleich als »Ideologie« verteufelt. Wenn der Unterdrückte, der Geknechtete, seine Stimme erhebt, unterstellt man ihm reflexartig »Unversöhnlichkeit«. Der Eroberer darf noch nach Jahrhunderten mit Fürsprache rechnen, auf die Opfer dagegen wird weiter eingeschlagen. Eine eigenartige Logik, will mir scheinen. Da ich den Mitbruder Franz-Solan ganz gut kenne, wundere ich mich nicht darüber, dass er mich in besagtem Brief auch persönlich angreift. Nun ja, sage ich mir: Ich kann nicht in den Boxring steigen und dann bei jedem Schlag, den ich abbekomme, zu weinen anfangen.

Wir können nicht davon ausgehen, dass alle sogleich mit der »Besonderen Option für die Armen« einverstanden sind, weder in Deutschland noch in Mexiko. Die Vorbehalte sind nur allzu offensichtlich. Und es ist ja auch richtig, dass in der »Option« ein Appell steckt. Man muss sich dafür entscheiden, anders ausgedrückt: Man muss eine wirkliche Hinwendung zu den Armen vollziehen, eine Umkehr.

4.8.1988

In Mexiko haben Präsidentschaftswahlen stattgefunden. In Mexico City, rund um Las Aguilas, wurde zu achtzig Prozent Cardenas, der Kandidat der Linken, gewählt. Auch für den Gesamtbereich von Mexico City wird Cardenas als Wahlsieger angegeben. Im Bereich des Bundesstaates Oaxaca entfielen auf Salinas-de-Gortari, den PRI-Kandidaten, 65 Prozent. Für Chalcatongo, sagt der Sekretär des Municipios, liege Salinas lediglich an dritter Stelle. Gewinner sei Cardenas. Überall gibt es große Diskussionen wegen Wahlfälschung. Über Radio war zum Beispiel zu hören, dass die in Tlaxiaco gesammelten Stimmzettel, die zu diesem Zeitpunkt noch nicht ausgezählt waren, bei der Überführung ins Zentrum von Oaxaca ausgetauscht worden seien. Allgemein wird die »offizielle« Angabe, Oaxaca als Bundesstaat habe für den PRI-Kandidaten gestimmt, als absurd empfunden. Die Leute sagen: Wahlbetrug zugunsten von PRI hat es immer gegeben. Das kennen wir. Neu ist höchstens, dass man jetzt offen darüber spricht. Die Leute sind bereit, »auszupacken«. Wenn man in die Geschichte schaut und sieht, wie viel an Mord und Totschlag es wegen Wahlen schon gegeben hat, kann man eher das Fürchten bekommen als das Hoffen.

5.9.1988

Dank der Offenheit der Schwestern Kapuzinerinnen in Oaxaca konnten wir als Priestergruppe des Dekanats in ihrem Haus Exerzitien halten. Wir waren acht Teilnehmer, genauso viele Betten standen zur Verfügung. Die Schwestern bereiteten uns sehr schmackhafte Mahlzeiten. Die Mitbrüder des Dekanats waren zufrieden. Der Leiter war Pater Gil, ein Jesuit. Gegen Schluss gab es ein gewisses Problem wegen Pater Mario, der in kathartischer Form sein Innenleben preisgab, Selbstzweifel, Konflikte mit dem Bischof und so weiter. Er ist Pfarrer in San-Mateo-Peñasco, jener Pfarrei, die Don Bartholomé Viktrizius gegenüber im Auge hatte, falls wir Kapuziner unsere Präsenz in der Erzdiözese erweitern könnten.

Nun noch zur Diözesanversammlung in Oaxaca: Abgesehen vom Thema »Die Rolle des Laien in der Kirche« galt die besondere Aufmerksamkeit dem neuen Erzbischof-Koadjutor, Don Hector-Gonzales-Martínez. Jeder fragte sich, welchen Eindruck der neue Mann wohl machen würde. Er war meistens anwesend, allerdings nicht beim Festessen anlässlich des Namenstages von Don Bartholomé. Zwei signifikante Äußerungen von seiner Seite sind festzuhalten. Nachdem Don Bartholomé bei Gelegenheit die »Besondere Option für die Armen« erläutert hatte, ergriff Don Hector unplanmäßig das Wort und betonte, dass es noch weitere Optionen gebe, nämlich die für die Jugend, die für die Familie usw. Darüber hinaus sei es wichtig, mit den politischen Kräften, die auf eine pluralistische Gesellschaft zielten, zusammenzuarbeiten. Sowohl der Inhalt als auch die Art und Weise seiner Intervention zeigte deutlich, dass er sich selbst als Gegenpart des von Don Bartholomé gesteuerten Pastoralkurses sieht.

Wer daran noch Zweifel hatte, wurde am folgenden Tag erneut mit einem Schauspiel konfrontiert. Von Seiten der Arbeitsgruppe »Jugendpastoral« zeigte man ein Tonbild über den Exodus Israels. Offensichtlich wollten die Initiatoren eine Parallele andeuten zwischen dem Kampf Israels um den Auszug aus Ägypten und dem Kampf des Volkes heute um Gerechtigkeit in der Gesellschaft. Nur die Priester und Ordensschwestern waren anwesend. Nach der Darbietung gab es einige konservativ eingefärbte negative und einige positive Kommentare. Dann stand Don Hector auf und trat ans Mikrofon. Er hatte ein vorgefertigtes Blatt dabei und glaubte, die Gelegenheit nützen zu sollen, um einige Lehrsätze Kardinal Ratzingers ins Publikum zu werfen. Offensichtlich nahm er für die konservativ-ablehnende Gruppe Partei. Die Worte Ratzingers waren allerdings kaum in Bezug zum Inhalt des Tonbildes zu bringen. Dann gab die Versammlung als ganze ihren Kommentar ab. Sehr einmütig wurde der Beitrag Don Hectors »in den Boden gestampft«. Die Meinung vieler Priester: Don Hector ist noch nicht bereit, sich auf die Wirklichkeit der Erzdiözese einzulassen. – In Santo Domingo, der »kolonialen Goldkirche« Oaxacas, wurde ein Dankgottesdienst wegen des silbernen Bischofsjubiläums von Don Bartholomé gefeiert. Er ist jetzt übrigens seit zwölf Jahren in Oaxaca. Einige Glückwunschadressen von Seiten der Priester und der Ordensschwestern brachten ein großes Lob zum Ausdruck, gerade in den Punkten, in denen Don Bartholomé von gegnerischer Seite angegriffen wird: sein Einsatz für die Armen und seine Offenheit für die Laien, die es vielen Mitarbeitern ermögliche, mit Freude in der Erzdiözese zu arbeiten. Don Hector wurde bei dieser Gelegenheit eingeladen, in der Erzdiözese »Lernerfahrungen« zu machen.

11.9.1988

Am letzten Tag der Diözesanversammlung wurden Joachim und ich von Don Hector gerufen, weil Don Bartholomé im Gespräch mit Joachim auf den Gedanken gekommen war, dass uns ein Pastoralbesuch Don Hectors gut täte. Der Koadjutor schlug uns deswegen zwei Termine vor, von denen wir jenen zu Neujahr wählten. Somit kam ein Besuch in Atatlahuca, unserem am stärksten von der Armut betroffenen Municipio, in Betracht.

Nachdem wir inzwischen wieder seit geraumer Zeit in Chalcatongo sind, hören wir von Pater Angel aus Itundujia, dass es eine weitere »Initiative« bezogen auf Don Hector gegeben habe. Eine Gruppe von etwa vierzig Priestern hat ihm einen Brief geschrieben, um ihn aufzufordern, sich auf die Realitäten der Erzdiözese einzulassen. Don Hector habe daraufhin beim Generalvikar, Pater Ignacio S., verlangt, diese »Gruppe der Aufsässigen« zu sprechen. Sie sollten sich versammeln, um ihn offiziell zu treffen. Pater Ignacio habe dies abgelehnt, um dem Ansinnen, eine Gruppe auszugrenzen, entgegenzuwirken. Stattdessen hat er eine allgemeine Priesterversammlung einberufen. Das dürfte allerdings aus logistischen Gründen schwierig werden, aber Joachim und ich wollen, wenn möglich, teilnehmen.

13.9.1988

Pirmin übermittelte von Mexico City her die Nachricht, dass der neugewählte Generaldefinitor des Ordens für Lateinamerika, Jerónimo Bórmida, der mexikanischen Delegation einen Besuch abstatten werde und ausdrücklich gewünscht habe, auch uns Deutsche zu treffen. Das kam alles sehr plötzlich. So mussten wir unsere Termine neu regeln. Joachim ging nach Chalcatongo zurück, um die Novene der Fiesta zu managen, während ich mit Chapulín, dem Jeep, nach Mexico City fuhr. Als ich ankam, war Bruder Jerónimo schon in Las Aguilas eingetroffen. Unser erstes Gespräch bezog sich auf die Situation des Ordens im Allgemeinen, sodann kamen wir auf die Dinge der mexikanischen Delegation zu sprechen, und hier wieder besonders auf alles, was mit dem Weggang von Pater Ample zusammenhängt. Bruder Jerónimo stimmt mit dem Bild, das ich zeichnete, ziemlich weitgehend überein. Pater Ample sei keineswegs die richtige Person für »Mexiko« gewesen. Er sei von seinem Provinzial für Mexiko freigegeben worden, weil der ihn loswerden wollte. Jerónimo analysierte die Lage der Delegation und meinte, es sei falsch gewesen, die Brüder, die nach Mexiko gegangen seien, als »Delegation General« direkt der römischen Kurie zu unterstellen. Warum? Weil der Generalminister selbst über kein Personal verfüge und außerdem nicht die Möglichkeit habe, sich detailliert der Dinge anzunehmen, die in der Delegation Probleme aufwerfen. Die Bitten seitens der Delegation um Verstärkung seien deshalb wiederholt ins Leere gelaufen. Die Brüder der Delegation seien ein zusammengewürfelter Haufen ohne Bindung an eine Ordensprovinz. Das werde jetzt sichtbar. Die Vorgespräche im Generalat liefen darauf hinaus, den Status zu ändern und die Delegation in eine Vizeprovinz in Abhängigkeit von einer Mutterprovinz umzuwandeln. Wir hatten ja auf anderem Wege schon gehört, dass die Provinz Navarra bereit sein könnte, die Rolle der Mutterprovinz mit entsprechender Verantwortung zu übernehmen. Spätere Gespräche mit Bruder Jerónimo machten deutlich, wie sein Konzept aussieht. Demnach solle man mehrere kleine Kapuzinergemeinschaften in Mexiko haben, die

Konvente Las Aguilas und Cuernavaca jedoch schließen, weil sie für die Ordensausbildung, Postulat, Noviziat und Postnoviziat, ungeeignet seien. An diesen Orten würde nur ein »Mittelstandsbewusstsein« gezüchtet, das nicht dem Ordenscharisma entspreche. – Bruder Jerónimo fuhr dann mit Pirmin und mir im Jeep für einen Tag mit nach Chalcatongo. Der Tag war zwar recht anstrengend, aber auch sehr brüderlich-gelungen. Jerónimo stammt aus Uruguay und ist beziehungsweise war dort als theologischer Lehrer tätig.

Inzwischen haben Joachim und ich in Oaxaca an dem anvisierten Priestertreffen teilgenommen, zu dem dann offiziell Don Bartholomé eingeladen hatte. Am Abend zuvor gab es eine Art konspirativen Stelldicheins, zu dem auch wir gebeten wurden. Etwa zwanzig Priester der jungen Generation trafen sich in einer Vorstadtpfarrei Oaxacas. Vom Dekanat Tlaxiaco waren wir gut vertreten. Mir hat die Besprechung geholfen, mich im Klerus der Erzdiözese besser zurechtzufinden. In dieser Runde wurde die Losung ausgegeben, frontale Zusammenstöße mit Don Hector zu vermeiden. Auch sollte das Pflaster der Dogmatik nicht betreten werden. Dies umso mehr, weil dogmatische Kontroversen nur dazu führten, die Positionen Don Bartholomés zu relativieren beziehungsweise ihn in Rom zu diskreditieren. Was meinen eigenen Punkt, die Kritik am Verfahren der Bischofsernennung betrifft, meinten viele, ich solle diese Dinge unbedingt zur Sprache bringen, jedoch in akzeptabler Form. Im Übrigen wollten wir uns darum bemühen, dass eine möglichst breit angelegte Diskussion zustande käme.

Nachdem am nächsten Morgen tatsächlich an die 150 Priester im Haus der Cristiandád zusammengekommen waren, begann die Versammlung mit einem Vortrag Don Hectors zu dem »Brief der 42«, wie es nun hieß. Don Hector nahm Bezug auf einige Punkte des Briefes, umging aber die wichtigsten Dinge, nämlich die Frage nach seiner eigenen Einstellung, durch das Abspulen einer dogmatischen Phraseologie. In der Pause nach fünf Viertelstunden war man sich einig, dass die Rede in der Substanz nicht viel hergab. Die weitere Aussprache ergab dann nichts Neues mehr. Alle waren offensichtlich bemüht, kein Öl ins Feuer zu gießen. Meine Anfrage bezüglich des Dreiervorschlages von Don Bartholomé vor der Bischofsernennung fand eine recht unbefriedigende Antwort. Das sei nicht so wichtig. Der Papst bestimmt.

30.9.1988

Damit ich es mir endlich einmal merke: Die lateinamerikanischen Bischofskonferenzen von Medellin und Puebla fanden 1968 beziehungsweise 1979 statt, Puebla mit dem Besuch von Papst Johannes Paul II., der damals die erste Auslandreise nach seiner Amtseinführung unternahm.

2.10.1988

Zurzeit kocht für uns Bernarda, die Schwester Josefinas. Josefina, die uns seit Anfang 1987 den Haushalt macht, ist zurzeit wegen persönlicher Probleme in ihrem Elternhaus in Chapultepec. Die beiden Schwestern haben gewissermaßen interfamiliär beschlossen, dass Bernarda für Josefina einspringt. Sie kommt täglich. Sie braucht von Chapultepec ungefähr eine Stunde zu Fuß.

Joachim, Miguel H. und ich haben jüngst einen Besuch in der von Don Bartholomé gegründeten Katechetenschule, dem Seminar bei Viguera, südlich von Oaxaca, gemacht. Dort nimmt Florentina, eine junge Frau aus unserem Gebiet, an dem Grundkurs teil. Als wir dort waren, hörten wir zu, wie zwei Diakone den etwa 110 jungen Leuten, die dort eingeschrieben waren, in ansprechender, sehr einfacher Weise die Sakramente erklärten. Wir unterstützen diese Schule finanziell, und ich habe auch vor, das Projekt bei Adveniat zu empfehlen, wenn ich im kommenden Jahr zum Heimaturlaub in Deutschland bin.

3.10.1988

Eben klopfte ein kleines Mädchen, vielleicht sieben Jahre alt, an meiner Tür. Es hatte meine Schreibmaschine klappern gehört. Es erzählte mit einer Reife, die mich zum Erstaunen brachte, folgende Geschichte: »Die Frau, bei der ich gearbeitet habe, will mir das Geld, das ich verdient habe, nicht auszahlen. Ich bin jetzt schon mehrmals dort gewesen, und immer schickt sie mich wieder fort und sagt: Morgen. Meine Mutter ist auch schon ganz böse deswegen. Ich habe Berge von Geschirr gespült und allerhand andere Sachen gemacht. Ich gehe zur Schule, und mein Schulheft hat nur noch zwei unbeschriebene Blätter. Und der Lehrer verlangt, dass ich eine Schere und Klebstoff mitbringe ...« Ich muss sagen, dass ich durch die Kleine wieder neu gelernt habe, wie Unterdrückung funktioniert. Die »Großen« glauben, mit den »Kleinen« nach Belieben umspringen zu können. Ich habe gesagt, dass sie doch noch einmal zusammen mit ihrer Mutter diese Frau aufsuchen soll. Und wenn es dann immer noch nicht klappt, würde ich auch mitkommen. Das Mädchen heißt Ernestina. Seine Mutter geht barfuß und ist auch oft im Gottesdienst dabei.

6.10.1988

Am vergangenen Samstag fand bei uns im Pfarrhof wieder eine »Junta«, eine offizielle Versammlung der Dorfältesten, statt. Don Pablo als Präsident des Municipios hatte eingeladen. Drahtzieher war Don Gustavo, der im Vorfeld schon einen Bauunternehmer wegen der Restaurierung der Kirchtürme angesprochen hatte. Don Gustavo gehört ja jetzt unserem Komitee an. Der Unternehmer, ein privater Fachmann, war nicht anwesend, die Agenten, Dorfältesten, wurden aber über die Sache ins Bild gesetzt. Zur Junta geladen waren die offiziellen Verantwortlichen von CEDUE, der entsprechenden Behörde der Staatsregierung. Ohne alle Einzelheiten zu erzählen, war die Versammlung ein Lehrstück für die Korruption, wie sie von Behördenvertretern praktiziert wird. Im Ergebnis haben Don Pablo und Don Gustavo diese Herren fein hinters Licht geführt und ausgespielt. Die Restaurierung wurde mit der Zustimmung der Agenten schließlich dem privaten Unternehmer anvertraut. – Insgesamt bin ich der Auffassung, dass die Kirchenrestaurierung zwar wichtig ist, aber keine Priorität gegenüber den pastoralen Anliegen haben darf. Ein Gespräch mit Don Gustavo unter vier Augen brachte am nächsten Tag die Übereinstimmung, dass die Aktivitäten unseres Komitees sauber, das heißt dokumentiert sein müssen, um kontrollierbar zu sein. Wir können mit den Spendengeldern der Gemeinde nicht genauso umgehen wie die Leute von CEDUE.

16.10.1988

Der jüngste Katechetenkurs war normal besucht. Vielleicht ist es nützlich, einmal die äußeren Umstände eines solchen Kurses zu beschreiben. Die Teilnehmerzahl von dreizehn Personen passt genau zu unseren Räumlichkeiten. Der Saal, vier mal zwölf Meter, dient als Vortragsraum, als Speisesaal und als Schlafsaal. Außerdem läuft, soweit möglich, das Büro weiter. Eine Ecke des Saales dient als Empfangsraum, denn das ist seine Normalfunktion. Als Tische benutzen wir Bretter von siebzig mal zweihundert Zentimetern. Zwei davon werden mit kleinen Stützen etwa fünfzig Zentimeter vom Boden aufgebockt. Diese »Tische« gelten dann in der Nacht als Betten; eine Flechtmatte kommt darauf, und zwei Decken werden dazugegeben; fertig ist das Bett. Im Saal haben vier Männer geschlafen, weitere vier bezogen das Zimmer von Miguel H., wo entsprechend auch solche Betten aufgestellt wurden. Die Frauen übernachteten bei Angehörigen hier in Chalcatongo. Das Essen, in der Art sehr einfach gehalten, wurde von Sofia in Zusammenarbeit mit Bernarda gerichtet. Die Tortillas lieferte für 20.000 Pesos (ca. 20 DM) Dona Eva.

Alles verlief in einem guten Zeitrahmen. Das Wetter war ungünstig, denn es blies ein starker, kalter Wind, sodass wir uns für die Gruppenarbeiten in verschiedene Winkel verkrochen. Als Gottesdienstraum kam die Sakristei in Frage, die ja sonst auch als unsere Hauskapelle fungiert. Bei den Gruppengesprächen und im Plenum hapert es immer wieder in der Kommunikation, aber wir machen Fortschritte. So verstehen wir einen solchen Kurs auch als »promotión humana«, als »zwischenmenschliche Übungsstunden«.

17.10.1988

Das Patronatsfest zum 9. September ließ in Chalcatongo zu wünschen übrig. Es gab keine Mayordomia, so blieb alles ziemlich flau und flach. Wir haben trotzdem die üblichen Gottesdienste gehalten, und die waren nicht einmal schlecht besucht. Vor allem fielen die Jugendlichen auf. Die Runde der Novenarios zeigte sich ziemlich resistent was den Kirchputz betraf. Stattdessen investierte man in übertriebener Weise in den Blumenschmuck, wobei die Blumen aus der Stadt importiert wurden. Einer der erfreulichen Punkte war der Umstand, dass der Chor (einige Frauen und Don Cucu) unter der Leitung von Don Nahúm die »Misa Oaxaquena« eingeübt hatte. Der Vortrag wirkte recht gekonnt, eine echte Freude. Don Manuel sorgte dafür, dass die äußeren Dinge einigermaßen zufriedenstellend geregelt wurden. Und der Kirchenbesuch war dann während der Woche, aber vor allem am Festtag selbst, durchaus beeindruckend. Wir selbst müssen immer darauf achten, dass wir nicht missverstanden werden. Wir sitzen hier mitten im Zentrum von Chalcatongo. Das löst den Eindruck aus, als wollten wir zu den Privilegierten gehören.

19.10.1988

Wir befinden uns in der glücklichen Lage, dass sich hier viele theologisch wichtigen Themen gewissermaßen gebündelt bemerkbar machen, so die Problematik von »Gerechtigkeit und Frieden« und die »Inkulturation«. Die abendländische Theologie ist sehr dogmatisch-rational. Es geht ihr um ein Heilsverständnis und gar nicht so sehr um eine Heilswirklichkeit. Wenn das Denkmodell schlüssig ist, glaubt man schon am Ziel zu sein. Dabei spielt die Bekenntnisfrage eine zentrale Rolle. Man muss nur das richtige Bekenntnis haben, dann ist man gerechtfertigt. Wie ist es möglich, frage ich mich, dass man sogar nach dem II. Vatikanischen Konzil in solche Positionen zurückfällt? Anscheinend sind weite Kreise der Kirche immer noch überzeugt, der südamerikanische Kontinent sei »katholisch«, allein deswegen, weil viele Menschen getauft sind, das heißt dem »wahren Bekenntnis« zugehören. Dass die Menschen eine Heilssehnsucht haben, die sich auf ihre sehr praktische Lebenswirklichkeit bezieht, etwa auf »Gerechtigkeit und Frieden«, scheint dabei fast nebensächlich zu sein. Alles in allem: Die traditionellen, traditionalistischen Engführungen des Glauben müssen aufgesprengt werden zugunsten eines heilsgeschichtlichen Verständnisses, das nach den Wegen fragt, die Gott mit seinem Volk geht.

23.10.1988

Zurzeit ist Aurora Gabina Pérez Jiménez, die Frau von Marten Jansen, hier im Lande. Wir haben sie gebeten, beim Dekanat in Tlaxiaco mitzumachen. So hatten wir dort vor zwei Wochen ihren Vortrag. Zuerst sprach sie die Geschichte der Unterdrückung seitens der Kolonisatoren an. In einem weiteren Abschnitt berichtete sie über die Aktivitäten von APIBAC, einer Institution auf dem Hintergrund der Anthropologie. Ihr Anliegen: der Erhalt oder die Neugewinnung des Mixtekischen als eigener Sprache des Volkes. Auroras kleine Grammatik wird sicher auch uns helfen, der Einheimischensprache näher zu kommen. Vom Dekanat als kirchlichem Gremium hat Aurora offenbar einen guten Eindruck bekommen. Sie ist aufgrund des Drucks, den sie spürt, gelegentlich etwas forsch. So gesehen repräsentiert sie die untergründig wirksame Aggression des bedrängten Volkes. Abgesehen von mancher Kritik, die Aurora speziell mir gegenüber hat, komme ich ganz gut mir ihr aus. In ihrer Mixteken-Grammatik steht ein Ausspruch, den ich gern – in Deutsch – wiedergebe, weil ich auch schon gehört habe, wie jemand ihn mir gegenüber anerkennend gebraucht hat: »Ein großes Herz haben, Geduld und Kraft aufbringen, menschlich sein ...«

Unsere Pläne für einen Heimaturlaub passen sich recht gut den Gegebenheiten an. Pirmin und ich möchten im Sommer circa drei Monate in der Heimat verbringen. Dann ist hier die Regenzeit. Wir werden zum Patronatsfest von Chalcatongo Anfang September wieder zurück sein. Das ist auch der Moment, wenn die Aufenthaltsgenehmigung neu geregelt werden muss.

Am vergangenen Sonntag habe ich in der Rancheria (Campesino-Dorf) Madero von San-Miguel einen Besuch gemacht und dort eine Weile am Tecjo, der Gemeinschaftsarbeit, teilgenommen. Man schaufelte Sand aus dem Flussbett. Die Männer standen bis zu den Knien im Wasser, die Frauen trugen den Sand in Eimern nach oben, um einen Berg aufzuschütten. Ich durfte zwischendurch das Wort an die Versammelten richten und für den Erstkommunionkurs der Kinder werben.

Gelegentlich ist es psychologisch schwer, die richtige Einstellung zu finden. Die Leute drängen uns in die Priesterrolle und zwingen uns, ihnen gegenüber einen abgehobenen Status einzunehmen. Man könnte sich in der »Machtposition« wohl fühlen. Manch ein Nachbarpfarrer tankt so Selbstbewusstsein, lebt von der Anerkennung, die ihm entgegengebracht wird. Ich kann das nicht. Das scheint bei mir ein angeborener franziskanischer Reflex zu sein. Wenn sich mir gegenüber jemand kleinmacht, werde ich nervös.

4.11.1988

Zurzeit halte ich hier in Chalcatongo die Stallwache. Pirmin ist zum Totenfest in Yosonotú, seinem »Sprengel«, und Joachim entsprechend in Atatlahuca. Bei mir lief alles ähnlich wie im vergangenen Jahr. Don Cayetano, der kommende Centurión der »Heiligen Woche«, ergriff manche Initiative und half mit seinen Leuten, die praktischen Dinge zu bewältigen. Zum Beispiel haben sie zwei riesige Tonnen für Weihwasser am Friedhof aufgestellt und dann auch immer wieder volllaufen lassen. Auch in Reforma ging alles gut. Das Totenfest führt die Leute auf dem Friedhof zusammen, sodass dort trotz des an sich ernsten Anlasses ein buntes Gewimmel entsteht. Am Ende der Feiern wurden sowohl in Chalcatongo als auch in Reforma politische Reden gehalten. Die Kandidaten für die nächsten Kommunalwahlen stellen sich üblicherweise bei dieser Gelegenheit den Leuten vor.

14.11.1988

Ich lese zurzeit das Buch von Salvador de Madariaga CORTÉS, EROBERER MEXIKOS. Eines fällt sofort auf: Das Buch ist mit der Grundüberzeugung der Überlegenheit der europäischen

Kultur geschrieben. Die Impulse, die seinerzeit die Conquista ermöglicht haben, leben in der heutigen Geschichtsschreibung fort.

4.12.1988

Gestern sind Joachim und ich von der Priestervollversammlung in Oaxaca zurückgekommen. Die Versammlung war, das ergab auch die Auswertung, eine lustlose Angelegenheit. Diese Stimmung lässt sich allerdings gut aufklären. Die Anwesenheit Don Hectors, der bei Gelegenheit theologisch herumschwafelte, führte dazu, dass sich niemand pointiert äußerte. Der Klerus macht auf diese Weise deutlich, dass er mit der von »Rom« aufgezwungenen Lösung der Bischofsnachfolge nicht einverstanden ist. Er bleibt in Wartestellung. Es ist an Don Hector, sich dem Klerus gegenüber offen zu zeigen. Stattdessen lässt er bei seinen Diskursen immer wieder durchblicken, dass er eine streng konservative, disziplinarische Linie einzuschlagen gewillt ist.

Er schafft sich seine Gegner sozusagen selbst. Beispielsweise pocht er darauf, dass jeder Priester täglich eine Hl. Messe feiert, auch wenn keine Gläubigen anwesend sind. Oder er greift den neuesten Knüller aus Rom auf, dass nämlich die Homilie in der Messe nur dem geweihten Priester zustehe. Am Dienstagabend gab es wieder die Sonder-Einladung der jüngeren Priestergeneration in der Pfarrei Príncipes, an der auch wir teilnahmen. Zwei Gäste aus Cuernavaca berichteten von den Konflikten, die man dort erlebt hatte, nachdem der ebenfalls von Rom aufgezwungene Nachfolger von Don Sergio Méndez Arcéo die neue pastorale Linie des Bistums zu durchkreuzen angefangen hatte. In

Cuernavaca war bevorzugt Personal der sogenannten »religiösen Bewegungen« eingeschleust worden. Der Klerus hatte sich daraufhin auf eine taktische Linie verständigt. Erstens: Die Probleme des Einzelnen sofort in das gemeinsame Gespräch bringen! Zweitens: Die Öffentlichkeit der Gemeinden vor kontroversen Debatten verschonen! Drittens: Keine Geheimniskrämerei veranstalten! Viertens: Mit dem Bischof in kritischem Gehorsam verbunden bleiben! Die beiden Gäste meinten: »Von uns aus wollen wir eine basisnahe Pastoral betreiben. Von der anderen Seite wird uns ein Machtkampf aufgezwungen. Wir wollen das nicht.« Im Zuge dieser Auseinandersetzungen habe man das Priesterseminar bereits an die konservativen Kräfte verloren. – Besonders dieser letzte Punkt rief bei uns Aufmerksamkeit hervor. Don Hector hat ja schon begonnen, die Seminaristen unter Druck zu setzen. Die Verbindung zu den beiden Gästen hat übrigens Enrique Maroquin hergestellt. Am Schluss wählte die Gruppe bei uns drei Koordinatoren, die auch den Kontakt mit den Ordensschwestern aufnehmen und zum Seminar Verbindung halten sollen.

Die Priestervollversammlung endete mit einer Auswertung, bei der Don Hector nicht anwesend war. Ganz am Schluss meldete sich der älteste Priester der Erzdiözese, Raymundo, und gab eine sehr emotional vorgetragene Stellungnahme ab: »Der neue Bischof ist von Gott gesandt. Wir schulden ihm Gehorsam.« Und, an alle anwesenden Priester gewandt: »Wollt ihr etwa, dass er wieder geht?« Einige, so auch Don Bartholomé, guckten etwas konsterniert. Man spürte, dass der alte Mann den Nagel auf den Kopf getroffen hatte: Ja, das war die Stimmung: Am besten würde der neue Mann wieder gehen.

Es wirkte dann schon wie eine Ironie, wie am nächsten Tag der Festakt vonstattenging, der im Haus Don Bartholomés zur

Ehren von Don Hectors 25-jährigem Priesterjubiläum gefeiert wurde. Wir waren auch dabei. Fünfzehn Bischöfe waren anwesend, von denen eine Schwester meinte: »Lauter Gesichter, die man hier bisher nie gesehen hat.« Die einzige Ausnahme: Don Arturo Lona aus Tehuantepéc. Am Tisch saß ich neben Enrique Maroquin. Natürlich fragte ich ihn, wie er die Sache sehe. »Sie dienen sich an«, war sein präziser Ausdruck. Gemeint war die Weise wie »diese Herren« ihre Karriere betreiben. Sie brauchen die Zustimmung der Leute und des Klerus nicht. Es geht ihnen einzig um die Macht, die sie »von oben« ableiten. Die beiden Priester aus Cuernavaca hatten Ähnliches gesagt: Man soll den Faktor »Macht« nicht unterschätzen. Die Anwesenheit dieser fünfzehn Bischöfe wirkte dann auch eher wie eine Machtdemonstration mit drohendem Unterton. So jedenfalls empfand ich die Vorstellung der Herren durch Don Hector. Dass der Koadjutor es ausdrücklich untersagte, den einzelnen genannten Bischöfen Applaus zu spenden, sagt ein Übriges. Er fürchtete wohl, dass lediglich Don Bartholomé und Don Arturo Lona diesen Beifall ernten würden. Aber er hatte Pech. Als nämlich bei der anschließenden öffentlichen Feier auf dem Platz der Soledad eben dies passierte, konnte er es nicht verhindern.

Am folgenden Tag besuchten Joachim und ich Don Bartholomé privat. Wir sprachen über seinen Wunsch, den er gegenüber Viktrizius geäußert hatte, weitere Kapuziner in seiner Erzdiözese zu haben. Ich bat ihn, deshalb einen Brief an unser deutsches Provinzkapitel zu richten, das im kommenden Mai stattfinden würde. Das Kapitel ist ja der Ort, an dem solche Dinge entschieden werden müssen. Auch sprachen wir ein wenig über die schwierige Situation, in der sich die mexikanische Kapuziner-Delegation momentan befindet. Don Bartholomé meinte dann, dass er bei Don Hector doch schon kleinere Ansätze einer »Öffnung« entdecke. Als Joachim daraufhin anmerkte, dass die Politik in der Kirche recht problematische Züge trage, beobachtete ich mit einiger Erschütterung, wie diese Bemerkung bei Don Bartholomé eine tiefe Betroffenheit auslöste. Mir erschien es so, als wenn er sich plötzlich an all die Schläge erinnerte, die er wegen der »Option für die Armen« schon hatte einstecken müssen.

Von Viktrizius, der inzwischen Generalvikar des Ordens ist, bekamen wir einen Brief, in dem er uns Folgendes schreibt: »Erfreulich ist [...]. Weniger erfreulich ist die Ernennung des neuen Weihbischofs von Oaxaca. Es sind das Probleme, die uns hier in Rom auch große Not bereiten. Der Zentralismus und die ideologische Gleichschaltung des jetzigen Papstes und seines Helfers Ratzinger sind besorgniserregend. Hier wird auf dem Wege der Bischofsernennungen eine Entwicklung in der Kirche in die Wege geleitet, die jeder echten Ekklesiologie Hohn spricht. Mit Recht reden einige Theologen bereits von einer »strukturellen Häresie«. Was in Holland begann, in Brasilien und den USA weitergeführt wurde, soll nun auch in Österreich, Deutschland und Mexiko vorexerziert werden. Wer die Kirche liebt, leidet unter diesen Entwicklungen [...]. Doch es gibt nicht nur Schatten [...].«

13.12.1988

Eine scheinbar unbedeutende Sache: Joachim erzählte mir eben, wie die Leute in Atatlahuca von der »Virgen de San Esteban« oder der »Virgen Santa Cruz« sprechen (Die »Jungfrau des heiligen Stephanus« bzw. die »Jungfrau des heiligen Kreuzes«).

Die Analyse sagt, dass das Wort Virgen gar nicht in seiner eigentlichen Bedeutung, nämlich »Jungfrau«, eingesetzt wird, sondern die Bedeutung Imágen (Bildnis) annehmen kann. Bei meinen Einsätzen an den Festtagen der Virgen de Juquila = »unbefleckte Empfängnis« und Guadalupe, wird mir wieder deutlich, wie viele Menschen aufgrund der unterschiedlichen, aber stilisierten Imágenes (Bildnisse) an verschiedene, einzelne Heilige denken. Dass zum Beispiel zwei verschieden aussehende Imágenes die eine Maria, die Gottesmutter, sein sollen, können die einfachen Leute nicht begreifen. Sie schauen ja auf zwei unterschiedliche Gestalten. Sie wenden sich der Person zu, die sie im Bildnis verkörpert sehen. Unsereiner denkt dann an die schon in der Bibel angemahnte Götzenverehrung und das folgerichtige Verbot: »Ihr sollt euch von Gott kein Bild machen ...« In der Missionsgeschichte wurden solche Beobachtungen wohl auch dazu verwandt, die indianische Religion als »heidnisch« zu brandmarken und entsprechend zu bekämpfen.

Die vielen Messen, die von den Leuten bestellt werden, beruhen auf zwei »Säulen«. Einmal geht es um private Intentionen, etwa in Trauerfällen. Die andere »Säule« sind die »Promesas«, die »Versprechen« oder »Gelübde«. Die Mayordomias zu den Festen und daran angeknüpft die Novenen in den Tagen vor dem Patrozinium beruhen auf den »Promesas«. Die Festverantwortlichen verpflichten sich gegenüber einem Heiligen und gleichzeitig gegenüber ihrer Dorfgemeinschaft zu einer religiösen Aktion. Das ist dann die Heilige Messe, die ein Priester halten muss, damit sie vor dem Heiligen Gültigkeit bekommt. Hier tut sich eine pastorale Chance, aber auch eine Falle auf. Wir möchten, wenn irgendmöglich, keine »Privatmessen« annehmen. Aber das widerspricht der Intention der »Promesa«, die als Einzelaktion gilt. Wenn ein Dorf, wie jüngst Hidalgo, Chalcatongo, viele Festverantwortlichen hat, die je eine Promesa eingegangen sind, dann kann und soll dort ein großes Fest stattfinden, bei dem viele Messen gefeiert werden. Der Sakristan von Hidalgo beklagte sich folglich bei mir, dass die »Bräuche nicht erfüllt« würden. Das ging zu meinen Lasten, weil ich »nur« die eine Festmesse gehalten hatte. Ich argumentiere in solchem Fall, dass es doch viel besser sei, wenn alle Verantwortlichen gemeinsam feiern. Aber meine Argumente stechen nicht. Im Hintergrund taucht eine Problematik auf, die sich an die Bräuche anknüpft: die geistliche »Korruption«. Anschaulich wird so etwas, wenn man vergleicht, wie wir die Dinge handhaben und wie sie etwa Pater Mario in San-Mateo, der Nachbarpfarrei, angeht. Wir nehmen für eine Festmesse eines Festverantwortlichen auf der Basis einer Promesa dreitausend Pesos. Pater Mario nimmt hundertfünfzigtausend Pesos für den gleichen Dienst. Das ist fünfzig Mal so viel. Damit ergibt sich eine Diskrepanz im Dekanat, die so nicht stehen bleiben kann. Aber es ist schwierig, solche Punkte bei der Dekanatsversammlung anzusprechen. Wenn es um direkte ökonomische Interessen geht, wird schnell gemauert. Die Sekten nehmen solche Punkte aufs Korn. Und sie haben dann mit ihrer Propaganda leichtes Spiel. Uns geht es im Unterschied zu den Sekten darum, die Traditionen und Bräuche der Dörfer zu fördern und zu stützen. Also müssen wir aufpassen, dass nicht auch unsere Strategien zerstörerisch wirken.

17.12.1988

Gestern Abend habe ich längere Zeit mit Miguel H. gesprochen. Wir haben versucht, die indianische Auffassung zum

Thema »Imágenes« ein wenig zu klären. Miguel kann meiner Sichtweise bezogen auf die Heilige Messe zustimmen. Demnach muss der Mayordomo, der als »Wächter und Abgesandter« des bestimmten Imágenes auftritt, um sein Gelübde zu erfüllen, den Priester holen, damit dieser eine Heilige Messe zelebriert. Das Imágen, als lebendige Gottheit aufgefasst, verlangt nach diesem heiligen Opfer, das zu seiner Ehre dargebracht werden muss. Eigentlich müsste der Mayordomo sich selbst opfern, aber die Gottheit ist auch mit einem stellvertretenden Opfer zufrieden, vorausgesetzt, es ist würdig genug. Hier tritt der geweihte Priester ein. Die Heilige Messe hat also eindeutig Opfercharakter. Scheinbar spielt es für die Indígenas keine ausschlaggebende Rolle, dass der Ritus der christlichen Feier anders vollzogen wird, als das vorchristlich der Fall war. Wichtig ist, dass es feierlich zugeht, mit Gewändern, am Altar usw. Das genügt. Inhaltlich weiß der Mayordomo nicht näher, was passiert. Alles darf ruhig geheimnisvoll sein. Der Priester ist für die »Richtigkeit« zuständig. Der Mayordomo gibt auch die »Reliquien«, das sind Blumen und Kräuter, dazu, die gesegnet werden und mit deren Hilfe man nach dem vollzogenen Opferritus den Segen der Gottheit auf sich selbst herabholt. Dieser Akt wird durch das physische Abstreichen des Imágenes mit der Blume und dem anschließenden Abstreichen des eigenen Körpers vollzogen. Dieses »Segen-Holen« kann natürlich erst nach der Opferhandlung stattfinden, also im Anschluss an die Heilige Messe, durch die die Gottheit zufriedengestellt und das Gelübde erfüllt wurde.

Für europäisches Denken ergeben sich natürlich einige logischen Fragen. Wer bringt wem das Opfer dar? Wer sind denn die Gottheiten usw.? Handelt es sich nicht offensichtlich um einen Polytheismus, wenn jedes Imágen sein eigenes Opfer verlangt? Die christliche Katechese hat über Jahrhunderte versucht, der eigenen Dogmatik zur Anerkennung zu verhelfen. Die Imágenes wurden zu christlichen Heiligen zurückgestuft, damit sie dem monotheistischen Dogma nicht in die Quere kamen. Die Glaubensvorstellungen der Indígenas sind, auf diesen Umstand legte Miguel H. besonders Wert, nicht reflexiv fassbar. Dennoch werden in den Riten ganz bestimmte Bezüge erkennbar. Es gibt deutliche Berührungspunkte zu christlichen Grundauffassungen, aber beileibe keine simple Identität. Auf der rationalen Ebene tun sich Abgründe auf, die nicht so leicht zu schließen sind.

In unseren Katechesen können wir durchaus plausibel reden, und die Campesinos nicken uns zu. Im Vollzug sieht die Sache aber anders aus. Genau genommen spannen sie uns vor ihren Karren. Wir helfen ihnen, ihre Gelübde, die Promesas, den indianischen Gottheiten gegenüber rituell zu erfüllen. Dabei spielt das äußere Bild der Gottheiten zwar eine bedeutende Rolle. Der springende Punkt ist jedoch, welche Gottheit welches Bild repräsentiert. Die einfachen Leute können auf die Frage, ob es nur einen oder mehrere Götter gibt, keine schlüssigen Antworten geben. Wenn sie sagen: »Es gibt nur einen Gott«, dann spürt man genau, dass sie nicht ihre Imágenes meinen, sondern gewissermaßen die göttliche Sphäre, die alles Heilige und Ehrwürdige umfasst. Der Ausdruck dafür ist »Ia«. Alles, was Ehrfurcht gebietet, einschließlich der Natur, ist »Ia«.

Wie dem auch sei. Bekanntlich ist der religiöse Glaube die stärkste Quelle indianischer Kultur. Und die Frage an uns selbst lautet: Stärken wir den Glauben der Indígenas oder tragen wir zu dessen Zerstörung und dem entsprechenden Kulturverlust bei?

18.12.1988

Ich komme noch einmal auf das Thema der Imágenes zurück. Es sind kaum Zweifel möglich: Das religiöse Bewusstsein der Indígenas kreist um die »Bildnisse«. In jedem privaten Haus gibt es den Altar, auf dem gewöhnlich eine ganze Reihe solcher Imágenes aufgestellt sind. Die persönliche Beziehung eines Menschen zum Göttlichen hat hier ihren Angelpunkt. Bestimmte Bilder der Gottesmutter und der christlichen Heiligen, wie San Isidro oder San Miguel, sind die Favoriten. Dazu ist zu sagen, dass die meisten Abbilder vermutlich eine Neufassung alter, vorspanischer Gottheiten sind. Viele wurden nur umbenannt. So ist San Miguel, der Erzengel, gleichzusetzen mit dem Gott der Blitze. Das Schwert in der Hand von San Miguel bildet die optische Brücke. Soll man von einem ausgeprägten Polytheismus ausgehen? Ich bin vorsichtig. Es fehlt die entsprechende Theologie und damit jede Trennschärfe. Im jüdischen, christlichen und auch islamischen Umkreis kennt man oft und immer wieder die Idee der »Reinigung« des Glaubens und meint damit das Gebot »Du sollst keine fremden Götter haben«, also keine Vielgötterei betreiben. Das mag in dem angesprochenen Kulturkreis wichtig sein. Aber hier, in der indianischen Welt? Muss es den gleichen Stellenwert bekommen? Und ist es gerecht, einfach zu sagen, ein polytheistisches Denken sei ein vorsintflutliches, archaisches Weltverständnis, das überholt gehört? Ich bin mir da nicht so sicher. Der Monotheismus mit seiner monolithischen Grundauffassung kommt mir ebenfalls sehr problematisch vor, entwickelte geschichtlich gesehen nur allzu häufig aggressive, menschenverachtende Züge. Für die indianischen Kulturen stellt sich die Frage anders. Wenn es stimmt, dass hier der Denkweise ein polytheistisches Grundmuster unterliegt, gehört es sich, die positive Kraft dieses Konzeptes zu betrachten, bevor man negativ abschätzige Urteile fällt. Friedfertigkeit und Toleranz beispielsweise hätten einen fruchtbaren Nährboden. Die frühe Evangelisierung europäischer Herkunft konnte solche Gedanken allem Anschein nach nicht denken.

25.12.1988

Das wäre geschafft. Vorgestern und gestern, am Heiligen Abend, hatten wir hier in Chalcatongo wieder die Pláticas, diesmal mit zirka sechzig Taufen und zwölf Hochzeiten, wobei morgen weitere sechs Hochzeiten dazukommen. Die Kirche war schon während der Vorträge, dann aber erst recht bei der Feier selbst gedrängt voll, sodass es schwierig wurde, der Feier eine gute Form zu geben. Zur Mitternachtsmesse füllte sich die Kirche noch einmal. Heute Morgen erneut, diesmal wegen der 15-Jahre-Feier zweier Mädchen. Außerdem sind wir zu den Weihnachtsgottesdiensten ausgeschwärmt. Diesbezüglich waren einige Gottesdienste recht gut besucht, andere, besonders in Yosonotú, ziemlich schlecht. Letzteres ist unter anderem darauf zurückzuführen, dass wir den Rhythmus der Dörfer nicht genug kennen. Gegen siebzehn Uhr waren wir heute Nachmittag alle wieder zu Hause. Jetzt ist auch Josefina wieder bei uns, nachdem für einen Übergang ihre Schwester Bernarda unsere Köchin war. Mit Miguel H. eingerechnet sind wir damit fünf Personen in unserer Hausgemeinschaft. Nebenbei: Für den Fall, dass es jemand wissen möchte: Wir sprechen auch unter uns seit Mitte 1987 nur noch Spanisch, allerdings nicht Mixtekisch.

2.1.1989

Am 28. Dezember kam Don Hector Gonzales Martínez, Erzbischof Koadjutor von Oaxaca, zu uns nach Chalcatongo. (Am 31. Dezember kehrte er nach Oaxaca zurück.) Ich war am 27. nachmittags nach Tlaxiaco gefahren, um Don Hector dort zu begrüßen. Um 8 Uhr morgens war er schon da. Er war kurz nach 5 Uhr morgens in Begleitung eines Seminaristen von Oaxaca her aufgebrochen. – Unser Programm sah so aus: Zunächst stand eine Begegnung mit den Leuten und eine Messe in San-Miguel-el-Grande auf dem Plan. Für Donnerstag hatten wir einen Rundgang auf dem Markt in Chalcatongo vorgesehen, am Abend einen Gottesdienst. Am Freitag und Samstag sollte ein Besuch in Atatlahuca während der »Pláticas« folgen.

Heute Morgen, Montag, haben wir den Besuch Don Hectors ausgewertet. Das meiste war unproblematisch, der zwischenmenschliche Umgang unkompliziert. Es kam zu keinem Zeitpunkt zu unerquicklichen Debatten, die bei dem bisherigen Eindruck, den wir von Don Hector hatten, leicht möglich gewesen wären. Wir hatten nicht den Eindruck, dass Don Hector uns kontrollieren wollte. Wir haben uns, um es mit dem hier wichtigen Wort zu sagen, gegenseitig respektiert. Allerdings haben wir wahrgenommen, dass Don Hector den nötigen Respekt gegenüber den indianischen Campesinos deutlich vermissen ließ, während er gegenüber den mestizischen Händlern eine ganz andere, respektvollere Haltung an den Tag legte. Unsere eigene Beobachtung, aber auch die Kommentare der betreffenden Leute besagen, dass Don Hector die indianischen Campesinos »von oben herab« behandelt. Die Menschen fühlen sich gedemütigt. Das gilt besonders für die Frauen. »Der Bischof gehört zu denen, die uns nicht anerkennen. Die da oben sind eben so.«

Es geht um typische Verhaltensmuster der dominierenden Klasse. Der Bischof merkt selbst nicht, welche Wirkung er erzeugt. Manche Äußerungen erscheinen uns geradezu absurd. So zum Beispiel, wenn er den Campesinos gegenüber betont: »Wenn ihr den Bischof seht, müsst ihr denken: Jesus sei zu euch gekommen.« Solche Redeweisen sind uns fremd und anstößig. Im katholischen Milieu Mexikos fällt das jedoch gar nicht groß auf. So wird halt geredet, um den eigenen Anspruch zu untermauern; ein Paternalismus wie er im Buche steht.

Die Begegnung zwischen den Leuten von Chalcatongo und dem Bischof verlief so, dass die »Großkopferten« ihre Beschwerden über unsere Amtsführung vorbrachten. Don Gustavo wusste mehrere Punkt zu nennen, insbesondere die »Spezialmessen«. Don Hector war schlau genug, sich auf solche Klageführung nicht einzulassen. Er ließ sich von Don Gustavo dessen Notizzettel geben, und das war's. – Wegen anderer Termine musste der Bischof seinen Besuch bei uns vorzeitig abbrechen. Sein nächster Einsatz verlangt von ihm, in Mexico City einen Vortrag zu halten über die »Zurückgewinnung der Kultur und Geschichte«. Vielleicht hat er zu diesem Thema bei uns einiges zu sehen bekommen.

Beim Lesen eines Buches von Marten Jansen über die kulturellen Hintergründe der indianischen Völker, insbesondere der Mixteken, empfinde ich den Mangel an Grundwissen auf unserer Seite. Wir sind hier vollkommen ahnungslos hereingeschneit. Allerdings ist das gesamte mexikanische, auch kirchliche Milieu von einer Art Resistenz gegenüber einer Kenntnisnahme der historischen Zusammenhänge geprägt. Wir sind

Träger einer nur übergestülpten Religion. Es existieren zwar Brücken zwischen dem abendländischen und dem indianischen Denken. Die alten einheimischen Philosophien sind jedoch mittlerweile vom den christlichen Gedankengebäuden überlagert. Ein Beispiel ist der »Weltenbau«. Im christlich-jüdischen Modell gibt es ein »oben« und ein »unten«. Die Erde, die Schöpfung, rangiert unten, Gott, die himmlische Sphäre, oben. Es gibt ein Leben vor dem Tod und ein Leben nach dem Tod. Im indianischen Denken ist alles in sich verwoben. Das Göttliche durchdringt die Welt. Das Sichtbare und das Unsichtbare wird nicht unterschieden. Selbst Tod und Leben sind wesentlich miteinander verknüpft. Man kann die Elemente nur zusammen denken. Das eine gibt es nicht ohne das andere. Das philosophische Unterscheiden, das Differenzieren, ist der charakteristische Standard abendländischer Philosophie. Entweder ist ein Satz wahr oder falsch. Ein Zusammendenken der Pole, ein integratives Grundverständnis gilt als primitiv und rückständig. – Mein Resümee: Wir müssen noch viel lernen. Und dieses Lernen ist eine Freude, denn es weitet den Horizont.

10.2.1989

Beim letzten Dekanatstreffen in Yucuhiti bei John Reuter war auf Einladung unseres Dekans Philipe auch Don Hector anwesend. John selbst verlas das Protokoll vom letzten Treffen und hatte auch alle Einzelheiten, den Weg der Erzdiözese betreffend, aufgezeichnet. Prompt machte Don Hector in einem Kommentar zum Protokoll die Bemerkung, wir sollten uns um eine »ausgewogenere Sprache« bemühen. Erfreulicherweise übernahmen die Katecheten sofort die Initiative und löcherten den Bischof. In der Diskussion wurde sehr deutlich, woran Don Hector interessiert ist, nämlich an der »Wahrheit, die die Kirche lehrt«. Ihm ist jede Kritik an der Kirche ein Gräuel. Ein typischer Fall von »Institutionswächter«.

22.2.1989

Es gibt Dinge, die sprachlos machen. Joachim übergab Pirmin und mir ein Telegramm von Pater Mathias, Cuernavaca, mit dem Inhalt, dass Paco Jiménez gestorben und auch schon beerdigt sei. Ich hatte ihn vor Kurzem noch in Las Aguilas per Telefon gesprochen. Er war gerade von Spanien aus seinem Sabbatjahr zurückgekommen, um nun hier in Mexiko in der Schwesternarbeit tätig zu werden. Das Telegramm sagt nichts über die Todesursache.

2.3.1989

Gestern kam ein Telegramm vom Vizeprovinzial von Mittelamerika, Fray José Antonio Márquez. Er will uns auf Wunsch von Eckehard, unserem Provinzial, nach Ostern besuchen. Wir sind dann voraussichtlich gerade in Oaxaca, sodass die Terminplanung passt.

3.3.1989

Plötzlich tauchte hier in Chalcatongo eine Ordensfrau, Schwester Socorro von den Hermanas de Betanien HBF, auf. Sie und ihre Mitschwestern haben ihr Engagement in Nochistlán wegen

Zwistigkeiten mit einer anderen Ordensgemeinschaft beendet. Jetzt sind sie auf der Suche nach etwas Neuem. Don Bartholomé hat sie auf uns »verwiesen«, sagt sie. Tatsache ist, dass wir Schwestern suchen. Es ist uns aber nicht gleichgültig, welche Schwestern das sein könnten. Socorro sagt, dass sie in ihrer eigenen Gemeinschaft, einer mexikanischen Gründung, die hauptsächlich in Schulen tätig ist, keinen Rückhalt für ein Projekt »Mission« hat. Wir sind, um etwas zu unternehmen, nach San-Miguel-el-Grande gegangen und haben dort das Curato besichtigt. Ansonsten können wir uns auf die Idee, eine »Mission« zu eröffnen, nur einlassen, wenn die Gemeinschaft, zu der die Schwestern gehören, dahintersteht.

14.8.1989

Ich setze mit meiner »persönlichen Chronik« neu an. Ich war drei Monate in Deutschland und schreibe jetzt aus der Distanz auf, was sich in der Zwischenzeit getan hat.

Unser »Beziehungsfeld« besteht aus der Gemeinde Chalcatongo mit ihren 43 Dörfern, dem Dekanat Tlaxiaco, der Erzdiözese Oaxaca, dann den Schwestern Kapuzinerinnen in Oaxaca und der Delegation der Kapuziner in Mexico City und einigen anderen Standorten. Selbstverständlich sind wir auch über eine »Hauptschlagader« mit unserer Rheinisch-westfälischen Kapuzinerprovinz verbunden. Dort besonders mit der Missionsprokur in Münster und dem Provinzialat in Koblenz.

Der Anlass meines Heimaturlaubs war das Provinzkapitel, das im Mai dieses Jahres in Münster stattfand. Als nicht stimmberechtigter Teilnehmer war ich von der Provinzleitung eingeladen worden, um »Chalcatongo« zu vertreten. Darüber hinaus war natürlich auch der Besuch in Bocholt bei meiner Mutter und meinen Brüdern wichtiger Bestandteil des Aufenthaltes. Insgesamt war ich vom 8. April bis zum 1. Juli in der Heimat. Wenn man seinen Aufenthaltsstatus (FMII) in Mexiko nicht verlieren will, kann man nicht länger als neunzig Tage außerhalb des Landes sein. Pirmin ist ebenfalls in Deutschland gewesen und müsste sich zum gegenwärtigen Zeitpunkt etwa 10 Tausend Meter über den USA in der Luft befinden. Gegen 4 Uhr nachmittags ist die Landung in Mexico City vorgesehen. Joachim ist zurzeit in Oaxaca und wartet dort auf den Beginn der Diözesanversammlung, dem »Plenario«.

Einiges zum Provinzkapitel in Deutschland: Anlässlich des Besuches von Pater Viktrizius Veith, Generalvikar des Ordens, in Oaxaca hatte Don Bartholomé Carrasco die Bitte geäußert, dass wir deutschen Kapuziner unser Engagement in seiner Erzdiözese auf den Pfarrsprengel San Mateo Peñasco ausweiten möchten. Ich hatte dann – lange genug vor meiner Abreise nach Deutschland – einen Brief von Don Bartholomé an unser Provinzkapitel erbeten. Das klappte erst im letzten Moment. Der Brief enthielt außerdem einige Ungereimtheiten. Der ausgehende Provinzial, Eckehard, bat mich, ein Schreiben zu verfassen, das den Kapitularen in ihrer Mappe zur Vorbereitung des Kapitels vorliegen sollte. Nichts lieber als das. Beim Kapitel selbst wurde nach den Wahlen, in denen Bruder Roland Engelbertz mit zwei Stimmen Mehrheit vor Bruder Erich Purk zum neuen Provinzial gewählt wurde, der Tagesordnungspunkt »Missionen« aufgerufen. Nachdem Bruder Johannes Hämmerle zu Indonesien gesprochen hatte, kam ich an die Reihe, um über »Mexiko« Auskunft zu geben. Ich richtete zuerst entsprechende Grüße aus und erläuterte dann das Anliegen, nach dem Don Bartholomé eine Erweiterung unseres Engagements wünschte. Einige Einzelheiten mussten geklärt werden, so vor allem die Vorstellung, dass man das neue Gebiet vielleicht von Chalcatongo aus mitbetreuen könne. Nein, es ging um eine zweite Niederlassung, glücklicherweise in geographischer Nachbarschaft zu Chalcatongo. Schließlich erfolgte die Abstimmung. Der Antrag lautete jetzt: »Das Kapitel ermächtigt die Provinzleitung, der Bitte von Don Bartholomé auf eine Übernahme der pastoralen Verantwortung im Pfarrgebiet von San Mateo Peñasco nachzukommen. Durch die Entsendung von wenigstens zwei Brüdern möchte es die missionarische Präsenz im Erzbistum Oaxaca verstärkt wissen.«

Die Kapitulare stimmten fast einstimmig zu. Die vier Enthaltungen lassen sich dadurch erklären, dass einige Brüder der Meinung waren, man solle die »Armutsfrage« nicht ins Ausland verlagern, sondern sich der Problematik vor der eigenen Haustüre annehmen. Eckehard hatte sich in seinem Rechenschaftsbericht sehr positiv zu unserem »Mexiko-Engagement« geäußert. Am Ende, nach Beendigung des Kapitels, hatte ich Gelegenheit, mit der neuen Leitung einige Einzelfragen zu vertiefen. Es würde ja jetzt darum gehen, konkret mindestens zwei Brüder der Provinzgemeinschaft dafür zu gewinnen, in Mexiko einzusteigen. Außerdem sollte eine Botschaft an Don Bartholomé gesandt werden, in der er über den Stand der Dinge unterrichtet würde. Letzteres gelang kurz vor meiner Rückreise, als ich Roland in Bocholt traf. Die neue Provinzleitung war guten Willens, den Beschluss in die Tat umzusetzen. Allerdings brauchte es noch Geduld, bis eine entsprechende Motivation bei einzelnen Brüdern wachsen konnte, denn es handelt sich bei solch einem Unternehmen um eine weitreichende persönliche Entscheidung.

Inzwischen haben wir aus Deutschland Nachricht erhalten, dass die Dinge in Bewegung sind. Es haben sich Brüder interessiert gezeigt. Zwar ist noch keine Entscheidung gefallen, aber es gibt gute Aussichten.

16.8.1989

Seit geraumer Zeit suche ich den Kontakt zu anderen mexikanischen Ordensgemeinschaften. Die äußeren Schwierigkeiten, nicht zuletzt die geographischen Bedingungen in Mexico, verlangsamen der Prozess. In Oaxaca hatten wir verschiedentlich mit dem Dominikaner Pater Oscar Kontakt. Er ist Mitglied im Vorstand von CLAR, wo die Ordensleute organisiert sind. In Mexico City habe ich einen Besuch bei CIRM gemacht, der nationalen Ordensleute-Zentrale. Dort habe ich einen Scheck hinterlassen, weil es hieß, die Ordensleute hätten sich verpflichtet, ein Projekt der Neuevangelisierung auch finanziell zu unterstützen. Die Verwaltungszentrale wirkt auf mich sehr bürokratisch. Fast könnte man sagen: typisch deutsch. Positiv empfand ich ein Gespräch mit Schwester Luz Eugenia Castañeda, die darstellte, welche Schwierigkeiten die mexikanischen Bischöfe machen, wenn es um die »Option für die Armen« geht.

Was die Beziehungen von CLAR (Bogotá) und CELAM, der Lateinamerikanischen Bischofskonferenz, betrifft, so sprach sie von »Krieg«. Ich hatte bei meinem Heimatbesuch auch mit Pater Andreas Müller von der Missionszentrale der Franziskaner in Bonn gesprochen. Andreas hatte mir die Stichworte genannt, die zwischen CLAR und CELAM zu Auseinandersetzungen führen: Eine CLAR-Broschüre zum Thema der »Neuevangelisierung« sei von CELAM wegen »reduktionistischer Theologie« kritisiert und wegen des fehlenden Imprimatur abgelehnt worden. Inzwischen weiß ich, dass die HERDER-KORRESPONDENZ in der Sache aktiv geworden ist. Ein Artikel von Gabriele Burchard klärt in aller Breite über den Sachverhalt auf. Wir bekommen solche Nachrichten hier in unseren Bergen natürlich immer verspätet.

18.8.1989

Heute Morgen kam Pirmin zurück. Er ist am 14.8. nach Mexico City geflogen und noch ein paar Tage in Las Aguilas geblieben. Er brachte unter anderem Grüße von Serapio mit, dem mexikanischen Mitbruder, der zurzeit in Deutschland ist, um die Sprache zu erlernen. Pirmin gab auch eine Einladung der mexikanischen Kapuzinerdelegation zu einem Brüdertreffen im Sommer weiter. Eleuterio, der Provinzial von Navarra, will teilnehmen. Ich habe ihn schon in Las Aguilas kennengelernt. Er war dort, um sich Klarheit zu verschaffen über die Absicht der Generalleitung, die Provinz Navarra zu bitten, als »Mutterprovinz« die mexikanische Truppe unter ihre Fittiche zu nehmen. Die Probleme sind für Mexiko in der noch bestehenden Struktur der »Delegation general« unlösbar geworden. Der verantwortliche Generalminister sieht keine andere Möglichkeit, als die Kompetenz abzugeben. Da ist »Navarra« ins Visier gekommen, eine große Provinz, die schon verschiedene Auslandsengagements schultert. Eleuterio sieht die Sache so, dass die mexikanische Delegation zuerst einige interne Schwierigkeiten lösen muss, bevor Navarra einsteigen kann.

Nach meiner Rückkunft war eine erste Aktion, in Mexico City die Schwestern FMM, Franciscanas Misioneras de Maria, zu besuchen. Wir hatten früher schon Kontakt zu dieser Gemeinschaft, um sie vielleicht zu einer Mitarbeit in Chalcatongo zu gewinnen. Die Provinzialin, Schwester Elena, war nicht zu Hause. Die dortige Hausoberin Schwester Chayo sprach einen ganz anderen Punkt an. Die Gemeinschaft hatte mit zwei Brüdern von Las Aguilas Exerzitienkurse vereinbart, die nun aber abgesagt werden mussten. Ob ich nicht jemand als Ersatz wüsste. Ich wusste nur mich selbst. Rücksprachen konnten nicht so schnell stattfinden, also sagte ich auf gut Glück zu. Als ich wieder in Chalcatongo war, stimmte Joachim zu. Folglich machte ich mich schon bald wieder Richtung Norden auf den Weg. Der Kurs sollte in León in einem Jugendhaus der Schwestern stattfinden. Auf dem Weg nach León erklärte mir Schwester Elena die Lebensform der Kongregation, die von der römischen »Propaganda Fide« abhängig sei und nicht wie viele anderen Gemeinschaften von einem lokalen Bischof. Gegründet wurde die Gemeinschaft in Indien. Sie ist heute eine der weltweit größten Schwesterngemeinschaften. Die mexikanische Provinz hat ungefähr achtzig Mitglieder. Eine Niederlassung in der Erzdiözese Oaxaca in Panixtlahuaca steht auf der Kippe, weil mit dem dortigen Pfarrer, Pater Benito, einem Franziskaner, kein Auskommen sei. Die Konflikte verschärften sich nicht zuletzt wegen der Präsenz des neuen Koadjutors, Don Hector. Don Bartolomé bittet die Schwestern, nicht aus der Erzdiözese wegzugehen, sondern, wenn nötig, einen Ortswechsel innerhalb der Diözese zu machen. Don Bartolomé hat den Schwestern bereits drei Orte vorgeschlagen. Ob wir auch genannt sind, wissen wir nicht. Interesse haben wir jedenfalls. Wir sprachen im Auto auch über die Delegation der Kapuziner in Mexiko. Dass die Generalleitung nun vorhat, eine spanische Provinz, Navarra, mit der Verantwortung für Mexiko zu betrauen, erscheint

Schwester Elena, die selbst gebürtige Mexikanerin ist, völlig verkehrt. »Wie kann man denn heute noch Spanier heranziehen?!« Das Mentalitätsproblem, das durch das typisch spanische Überlegenheitsbewusstein ausgelöst wird und die gesamte Historie der mexikanischen Nation belastet, ruft ständig neue Konflikte hervor. Schwester Elena hat in ihren Reihen auch einige Spanierinnen. Sie muss es also wissen. »Warum könnt ihr nicht eine lateinamerikanische Provinz suchen, die diese Aufgabe übernimmt?« Ich erklärte Elena, dass der Generaldefinitor Jerónimo Bórmida diesbezüglich Schritte unternommen habe, aber letztlich nicht fündig geworden sei.

12.9.1989

Oaxaca. Inzwischen geht es mir wieder besser. Wegen anhaltender Durchfälle musste ich kurz vor der großen Fiesta in Chalcatongo nach Oaxaca fahren, um hier zum Arzt zu gehen. Dr. Raul Morales, ein Homöopath, zu dem die Kapuzinerinnen guten Kontakt haben, hat mich auf dem Krankenbett im Kloster besucht und mir mit dem Präparat »China« sehr geholfen. Ich verbringe die Zeit unter anderem damit, eine Biographie über Christoph Columbus zu lesen. Das wurde ja mal Zeit, dass ich zum Thema der »Entdeckung Amerikas« auf den Stand der Dinge komme. Über Hernán Cortés und die Conquista habe ich früher schon etwas gelesen. Außerdem durfte ich den Schwestern heute Morgen einen Vortrag über die »Armut des heiligen Franziskus« halten. Bei diesem Thema kann ich aus dem Vollen schöpfen.

Die jüngste Versammlung der Kapuziner in Mexico City hat auch einiges Erwähnenswertes zutage gefördert. Aus Spanien waren drei neue Brüder eingetroffen: Juan-Miguel, José-Manuel und Francisco. In der Nacht zum Montag kam dann noch der Provinzial von Navarra, Eleuterio, dazu. Zunächst machten wir eine Besichtigungsfahrt nach Lago-de-Guadalupe, wo sich das neue Bildungshaus der mexikanischen Kapuzinerinnen befindet. Der Orden ist in Mexiko sehr stark vertreten. Es gibt zirka hundert Konvente mit insgesamt über tausend Schwestern. Die Gemeinschaft hat nun das gemeinsame Fortbildungsinstitut »St. Veronica« gegründet, vor allem um den zahlreichen jungen Schwestern eine geeignete Grundausbildung zu ermöglichen. Es soll etwa fünfzig Schwestern gleichzeitig beherbergen. Dem Baustil nach kann ich nichts Franziskanisches daran entdecken. Das Gebäude befindet sich auf einem großen Areal, das den Benediktinern gehört hatte und nun in verschiedene Parzellen aufgeteilt wurde. Unter anderem hat auch die mexikanische Bischofskonferenz dort ihr reichlich protziges »Bischofshaus« gebaut. Die kleine Ortschaft Lago-de-Guadalupe liegt an der nördlichen Peripherie von Mexico City, also für Gesamt-Mexiko genügend zentral.

Am folgenden Tag fuhr die ganze Mannschaft, ich durfte dabei sein, mit einem VW-Bulli nach Puebla. Dort soll das Postnoviziat der Delegation eingerichtet werden. Die Kapuzinerinnen in Puebla haben von einer alten Dame ein Haus geschenkt bekommen. In den beiden oberen Etagen soll die Kapuzinerjugend sich einquartieren und von dort aus die Vorlesungen an der bischöflichen Theologie-Schule, dem Seminar, besuchen. Da gibt es aber noch Haken und Ösen. Jetzt war das Anliegen der Kapuziner-Oberen, mit dem Rektor des Seminars zu sprechen, um die Wege zu öffnen. Als wir im Seminar eintrafen, ging dort gerade ein Vortrag zum Semesterbeginn zu Ende. Auf dem Gang, der wie eine Autobahn wirkte, kamen uns im Gleichschritt circa 200 Theologiestudenten in schwarzer Sutane mit blauer Bauchbinde entgegen. »Du liebe Zeit! Wohin geraten wir armen Kapuziner?« So ähnlich war die Stimmung bei uns. Das Gespräch zwischen Mathias, Eleuterio und dem Rektor verlief aber zufriedenstellend. Wegen des Semesterbeginns soll der Umzug unserer Studenten schon in den nächsten Tagen erfolgen.

14.9.1989

Am folgenden Tag begann die Vollversammlung. Man wollte den Rahmen für die nun beginnende nächste Etappe der Kapuziner in Mexiko abstecken. Die wesentliche Veränderung ist die Umwandlung der »Delegation general« in eine »Delegation provinzial«. Nicht mehr der Generalminister in Rom, sondern der Provinzialminister in Navarra soll jetzt der höhere Obere sein und die Geschicke der Brüder in Mexiko maßgeblich steuern. Allerdings wird weder die eine noch die andere strukturelle Form von den Konstitutionen des Gesamtordens gedeckt. Eleuterio stellte die Dinge entsprechend dar und gab an, der Plan sei, dass die mexikanische Einheit möglichst bald zu einer Vizeprovinz erhoben werden solle, damit das Leben der Brüder endlich auf einer soliden konstitutionellen Basis stünde. Die neue Form sollte dann im geographischen Bereich ganz Mexikos Geltung bekommen. Von mir aus trug ich in einem kurzen Statement bei, dass wir Deutschen Brüder mit unserer kleinen Niederlassung in Chalcatongo ja auch noch »da seien«. Eleuterio meinte dazu, dass dieser Umstand helfen könne, den im Orden als Problem empfundenen »Provinzialismus« ein wenig abzufedern. Gemeint ist, dass, anders als in anderen Ordensgemeinschaften, die Regierungskompetenz allein bei dem jeweiligen Provinzial liegt, und der Generalminister in Rom entsprechend keinen unmittelbaren Einfluss auf die Belange einer Provinzgemeinschaft hat.

Von uns aus gesehen ist eine wachsende Integration unserer »Präsenz«, wenn die Bedingungen stimmen, durchaus wünschenswert, denn wir möchten keine isolierte »Sondernummer spielen«. Früher haben uns die spanischen Mitbrüder, vor allem wegen der Mängel in der Sprachfähigkeit, nicht »für voll genommen«. Das sollte im Laufe der Zeit anders, besser werden. Konsequenz einer Integration wäre aber auch die Möglichkeit, dass wir im Personalbereich mit den Spaniern unmittelbar zusammengehen müssten. In diesem Punkt bin ich mir aber auch nicht so sicher, ob ich das möchte. Ähnlich denken Joachim und Pirmin.

Die Delegation besteht jetzt aus sieben Brüdern mit der Herkunft von Navarra, drei Brüdern mit dem Hintergrund Katalonien, fünf Brüdern, die gebürtige Mexikaner sind, zwei Brüdern, die einen Gaststatus haben und noch zwei, die als »außerhalb der Gemeinschaft« geführt werden. Die Niederlassungen sind zurzeit: Las Aguilas, Cuernavaca und Puebla. Dazu kommen die beiden »Etagen« in den Konventen der Kapuzinerinnen in Guadalajara und Lago-de-Guadalupe.

Bezüglich des Hintergrundes in Navarra erläuterte Eleuterio, dass die Provinz das Mexiko-Engagement mit Enthusiasmus aufgenommen habe. Zwar sei zunächst manch einer skeptisch gewesen, als aber schon bald klar war, dass eine ganze Reihe von Mitbrüdern gern nach Mexiko gehen würde, sei man sehr zuversichtlich gewesen. Die Provinz hat ungefähr zweihundert

Brüder, gut ein Drittel davon lebt im spanischsprachigen Ausland. Eine formelle Abstimmung hat das Kapitel in Navarra über »Mexiko« nicht gemacht. Das war für Eleuterio aber kein Problem, zumal es sich um ein außerordentliches Sachkapitel gehandelt hat.

Bei den Neuankömmlingen spürt man ihr Interesse an der »Theologie der Befreiung«. Die Versammlung äußerte sich dann auch in der Weise, dass es für uns Kapuziner selbstverständlich sei, dass wir in dieser Linie stünden. Daniel meinte als Kommentar: »Bei uns hier in Lateinamerika werden darüber aber nicht so viele Bücher geschrieben, wie in Europa. Hier ist die Theologie der Befreiung eine Praxis.«

15.9.1989

In Etla fand ein gesamtmexikanisches Priestertreffen der »solidaridad sacerdotal« statt, an dem ich – von Oaxaca aus – nur am abschließenden Festakt teilnehmen konnte. Die Priestergruppe hat sich auf Initiative Don Sergio Mendez Arcéos zusammengefunden, um sich in den Auseinandersetzungen um die Befreiungstheologie gegenseitig zu stützen. Don Bartolomé war auch da. Besonders gefreut hat es mich, Don Sergio kurz zu begrüßen. Er konnte sich an mich erinnern, weil ich vor ungefähr zwei Jahren mit einigen Mitbrüdern bei ihm in Cuernavaca zu Gast war. Das Thema des Treffens in Etla war im Blick auf das 500-Jahre-Gedenken seit der Conquista »Die Wiedergewinnung der Geschichte«. In Mexiko wird ganz generell eine Sichtweise vertreten, die den damaligen Azteken jede Glorie zuspricht, die jedoch die heutige Situation der indianischen Nachfahren nicht in den Blick bekommt. Don Sergio kann dagegen den Imperialismus der Azteken scharf kritisieren und eine Parallele zum heutigen amerikanischen Imperialismus ziehen. Zur »Wiedergewinnung der Geschichte« gehört es auch, die Mechanismen der Unterdrückung freizulegen. Die mexikanischen Bischöfe streuen den Menschen diesbezüglich nach Erkenntnis dieser Priestergruppe tüchtig Sand in die Augen.

16.9.1989

Heute ist der Nationalfeiertag im Andenken an die »Independencia«, die Loslösung Mexikos von der spanischen Kolonialmacht. Die Schwestern nahmen ihr Frühstück entsprechend in patriotischer Stimmung recht feierlich ein. Aber etwas anderes: Gestern war ich persönlich bei Don Bartolomé zum Mittagessen eingeladen. Das kam so: Morgens hatte ich angefragt, ob ich den Bischof besuchen könne, um ihm ein Faksimile des mixtekischen CODEX VINDOBONENSIS zu überreichen. Es hieß aber, der Bischof habe keinen Termin frei. Ich wollte den Codex deshalb der Schwester Lilia, die ihm den Haushalt führt, übergeben, damit sie ihn dem Bischof aushändige. Das kam der Schwester Lilia sehr gelegen. So war sie es, die mich zum Mittagessen ins Bischofshaus bat. Was ich schon ahnte, war dann der Fall: Es ging ums Geld. Schwester Lilia hat eine eigene kleine Ordensgemeinschaft gegründet, die aber gleich, wen wundert's, in finanzielle Schwierigkeiten gekommen ist. Die Schwester weiß, dass Don Bartolomé von uns deutschen Kapuzinern finanziell unterstützt wird. Also versucht sie, die Gelegenheit am Schopf zu fassen. Ich habe in verschiedenen Gesprächen, die sich daraus entwickelten, meine Meinung gesagt, dass wir solche Anliegen nur im Verbund mit ADVENIAT unterstützen. Dort ist, wie ich bei meinem Deutschlandbesuch in Essen erfahren habe, Stefanie Werz für Mexiko zuständig. Und wie es der Zufall will, plant diese junge Frau gerade eine Reise nach Mexiko, wobei auch Oaxaca auf der Besuchsliste steht. Kompliziert wird der ganze Fall dadurch, dass Don Hector, gewissermaßen aus Versehen, in diese Angelegenheit einbezogen wurde. Er will die Dinge anscheinend an sich ziehen. Nun denn: Hoffen wir das Beste!

Noch ein Wort zum CODEX VINDOBONENSIS: Es handelt sich um eine alte vorspanische Bilderhandschrift. Marten Jansen ist dafür der Fachmann. Ich habe das Faksimile-Exemplar aus Deutschland mitgebracht und bei der Übergabe an Don Bartolomé, die dann doch gelungen ist, erläutert: »Das Dokument ist seinerzeit von Hernán Cortés an Kaiser Karl V. geschickt worden. Es kehrt jetzt gewissermaßen nach 500 Jahren an seinen Ursprungsort zurück ...« Dieser mixtekische Codex ist praktisch die einzige existierende echte Quelle, um über die vorspanische Geschichte der Mixteken etwas in Erfahrung zu bringen.

Mit Don Bartolomé konnte ich auch kurz über Don Sergio sprechen. »Er ist der einzige aufrechte Mann unter den mexikanischen Bischöfen. Er bleibt bei seiner Meinung, wenn alle anderen umfallen. Er ist wie ein Fels in der Brandung.« Der Delegado Apostólico, Prigione, könne ihn »nicht riechen«. Er spreche von ihm als einem Mann mit Altersschwachsinn. Von Schwester Lilia höre ich außerdem, dass die Atmosphäre im Bischofshaus von ständigen Spannungen zwischen Don Bartolomé und Don Hector geprägt ist. Don Hector hat nach Einschätzung von Schwester Lilia nichts andere im Sinn, als »die Macht von dem kleinen Alten« zu übernehmen. Don Hector habe einen Brief an alle Priester persönlich geschrieben, in dem er darstellt, dass es in Oaxaca ein eigenes Priesterseminar geben solle, und zwar auf Kosten des interdiözesanen Priesterseminars in Tehuantepéc, SERESUR. Dieses noch gar nicht so lange bestehende Seminar ist die Wiege der meisten jüngeren Priester in Oaxaca. Offensichtlich sieht der Koadjutor die dortige Ausbildung als Ursprung allen Übels. Als Reaktion auf diesen Brief schickten sechzig Priester der Erzdiözese ein Schreiben an Don Bartolomé, in dem sie ihn auffordern, seine Autorität zur Geltung zu bringen und solche Machenschaften zu unterbinden. Zugleich lehnten sie den Stil Don Hectors, nämlich seine Alleingänge, ab.

Am Rande des letzten Plenarios der Erzdiözese ereignete sich ein weiteres: Am Namenstag Don Bartolomés waren wir zum Frühstück im Bischofshaus. Nach der Gratulation ergriff ein Sprecher das Wort und sagte Don Bartolomé die Unterstützung der Anwesenden zu, wenn er Don Hector in Sachen der Diözesanleitung die Stirn bieten wolle. Es gehe nicht an, dass der Koadjutor die Gutmütigkeit des amtierenden Erzbischofs so rücksichtslos ausnutze, um eigene Ziele zu verfolgen. Don Bartolomé hörte sich das alles an und sagte eine Antwort für später zu.

Zuvor, beim Plenario war mindesten zwei Mal sehr offen und öffentlich darum gebeten worden, dass die beiden Bischöfe an einem Strang ziehen sollten. Die Antwort Don Hectors: »Ich bin schließlich eine eigene Persönlichkeit.«

Eine Sondernummer ist der Umgang Don Hectors mit den Ordensschwestern. In der CLAR-Affäre um das Parlabra-vida-project (Gotteswort ist Leben) wusste er den Schwestern zu sagen, sie sollten bei solchen Dingen Zurückhaltung üben, denn sie hätten ja nicht Theologie studiert. Es gäbe in der Kirche zum Glück berufene Instanzen, die darüber wachten, dass sich in der Pastoral keine Irrwege einschlichen.

18.9.1989

Man kann zufrieden sein. Soeben habe ich mit Pater Felipe in Tlaxiaco telefoniert. Bevor ich sobald möglich nach Mexico City fahre, wollte ich doch wissen, wie es mit der Anschaffung des Autos in Tlaxiaco steht. Wir hatten gesagt, dass wir finanziell helfen wollten, vorausgesetzt, dass auch ADVENIAT mitmacht. Nun stellt sich heraus, dass die Gesamtsumme für den Pick-up schon aus Essen gekommen ist. Das Auto ist bereits in Dienst genommen, und wir werden nicht mehr gebraucht. Auch gut.

19.9.1989

Heute geht es mit erstaunlich gut. Ich habe Dr. Raul Morales einen Besuch abgestattet und konnte ihm den Erfolg seiner Behandlung melden. Die homöopathische Methode hat hier in Oaxaca seit vierzig Jahren Fuß gefasst und sich auch in ganz Mexiko etabliert. Hier in Oaxaca gibt es zwanzig homöopatische Ärzte und zwei Kliniken. Demgegenüber steht die staatlich organisierte Schulmedizin. Die Schwestern Kapuzinerinnen sind einhellig der Meinung, dass die Homöopathie zu bevorzugen ist. Nach den augenblicklichen Erfahrungen kann ich mich dem anschließen.

Berichten möchte ich auch kurz von der Sitzung des CIRM-Oaxaca. Abgesehen davon, dass der Vorstand neu gewählt wurde, gab man die Zahlen für die Erzdiözese Oaxaca bekannt. Demnach leben und arbeiten hier 325 Ordensleute, davon 280 Schwestern und 45 Brüder. Bei den Schwestern handelt es sich um 32 Gemeinschaften des aktiven Apostolates und drei Gemeinschaften des kontemplativen Lebens. Bei den Männern sind zehn verschiedene Gemeinschaften beteiligt. Vierzig Ordenspriester arbeiten neben 110 Diözesanpriestern, wobei ein ziemlich großer Anteil der Letzteren nicht aus Oaxaca, sondern aus Gesamt-Mexiko stammt. Bei den Ordensleuten, sowohl bei den Frauen als auch bei den Männern, ist der Ausländeranteil recht hoch. Das Gesamtbild von CIRM-Oaxaca ergibt, dass fast alle Beteiligten in der Stadt leben. Sie betreiben Schulen und Krankenhäuser. Diejenigen, insbesondere die Schwestern, die in den ländlichen Regionen, in der Mission, engagiert sind, haben in der CIRM kaum eine Stimme.

25.9.1989

Inzwischen bin ich wieder in Chalcatongo. Ich habe noch nicht viel von den Schwestern Bethanierinnen erzählt, die seit April in San-Miguel-el-Grande wohnen und arbeiten. Um es kurz zu machen: Die Schwestern kommen mit ihrer Gemeinschaft, ihrer Oberin, nicht klar. Don Bartolomé hat mir ausdrücklich geschrieben, dass er diese Schwestern auch als »Laienmissionarinnen«, das heißt ohne die in diesem Fall unfruchtbare Gehorsamsbindung an ihre Gemeinschaft, in seiner Diözese akzeptieren wolle. Er bittet darum, wir möchten die Schwestern doch ebenfalls unterstützen. Joachim wusste von der Arbeit der inzwischen drei Schwestern nur Gutes zu berichten. Dennoch hängt die Sache in der Luft. Ich habe den Schwestern empfohlen, bei der Gemeinschaft FFM anzuklopfen, um eventuell einen Übertritt zu organisieren. Mal sehen, was die Zukunft bringt. Der erwähnte Brief von Don Bartolomé endet mit der Bemerkung, dass Stefani Werz von ADVENIAT ihn besucht habe. Die Begegnung sei sehr erfreulich gewesen.

14.10.1989

Das Leben macht mir Freude. Die Verdauung ist in Ordnung. Das hilft. Der Katechetenkurs in der vergangen Woche verlief zufriedenstellend. Die vierzehn Teilnehmer/-innen waren zum größten Teil schon früher einmal dabei. Das zahlt sich in der Atmosphäre aus. Thema bildeten die praktischen Übungen zur Gestaltung von Gebetstreffen. Ich war für den »roten Faden« verantwortlich, Pirmin hatte die erste Einheit zum Thema »Rosenkranz«, dann folgte Schwester Josefina mit den »kleinen Momenten« des Gebets. Joachim kümmerte sich um den »Wortgottesdienst«, und Schwester Socorro schloss mit »Prozessionen« ab.

In der vergangenen Woche war wieder das Dekanatstreffen, diesmal in Yosondúa. Auffällig war die Teilnahme verschiedener junger Frauen, die als »Laienmissionarinnen« in Yosondúa beziehungsweise Itundujia mitarbeiten. Der Mitbruder Francisco Barúc, der nun der Pfarrer ist, freut sich, dass er nicht mehr allein ist, sondern ein Team um sich hat. Thema war die »Bewusstseinsbildung« im sozialpolitischen Feld. Bevor man sich mit allerlei Thesen an die Öffentlichkeit der Gemeinden wende, müsse man – so der Tenor – erst einmal intern ein neues Bewusstsein erarbeiten. Beim nächsten Thema wurde offensichtlich, wie treffend dieser Aspekt ist. Miguel H. und Adrián aus Tlaxiaco waren in Matias-Romero gewesen und hatten an einem Treffen der Menschenrechtskommission teilgenommen. Sie wollten ein selbstverfasstes Dokument von einiger Länge vortragen. Ich habe das verhindert, wegen der Länge. Miguel H. war daraufhin verständlicherweise sauer. »Ob wir den Laien im Dekanat denn den angemessenen Raum geben?«, war daraufhin die Frage. Ich erinnerte mich an die Maxime in der Erwachsenenbildung, die da lautet: »Störungen haben Vorrang.« Wir drehten uns noch eine Weile um diesen Punkt. Dann kam das nächste Thema an die Reihe. Die Laien hatten gewünscht, dass wir uns mit einem Papier befassen sollten, das die mittelamerikanischen Bischöfe zum Thema »500 Jahre Evangelisation« verfasst hatten und in dem die Positionen der indianischen Bevölkerung angemessen aufgegriffen worden waren. Die Punkte sind: 1. Eine eigenständige indianische Kirchstruktur. 2. Eine die Rechte der Indígenas respektierende Pastoral des »Grund und Bodens«. 3. Die Wiedergewinnung der kulturellen Identität. Weil die Atmosphäre eher ungünstig war, konnte man nicht weiter diskutieren, sondern ging zum nächsten Punkt über.

Jetzt ging es um die Weiterentwicklung des Projektes »Gästehaus in Tlaxiaco« (casa de servicio). Die entsprechende Kommission hatte bereits ein Grundstück mit einem baufälligen Haus ausgekundschaftet, das wir erwerben könnten, um dort das Projekt anzusiedeln. Das Haus soll ganz allgemein den Bedürfnissen der Menschen dienen, die in der Distriktsstadt Besorgungen machen müssen. Außerdem könnte man dort Veranstaltungen der »promotión humana« (allgemeinmenschliche Förderung) organisieren. Der Ausschuss hat bereits die Kaufsumme ausgehandelt und bittet uns, die Finanzierung zu übernehmen. Wir sagen: »Nur, wenn ADVENIAT oder MISEREOR mit einsteigt.« Ich habe dann am Montag an der Sitzung des Ausschusses, dem ich bewusst nicht angehöre, teilgenommen. Die Mitglieder, darunter Paco Reyes, einer der beiden Pfarrer von Tlaxiaco, waren sich darüber im Klaren, dass schnellstmöglich die nötigen juristischen und eben finanziellen Voraussetzungen für einen Hauskauf geschaffen werden müssen. Wir Kapuziner wollen in der Sache »mitspielen«.

19.10.1989

Die Ausschusssitzung in Tlaxiaco verlief erfreulich. Wir konnten das in Frage stehende Haus besichtigen. Das Grundstück ist groß genug und liegt am Rande der Innenstadt, unweit des Busbahnhofs. Das verfallene Haus besteht aus vier größeren Flügeln. Es gehört sechs Geschwistern, von denen drei in Tlaxiaco wohnen. Die Initiative zum Verkauf geht von diesen drei Geschwistern aus. Sie hatten von dem Projekt des Dekanats gehört und beschlossen, der Kirche etwas Gutes zu tun und ihr Haus günstig abzugeben. Ich habe darum gebeten, dass die sechs Geschwister diesbezüglich eine schriftliche Willenserklärung abgeben. Die Kaufsumme ist auch schon genannt. Sie soll fünfzig Millionen Pesos, umgerechnet vierzig Tausend DM betragen. In der Korrespondenz mit ADVENIAT haben wir vorgeschlagen, dass wir Kapuziner den eigentlichen Hauskauf finanziell übernehmen. ADVENIAT soll dann für die Kosten der Wiederherstellung des Gebäudes in ungefähr der gleichen Höhe aufkommen. Bezüglich des zukünftigen Hausleiters habe ich den Namen Felipe Santiago ins Spiel gebracht. Wir kennen ihn vom Dekanat her als Vertreter von Yosondúa. Er hat jetzt in Oaxaca seine Ausbildung zum Diakon beendet und möchte, soweit wir wissen, in die Mixteca zurückkehren. Vom Ausschuss wird auch in diesem Punkt Zustimmung signalisiert.

Von der deutschen Heimatprovinz kommt über die »Mitteilungen« die Nachricht, dass die Brüder Damian und Helmut die beiden Kandidaten für Mexiko sind. Sie haben sich auf den Kapitelsbeschluss hin gemeldet. Sie sollen zunächst eine gediegene Ausbildung bekommen. Ein weiterer Kandidat für eine Kaplanszeit in Mexiko ist Bruder Raymund. So wird die Sache mit San Mateo langsam konkret. Wir freuen uns.

24.10.1989

Gestern und vorgestern haben wir meinen 43. Geburtstag gefeiert. Am Vorabend waren die drei Postangestellten bei uns zu Gast. Es gab einen Hahn aus Joachims Zucht. Heute eine weitere Fete mit Liedersingen und so weiter. Diesmal hat Joachim einen Stallhasen bereit gehabt. Auch Antonia war dabei, eine junge Dame, die oft hier ist und Josefina zur Hand geht.

Mir gehen zurzeit viele theologische Gedanken durch den Kopf. Die Azteken haben trotz oder gerade wegen ihrer imperialistischen Tendenzen gegenüber den Nachbarstämmen eine sonderliche Strategie gefahren, indem sie die unterworfenen Volksgruppen zwangen, ihrem Stammesgott eine Pyramide in der aztekischen Hauptstadt Tenochtitlán zu errichten. Die größte, die Hauptpyramide, blieb aber unangefochten jene auf dem

Zentralplatz, dem aztekischen Gott Huitzpotli geweiht. Einerseits war da die kriegerische Unterwerfung, andererseits ein kalkulierter Respekt vor dem »Anderen«. Und darauf kommt es an. Die indianische Bevölkerung kennt den grundsätzlichen Respekt. Daraus folgt eine Art gesittetes Kriegsrecht, das die Identität des »Anderen« respektiert. Nicht so die spanische Conquista. Hier ist von Respekt und Toleranz wenig oder nichts zu spüren. Typisch ist das auf kriegerischen Sieg gegründete Überlegenheitsbewusstsein, das den »Anderen« nur als Feind kennt. Erst wenn dieser sich, besiegt, unterwürfig zeigt, wird ihm eine neue Chance gegeben, jedoch grundsätzlich nur bei Abkehr von dessen eigener religiöser und kultureller Wurzel. Gut möglich, dass es in der Herrschaftsstrategie Übereinstimmungen zwischen den Azteken und den Christen gibt. Beide Systeme schlagen in der Wirkungsgeschichte menschenfeindlich aus. Die dem Sieg der Conquista nachfolgende politische Ordnung federt das nur in geringem Maße ab. Es ging um einen Systemwechsel, der sich auch damals nur mit an den Haaren herbeigezogenen Argumenten rechtfertigen ließ. Hier hat die Kirche ihre Hand gereicht. Das ist ihre historische Schuld. Zwar hatten unmittelbar nach der kriegerischen Conquista die missionierenden Ordensgemeinschaften der Franziskaner und Dominikaner, auch der Jesuiten, ihre eigenen theologischen Konzepte. Im strukturellen, politischen Bereich waren diese aber weitgehend wirkungslos. Auf der menschlichen Ebene, im sozialen Bereich haben die Missionare zwar viel eingesetzt, um die Einheimischen vor allzu brutaler Ausbeutung zu schützen. In Glaubensdingen wurde dagegen der Respekt verweigert. Stattdessen haben die Missionare, ihre Nachfahren mitgerechnet, 500 Jahre lang die Axt angelegt. Im eigenen Selbstverständnis hat diese Methode einen kirchlichen Triumphalismus hervorgebracht, der nach wie vor die Nähe zu imperialistischen Ideen erkennen lässt. Diese Mentalität scheint bis heute unausrottbar, unausrottbar deswegen, weil sie sich mit einem einlinigen, doktrinären, trinitätsvergessenen Monotheismus gepaart hat, der gegenüber Andersdenkenden jede Flexibilität vermissen lässt. Seine geistige Heimat hat er bis heute im streng konservativen kirchlichen Milieu.

Und welches Konzept leitet uns heute? Für mich steckt die Antwort in der »Option für die Armen«, einer besondere Akzentuierung der »Befreiungstheologie«. Das sind nicht nur Schlagworte. Die Konzepte der Vergangenheit waren vom Gedanken der Vorherrschaft geprägt. Jedenfalls wurden sie in dieser Linie geschichtswirksam. Die Frage ist heute, ob ein gegenteiliges Konzept, die »Option für die Armen«, die bewusst auf Vorherrschaft verzichtet, überhaupt geschichtswirksam werden kann. Dazu ist zu sagen, dass es ja gar nicht um Erfolge für die kirchlichen Agenten und schon gar nicht um politische Macht geht, sondern um den Aufbau des Reiches Gottes für die Menschen. Dazu gehört eine Kreuzestheologie, die den eigenen Rückzug, nicht den eigenen Sieg anstrebt. Gemeint ist die »Hebammenkunst«, die den »Anderen« fördert, nicht sich selbst. Es genügt auch nicht, die indianische Denkweise, wie es hier und da versucht wird, als »Vorstufe« zum Christentum zu interpretieren und damit abzuwerten. Deshalb ist das Wort der mittelamerikanischen Bischöfe so wichtig: Die katholische Kirche will Raum geben für die Entwicklung eigener, indianisch geprägter Kirchen. Das setzt die Offenheit für eine autochtone, eigenständige Theologie voraus. Meine Hoffnung liegt in dem Gedanken, dass die Selbstoffenbarung Gottes nicht abgeschlossen ist. Gott macht sich neu in unserer Welt präsent, wenn er Raum dafür bekommt. Gewalttätig ist er nicht. Das alles geht in Richtung einer Theologie der Inkarnation.

3.11.1989

Die verschiedenen Völker indianischer Herkunft sollte man in ihrer Gesamtheit sehen, nicht als vereinzelte »Nationen« oder durch die Sprachen separierte insolierte »Zellen«. Ihre Identität hängt von einer ausgeprägten Gegenseitigkeit ab. Die Quelle ist der im Hintergrund immer spürbare Respekt, der jeweils dem »Anderen« gilt, sodass ein humaner Kosmos entsteht, der dem europäischen Denkmodell, das auf Konkurrenz ausgerichtet ist, einiges voraus hat. Wenn zum Beispiel die Mixteken und die Triquis zum Fest des »Herrn an der Geißelsäule« nach Yosonotú kommen, wird die kulturelle Grundlage anschaulich, man kann auch sagen: der gemeinsame Glaube. Es gibt diese verbindenden, verbindlichen Denkmodelle im indianischen Lebensgefühl. Der Druck von außen, seitens der dominanten (heute städtischen) Gesellschaft gefährdete und gefährdet diese Wertegemeinschaft offensichtlich. Eine 500-jährige Unterdrückungsgeschichte konnte das indianische Kulturmodell in die entlegensten Winkel abdrängen, allerdings nicht völlig auslöschen. Im Untergrund sind die Dinge virulent vorhanden. Deshalb ist das Projekt der Wiedergewinnung der Geschichte durchaus begrüßenswert. Das indianische Toleranzmodell war und ist in der Lage, die christlichen Hauptsätze der Gegenseitigkeit zu integrieren. Frage: Wie sieht es umgekehrt aus? Konnte und kann ein christliches Überlegenheitsmodell die indianischen Prinzipien integrieren? Manchmal scheint es so. Aber der Schein trügt. Gegenüber gewalttätigen Indoktrinationen und Strategien blieben und bleiben die selbstbewussten indianischen Völkerschaften resistent. Zu Recht, meine ich. Und zum Glück. Summa summarum: Es ist an der christlichen Seite, sich zu bekehren. Alles, was in der christlichen Kirche triumphalistisch, hierarchistisch, klerikalistisch und dogmatistisch daherkommt, steht sowohl der inneren Wahrheit des Evangeliums als auch einer echten Begegnung der Religionen entgegen.

23.11.1989

Vom letzten »Plenario sacerdotal«, der Priesterversammlung vom 14. bis 16.11. in Oaxaca, möchte ich nur einige kleineren Punkte festhalten. Mir ist in Erinnerung, dass Don Hector bezüglich seiner Eingriffe in das Priesterseminar der Region Pacifico Sur in Tehuacán (SERESUR) von einer Gewissensfrage sprach, die ihn leite. Desgleichen in dem »Fall« des Priesters Pater David. Offenbar ist seine Kampfansage an die Befreiungstheologie, die in SERESUR eine Rolle spielt und auch im Fall Pater Davids im Hintergrund steht, von seinem »Gewissen« diktiert, also unwiderruflich. Bezüglich des Seminars habe ich mich bei unserem Nachbarpfarrer Francisco Barúc erkundigt. Er erzählt, dass die konservativ motivierten Eingriffe mit dem Auftreten von Don Miguel Cantón von Tapachula im Jahre 1984 begonnen haben und dann massiver geworden sind, als Don Rafael Ayala in 1985 gestorben ist und mit Don Norberto Herrera, seinem Nachfolger, ein weiterer konservativer Kopf das Regiment übernommen hat.

Ein weiterer Punkt: Bei der Nachlese zum Plenario im Haus von Don Bartolomé wurde der Bischof nach dem Gewicht der Konservativen im Episkopat Mexikos gefragt. Er kalkuliert, dass etwa neunzig Prozent zu dem Konservativen zu rechnen sind und einer Spiritualität anhängen, die vom ersten Vatikanischen Konzil inspiriert sei.

Don Bartolomé beklagte während des Plenarios, dass die Zölibatsfrage »leider Gottes« tabuisiert sei. Für Don Hector gab es da keine Probleme. Er hat den Priester Pater David kurzerhand suspendiert, ohne dass Don Bartolomé als Ordinarius der Diözese etwas dagegen unternehmen konnte. Warum? Weil er öffentlich geheiratet hat. Familie und Priestertum schließen sich demnach von vorneherein aus. Das Problem ist nicht, dass der Zölibat als Ehelosigkeit tatsächlich gebrochen wird, sondern, dass jemand ihn öffentlich infrage gestellt hat. Das ist eine Missachtung der Gesetze. Nach Don Hector muss die entsprechende Disziplin schon im Seminar eingeübt werden, sodass die Entscheidung für das Priestertum, das die Ehe ausschließt, von den Kandidaten frei und endgültig übernommen wird. Ob die Kandidaten das jeweils genauso sehen, mag dahingestellt sein. Als ehemaliger Seminardirektor zeigte Don Hector eine klare Linie, die ihn »im Gewissen verpflichtet«. Der Plenario der Priester der Erzdiözese bestand darauf, dass der Zölibat Thema der nächsten Vollversammlung sein soll. Sie wollen im Sinne Don Bartolomés zu seiner Enttabuisierung beitragen. Das reine »Einschärfen« ist ihnen zuwider.

2.12.1998

Der Plenario machte offenbar, wo die Crux liegt. Es geht um Macht und Sex in der Kirche. Don Hector als Prototyp des Zölibatären wird als Koadjutor eingesetzt, damit die Disziplinarfrage geregelt ist. Inhaltliche Begründungen gelingen kaum. Zwar ist Don Hector subjektiv daran gelegen, dass der Zölibat von den Kandidaten zum Priestertum auch innerlich angenommen wird, doch ist auch in diesem Punkt die »Disziplin«, das heißt im Klartext die repressive Unterdrückung jeglicher Sexualität das Mittel, das den Zweck heiligen soll. Abweichungen dürfen nur im »Forum internum« also im Geheimen angesprochen werden. Sie sind als Sünde zu markieren. Ein Problem entsteht nicht dadurch, dass jemand in diesem Sinne sündigt, sondern dadurch, dass er seine »Sünde« öffentlich zugibt, womöglich rechtfertigt, statt sie zu beichten und Buße zu tun.

Wie der Fall des Pater Davids deutlich macht, setzen automatisch und systemnotwendig Sanktionen ein, wenn die Regeln derartiger Disziplin nicht eingehalten werden. Das Thema des Zölibates zu tabuisieren heißt also: erstens, den Abweichler als Sünder zu stigmatisieren, und zweitens, ihn, wenn er sich die Diffamierung nicht gefallen lässt, ihn aus der Gemeinschaft (der Priester) auszuschließen. Beide Schritte werden der Amtsfunktion der Bischöfe zugeordnet. Es ist demnach für die Kirche höchst brisant, wenn Don Bartolomé in Rom vorstellig wird und die Frage der klerikalen Disziplin als »unlösbar« bezeichnet. Da »muss« Rom reagieren, um die Stellung, die Macht der Bischöfe nicht zu gefährden.

Und wieder gibt es einen Mechanismus der Macht: Jetzt muss der aufmüpfige Bischof Don Bartolomé in die Zange genommen werden. Praktisch heißt das: Man muss ihm einen Koadjutor vor die Nase setzen. So geschehen jüngst in Oaxaca. Don Bartolomé sagt dazu, dass er 1977 einen Weihbischof erbeten habe, man ihn aber unter Druck gesetzt habe, einen Koadjutor mit Nachfolgerecht zu wünschen. Die besonderen Vollmachten eines Koadjutors sind im Paragraph 407 des kirchlichen Gesetzbuches CIC beschrieben.

Als während des Plenarios ein älterer Priester aufstand und davor warnte, Rom gegenüber laut zu werden, habe ich mich gemeldet und von dem symbolischen Wert gesprochen, den der Abriss der Berliner Mauer hat: »Es ist an der Zeit, inhumane Mauern niederzureißen.« Der Beifall war eindeutig.

Don Hector erfährt keinerlei Zustimmung seitens des Klerus der Erzdiözese. Er bezieht sich lediglich auf seine »Sendung« von oben her. Da wirkt es schon skurril, wie er darzutun versucht, dass ihm an der »Macht« gar nichts liegt.

Pater Ignacio Cervantes, seines Zeichens Generalvikar der Erzdiözese, ist für seine Karikaturen bekannt. Am zweiten Tag des Plenarios fand sich an der Wand eine Zeichnung, die einen wilden Drachen darstellte und mit »Disfraz« überschrieben war, was so viel heißt wie »Verwandlungskünstler«. Unter dem Bild las man die Zeile: »Ich bin der Kleinste von allen.« Das war offensichtlich auf Don Hector gemünzt. Wie der Koadjutor denkt, wurde auch erkennbar, als er sich zur »Option für die Armen« äußerte. Das sei ja heute nichts Neues. Die Kirche habe sich in ihrer Geschichte immer für die Armen eingesetzt ... Er sieht nicht, oder will nicht sehen, dass die »Option« gerade das Gegenteil beinhaltet, nämlich, dass die Kirche hier in Lateinamerika und auch anderwärts nur zu häufig die Armen vernachlässigt und verraten hat, dass es also um eine Kehrtwende in dieser Sache geht, die eine Neuorientierung der Kirche erforderlich macht. Außerdem ist die »Option« ja keine Sache allein der Erzdiözese Oaxaca, sondern eine sehr bewusste Ausrichtung der lateinamerikanischen Bischofskonferenzen von Medellin und Puebla.

3.2.1990

Aus der Gruppe der dreißig jüngeren Priester, die in Tehuacán, SERESURE, ihre Ausbildung durchlaufen haben, erfuhren wir, dass ein vom Plenario in Auftrag gegebenes Schreiben an Kardinal Gantin, der im Vatikan für die Bischofsernennungen verantwortlich ist, abgefasst und abgeschickt worden sei. In ähnlicher Weise ist eine Abordnung des Presbyteriums beim Apostolischen Delegaten in Mexico City, Jerónimo Prigione, vorstellig geworden. Bei dieser Begegnung habe der Delegado Apostólico zunächst das Gespräch auf den »Fall« des Pater David Espinoza gebracht und voller Entrüstung die »Korruption« dieses Priesters, der den Zölibat unterlaufe, angeprangert. Don Bartolomé zeige in diesem Fall keine Führungskraft. Er sei weich und schwach. Er sorge in der Erzdiözese nicht für Ordnung. Don Hector hatte den Delegado Apostólico offenbar schon unterrichtet, dass er gleich bei Amtsantritt die »Korruption« angetroffen und entsprechend reagiert habe. Außerdem wurde in diesem Zusammenhang klar, dass Don Hector den »Fall Pater David« schon in allen Einzelheiten nach Rom gemeldet hatte. – Resultat: Sowohl für Don Hector als auch für Prigione fungiert der »Fall Pater David« als Bestätigung ihrer vorgefassten Meinung, dass in Oaxaca alles auf dem Kopf stehe und man dringlichst »Ordnung schaffen« müsse.

Das andere Thema dieser Audienz beim Delegado Apostólico war das Priesterseminar SRERESURE in Tehuacán. Seine Absicht, gegen das Seminar vorzugehen, begründete Prigione damit, dass diese Institution von Marxisten unterwandert sei. Die genannte Abordnung zeigte dem Delegado Apostolico auf, dass er bezüglich seiner Informationen über Oaxaca einem einzelnen Priester, Juan Cervantes, aufgelaufen sei, der dadurch auffalle, dass er sich bei der Heiligen Messe von zweien seiner eigenen Kinder als Ministranten begleiten lasse. Als Prigione davon hörte, sei ihm das Wort im Hals stecken geblieben.

15.2.1990

Die Arbeit im Dekanat ist meiner Meinung nach einer der erfreulichsten Punkte für uns hier in Mexiko. Bei den Zusammenkünften der Priester, Ordensleute und Laienmitarbeitern, insgesamt jeweils ungefähr 35 Personen aus neun Pfarreien, kann man deutlich eine Atmosphäre der »Kirche der Armen« spüren. Immer geht es darum, den Laien, zumeist Campesinos, größere Spielräume anzubieten, die sie auch Stück um Stück nutzen. – Die »casa de servicio« wird nun langsam das erste von den Laien geführte »Werk« des Dekanates. Am 8.3. soll das Dokument, das Versprechen zum Hauskauf, unterzeichnet werden. Der Asociación Civil, die als Rechtsträger fungieren wird, soll von jeder Pfarrei ein Laie angehören. Hoffentlich klappt der juristische Teil. Ich habe inzwischen an Ephrem in Deutschland geschrieben und um die Bereitstellung der Kaufsumme gebeten.

23.2.1990

Gestern bekamen wir ein neues »Papier« in die Hand. Es stammt von der Gruppe der etwa dreißig jungen Priester, die ihre Ausbildung in SERESURE durchlaufen haben. Es trägt den Titel: »Warum verfolgst du mich? Oaxaca, Ortskirche im Konflikt«. Der erste Abschnitt stellt anhand statistischer Angaben die Armutsstrukturen des Bundesstaates Oaxaca dar.

Der zweite Abschnitt beschreibt die pastorale Neuorientierung der Erzdiözese seit der Ankunft Don Bartolomé Carrascos im Jahr 1976. Die Autoren sind der Meinung, dass dieses Konzept entlang der »Option für die Armen« in der Tat historisch neu sei. Als Nächstes folgt eine Aufzählung der konfliktgeladenen Momente seit der Ankunft Don Hector Gonzales' als Koadjutor. Das Papier ist kein offizielles, autorisiertes Dokument, doch wurde es von der Priestergruppe – als ich im Januar dabei war – beschlossen. Ein echtes Dokument ist hingegen jenes, das im Namen des Presbyteriums als Brief an den Delegado Apostólico Prigione gegangen ist.

Beide Papiere verteidigen vehement das Pastoral-Konzept Oaxacas. In der Schrift der Dreißig heißt es am Schluss zusammenfassend: Erstens: Es ist offenkundig, dass der Koadjutor nicht gekommen ist, das Pastoralkonzept der Erzdiözese zu fördern, sondern es auszubremsen und zu unterminieren. Zweitens: Er kommt nicht, um Don Bartolomé zu unterstützen, sondern um ihm die Autorität zu entreißen und allerorts seinen Willen aufzuzwingen. Drittens: Der Protest des Volkes Gottes wird mehr und mehr unüberhörbar, ein sicheres Zeichen dessen, dass der Koadjutor seinen Bischofsdienst nicht im Sinne der Gläubigen ausübt. Viertens: Wir, die Unterzeichner, sind mittlerweile der Ansicht, dass Don Hector gegenüber der Einladung, sich auf die Realitäten der Erzdiözese einzulassen, unsensibel und resistent ist. Fünftens: Don Hector zeigt sich dialogunfähig. Die einzige Quelle, auf die er sich bezieht, ist das Gesetzbuch der Kirche, der CIC. Sechstens: Der Koadjutor macht Unterschiede, indem er diejenigen, die eine klare, evangeliumsgemäße Haltung zeigen, unterdrückt und sich mit solchen verbindet, die sich manipulieren lassen. Er bringt es sogar fertig, Letztere zu belohnen, indem er ihre Verfehlungen gegenüber dem Zölibat vergisst. Um der Isolation zu entkommen, sucht er die Nähe zu den politisch und ökonomisch Einflussreichen. Siebtens: Der Koadjutor unterlässt nichts, um das Priesterseminar SERESURE zu Fall zu bringen. Achtens: Das Presbyterium ist mehr und mehr unzufrieden, weil es in Don Hector keinen »Vater«, sondern eine »Polizisten« erkennt. Neuntens: Die Ordensfrauen, besonders jene, die in einem missionarischen Pastoraleinsatz stehen, fühlen sich vom Koadjutor missachtet und zurückgesetzt. – Das Papier zählt dann die möglichen Konsequenzen auf, die sich aus diesen Verhältnissen ableiten lassen. Es endet, indem es die augenscheinliche Selbstsicherheit des Koadjutors als Anmaßung entlarvt und seine Sicherheit, sich auf den Apostolischen Delegaten Prigione zu stützen, als Schauspiel denunziert. Das Volk Gottes, die Kirche Oaxacas, erleide durch all diese Machenschaften großen Schaden.

28.2.1990

Nach der Auskunft, die Don Bartolomé mir persönlich gegeben hat, ist die Frage des Zölibats der Auslöser der ganzen Affäre in Oaxaca. Rom hat diese Problematik zum Anlass genommen, Don Bartolomé unter Druck zu setzen. Nähere Einzelheiten weiß ich zunächst nicht, hoffe aber, mehr zu erfahren. Warum? Weil ich selbst die Zölibatsfrage schon lange als »Blocker« in Sachen Glaubwürdigkeit der Kirche sehe. Die Tabuisierung auf diesem Gebiet führt innerkirchlich zu einem geradezu unerträglichen Klerikalismus. Der patriarchalische, bis hin zu inhumane Grundzug in der katholischen Kirche hat hier einen seiner Ursprünge. – Als Ordensleute gehen wir das Gelübde der

Keuschheit beziehungsweise Ehelosigkeit ein. Auch das ist nicht ohne Nachfolgeprobleme. Es handelt sich aber nicht um ein Zölibat, da das Gelübde nicht unmittelbar mit der Amtsfrage des Priestertums verknüpft ist. Nichtsdestotrotz muss uns die Sache interessieren, weil im Hintergrund die allgemeinere Frage nach der Sexualität steht. Ob hier eine offene Diskussion möglich ist? Ich habe Zweifel.

Augenscheinlich hat die Hierarchie, sofern sie dem Klerikalismus huldigt, Angst vor sogenannten liberalen Tendenzen. Diese Angst muss sie aus systemimmanenten Gründen haben. Die entsprechenden Strategien werden gewöhnlich sehr subtil gehandhabt. »Unfromme« Priester sind auf diesem Hintergrund »gefährlich«. In den Priesterseminaren muss man »fromme«, systemkonforme Priester heranbilden. Die Auswirkungen sind allerdings fatal. Denn die Furcht der Kandidaten, Anerkennung zu verlieren oder auf der Karriereleiter keine Chance zu haben, bringt eine Art geistlicher Unmündigkeit hervor, die sich in Liebdienerei und Konkurrenzverhalten zu erkennen gibt. Was bedeutet repressive Unterdrückung der Sexualität anderes als Gewaltanwendung gegen sich selbst? Verklemmte Sexualität sucht in der Folge die Kompensation in Machtspielen nach außen. Und was sind schließlich Suspendierungen und Hinauswürfe anders als Gewalttätigkeit? Jetzt ist der Zwang zum Zwingen wirksam geworden. Der hierarchisch Obere formuliert die Alternative: Entweder du machst mit, oder du bist draußen! Die Dynamik läuft immer und immer wieder auf ein »Alles oder Nichts« hinaus. Genau diese Konstellation haben wir inzwischen auf verschiedenen Feldern in Oaxaca. – Wie war das noch in der Bibel zwischen Jesus und den Pharisäern?

10.3.1990

Es geht weiter um den Konflikt in der Erzdiözese. Am vergangenen 7.3. hat das vom Presbyterium gewünschte und vom Delegado Apostólico zugesagte Treffen im Haus der »schwarzen Schwestern« in Oaxaca stattgefunden. Außer Prigione, Don Bartolomé und Don Hector war fast die gesamte Priesterschaft (etwas 120) anwesend. Eine informelle Zusammenkunft der Gruppe der jüngeren Priester plus einiger Schwestern und Laien zur Vorbereitung dieser Zusammenkunft erbrachte die strategische Vereinbarung, dass man nicht zum Thema »Zölibat«, wohl aber zu den Themen »Priesterseminar SERESURE«, der »Weg der Pastoral in Oaxaca« und die »Autoritätsfrage« in den Ring steigen wolle. Außerdem wurde eine achtköpfige Kommission benannt, die die Pressearbeit im Namen der Gruppe verantworten sollte. Bei der Moderation des eigentlichen Treffens wurde die SERESURE-Gruppe vorstellig, um darauf zu dringen, dass der Brief an Prigione die Grundlage der Zusammenkunft sein und bleiben müsse.

Der erste Beitrag Prigiones sah dann so aus: Er selbst, der Delegado Apostólico, sei ohne Vorurteile nach Oaxaca gekommen. Alle wüssten ja nun, dass Oaxaca einen Koadjutor mit Sondervollmachten hätte. Die pastorale Linie Oaxacas dürfe nicht eigenständig sein, sondern müsse römischen Normen entsprechen. Zu diesem Aspekt ließ Prigione einen langen Diskurs des Papstes (Brasilien 1986) zur »Option für die Armen« verlesen. In der Ortskirche gebe es in dieser Hinsicht einige Abweichungen dergestalt, dass man in sozialen Klassen dächte. Bezüglich des Priesterseminars habe er, Prigione, nichts zu sagen, weil hier die Ortsbischöfe die Kompetenz hätten.

An einer Stelle wurde Prigione aber schon jetzt emotional und zeigte sich verärgert: Wenn man ihn und seine Linie »restaurativ« nenne, so empfinde er das als Beleidigung. Was er im Sinne Roms wolle, sei ausdrücklich eine Korrektur der Nachkonzilszeit mit ihren Irrtümern. Man habe also nichts weiter vor, als den wahren Intentionen des Konzils Rechnung zu tragen. Was den Koadjutor betreffe, so sei das eigentlich kein Problem, denn dieser sei entsandt worden, um dem Ortsbischof in der schwierigen Aufgabe der Diözesanleitung zu helfen. Es gehe darum, jeweils einen brüderlichen Dialog zu pflegen und dann gemeinsam zu entscheiden. Der Furore machende Ernstfall, dass es zu keiner Einigung komme und dann der Koadjutor das letzte Wort habe, sei ja lediglich eine Hypothese, sodass es falsch sei, zu behaupten, in der Erzdiözese gebe es »zwei Leitungen«. Man habe Don Bartolomé keine Macht genommen, sondern ihn in seiner Position noch gestärkt. Wenn Rom einen Bischof entmachten wolle, würde nicht ein Koadjutor, sondern ein »Apostolischer Administrator« eingesetzt.

Nun folgte zunächst eine Gruppenarbeit in den Dekanaten. Es sollten Fragen an den Delegado Apostólico formuliert werden. Das Resultat, im Plenum vorgetragen, war ebenso eindeutig wie zuvor der Brief an Prigione gewesen war. Die bisherigen Einlassungen des Delegado Apostólico wurden in höflicher Form als völlig unzureichend qualifiziert. Einzelheiten: In der Wirklichkeit entscheidet ständig Don Hector allein ohne Rücksicht auf die Meinung Don Bartolomés. Deshalb die Frage: Warum überhaupt ein Koadjutor? Warum überdies ein Koadjutor mit Sondervollmachten? Aus welchem Grund wird der pastorale Weg der Erzdiözese kritisiert und zum Anlass römischer Eingriffe gemacht? Man halte sich hier strikt an alle Einzelheiten des Lehramtes. Wozu also der ganze Krach und die Verleumdungen? Dass er, der Delegado Apostólico, ohne Vorurteile nach Oaxaca gekommen sei, sei schlicht unglaubwürdig. Wenn es etwas zu korrigieren gäbe, dann seien das die offensichtlichen Vorurteile des Delegado Apostólico. Der Delegado wolle »Oaxaca« korrigieren. Er täte besser daran, bei sich selbst anzufangen. Was das Priesterseminar der Region Pacífico Sur SERESURE angeht, so sei diese sehr wertvolle und effektive Institution von den zuständigen Bischöfen aufgebaut worden. Man sehe zwar einen Korrekturbedarf wie ihn jede Institution aufweise, die augenblicklichen Machenschaften seien aber nicht zur Korrektur, sondern zur Zerstörung des Unternehmens initiiert worden. Das entbehre jeder theologischen und jeder vernünftigen Grundlage. Welche Begründung führe also der Delegado Apostólico für die Eingriffe an?

Nach dieser Runde im Plenum hatte der Delegado Apostólico die Gelegenheit, erneut zu den einzelnen Punkten Stellung zu beziehen. Zu der Konfliktlage zwischen den beiden Bischöfen sagte er nicht Neues. Der Koadjutor habe nur in Extremfällen das letzte Wort. Das sei auch die Auffassung Roms. Die Begründung, dass der Koadjutor mit Sondervollmachten bezüglich des Klerus ausgestattet worden sei, liege in der Hauptsache in der Zölibatsangelegenheit begründet. Die 75 Prozent der Priester, die den Zölibat nicht hielten, seien weltweit ein Sonderfall. Rom hätte gar nicht anders gekonnt, als hier Ordnung zu schaffen. Don Bartolomé sei eine sehr aufrechte, spirituelle Persönlichkeit. Im Sinne der Disziplin hätte er aber unbedingt der Hilfe bedurft. Zwar hätte Don Bartolomé tatsächlich »nur« einen Weihbischof beantragt, Rom sei da aber anderer Meinung gewesen und dies offensichtlich zu Recht. Zur zweiten Frage nach dem pastoralen Weg Oaxacas meinte Prigione, hier gehe es um die Kirchlichkeit. Die Autorität des Lehramtes sei zu respektieren. Er spüre, wie auch jetzt aus den Dekanaten heraus die Autorität der Kirche infrage gestellt werde. Diese Art der Drohungen weise er entschieden zurück. Wer die Kirche kritisiere, stelle sich außerhalb. Die Entscheidung, einen Koadjutor zu entsenden sei voll gerechtfertigt. Wer diese Entscheidung kritisiere, zeige, dass er gegen die Kirche sei. Es sei ungeheuerlich, die Zurücknahme des päpstlichen Ernennungsdekretes, der Bulle, zu fordern. Bezüglich des Vorhabens, die Irrtümer der Nachkonzilszeit zu korrigieren, habe er nicht an Oaxaca, sondern an ein allgemeineres Problem gedacht. Zur »Kirche der Armen« oder zur »Option« sagte Prigione jetzt nichts.

Nach diesen Einlassungen des Delgado Apostólico folgte ein offenes Forum, in dem sich jeder als Einzelperson kundtun konnte. Zunächst traten zwei ältere Priester auf und bekundeten ihren Gehorsam gegenüber der kirchlichen Autorität. Wenn es andere Stimmen im Klerus gebe, dann seien diese in der Minderheit. Sodann kam der unvermeidliche ältere Priester Juan Cervantes, der ständig Informationen an Prigione schickt und die Priester der Diözese des Marxismus beschuldigt. Auch jetzt hatte er die Gelegenheit genutzt, um ein Pamphlet ohne Unterschrift zu verteilen. Anschließend äußerte sich Pater Juan Ramos. Alles, was er sagte, war eine Anklage gegen den seiner Meinung nach »links« stehenden Klerus. Prigione lobte ihn ausdrücklich. Bei dieser Gelegenheit entglitten ihm emotional gefärbte Wort wie: »und genau deswegen haben wir den Koadjutor nach Oaxaca geschickt«. Prigione gab auf diese Weise ungewollt zu erkennen, dass die Zölibatsproblematik nur ein Vorwand war. Seine ideologische Position ist der Stoff des Konfliktes. Und die Rede von seinen Vorurteilen ist nur zu sehr begründet.

Einige weitere Sprecher versuchten, dem Delegado Apostólico den »Weg der Erzdiözese« zu verdeutlichen. Jetzt gab es Momente, an denen Prigione seine starre »Beamtenhaltung« aufgab und menschliche Regung erkennen ließ.

Nach diesem Forum bleibt der Gesamteindruck, dass der Klerus hinter Don Bartolomé steht und dass Don Hector praktisch keinen Boden unter den Füßen hat, bestehen. Die Seitengespräche zeigen überdies, dass die Machenschaften Prigiones zwar als Faktum anerkannt werden, das man in Rechnung stellen muss, dass es aber auf der ganzen Linie eine »Nichtzustimmung« gibt. Nach dem Mittagessen fand ein Gottesdienst statt, an dem auch viele Ordensschwestern teilnahmen. Don Bartolomé, der zu allem bisher nichts gesagt hatte, zeigte sich gerührt über die deutliche Unterstützung, die man ihm gegenüber zum Ausdruck brachte.

13.3.1990

Gestern beim Montagsgespräch, das wir abwechseln in Chalcatongo und San Miguel-el-Grande, wo die Schwestern Albertina, Socorro und Josefina sind, halten, konnten die Schwestern von einem Erfolg berichten. Sie haben eine Gruppe von acht jungen Frauen gebildet, ledige Mütter, die ihre Kinder taufen lassen wollen, jedoch die »Normalbedingungen« nicht erfüllen können. Das Angebot der Schwestern sind »helfende Gespräche«, und siehe da, die jungen Frauen zeigen sich nicht nur sehr interessiert, sondern erreichen auch eine enorme persönliche Entwicklung. Sie werden offener und mutiger, bereit, die Verantwortung für ihre Kinder selbst zu übernehmen und sich »stark zu machen«. Die familiären Probleme entstehen fast immer im Kontext des Alkoholismus. Zu diesem Thema haben übrigens die Bischöfe von Pacifico Sur einen Brief verfasst, den wir bei dem Montagsgespräch studiert haben.

Der Mitbruder Jesus Gil teilte mit, dass in Mexico City der Mitbruder Abelardo an Aids gestorben ist. Außerdem hat es einige Versetzungen gegeben. Pater Mathias, der Leiter der Delegation, ist nicht mehr in Cuernavaca, sondern hat jetzt auch die Rolle des Hausoberen in Las Aguilas übernommen.

Anfang Februar traf ich in Oaxaca die beiden Schwestern Concha und Francisca von FFM. Die Gemeinschaft hat sich jetzt auf ein Engagement in Itundujia, La Humedad, festgelegt. Wie ich später von Don Bartolomé selbst erfuhr, hat er, der Bischof, darauf gedrängt und somit unser Ansinnen, diese Schwestern zur Mitarbeit bei uns zu gewinnen, hintangestellt. »Unsere« drei Schwestern wollen möglicherweise wegen der Probleme mit ihrer Kongregation zu den FFM überwechseln. Ob das aber klappt, steht noch in den Sternen.

14.3.1990

Schwester Socorro erzählte den Fall eines jungen Mannes, 34 Jahre alt, der mehrere Jahre im Team von Nochistlán mitgearbeitet hatte. Mit bereits abgeschlossenem Theologiestudium wollte er Priester werden. Don Bartholomé hat ihn deswegen an Don Hector verwiesen. Dieser aber hat ihn abgelehnt, weil seine Studien an dem Institut ITES, das von CLAR (Ordensleute) geführt wurde, nicht anerkannt seien. Das Institut wurde inzwischen auf Druck »rechter Kreise« geschlossen. Inzwischen hat Don Arturo Lona den jungen Mann, Francisco

Ponche, in Tehuantpéc zum Priester geweiht. Jetzt ist er dort zufrieden.

22.3.1990

Immer wieder geht es um Leben und Tod. Eine Gruppe von Frauen aus Itundujia wünschte einen Gottesdienst wegen des ermordeten Ehemannes einer der Frauen. Dieser hatte ein kleines Geschäft aufgebaut, war damit aber einem Mächtigeren in die Quere gekommen. Ein häufig anzutreffendes Muster der Gewalttätigkeit. Im Sinne der »Option für die Armen« können wir nicht darauf warten, bis sich die Dinge von selbst verbessern.

Die »Fälle« sind schon akut, längst bevor systematische Lösungen die Lage verbessern würden. Die Kirche, wir, sind aktuell herausgefordert. Und gerade deshalb ist es fatal, wenn die Hierarchie die Bemühungen, an der Seite der Armen, der Opfer zu stehen, blockiert, indem sie die eigenen Leute, Priester und Laien, unter dem »Marxismusverdacht« ans Messer liefert. Siehe den jüngsten Fall der ermordeten Jesuiten in San Salvador. Es geht um Leben und Tod.

25.3.1990

Vieles läuft jetzt schon ganz routiniert. Wir versuchen aber, immer weiter zu kommen und die pastorale Dynamik lebendig zu halten. So kann ich jetzt melden, dass in Yujia die Pláticas zum ersten Mal von den dorfeigenen Katecheten, Andrés, Miguel und Raymundo, gehalten wurden. Pirmin hat sie diesmal noch begleitet. Das ist ein echter Fortschritt, der besonders Don Andrés zuzurechnen ist.

Meine Gedanken kreisen wieder einmal um den Weg der Pastoral in Oaxaca. Die »Option für die Armen« ist ja nicht nur ein schöner Slogan. Man muss auch sagen könne, wo und wie sie konkret wird. Die Tatsache, dass unsere Gegend »arm« ist, lässt sich überhaupt nicht leugnen. Die Armut ist kennzeichnend für die gesamte Indígena-Region Oaxacas. Selbst die staatlichen Statistiken weisen dies aus. Wer der Armut begegnet, wird von ihr provoziert. Er muss Stellung beziehen. Grundsätzlich gibt es zwei Möglichkeiten: Entweder man distanziert sich, oder man lässt sich ein. Entweder man hält sich raus oder man bleibt in Kontakt. Die Armut provoziert, weil man schlecht hinsehen kann. Die Armut riecht schlecht. Die Abwehr, die Distanzierung erscheint nur zu natürlich. Man rettet sich lieber in eine heile Welt. Sich auf die Armut einzulassen, kostet Überwindung. Darüber hinaus provoziert die Armut Schuldgefühle. Auch das kann zu einem Grund werden, sich abzuwenden.

Wenn man nun aber auf die Texte der Bibel schaut, wird ganz klar, dass Jesus sich den Armen und Kranken, die als »Sünder« diffamiert wurden, zugewandt hat. Er hat sich mit ihnen an einen Tisch gesetzt, mit ihnen zusammen gegessen und getrunken. Jesus hat eine »Option für die Armen« gelebt. Don Bartolomé spricht im Sinne Medellins und Pueblas von einer »vorrangigen Option Gottes für die Armen«. Gott, in Jesus, distanziert sich nicht, sondern solidarisiert sich, sucht die Nähe. Das ist seine Strategie, um das »Reich Gottes« lebendig werden zu lassen. Als die Bischöfe in Medellin und Puebla in die Kirchgeschichte schauten, beklagten sie, dass sich die Kirche von den Armen und ihren Nöten ferngehalten hat. Das kirchliche Personal hat sich lieber in die Zentren gesetzt, als an die Peripherie zu gehen. Die Bischöfe haben zu dem Zeitpunkt hellsichtig festgestellt, dass die pastoralen Strategien sich ändern müssen. Man will sich als Kirche nicht länger fernhalten, sondern zur »Stimme der Armen« werden. Ein guter Vorsatz? Da fehlt es noch an Bewusstheit! Die Armen möchten selbst ihre Stimme erheben. Sie möchten nicht substituiert, sondern gehört werden. Was die Erzdiözese Oaxaca betrifft, so sind die Dinge mit Don Bartolomé in Gang gekommen. Die pastoralen Strategien basieren auf der Grundthese, dass die Kirche sich nicht länger distanziert zeigen kann, sondern der Armut in all ihren Formen begegnen muss. Bei den jungen Priestern von SERESURE kann man diesen Willen und auch die Bereitschaft, sich in die geographisch und sozial schwierigen Einsätze schicken zu lassen, gut ablesen. Und was uns deutsche Kapuziner betrifft, so sind wir ja auch auf dieser Welle eingestiegen. Besonders vorbildlich agieren übrigens die Schwestern, die sich in der Diözese Oaxaca als Missionarinnen verstehen. Jesus hat sich, wie gesagt, mit den Armen an einen Tisch gesetzt. Er hat die Distanz überwunden und Geschwisterlichkeit kreiert. Die Pharisäer haben ihm das zum Vorwurf gemacht. Wegen seiner Nähe zu den Armen und der daraus sich ergebenden neuen Gottesbeziehung, Gott als Vater der Armen, wurde Jesus schließlich aus dem Weg geräumt. Die Provokation war unerträglich geworden. Die Botschaft vom Reich Gottes für alle wurde als subversiv und gefährlich erachtet. Die Abwehr der Privilegieren, der Elite, wirkte wie ein logischer Mechanismus. Jesus aber nahm das Leiden der Armen auf sich.

Heute Morgen, Montag, haben wir wie üblich unsere Besprechung gehalten. Diesmal in San Miguel, zusammen mit den

Schwestern. Joachim hatte als »geistlichen Impuls« die Konstitutionen der »Schwestern von Charles de Foucault« gewählt. Ein Thema daraus, das auch bei uns Echo fand, war die »Inserción«, das »Sich-Einwurzeln« in die Lebenswelt der Armen. Unser Projekt hier in Chalcatongo hat ja von Anfang an die Richtung des »Arm-Seins mit den Armen«. Dieses »an die Peripherie gehen«, sich am Rand ansiedeln, ist kein Selbstzweck. Es steht in der Dynamik des Evangeliums. Es beginnt zwar wie das Leben Jesu in Nazareth in der Verborgenheit, tendiert dann aber zum »öffentlichen Wirken« und schließlich zur Auseinandersetzung auf »höchster Ebene«, im Zentrum, in Jerusalem. Sich die Sache der Armen zu eigen zu machen, heißt zunächst, die privilegierte Distanz, die Position der Abschottung, zu verlassen, einen Standortwechsel zu unternehmen und bei den Armen zu wohnen, ihr Leben, ihre Realität zu teilen. In der Konsequenz handelt es sich um den Heilsweg des Evangeliums. Das Himmelreich, also eine neue Welt, eine veränderte Gesellschaft, ist das Ziel. Die Rollen werden neu verteilt, es gibt nicht mehr Privilegierte und Arme, sondern nur noch Schwestern und Brüder. Das ist die Vision, nicht als weltfremde Fata Morgana, sondern als wirkliches Ziel, auf das es hinzuarbeiten gilt. Was die heutige Kirche betrifft, so kann sie sich nur erneuern, wenn sie sich auf die Provokation durch die Armen einlässt, wenn sie also die Nähe der Menschen am Rand sucht, den entsprechenden Standortwechsel unternimmt und dabei die Perspektive der Privilegierten eintauscht gegen die Solidarität mit den Armen. Von Jesus heißt es, er habe über Jerusalem geweint: »Wie oft schon habe ich dir das Angebot gemacht, den Weg des Heiles einzuschlagen, aber du hast es nicht gewollt.« Das Problem besteht darin, dass der Groschen nicht fällt, solange der Kontakt verweigert, die Begegnung mit dem »armen Bruder« nicht eingegangen wird. »Inserción«, Einwurzelung, bedeutet, Gemeinschaft mit den sozial Armen zu suchen und zu pflegen. In der franziskanischen Ordensregel legt Franz von Assisi seinen Brüdern nahe, sich zu freuen, wenn sie Gelegenheit bekommen, mit den Armen und Bettlern am Weg zu verkehren.

4.4.1990

Die Dekanatsversammlung hier bei uns in Chalcatongo ging so gut über die Bühne, weil Josefina und Bernarda und auch die Schwestern von San Miguel die praktischen Dinge voll im Griff hatten. Inhaltlich haben wir die Projekte, die auf dem Weg sind, weiterverfolgt, so die »Casa de Servicio« in Tlaxiaco. Eine Zeit lang ging es um den Konflikt in der Erzdiözese. Juan Antonio (Itundujia) konnte uns erklären, welche Zusammenhänge es mit der »großen Politik« gibt. Die Präsidentschaftswahlen von 1988 wären eigentlich für die PRI verloren gewesen. Durch Manipulationen sei aber dennoch Salinas de Gortari zum Präsidenten ausgerufen worden. Anschließend habe man wegen der enormen Auslandsverschuldung Regulative des Weltwährungsfonds in die mexikanische Politik übernommen, das heißt, es wurde in großem Stil Staatsvermögen privatisiert. Außerdem wurden überall Abgaben erhoben und gleichzeitig die Preise erhöht. Dadurch sei für die Gesamtbevölkerung ein gewaltiger Druck entstanden. Die Beziehung zu den Problemen der Kirche ergebe sich daraus, dass die PRI-Regierung mit Hilfe der Kirche ihre Legitimation in der Bevölkerung absichern wolle. Die Weise, wie Don Hector nach Oaxaca gekommen sei, zeige überdeutlich, wie seitens der kirchlichen und auch der staatlichen Hierarchie alle Hebel in Bewegung gesetzt würden, um oppositionelle

Tendenzen in der Bevölkerung zu unterdrücken. Eine unheilige Allianz von »Thron und Altar« stelle sich gegen die allgemeine, insbesondere die mittellose Bevölkerung, wobei die Ärmsten der Armen wieder einmal besonders betroffen seien. Bei der ganzen Sache gehe es um Machterhalt, weiter nichts.

23.4.1990

Joachim und ich waren in der Woche nach Ostern wieder in Oaxaca bei den Schwestern Kapuzinerinnen. Pirmin hat hier in Chalcatongo inzwischen zusammen mit fünf Männern aus dem Kreis der Katecheten die Arbeit am Katechetenhaus begonnen, das wir im Pfarrhof, parallel zu Straße, errichten wollen. Joachim ist dann weiter nach Mexico City gefahren, um von dort aus in seinen Heimaturlaub zu starten.

In Oaxaca haben wir uns über den Fortgang der Dinge um den Koadjutor informiert. Im Haus der Schwestern fällt übrigens in dieser Hinsicht kein einziges Wort. Von Interesse ist ein Brief des ehemaligen Generalvikars der Erzdiözese Aristeo-de-la-Vega, den er am 19.3. an den Delegado Apostólico Prigione geschrieben hat. Er verteidigt Don Bartolomé als einen sehr mutigen Oberhirten und gibt etliche Beispiele von Gelegenheiten, bei denen sich Don Bartolomé im Laufe der Zeit profiliert habe. Prigione hatte die Entsendung des Koadjutors am 7. März mit der »Schwäche« in der Persönlichkeit Don Bartolomés begründet, da er sich in Sachen Zölibat nicht durchsetzen könne. Im Blick auf diese Frage sagt Aristeo, er sei selbst dabei gewesen, als Don Bartolomé sich seinerzeit auf den Ad-Limina-Besuch in Rom vorbereitet habe. Er habe dazu die Akten seiner Vorgänger in Oaxaca durchgesehen. Der unmittelbare Vorgänger von

Don Bartolomé in der Erzdiözese ist übrigens der jetzige Primas von Mexico City, Corrípio. Don Bartolomé habe also zu seiner Verwunderung, ja zu seinem Entsetzen festgestellt, dass die Vorgänger in ihren Berichten an den Vatikan die Zölibatsproblematik völlig außer Acht gelassen hatten. Don Bartolomé habe sich daraufhin schweren Herzens, aber in mutiger Weise an der Wahrheit orientiert, dazu entschlossen, diesen Punkt in seinem Bericht anzuschneiden. Don Bartolomé sei ein mutiger Mann, der wisse, dass man der Kirche nicht dadurch diene, dass man die Wahrheit unter den Teppich kehrt.

In dem in ganz Mexiko verbreiteten Nachrichtenmagazin Proceso wurde das Thema »Zölibat« wegen des Falles des Priesters David E. aus Oaxaca aufgegriffen. Einige Bischöfe kommen zu Wort, doch gehen ihre Einlassungen über allgemeine Bemerkungen nicht hinaus. Prigione dagegen äußert sich sehr pointiert in seiner brüsken Haltung. Er ist stolz darauf, dem Treiben derer, die den Zölibat nicht halten, ein Ende zu setzen. Seine Einlassungen sind an Ignoranz kaum zu überbieten. Er weiß zum Beispiel zu sagen, dass Priester, die an ihrer Einsamkeit leiden, nur mehr arbeiten und unter die Leute gehen müssten, dann wäre das kein Problem mehr.

25.4.1990

Als wir nach Ostern in Richtung Oaxaca auf dem Weg waren, kamen wir auch durch San-Magdalena-Peñasco. Das war eine Gelegenheit, Silvano, den neuen Pfarrer von San Mateo Peñasco, zu treffen, der sich gerade dort aufhielt. Wir erlebten, um es in Kürze zu sagen, eine sehr problematische Szene. Die Leute von Magdalena, großenteils betrunken, wollten Silvano nicht mehr aus ihrem Dorf weggehen lassen. Sie forderten, dass er jetzt die Kinder der Gemeinde taufen sollte, das wäre am zweiten Ostertag so der Brauch. Da Silvano sich mit gutem Grund weigerte, wollten sie ihn zwingen, seines Amtes zu walten. Das ging in richtige Handgreiflichkeiten über. Unser Eintreffen führte noch zu Verschärfung der Situation, und nur mit viel Glück löste sich der Fall dadurch, dass eine junge Frau, Katechetin, aufkreuzte und sich vor Silvano stellte, und außerdem zufällig Don Aaron von Chalcatongo mit seinem Auto vorbeikam und Silvano nach San Mateo mitnahm.

Der Mitbruder Silvano, noch ganz neu in San Mateo, war an das gleiche Problem geraten, mit dem wir es auch oft zu tun haben. Die Leute verlangen, dass wir ihre Bräuche respektieren, und zwar so, wie sie selbst sie auslegen. Besonders, wenn sie betrunken sind, ist jede Flexibilität in der Argumentation dahin.

Etwa eine Woche später, als wir von Oaxaca zurückkamen, besuchten wir Silvano in San Mateo, um zu hören, wie er die Sache sah. »Oh je«, meinte er, »ungelegener konntet ihr gar nicht kommen. Ich hatte die Wellen gerade geglättet, da ging es wieder von vorne los ...« Ich war erstaunt, dass Silvano keine Befürchtungen hatte nach dem Motto: Wie wird das in meiner neuen Pfarrei noch werden? Ihn plagten keinerlei trübe Gedanken. Im Gegenteil! Launig meinte er: »Mir ist wieder einmal bewusst geworden, dass wir mit unserer Pastoral unter den Indígenas sehr dicht am Geschehen der ›Heiligen Woche‹ sind. Wer hat Jesus auf seinem Kreuzweg denn verstanden? Veronika vielleicht. Die Leute ahnen nicht, dass die Forderungen, die wir stellen, gut gemeint sind. Ihre 500-jährige Leidensgeschichte hat sie hart werden lassen. Auch gegenüber der Kirche ist ihre

Aggression nur zu verständlich. Der Sakramentalismus, den meine Vorgänger hier betrieben haben, zeitigt seine bittern Früchte. Die Leute fühlen sich nicht ernst genommen. Wenn sie betrunken sind, kommt ihre ganze Wut ans Licht. Das hat auch etwas Gutes. Jetzt wollen sie nur eines, dass nämlich ihre Kinder getauft werden. Mehr erwarten sie von der Kirche nicht. Sie haben nicht gelernt, größere Hoffnungen zu haben. Wenn wir nicht einmal ihre Minimalforderungen erfüllen, geraten sie in Wut. Das ist sehr leicht zu begreifen. Ich möchte hier in der Pfarrei San Mateo neu ansetzen. Ich möchte in den Menschen größere Hoffnungen wecken. Doch zuerst muss die harte Schale aufbrechen ...«

27.4.1990

Hier in Chalcatongo läuft zurzeit die Arbeit am Katechetenhaus. Wir haben alles so organisiert, dass schon die Linien sichtbar werden, die später eine Rolle spielen sollen. Vormittags wird am Bau gearbeitet. Der Nachmittag ist für Fortbildungszwecke reserviert. Pirmin macht zusammen mit Don Demetrio, der Fachmann ist, den Bauleiter. Ich bin nachmittags der Fortbildungskommissar. Schwester Socorro macht auch mit.

In dieser Woche ist das Thema: »Die Cooperative«. Wie funktioniert eine solche Organisation? Was muss man beachten, damit sie nicht Schiffbruch erleidet? Zu Beginn der Woche haben wir fantasiert. Im weiteren Verlauf werden echte Pläne geschmiedet. Die These im Hintergrund lautet: Die Katecheten sollen Subjekt ihres eigenen Projektes sein.

1.5.1990

Dies ist die zweite Woche am Bau. Zwei Mitarbeiter sind geblieben, vier neue dazugekommen. Diesmal ist das Thema an den Nachmittagen die mixtekische Kultur. Der Grundbegriff ist die »Ordnung«. Es gibt alte, durch die Geschichte getragene Bräuche, Regeln des Zusammenlebens, die in ihrer Dynamik lebensspendend sind. Diese Ordnung muss ihren Wert und ihre Kraft behalten. Aber genau hier liegen die historischen Probleme. Seit 500 Jahren ist die alte Ordnung gebrochen, eine fremde, unverständliche, großenteils lebensfeindliche Ordnung wurde übergestülpt. Die Katecheten verstehen den Denkansatz. Mit Hilfe der vorspanischen mixtekischen Codices, die wir als Faximilie-Ausgaben haben, bekommen sie einen Blick dafür, wie die alten Ordnungen aussahen. Kalender, Namen, Herrschaftsbereiche und vieles andere sind dort plastisch, in einer besonderen Bildersprache, dargestellt. Das reizt zum Nachdenken über die gegenwärtige Situation der »Namenlosigkeit« der marginalisierten Bevölkerung. Früher waren die Indígenas selbst der Mittelpunkt. Die derzeit in Mexiko und Lateinamerika dominierende soziale Ordnung ist dagegen für die indigene Bevölkerung lebensfeindlich. Die Menschen spüren das am eigenen Leib. Der Spielraum für eine gerechtere, tragende Ordnung ist, schon der Ökonomie wegen, sehr gering. Die »Wiedergewinnung der Geschichte« bedeutet nicht zuletzt: die Erinnerung an die alten kulturellen Werte, solange das noch geht, wach zu halten. Die Katecheten bestätigen: Zuerst ist da der Mais und alles, was sich um diese Kulturpflanze rankt. Zwischenmenschlich geht es vor allem um den Respekt, das tragende Fundament unserer Gemeinschaften.

14.5.1990

Am vergangenen Freitag hatten wir Besuch von zwei Schwestern aus der Gemeinschaft FMM. Die Provinzialin Elena Andrade wurde von Schwester Françoise begleitet. Sie kamen aktuell von Itundujia. In diesem Gebiet, nämlich in La Humedad, das zum Municipio von Ixtajutla gehört, wollen sie zum 30. November eine Neugründung ihrer Gemeinschaft in die Wege leiten. Für uns heißt das, dass sie nicht bei uns einsteigen. Don Bartolomé hatte das so gewünscht. La Humedad sei »dringender«.

Die anderen drei Schwestern, die bei uns zurzeit als »Flüchtlinge« mitmachen, haben jetzt offiziell den Antrag gestellt, zu den FFM überzutreten.

Elena bat mich um ein entsprechendes Schreiben an die Generaloberin ihrer Gemeinschaft, um den Weg zu glätten. Die drei Schwestern gehen dann logischerweise von San-Miguel-el-Grande weg.

Während wir noch im Gespräch waren, kam ein weiterer Besuch: Pater Juan Ruiz mit seinem Begleiter. Sie wollten nach Yosondúa, um dort eine Fortbildungsveranstaltung durchzuführen. Von Juan Ruiz erfuhren wir wieder ein paar Einzelheiten über die Konfliktlage in Oaxaca.

Man hat inzwischen keine Hoffnung mehr, das Priesterseminar SERESURE in Tehuacán noch halten zu können. Die Interventionen von Don Hector und seinen Kollegen sind zu massiv. Immer neue Vorwürfe, Verdächtigungen werden ins Feld geführt. Diskussionen werden abgewürgt und organisatorische Schritte in Richtung Schließung der Institution in die Wege geleitet.

14.6.1990

Die Arbeiten am Katechetenhaus in unserem Pfarrhof kommen unter Leitung von Pirmin gut voran. Am 26. Mai fand das bautechnische Großereignis, nämlich die Colada, die Betongießung des Daches, statt. Es mussten viele Männer zu der Schwerarbeit an Bord sein, denn es gibt keinerlei Maschinen. Alles war gut organisiert, und das Wetter spielte mit. Bei der Bewältigung der praktischen Schwierigkeiten ist die Truppe auch menschlich zusammengewachsen. So entsteht jetzt eine eigene Gruppe von Katecheten auf der Ebene des Municipios von Chalcatongo. Das ist für die Zukunft wichtig, nicht zuletzt deswegen, weil im größeren Rahmen der Gesamtpfarrei die Wege zu den Treffen jeweils sehr weit sind.

16.6.1990

Von meinem letzten Aufenthalt in Mexico City sind zwei Dinge erwähnenswert: Auf Einladung der Schwestern von FFM konnte ich an einem Besinnungstag teilnehmen, der von der CIRM-PO, einer Unterorganisation von CLAR, organisiert wurde. In diesem Rahmen treffen sich die Ordensleute, fast durchweg Schwestern, die im städtischen Milieu die »Option für die Armen« zu leben versuchen. Auch hier ist die Strategie der »Inserción«, das Hineingehen in die Lebenswelt der Armen, ein wichtiger Gesichtspunkt. In den Barrios der Städte, »Slums« sagt man neudeutsch, fordert die geballte Armut sehr heraus. Die Schwestern lassen sich aber nicht abschrecken.

Der andere Punkt war ein Besuch bei CENAMI, der bischöflichen Institution in Sachen Indígena-Pastoral. Eleazár nahm sich fast eine Stunde Zeit für mich. Ich erkundigte mich, bezogen auf die Öffentlichkeitsarbeit von CENAMI im Blick auf die fünfhundert Jahre seit der Conquista. Eleazár meinte, dass da Einiges im Argen liege. Wenn sie seitens CENAMI aktiv würden, um die Sichtweise der Indígenas ins Spiel zu bringen, würden sie regelmäßig von den konservativen Bischöfen, von denen sie ja abhängig seien, zurückgepfiffen. Auf Seiten der Indígenas selbst seien die Äußerungen noch sehr schwach. CENAMI sieht deshalb eine der wichtigsten Aufgaben darin, die »Schwachen zu stärken«, damit sie selbst ihre eigene Stimme zu Gehör bringen. Irgendwo war in den Vorbereitungen zu dem 500-Jahre-Gedenken von einem Vertreter der Indígenas gegenüber der Kirche geäußert worden: Wir wollen nicht, dass ihr an unserer statt die Dinge namhaft macht. Ihr sollt nicht unsere Stimme zu sein versuchen, sondern mit uns den Raum erobern, dass wir selbst unserer eigenen Stimme Gehör verschaffen können. »Das ist aber noch ein langer Weg«, meinte Eleazár. Die Bischöfe reden von dem 500-Jahre-Gedenken verschleiernd über den »Beginn der Evangelisation«. Das ist im eigenen Interesse glorifizierend und geht an der historischen Wahrheit vorbei.

18.6.1990

Vorgestern kam Don Manuel Zafra und fragte, wie das mit den Altären für die Fronleichnamsprozession sei. Ich antwortete, dass die Prozession nicht stattfinden könne, weil Joachim in Deutschland sei und ich mich für die Feier der Erstkommunion in Yosonotú habe verpflichten lassen. Die Schwestern hatten letzteren Termin als den einzig möglichen lange zuvor festgelegt. Da ich also den Bräuchen hier im Zentrum nicht zuarbeite, musste ich mir von Don Manuel allerhand schlimme Dinge anhören. Der Vorwurf macht die Runde, dass wir, obwohl wir zu dritt sind, weniger arbeiten als der Priester, der früher allein war. Je nach Belieben wird dieses Argument eingesetzt, wenn jemand uns gegenüber seinen Willen nicht durchsetzen kann.

Die Analyse zeigt, dass solche auf die Tradition des Dorfes sich gründenden Forderungen fast immer von den Bessergestellten vorgetragen werden. Die Armen, die Campesinos, haben solche Forderungen erst gar nicht beziehungsweise »wissen schon«, dass ihnen kein Gehör geschenkt wird. Wir dagegen versuchen, den »entfernteren« Dörfern mehr Raum zu geben unter Beschneidung der Privilegien der Bessergestellten im Zentrum. Die Vorwürfe sind also nicht ganz aus der Luft gegriffen. Wir versuchen tatsächlich, das pastorale Engagement zugunsten derer, die normalerweise leer ausgehen, neu zu gewichten.

19.6.1990

Beim vergangenen Dekanatstreffen in Yucuhiti bin ich mit dem dortigen Pfarrer, John Reuter, aneinandergeraten. Er fühlte sich von mir beleidigt. Der Grund der Auseinandersetzung: Die Laien, insbesondere Miguel H. und Adrián, hätten sich schriftlich zur Indígena-Pastoral geäußert und sich auch bei dem Treffen von CENAMI als »Repräsentanten des Dekanates« vorgestellt. John nimmt nun schon zum x-ten Mal dieses Thema der Repräsentation auf und attackiert die Laien. Sie dürften sich nur als Einzelne einbringen. Alles ging auf ihre persönliche Kappe. Nun ist allerdings Miguel H. durchaus gewählter Repräsentant der Laien des Dekanates, aber eben nicht des gesamten Dekanates. John greift die Laien so massiv an, dass ich mich herausgefordert fühle, sie zu verteidigen. Ich möchte erreichen, dass wir die Mitarbeiter fördern und ihnen nicht ständig durch unsere juristischen »Richtigstellungen« den Raum nehmen. Wie sollen die Indígenas, die Laien, ihr Kirche-Sein einüben, wenn sie dauernd die Bevormundung durch die Priester erleben? Wir sollten, wir müssen mit ihnen gemeinsam einen Bewusstseinsbildungsprozess durchlaufen, der wenigstens der Richtung nach zu einer echten indigenen Kirche führt.

20.6.1990

Schon die kleinsten Ansätze der Veränderung in der Kirchenstruktur werden von Rom her argwöhnisch beobachtet. Welch eine Ignoranz gegenüber dem Drängen der Basis und den historischen Sachverhalten! Da bringt es doch der Woitila-Papst bei seinem jüngsten Besuch (6.–13.5.) hier in Mexiko fertig, vor der versammelten mexikanischen Intelligenz zu behaupten, dass die Kirche »immer die Kultur gefördert« (zitiert nach FAZ 14.5.90) hat. Ist ihm denn so wenig bewusst, dass gerade die Kirche die Hauptlast an der Kulturzerstörung in Mittelamerika trägt? Feiert sie nicht bis auf den heutigen Tag die Großtaten der Erstmissionare Mexikos, die alles daransetzten, die »heidnischen« Götterbilder zu zerschlagen und auf den Trümmern eine fremde, von Herrschaft geprägte, neue »Kultur« zu errichten? Hat die Kirche nicht selbst bis auf den heutigen Tag jeden Versuch einer authentischen Inkulturation vereitelt? Sind nicht die wenigen volkstümlichen Verbindungen von indianischem und christlichen Glauben trotz der christlich dominanten Doktrin und im Gegensatz zu den Bestrebungen der Bischöfe gewachsen? Glaubt denn die Kirche wirklich, dass »Kultur« und »Glaube« nur dort wachsen können, wo sie selbst jede Lebensäußerung kontrolliert? Ist nicht diese Art der institutionellen Kontrolle tausendfach der Tod einer echten Einpflanzung des Evangeliums gewesen? Der Papst äußert sich dergestalt, dass, damit Mexiko auch in Zukunft ein katholisches Land bleibt, eine »neue Evangelisation« einsetzen müsse. Gleichzeitig hält er es für seine Aufgabe, die von der Befreiungstheologie initiierte Bewegung der Evangelisation erneut zu verurteilen. Wen will er denn treffen, wenn er davor warnt, der »trügerischen Theorie des Klassenkampfes als Motor des geschichtlichen Wandels« anzuhängen? Ist ihm denn nicht bewusst, dass ständige Restriktion, dass das ewige Sich-Verschließen vor den Forderungen nach mehr Partizipation sowohl in staatlichen als auch in kirchlichen Institutionen die Forderung nach radikalen Veränderungen selbst provoziert? Sollte es gelingen, die Indígenas zu einer Bewusstwerdung ihrer Geschichte und zu einer aktiven Neugestaltung ihrer religiösen und kulturellen Grundbedürfnisse zu motivieren, so scheint es beinahe unausweichlich, dass sie sich gegen die jetzt vorfindliche kirchliche Wirklichkeit stellen. Es ist die Kirche selbst, die sich wandeln muss, will sie überleben. Sie ist zur eigenen Bekehrung aufgerufen, muss sich selbst durch die Armen dieser Welt evangelisieren lassen. Die »Neue Evangelisierung«, wenn dieser Ausdruck denn Sinn machen soll, betrifft insbesondere das hierarchisch-klerikale Selbstverständnis der katholischen Kirche. Wenn sich in diesem Punkt nichts ändert, fährt der Zug gegen die Wand. Wenn ich mir vor Augen halte, wie »Rom« in Sachen Oaxaca agiert, wie Repression und Machtmissbrauch zu den Konflikten um den Koadjutor führen, dann ist doch das Bemühen um eine »Neuevangelisierung« seitens Rom eine Farce.

29.6.1990

Immer wieder ist von »Inkulturation« die Rede. Aber was bedeutet der Begriff? Der christliche Glaube soll heimisch werden, soll in die Kultur eingehen, sich mit der Kultur verbinden. Warum? Weil er ohne Inkulturation in der Luft schwebt, keine Bodenhaftung hat, unwirksam bleibt. Im alten Europa gilt der christliche Glaube bereits als heimisch, die Inkulturation ist demnach in einem historischen Prozess gelungen, jedenfalls teilweise und hauptsächlich. In anderen historischen Verhältnissen steht die Inkulturation noch aus. In Lateinamerika ist die Sache zwiespältig. Einerseits gilt Lateinamerika als christlicher Kontinent, andererseits ist der christliche Glaube erkennbar nur oberflächlich aufgepflanzt, nicht wirklich eingewurzelt. So jedenfalls sehen es die meisten Autoren theologischer Schriften. Die Inkulturation wird somit Teil eines angezielten Neubeginns, einer Neuevangelisation. Auf dem amerikanischen Kontinent gibt es so etwas wie einen Nachholbedarf. Allerdings ist eine »Kultur« auch nicht einfach vorhanden. Es gibt eine Kulturentwicklung. Manche meinen, der Glaube gehöre in Lateinamerika als integraler Bestandteil zur Kulturentwicklung. Andere sehen eher die zwei Pole, die Verschiedenheit der Bereiche. In der kirchlichen Diskussion wird leider der Begriff »Inkulturation« recht eigennützig verwendet. Die Kultur soll für den Glauben geöffnet werden. Erst, wenn die Kultur in wesentlichen Punkten vom Glauben mitbestimmt ist, kann man von einer gelungenen Inkulturation des Glaubens sprechen. In der historischen Analyse sieht man die Mängel. Der Glaube ist – eine spanische – Importware. Er wurde den Völkerschaften wie ein neues Kleid übergestreift. Er drang aber nicht in die Herzen ein. Im Sinne der Kultur blieb er ein Fremdkörper. Das soll nun in einer

»Neuevangelisierung« aufgearbeitet werden. Zu unterscheiden ist dabei die indianische von der mestizischen Kultur. Die generelle, heute dominante Gesellschaft Lateinamerikas ist mestizisch, nicht mehr indianisch. Die mestizische Gesellschaft zeigt mit erstaunlicher Deutlichkeit katholische, heute auch evangelikale Züge. Für die indianischen Völkerschaften gilt das so nicht. Sie hängen an alten indigenen religiösen Vorstellungen, die aber auf der Oberfläche nur schwer auszumachen sind. Ihre religiösen Bezüge sind in den Untergrund, ins Verborgene abgesunken. Die christlichen Vorstellungen werden lediglich aus Gründen der Selbsterhaltung anerkannt. Eine ernst gemeinte Inkulturation müsste diesem Umstand Rechnung tragen. Jedenfalls kann man die Sache nicht so angehen, als wolle man in eine vorhandene indianische, noch weitgehend unchristliche Kultur den Glauben einfach einpflanzen, sozusagen eine heidnische oder fremdreligiöse Kultur als Ackerfeld betrachten, in den man den Glauben nur hineinzulegen bräuchte. Solche Vorstellungen wurden in der alten »Mission« hochgehalten. Sie zeugen davon, dass der Respekt vor der ursprünglichen, indianischen Religion fehlt. Ich denke, das Konzept muss so aussehen, dass Kultur und Religion, beide Säulen, sich in einem neuen Entwicklungsprozess gegenseitig befruchten. Wenn man die Dinge mit theologischen Augen betrachtet, geht es um eine neue, weitere Selbstoffenbarung Gottes. Und für mich ist der interessante Punkt, dass die Erzdiözese Oaxaca in der Aktualität der historischen Entwicklung eine Art Speerspitze darstellt. Die besondere Bevorzugung Gottes für die Armen, die Option, die nicht exklusiv sein will, jedoch die Armen mit ihren Erwartungen an die erste Stelle setzt, kann und muss jeder Neuevangelisierung und jeder Inkulturation ihren Stempel aufdrücken. In der alten Mission war Gott ein kontrollierter Gott. Man hat ihn sich nicht offenbaren lassen, außer vielleicht in der unzureichenden Form der Volksreligiösität, wo die Kontrollmechanismen versagten. Sehr eindrucksvoll war für mich die mit allem Nachdruck herausgerufene Erklärung Juan Ruiz' beim letzten plenario sacerdotal. »Der Indígena hat sich schon zu Zeiten der ersten Mission in der unerschütterlichen Überzeugung festgebissen, die besagt: ›Das, was wir mit der Kirche erleben, ist nicht von Gott! Nein, es ist nicht von Gott! Dafür sterben wir.‹« Wie sich die Verhältnisse gleichen! Der Indígena lebt heute in einer kulturellen und religiösen Finsternis, weil ihm jede kulturelle und religiöse Entwicklung versagt bleibt. Auch in diesem düsteren, negativen Sinn hat der Papst recht, wenn er sagt, dass der Glaube und die Kultur sich gegenseitig bedingen.

11.7.1990

Inzwischen sind wieder einige Dinge passiert. Wegen einiger Ersatzteile für Chapulín, unseren Jeep, wegen unserer Aufenthaltsgenehmigung und auch wegen verschiedener Geldangelegenheiten war ich in Oaxaca. Auf dem Rückweg wurde mir meine Reisetasche gestohlen. Ein herber Schock. Alle Papiere, dazu eine Menge Geld: Futsch! Die nächsten Tage habe ich erst einmal damit verbracht, das Konto sperren zu lassen und an die Behörden Anträge zu stellen. Der schwierigste Punkt ist der Verlust des Dokumentes der Aufenthaltsgenehmigung. Zum Glück ist jetzt wegen der Regenzeit in Chalcatongo nicht so viel los. Pirmin hat die Stellung gehalten.

In Progreso, zwanzig Minuten zu Fuß von Chalcatongo, konnten wir den ersten Elterntag zur Vorbereitung der Erstkommunion der Kinder halten. Die eigentliche Feier haben wir für den 9.12. angepeilt. 28 Kinder ab zwölf Jahren sind eingeschrieben und bekommen von den Katecheten Unterricht. Heute habe ich anlässlich eines Gottesdienstes ein wenig »Ordnung schaffen« müssen. Die Katecheten waren überfordert, weil auch eine Schar kleinerer Kinder zum Unterricht dazukam. Außerdem musste der Umgang mit Spenden deutlicher geregelt werden. Die Gemeinde hat vor etwa zehn Jahren begonnen, eine Kapelle zu errichten, die noch fertiggestellt werden soll.

16.7.1990

Ich mache mir notgedrungen Gedanken zum Thema »Legitimation in der Kirche«. Die hierarchische Denkweise ist jetzt wieder neu von Papst Johannes Paul II. in einer Rede vor den mexikanischen Bischöfen bestätigt worden. Der Papst betont immer wieder die Sakramentalität des Priester- und Bischofsamtes, welches ausschließlich von Gott her begründet sei und in keiner Weise von unten, vom Volk Gottes her. Die hierarchische Einsetzung ins Amt bedürfe keiner Ergänzung durch eine wie immer geartete »Zustimmung« seitens des Volkes. Es geht mir nicht um die Lehre, sondern um die Praxis. In der Pastoral kann man nicht arbeiten ohne eine zumindest anfängliche Zustimmung seitens der Basis. Wo will ich denn ansetzen, wenn alle Türen verschlossen bleiben? Wir selbst leiden unter der »hierarchischen« Einsetzung als Seelsorger von Chalcatongo. So wichtig zunächst die Beglaubigung durch den Bischof ist, so ungenügend bleibt die damit übertragene formelle Autorität. Wir Kirchenagenten haben keine Legitimation von Seiten der Dorfversammlungen. Wir sind zunächst und bleiben in vieler Hinsicht Fremdkörper, zumal als Ausländer. Unsere Verbindung zu den Menschen läuft über die »Bräuche«, zu deren Stärkung und Einhaltung wir verpflichtet sind. Wenn die Dörfer erfahren, dass wir in diesen Zusammenhängen zuverlässig arbeiten, gewinnen wir ein eigenes, persönliches Vertrauen. Wir müssen die Bräuche einlösen, mit Leben erfüllen, das verschafft uns den nötigen Respekt. Die Menschen reagieren in diesem Punkt sehr sensibel. Sie kommen oder sie bleiben weg. Sie stimmen mit den Füßen ab. So gesehen gibt es so etwas wie eine »Volksabstimmung« uns gegenüber. In der indianischen Welt ist die einmal übertragene Amtsgewalt sakrosankt. Sie wird aber nicht von oben, sondern von unten, von der Dorfversammlung, durch Wahl und Akklamation festgelegt. Um noch einmal auf die Äußerungen des Papstes zurückzukommen: Nach aller Erkenntnis ist es eine soziologische Unmöglichkeit, eine Institution am Leben zu erhalten, in der der Wille der Basis systematisch und grundsätzlich missachtet wird.

28.8.1990

Wir waren alle drei beim letzten Plenario ecclesiál, der Generalversammlung der Erzdiözese. Außer uns auch Schwester Socorro, Miguel H. und Josefina J. Eine Stippvisite machten die beiden Mitbrüder aus Puebla, José Manuel und Francisco. Die beiden Hauptthemen waren die Auswertung der Arbeit der Diözesankommissionen und der Papstbesuch vom Mai dieses Jahres. Untergründig blieb natürlich auch die Konfliktlage in der Erzdiözese virulent. Zu Beginn der Versammlung trug Don Bartolomé in einer ausführlichen und sehr offenen Ansprache seine Sicht der Dinge vor. Die Eingriffe von Seiten Roms und des Delegado Apostolico Prigione bedeuten eine erhebliche Irritation für den Klerus und die gesamte Arbeit der Pastoralagenten. Ich selbst war bei diesem Vortrag leider noch nicht anwesend. Die Einlassungen Don Bartolomés wurden jedenfalls vom Plenum als »besonders wertvoll« eingeschätzt.

Auf spezielle Art »bemerkenswert« waren die Auftritte Don Hectors. Seine Vorbemerkungen zu der Arbeit der Kommissionen konnten farbloser kaum sein. Das Desinteresse des Koadjutors war mit Händen zu greifen. In den Kommissionen war der Papstbesuch analysiert worden nach dem Motto: Johannes Paul II. spricht über die Armen, aber nicht mit ihnen. Don Hector ging mit keiner Silbe auf solche Dinge ein. Dann, plötzlich, ergriff der Koadjutor unplanmäßig und in Übergehung der Moderation das Mikrophon und sprach zehn Minuten lang über sich selbst. Er betonte und wiederholte mehrmals, dass er als Bischof das Recht einfordere, gehört zu werden. Er habe auch etwas beizutragen. Inhaltlich sagte er nichts. Er wiederholte und unterstrich nur die Forderung, nicht die Bitte, wahrgenommen zu werden. Die Versammlung war konsterniert. Man wusste nicht recht, wie man mit einer solchen Stellungnahme umgehen sollte. Aus verschiedenen Ecken gab es einen künstlich anmutenden Beifall. Der Moderator, Pater Alberto Pacheco, nahm wieder das Wort und fragte die Versammlung: »Machen wir da weiter, wo wir stehen geblieben waren?« Man ging also zur Tagesordnung über. Zum Erstaunen aller passierte das Gleiche am Nachmittag noch einmal. Wieder nahm Don Hector selbstständig, unter Umgehung der Moderation, das Wort und wiederholte sein Anliegen. Jetzt drehte er sich noch mehr im Kreise. Ohne auch nur anzudeuten, welches der »Reichtum« sei, den er einzubringen wünsche, betonte er nachdrücklich, auch er habe etwas zu sagen.

»Der Heilige Vater hat mich geschickt, ich werde hier in Oaxaca bleiben, koste es was es wolle. Als ich hierher, nach Oaxaca kam, wusste ich von vielen Dingen noch nichts. Man hat mir nur zwei oder drei Dinge angedeutet. Jetzt weiß ich aber mehr, und ich werde in Oaxaca bleiben. Ich kann nicht einfach nur eine Nebenrolle spielen, das würde meiner Sendung nicht entsprechen. Was Don Bartolomé vorgetragen hat, ist gut, aber sehr einseitig. Ich bin mehr als ein Messdiener. Es gibt Priester, die mehr Einfluss haben als ich. Ich fordere meine Rechte ein. Ich kann die »neue Evangelisation« unterstützen. Ich habe Fähigkeiten, die Gott mir gegeben hat. Ich werde nicht weggehen. Wenn ich drei Jahre (bis zum Rücktritt von Don Bartolomé) warten muss, dann werde ich eben drei Jahre warten. Bei der Benennung der neuen Kommissionsvorsitzenden bin ich nicht gehört worden. Ich bin übergangen worden. Ich bin nicht einverstanden.«

Wieder gab es, als Don Hector abtrat, diesen merkwürdigen künstlichen Beifall aus einigen Ecken. Ich beobachtete von oben, von der Galerie her, drei Damen, Stadttypen, offenbar aus dem Kreis der charismatischen Bewegungen, die frenetisch in die Hände schlugen. Eine ältere Ordensschwester versuchte, an das Mikrophon zu gelangen, wurde aber abgeblockt. Man ging nicht weiter auf Don Hector ein. Jeder dachte sich seinen Teil. Psychologisch gesprochen begibt sich Don Hector – offenbar nicht ohne Kalkül – in die Opferrolle. Seine »Verfolger« sind außer Don Bartolomé einige Priester. Er will offenbar bei den Laien auf Stimmenfang gehen. Besonders auf Frauen scheint er seine Wirkung nicht zu verfehlen. Er ist ja auch ein stattlicher Mann. Die Sache ist leicht zu durchschauen. Er baut eine Position auf, aus der heraus er als Ankläger agieren kann. Sein Rückhalt ist der Deleagado Apostólico Prigione beziehungsweise »Rom«. Inzwischen weiß man, dass er versucht, die Strippen so zu ziehen, dass Don Bartolomé vorzeitig zum Rücktritt gezwungen wird. Don Bartolomé respektiert angeblich die Sondervollmachten nicht, die ihm, Don Hector, durch seine Ernennungsbulle gegeben sind. Er, der Koadjutor, heißt es dann, würde in der Erzdiözese »übergangen«. Also muss wieder ein »Eingriff« her. So oder so ähnlich lautet die Strategie.

2.9.1990

Pirmin kam gestern von Cuernavaca zurück, wo er an den Exerzitien der Kapuziner-Delegation teilgenommen hat. Meinerseits war ich in der letzten Zeit mehrmals in Mexico City, in Las Aguilas, hauptsächlich, um ein neues Aufenthaltsdokument zu bekommen, weil mir das alte geklaut wurde. Mitte des Monats werde ich deshalb schon wieder nach Mexico City reisen müssen.

Von der Delegation waren jüngst die Brüder José Manuel und Francisco hier bei uns in Chalcatongo zu Gast. Sie haben einen guten Eindruck hinterlassen.

3.9.1990

Wir befinden uns mitten in der Haupt-Festwoche. Heute habe ich die Predigt zum Thema »Opfer« gehalten. Das lief etwa so: Die Festverantwortlichen, die Mayordomo und Novenarios haben eine promesa, ein Gelübde, abgelegt, das Versprechen nämlich, der Patronin, der Virgen de la Natividad, ein Opfer darzubringen, um den Schutz der Patronin, das heißt Gottes, sicherzustellen. Das Opfer besteht darin, dass die Festverantwortlichen, speziell der Mayordomo, das Fest gibt, das heißt die Ausgaben zum Fest auf sich nimmt. Alle Bräuche müssen erfüllt werden. Das sind hohe finanzielle Aufwendungen, sodass das Opfer einen erheblichen Wert darstellt. Außer den Kosten für das Festmahl ist der zentrale Brauch, die Heilige Messe zu feiern. Der Mayordomo muss den Priester einladen, damit er das Opfer, sein Opfer, der Patronin, der Virgen, darbringt. Auf diese Weise vereinigt der Mayordomo seine Festausgaben mit dem Opfer Christi. Jedes Opfer hat den Sinn, dass daraus Leben entsteht. Das Samenkorn fällt in die Erde, stirbt und bringt reiche Frucht. Wenn wir im Auftrag des Mayordomo die Heilige Messe feiern, wiederholen wir das Ofer Christi und bringen es zusammen mit dem Opfer des Mayordomo der Patronin beziehungsweise dem göttlichen Vater dar. Ein rein rituelles Opfer wäre unfruchtbar. Die Ausgaben des Mayordomo, die das Fest samt Festessen für alle ermöglichen, geben dem Opfer die reale Grundlage. Lebensspendend wird das Opfer durch den sozialen Zusammenhang. Wir bitten um Schutz, Wohlergehen, Frieden und Gerechtigkeit. Das Fest will all dies ausdrücken. Der Mayordomo gibt Teil an seinem Leben, spendet, an diesem Festtag im Hinblick auf das Wohlergehen seiner Dorfgemeinschaft, im Überfluss. So wird erkennbar: Die alte Tradition der indianischen Feste spiegelt das Wissen um den Zusammenhang von großzügiger Hingabe, dem Opfer, und einem erneuerten, auferstandenen Leben wider.

Da die Predigt spontan war, ohne großes Konzept, bin ich selbst überrascht, wie mir die theologischen Zusammenhänge bewusst wurden. Mir scheint, als hätte ich selbst – durch Anregung des Geistes – etwas zur Inkulturation beigetragen. Die Religion ist hier kaum auf einer theologischen Ebene präsent.

Sie überlebt in ihrer volkstümlichen Gestalt. Die Menschen erfüllen die Bräuche als praktische Angelegenheiten. Beispielsweise wird gerade jetzt vor meiner Türe der Blumenschmuck für den Altar der Patronin erneuert. Die Leute sind sehr erfinderisch. Auf einer höheren, theoretischen Ebene hat die indianische Welt jedoch im Anschluss an die Conquista jeden religiösen Ausdruck eingebüßt. Die katholische Dogmatik hat den Platz eingenommen, bleibt aber für die Menschen fremd, ohne Beziehung zum tatsächlichen Leben. Eine wirkliche Inkulturation muss deshalb auch auf der theologischen Ebene fruchtbar werden.

4.9.1990

Heute Morgen habe ich über die Offenbarung gepredigt. Unsere Gotteserkenntnis entsteht nicht automatisch, nicht von selbst. Die Offenbarung ist Gottes eigenes Werk. Auf der Seite der Menschen braucht es Offenheit und ein Sich-Einlassen. Don Bartolomé sprach in seinem Vortrag, den es inzwischen schriftlich gibt, davon, dass eine angemessene Gotteserkenntnis mit der »Inserción« zu tun habe. Wenn die Agenten der Kirche betreffs der Nöte der Menschen nicht »einsteigen«, sondern sich »heraushalten«, kann keine Gotteserkenntnis wachsen. Notwendig sei ein realer Standortwechsel und ein sich daran anschließender Perspektivenwechsel. Das Eingebundensein in die soziale Welt der Unterprivilegierten kann und darf, ja muss die Gotteserkenntnis verändern. Da die Blickwinkel stets variieren, ist ein theologischer Pluralismus viel logischer als ein einliniger Dogmatismus. Was die katholische Kirche angeht, hapert es in diesem Punkt beträchtlich.

7.9.1990

Morgen, am eigentlichen Patronatsfest der Virgen-de-la-Natividad, werde ich die Predigt haben. Ich versuche, hier den Duktus dessen, was ich sagen möchte, aufzuschreiben. Der Predigttext soll Römer 8, 31–39 werden: »Wenn Gott für uns ist, wer kann dann gegen uns sein?« Als Evangelium kommt das Magnifikat dazu. Ich hoffe, etwa folgendermaßen zu sprechen: Wir feiern das Fest der Virgen. Vor ihr breiten wir unseren Dank und unsere Bitten aus. Die Traditionen und Bräuche, die wir bei unserem Fest lebendig werden lassen, zielen auf ein Leben in Gemeinschaft, beinhalten Teilhabe, Miteinander, Füreinander. Wir sind sicher, dass diese unsere Art, das Leben zu verstehen, vor Gott gerechtfertigt ist. So möchte uns die Patronin sehen. Wir beeilen uns, die Bräuche zu erfüllen. Das sieht die Virgen mit Wohlgefallen. Wir sind dabei, unser Leben gegenüber dem Projekt des Todes zu verteidigen, denn wir sind bedroht, nicht nur durch den Zerfall unserer Bräuche, wir sind vielmehr in unserer Existenz bedroht durch ein gottloses Projekt der Ausbeutung, der Marginalisation und der Unterdrückung. Unser Alltag ist die Erfahrung des Leidens. In dieser Stunde rufen wir es heraus: Wir sind sicher, dass diese Bedrohung vor Gott keinen Bestand, keine Rechtfertigung hat. Weder das geschichtliche Modell der Ausbeutung noch die heutigen Mechanismen der Unterdrückung haben vor Gott Bestand. Sie sind gegen Gott gerichtet so wie sie gegen den Menschen in seiner Würde gerichtet sind. Unser Fest aber ist Leben! Wir sehen es überall: Unser Fest ist Teilhabe, ist Gemeinschaft, ist Freude. Nimmt die Virgen, nimmt Gott uns an? Welche Frage! Die Antwort kann nur sein: Wir erfüllen die Bräuche, wir leben das Leben! Die Virgen, Gott, ist für uns! Wer kann da noch gegen uns sein? Gott steht voll und ganz auf unserer Seite! Es ist dies die Stunde, in der wir unser Opfer Gott und der Virgen darbieten. Welches ist das Opfer? Es ist das Fest selbst. Unsere Patronin nimmt teil an unserer Freude, an all dem Schönen und Reichen des Festes, an der Musik, am Festessen, am Tanz, an den Spielen. Alles ist Fest, alles ist Opfer, vom Mayordomo und den Novenarios aufgrund ihres Gelübdes gestiftet. Die Festverantwortlichen haben die großen Ausgaben nicht gescheut. Alles ist Opfer, alles ist Leben. Wir kennen das Gesetz, nach dem es kein Leben gibt ohne Opfer. Trotzdem denken wir nicht, wir würden das Leben selbst machen. Wir empfangen alles auf der Hand Gottes. Der Mayordomo bietet Gott in aller Demut sein Opfer dar. Gott nimmt es an. Er spendet Leben. Die Virgen schenkt den Glauben. Alles ist Opfer, alles ist Leben. So verbindet sich das Fest im Innersten mit dem Opfer Christi auf dem Altar des Kreuzes. Die Festverantwortlichen tun, was Jesus getan hat. Die Hingabe Jesu am Kreuz ist der Ursprung des neuen Lebens. Die Gabe des Mayordomo ist ebenfalls der Beginn des Heiles, des Lebens nämlich der Gemeinschaft für ein weiteres Jahr. Es handelt sich um ein und dieselbe Sache: das Kreuz Jesu und das Gelübde des Mayordomo. Beides führt zu neuem Leben, beides bedeutet Auferstehung. Beides steht dem Projekt des Todes entgegen, hebt den Tod aus den Angeln. Die Virgen und Gott nehmen das Opfer an, das Opfer des Festes. Wir erfüllen alle Bräuche. Jesus hat alles erfüllt. Deshalb sagen wir allen, die Ohren haben: Wir sind auf der Seite Gottes! Gott steht auf unserer Seite, auf der Seite des Lebens. Es ist unmöglich, uns von Gott zu trennen. Welche Gewalt könnte uns von Gott entfernen? Unsere Wirklichkeit ist das Fest, ist die geschwisterliche Teilhabe aller. Niemand ist ausgeschlossen. Alle sind willkommen. Alle essen, alle tanzen. Vielleicht wird der Alltag nach dem Fest wieder hart sein. Wir müssen unser Leben angesichts des Projektes des Todes verteidigen. Wir sind vom Tod umgeben. Aber wir sind kein verlorener Haufen. Wir haben ein Bewusstsein davon, dass Gott mit uns ist. Er gibt uns Kraft und Mut. Diejenigen, die uns bedrohen, sollen sich schämen. Sie stehen gegen Gott. Und ich sage es noch einmal: Gott nimmt unser Fest an! Es ist unmöglich, dass wir getrennt werden von unserer Patronin und von Gott.

7.10.1990

Heute Morgen ist der Katechetenkurs zu Ende gegangen. Diesmal waren fast vierzig Personen dabei, Männer und Frauen in einem guten Altersdurchschnitt, »alte Hasen« und »Neulinge« in vorteilhaftem Gemisch. Der Arbeit der Schwestern ist die Teilnahme einiger Interessent/-innen von San-Miguel-el-Grande zu verdanken. Unter anderem haben wir die Thematik der »Projektarbeit« besprochen. Zum Beispiel haben die Gruppen Zeitungsartikel zu schreiben versucht und Rollenspiele zu dem Motiv einer »Farm der Tiere« geprobt. Letzteres hatte auch den Sinn, am Abend bei der Einweihung unseres neuen Katechetenhauses den Gästen etwas Unterhaltsames anzubieten. So konnten sich die Katecheten zum ersten Mal der Öffentlichkeit von Chalcatongo vorstellen. Von Seiten des Dorfes ist man unserer Einladung gern gefolgt. Die Leute spüren die Veränderungen in der Pastoral. Wir möchten weg von einer reinen Sakramenten-Versorgung hin zu einem partizipativen Konzept der Mitverantwortung. Während des Kurses war des Öfteren eine richtige Fröhlichkeit zu spüren. Das ist nicht selbstverständlich. Die Teilnehmer/-innen waren wieder ein Stück gelöster, fähiger, kommunikativer. Und diese Atmosphäre übertrug sich auch auf die Gäste beim Einweihungsfest.

19.10.1990

Bezüglich des Priesterseminars SERESURE, gegründet 1969, römisch anerkannt 1975, haben wir einen Brief in die Hand bekommen, der von Seiten Roms an Don Norberto in Tehuacán gerichtet ist. Dort ist von einer Visitation die Rede, die 1989 stattgefunden habe. Es sei von den Visitatoren festgestellt worden, dass die Befreiungstheologie dort unter marxistischen Vorzeichen gelehrt würde. Auch die Rede des Papstes bei seinem Besuch in Mexiko ist in dem Schreiben an Don Norberto »verarbeitet« worden. Der Papst hat ohne Namen zu nennen massive Warnungen ausgesprochen nach dem Motto: Der Marxismus tritt von der Weltbühne ab, aber hier in Mexiko gibt es genügend Dummköpfe, die der Lehre vom Klassenkampf anhängen. Das ließe sich nicht mit dem Glauben vereinbaren. Der Brief der Kongregation weiß nun, wo der Feind steckt: im Priesterseminar der Region Pacifico Sur, im SERESURE. Es wird deshalb verfügt, dass nicht mehr der Rat der Bischöfe, sondern nur noch Don Norberto allein die Leitung des Seminars innehabe. Das Seminar hat laut Schreiben insgesamt 158 Priester hervorgebracht. Heute seien 137 Studenten eingeschrieben. Die beteiligten Diözesen sind: Oaxaca, Acapulco, Tehuantepéc, Tuxtla, Tapachula, San Cristobal de las Casas und die Prälatur Mixe.

Der Vorgang ist ziemlich klar. Man hat zunächst dafür gesorgt, dass die konservativen Bischöfe, für Oaxaca Don Hector, die Mehrheit stellen. Nun stimmen logischerweise die Kriterien nicht überein. Daraufhin stellt man einen Dissens fest, der zum Anlass einer Neustrukturierung genommen wird. Das wiederum führt zu Schließung der Institution. Von außen betrachtet ist es schon ein tolles Stück, wie der »Marxismus-Verdacht« zu einem Popanz aufgebaut wird, auf den man dann glaubt schießen zu müssen. Frage: Wer sind denn die »Gestrigen«, die immer noch das Feindbild des Marxismus pflegen? Die vatikanischen Stellen, Papst inklusive, merken anscheinend nicht, dass sie sich lächerlich machen, erst recht nach den Veränderungen in Osteuropa im vergangenen Jahr.

21.12.1990

Die drei Schwestern Socorro Velasco, Albertina Soto und Josefina Suárez waren nun seit eineinhalb Jahren in San-Miguel-el-Grande. Unser Verhältnis zu ihnen war immer erfreulich und wurde mit der Zeit sogar noch besser. Trotzdem mussten sie jetzt weggehen. Sie gehörten bislang der Kongregation der Bethanierinnen (HBFMI) an. Der Konflikt mit ihrer Kongregation führte zu dem Entschluss, zu den »Missioneras de Maria« (FMM) überzutreten. Die Provinzialin FMM, Elena, hat das Anliegen gut aufgenommen und intensive Bemühungen unternommen, eine Versöhnung der drei Schwestern mit ihrer Kongregation zu erreichen. Dies ist aber wegen grundsätzlicher Meinungsverschiedenheiten in Sachen »Evangelisation« misslungen. Durch verschiedene Kontakte »auf höchster Ebene« wurde der Wechsel juristisch abgesichert. Bei der Verabschiedung der Schwestern konnte ich leider nicht dabei sein. Ich gebe hier den Brief wieder, den die Schwestern uns geschrieben haben: »Liebe Brüder Pirmin, Joachim und Arno! Mit diesen Zeilen möchten wir unseren tiefen Dank für die Möglichkeit aussprechen, die ihr uns gegeben habt, an eurem Leben und Arbeiten Anteil zu bekommen. Für uns bedeutete das einen großen Reichtum, ja einen Luxus. Für die Zukunft werden uns die Erfahrungen hilfreich sein. Bis zu diesem Zeitpunkt, jetzt, hatten wir durch die Güte Gottes und eure Hilfe immer das Lebensnotwendige zur Verfügung. Obwohl wir hier sehr zufrieden waren, akzeptieren wie doch die neue Sendung. Albertina geht nach Michoacán, Josefina nach Veracrúz und Socorro nach Nicaragua ... Tausend Dank!«

23.12.1990

Gestern bei den Pláticas, neun Hochzeiten und 53 Taufen, kam mir ein Gedanke für die Weihnachtspredigt. Ich will ihn hier schon einmal skizzieren: Weihnachten ist das Fest der Ankunft Gottes unter den Menschen. Wir sind gemeint. Gott ergreift die Initiative. Die Feier bezieht sich nicht zuerst auf menschliches Handeln, sondern auf das Handeln Gottes. Unser Glaube ist nie etwas ursprünglich Menschliches, sondern etwas ursprünglich Göttliches. Gott sendet seinen Sohn. Wir haben eine solche Erkenntnis des Glaubens nicht aus uns heraus. Gott selbst offenbart sich uns. Alles ist Gnade. Aus sich heraus, aus Liebe zu uns Menschen, tut Gott sich kund. Wir selbst würden blind sein und taub. Gott selbst schenkt uns das Licht des Glaubens. Wie den Hirten von Bethlehem, die nichts ahnten, wird uns die Botschaft kundgetan. Die Hirten trugen die Sehnsucht nach Gott und die Hoffnung in ihre Herzen. Da erschien ihnen der Engel Gottes, gab ihnen einen Hinweis, der es ihnen ermöglichte, Gott in dem Kind von Betlehem zu suchen und zu finden. Sie verstanden das Wunder der Menschwerdung Gottes. Gottes Handeln, seine Initiative provoziert die Antwort des Glaubens und der Anbetung. Das ist der Dialog zwischen Gott und den Menschen. Die Menschwerdung Gottes in Jesus ist der Beginn einer neuen Geschichte, an der auf der einen Seite Gott und auf der anderen Seite wir Menschen beteiligt sind. Die Menschen werden menschlicher, und die Welt wird friedlicher, solange der Dialog in Gang bleibt. Fern von Gott können wir nicht wirklich zur Fülle des Menschseins gelangen. Deshalb ist die Feier der heiligen Nacht so wichtig. Wir hören die Botschaft von der Geburt Jesu in Betlehem. Wir bleiben nicht im Dunkeln, sondern empfangen das göttliche Licht. Jetzt werden Feinde zu Freunden, und ein großer Friede breitet sich nach allen Seiten aus ... Gott tritt in unsere Welt ein. Wir danken dem göttlichen Kind, das uns zu Menschen macht.

Natürlich bin ich mir bewusst, dass es bezüglich der indianischen Rezeption der Weihnachtsbotschaft ein massives Problem gibt. Im historischen Zusammenhang wurde die Botschaft von der Menschwerdung Gottes vergiftet. Um es im Bild zu sagen: Die Engel sind ja den Hirten von Bethlehem nicht mit Schwert und Peitsche auf den Leib gerückt, um ihnen die »frohe Botschaft« zu verkünden. Wer eine gute Nachricht ansagen will, muss dies in der angemessenen Form tun, nämlich unter Lobpreis und Gesang, sonst bleibt sie unannehmbar.

13.1.1991

Inzwischen sind wir im Neuen Jahr 1991 angekommen. Das vergangene Jahr hat ziemlich viel Gutes und nur wenig Schlechtes gebracht. Vor Kurzem haben wir aus der Heimat ein Zukunftspapier der Ordensprovinz bekommen. Darin steht auch ein löblicher Kommentar über Mexiko. Ansonsten regt das Papier an, die praktischen Verantwortlichkeiten zu überdenken, und zwar im Hinblick auf das »Selbermachen«. Dazu lässt sich sagen, dass wir hier in den Bergen der Sierra Madre del Sur an ziemlich vielen praktischen Dingen auch selbst beteiligt sind. Josefina macht zwar das Essen und kümmert sich um die Wäsche, sie ist aber auch in Sachen Pastoral unterwegs, begleitet uns zum Beispiel gern bei den Festen in den Dörfern. Unsererseits legen wir in Haus und Hof Hand an. Ich selbst gebe hier zwar nicht das große Beispiel, aber Joachim ist oft mit der »Gärtnerei« befasst, Pirmin viel in Sachen »Haustechnik« beschäftigt, und alle drei machen wir die Büroarbeit. Pirmin führt neuerdings auch eine Liste der Erstkommunionen. Sonst geht es vielfach um die Taufbücher und die Hochzeitseintragungen. Im Büro müssen wir darüber hinaus oft Taufbescheinigungen über längst vergangene Fälle ausstellen. Das liegt daran, dass die Menschen, um einen mexikanischen Pass zu bekommen, gezwungen sind, das kirchliche Dokument ihrer Taufe vorzulegen, denn eine behördliche Geburtsurkunde ist erst eine Erfindung jüngster Jahre. Genaugenommen sorgt die Regierung auf diese Weise dafür, dass uns die Arbeit nicht ausgeht. Die vielen Wege zu den Dörfern bestreite ich meistens mit dem Jeep, Joachim und Pirmin gehen auch gern zu Fuß. Wir müssen uns in dieser Hinsicht untereinander abstimmen. Probleme gab es aber noch nie.

18.1.1991

Heute ist ein ruhiger Tag. Joachim, Pirmin, Josefina und Rosendo sind nach Oaxaca gefahren und nehmen an einem Kurs über »Volkspädagogik« teil. Ich erzähle von der Ankunft der beiden Mitbrüder Damian Osterhues und Raymund Witter. Sie kamen am 23. November in Mexico City an. Ich habe sie am Flughafen abgeholt. Die ersten Tage brachten wir gemeinsam in der großen Stadt zu. Ein Ausflug nach Cuernavaca und auch einer nach

Puebla wurden zufällig möglich, sodass die beiden gleich schon beinahe die ganze mexikanische Kapuzinerdelegation kennenlernten. Am 3. Dezember sind wir dann gemeinsam mitten in der Nacht mit dem Bus nach Tlaxiaco gefahren.

Mit den anderen Mitgliedern des entsprechenden Ausschusses konnte ich dort den Stand der Dinge bezüglich der »Casa de servicio«, des Gästehauses, besprechen, allerdings ohne den Berater von CEDIPIO, der eigentlich dazukommen sollte. Am gleichen Tag kam wie vereinbart Felipe Santiago mit seiner Familie von Oaxaca, um in dem abbruchreifen Haus Wohnung zu nehmen. Das klappte gut. Mit dem Jeep, mit dem Pirmin uns entgegengekommen war, brachen wir gegen 16 Uhr nach Chalcatongo auf. Bei Magdalena Peñasco sind zurzeit wegen der Asphaltierung Straßenarbeiten im Gang. Da es regnete, war die Straße total glitschig. Wir hielten an, um abzuwarten, bis der Regen aufhörte beziehungsweise die Straßenoberfläche abtrocknete. Ein, zwei andere Wagen kamen und passierten die Stelle. Also haben wir es auch gewagt. Es ging gut, und wir kamen gegen 20 Uhr in Chalcatongo an, wo uns Joachim und Josefina erwarteten. Damian und Raymund blieben dann vierzehn Tage bei uns in Chalcatongo. Die Fiestas der Vírgenes (8. und 12. 12.) gaben Gelegenheit, das ein oder andere Dorf kennenzulernen. Außerdem konnten wir Pläne schmieden. Als Unterkunft kam das neue Katechetenhaus in Frage. Durch herausnehmbare Zwischenwände haben wir in dem großen Raum zwei Zimmer geschaffen. Unser Plan sieht nicht so aus, als wollten wir nun allesamt ständig in Chalcatongo sein. Im Gegenteil. Wir drei »alten Hasen« möchten bis September 91, dem Termin für die Übernahme von San Mateo Peñasco, die Gelegenheit bekommen, anderwärts in verschiedene Projekte hineinzuschnuppern. Wir haben in der vergangenen Zeit noch keine Möglichkeit gehabt, über unseren Zaun zu gucken. Die drei Neuen, wenn auch Helmut angekommen sein wird, können auch den ein oder anderen Kurs besuchen und hier in Chalcatongo schon einmal erste Erfahrungen in der neuen Umgebung machen. Jeder rät uns dieses Verfahren an, denn man kann schlechterdings nicht in die Indígenapastoral einsteigen, ohne zuvor eine Art Praktikum zu durchlaufen. Auch Helmut wird eine Anlaufzeit benötigen, bevor es in San Mateo ernst wird. Wir hatten seinerzeit das Glück, dass Pater Edmundo noch da war, sodass zumindest Joachim und Pirmin eine Einführungszeit hatten. – Gestern kam eine neue Ausgabe von KONTINENTE an. Unsere drei Neuen stellen sich dort vor und erklären den Lesern ihre Motivation. Ich habe mich gefreut, das so zu lesen.

Nach dem Aufenthalt in Chalcatongo bin ich mit Damian und Raymund nach Oaxaca gefahren. Wir blieben ein paar Tage, um die Schwestern Kapuzinerinnen kennenzulernen und uns den Bischöfen vorzustellen. Mit Don Bartolomé bekamen wir keinen Kontakt, weil er mit gebrochenem Fuß in Juquila geblieben war. Die Begegnung mit Don Hector kam zustande, aber wie! Zuerst dies: Don Hector wollte zu einer Priesterweihe nach Juquila fahren. Schwester Amparo half mir, ihn morgens um vier Uhr an seiner Garage abzufangen, um ihm einige Briefe mitzugeben, die er doch bitte Don Bartolomé zur Unterschrift vorlegen möge. Das klappte. Am folgenden Morgen war Don Hector zum Frühstück mit einem jungen Mitarbeiter im Haus der Schwestern. Wir saßen am gleichen Tisch im Pfortenbereich des Klosters. Es war unmöglich, den Kontakt zu ihm zu bekommen. Zwischendurch schob er mir wortlos die unterschriebenen Briefe hinüber. Ich bedankte mich und meinte, wir könnten ja später noch sprechen. Er war noch völlig in sein Gespräch mit dem jungen Mann vertieft. Ich bat die Pförtnerin, Schwester Socorro, dass sie doch bitte Don Hector »stoppen« sollte, falls er aufbreche, um das Haus zu verlassen. Wir wollten ihn noch begrüßen. Aber es kam anders. Schwuppdiwupp war Don Hector plötzlich verschwunden. Da packte mich der Zorn. Ich sprach mit Schwester Socorro in dem Sinn: Der Bischof ist im Haus und hat es nicht nötig, die beiden Brüder, die von Deutschland kommen, um in seiner Diözese zu arbeiten, auch nur zu begrüßen ... Die anderen Schwestern bekamen Wind von der Sache. Sofort hängte sich Schwester Amparo ans Telefon und rief das Büro von Don Hector an. Jetzt hieß es: Don Hector erwarte uns dort in seinem Büro zum Gespräch. Wir bestiegen also den Jeep, Schwerster Amparo kam mit, und brausten in die Stadt zur Kathedrale. Im Nebengebäude hat Don Hector sein Büro. Jetzt hatten wir mit ihm ein joviales Gespräch. Jetzt war er aufgeschlossen und machte sogar Witze. Die Sache war also bereinigt.

Damian und Raymund brachen noch am gleichen Abend nach Mexico City auf, um dort einen privaten Sprachkurs bei Gina Trimble zu absolvieren. Ich setzte mich in den Jeep und fuhr in Richtung Chalcatongo. Auf dem Weg besuchte ich noch die Schwestern in Teposcolula, Felipe Santiago in der »Casa der Servicio« in Tlaxiaco und auch noch Silvano in San Mateo Peñasco.

23.1.1991

Was das Priesterseminar SERESURE betrifft, gibt es immer neue Vorkommnisse. Die Seminaristen sind in eine Art Streik getreten, um gegen ein römisches Schreiben und die darauf folgenden Restriktionen zu reagieren. Zum Beispiel sollten alle Studenten eine Art Treueeid schwören. Wer das nicht wolle, sei automatisch entlassen. Die Inquisition lässt grüßen. In Oaxaca hat der Diözesanrat entschieden, die Seminaristen »heimzuholen«, das heißt ein eigenes Priesterseminar auf dem Boden von Oaxaca zu eröffnen. Der Einzige, der mit dieser Entscheidung zufrieden ist, scheint der Koadjutor zu sein. Da die Neuregelung sich nicht so schnell umsetzen lässt, sollen die Studenten ein Semester ohne Unterricht in Praxiseinsätzen verbringen. Von unserem Dekanat her gibt es schriftliche Unterstützung für die Studenten, die sich nicht verschaukeln lassen wollen. Es wirkt geradezu wie ein Witz, wie Don Hector sich als Direktor des neuen Priesterseminars von Oaxaca ins Spiel bringt.

10.3.1991

Am Montag vergangener Woche habe ich wieder eine Reise nach Mexico City unternommen. Diesmal vor allem, um Helmut zu begrüßen. Er ist dort am 12.2. angekommen. Nun sind also alle drei Neuen im Lande. Raymund hat es unternommen, die Aufenthaltsgenehmigungen zu regeln. Helmut, Damian und ich sind dann am Samstag mit dem Zug nach Oaxaca gefahren. Immerhin gibt es eine Bahnverbindung zwischen Mexico City und Oaxaca. Die Nachtfahrt dauerte eine Ewigkeit. Interessant war es dennoch. Besonders fasziniert hat mich am frühen Morgen eine Mango-Plantage in einer Oase. Die Schwestern erwarteten uns in Oaxaca. Helmut und Damian konnten dann am Montag gleich bei einem Sprachkurs an der Universität einsteigen.

14.3.1991

Die Gründung der »Asociatión Civil«, des gemeinnützigen Vereins »Alma de la tierra Mixteca«, ist zunächst reibungslos gelungen. Zwar ist da immer die Schwierigkeit, die einzelnen Mitglieder, die je aus einer der Pfarreien des Dekanates benannt wurden, an einen Tisch zu bekommen, denn die Entfernungen und die Kommunikationsbedingungen sind ein erhebliches Hindernis. Trotzdem können wir zufrieden sein, sogar mit den Vertretern der Behörden, die uns wohlwollend zugearbeitet haben. Von dem neuen Verein wurde dann formell das Haus gekauft, die zukünftige »casa de servicio« mit Felipe Santiago als »Hausvater«. Vorsitzende des Vereins ist Conchita aus Tlaxiaco. Das förmliche Dokument des Hausbesitzes nennt sich »Escritura«. In einem Punkt hatte ich allerdings ziemliche Schwierigkeiten. In Mexico City sagten mir die Beamten, der Verein sei nicht rechtskräftig gegründet worden und daher gar nicht existent. Der Notar in Tlaxiaco hätte einen Formfehler gemacht. Das ergab ein ziemliches Hin und Her, bis sich herausstellte, dass der Verein gar nicht ins Handelsregister eingetragen werden musste, da es sich um einen gemeinnützigen Verein handle, was ja auch in dem Gründungsdokument stand. Also: viel Lärm um nichts.

18.3.1991

Bald ist wieder die Heilige Woche, die Semana Santa. Die Organisation ist mit Schwierigkeiten verbunden, weil das Dorf Progreso, das diesmal die Festverantwortlichen stellt, den Anspruch erhebt, am Gründonnerstag eine Tanzveranstaltung durchzuführen. Immerhin habe ich Wind davon bekommen, und es ist auch gelungen, die Drahtzieher, hauptsächlich Radicados, also Leute, die in Mexico City wohnen, in unserm Büro zu einer Art Konferenz zu versammeln. Meine These war: Wenn ein Tanz an diesem Tag organisiert wird, kann der Kreuzweg nicht wie üblich in Progreso stattfinden. Der Kompromiss sah am Schluss so aus, dass statt des Tanzes am Gründonnerstag zusätzlich das »Letzte Abendmahl« in Progreso sein soll, und wie gehabt der Kreuzweg am Karfreitag. Das ist insgesamt ein »großes Paket«. Außerdem hat sich das Dorf – Agent ist einer der Katecheten, David – verpflichtet, dafür zu sorgen, dass der Hügel der Kreuzigung ordentlich mit Bänken und Absperrungen ausgestattet wird. Vor allem soll es verboten sein, dass Händler, die Esswaren und Getränke verkaufen wollen, auf dem Hügel ihre Stände aufbauen. Diesbezüglich hatte es in den Vorjahren handfeste Auseinandersetzungen gegeben. Für mich ist das Ergebnis der Verhandlungen insofern befriedigend, als dass das Dorf Progreso erstmalig zeigt, wie stark es an der Feier der Karwoche auf seinem Boden interessiert ist. Trotzdem gibt es ein Problem, denn ursprünglich ist die Karwoche dem Unterdorf von Chalcatongo, der Calvario-Kapelle zugeordnet.

24.7.1991

In der Zwischenzeit ist viel passiert. Nachdem die neuen Brüder Fuß gefasst hatten, sind Joachim und Helmut nach Chiapas aufgebrochen, während Damian und ich einen Besuch in Guatemala unternommen haben. Da gäbe es viel zu erzählen, aber das führt hier zu weit. Stattdessen soll kurz erwähnt werden, dass uns unser Mitbruder Leonhard Lehmann hier in Chalcatongo besucht hat. Er ist vor allem der Schwestern Kapuzinerinnen wegen nach Mexiko gekommen, denn er hat die Funktion eines Generalsekretärs der Kapuziner für die Schwestern übernommen. Hier in der Republik Mexiko gibt es weltweit die meisten Kapuzierinnnen, ungefähr eintausend, verstreut in über hundert Klöstern.

24.7.1991

Und dann war da der Besuch von unserem Provinzial aus Deutschland, Pater Roland Engelbertz, der, begleitet von Bruder Ephrem Rapp, Missionsprokurator, vom 16. April bis zum 7. Mai in Mexiko war. Insgesamt verlief der Besuch glücklich, das heißt wir konnten den zuvor aufgestellten Plan auch einhalten. Das ist bei den schwierigen Bedingungen nicht selbstverständlich. Ich versuche, einige Einzelheiten anzusprechen, obwohl mir besonders das Atmosphärische schon nicht mehr so präsent ist. Zunächst haben wir eine Tour zu den wichtigsten Stellen in Mexico City gemacht und die Basilika der Jungfrau von Guadalupe, das anthropologische Museum, den Zoccalo und die großen Pyramiden besichtigt. Am Freitag sind wir mit dem Nachtbus bis Tlaxiaco gefahren, wo uns Pirmin mit Chapulín, dem Jeep, erwartete. In Chalcatongo waren wir dann alle versammelt: die beiden Gäste und wir inzwischen sechs »Mexikaner« plus Josefina. Pater Roland konnte sich davon überzeugen, dass es uns allen gut ging, gesundheitlich und auch spirituell. In den Tagen des Besuches war in Chalcatongo nicht allzu viel los, sodass der Kontakt zur Bevölkerung nicht sonderlich aufregend ausfiel. Ein Katechetentreffen derer, die direkt aus dem Umkreis von Chalcatongo kommen, hat ein wenig für Lebendigkeit gesorgt. Nachdem wir ja nun schon seit sechs Jahren hier sind, möchten Besucher gern so etwas wie Früchte der Arbeit sehen. Insofern war eine gewisse Enttäuschung nicht zu vermeiden. Im Pfarrhaus selbst hat sich in den sechs Jahren nur wenig geändert. In europäischen Augen sieht alles sehr heruntergekommen aus. Auch ist bei uns selbst wenig Ehrgeiz zu erkennen, diesbezüglich etwas zu ändern. Das beleidigt sozusagen den deutschen Instinkt, der darauf Wert legt, dass alles schön in Ordnung sein soll. Hier geht jedenfalls alles sehr langsam, »quenni quenni« sagen die Einheimischen. Dazu kommt, dass es uns fernliegt, uns mit großen eigenen Projekten zu profilieren. Wir fördern, wenn möglich, Projekte unserer Nachbarn im Dekanat. Davon konnten wir erzählen, aber kaum etwas vorzeigen. Viel wichtiger ist es uns, die Grenzen, manchmal die Unmöglichkeiten zu ertragen. Zum Beispiel ist der Stil unserer Köchin Josefina für deutsche Gemüter ziemlich schwer zu verkraften. Worauf aber kommt es an? Doch wohl vor allem auf einen guten, respektvollen Umgang. Wir haben es uns selbst verboten, ständig eigene Wünsche vorzutragen oder wegen Kleinigkeiten herumzumeckern. Josefina ist gern bei uns. Darauf kommt es an. Pater Roland konnte während der ganzen Zeit des Besuches nichts essen, was Josefina gekocht hatte. Seine Vorstellungen von Hygiene sind halt sehr deutsch. Das passte nicht zusammen.

Bezüglich der Finanzen wurde während der Zeit des Besuches unser Beitrag für ein Auto für unseren Nachbarpfarrer in Yosondúa fällig. Ein Drittel der Kosten hatten wir übernommen. Außerdem fließt ja eine ganze Menge Geld in das Gästehaus in Tlaxiaco. Don Bartolomé bekommt Unterstützung für seinen Haushalt und für sein Projekt des Centro Guadalupano, einer Katechetenschule. Wir stoßen immer wieder auf die Schwierigkeit, dass es an tragenden Strukturen fehlt. Das hat mit der Armut zu tun. Eigene Trägerschaften der Dörfer oder der Menschen sind dort unmöglich, wo kein Kapital erwirtschaftet werden kann. Hilfe von außen führt leicht zu noch größerer Abhängigkeit. Auch unser eigenes Projekt, das Katechetenhaus in unserem Pfarrhof, hängt insofern in der Luft, als die nötigen Finanzen bislang kaum von den Katecheten selbst erwirtschaftet werden können. Die Einkünfte durch ihre Arbeit, Holzarbeiten zur Herstellung von Heiligenhäuschen, sind kaum mehr als ein Tropfen auf den heißen Stein.

Sodann folgte mit den Gästen eine Tour nach Oaxaca. Drei der Schwestern Kapuzinerinnen holten uns mit ihrem Auto hier in Chalcatongo ab, Dolores, Angeles und Lourdes. Das heißt, wir fuhren mit zwei Autos. Die ganze Truppe ab nach Oaxaca. Nur Josefina blieb zurück. Abgesehen vom Besuch bei den Schwestern, die die ganze Mannschaft herzlich aufnahmen und bestens bewirteten, war das Treffen mit Don Bartolomé und Don Hector wichtig. Wir hatten uns zuvor sehr bemüht, einen Termin mit beiden Bischöfen zu bekommen, was glücklicherweise auch klappte. Im Grunde hatten wir den ganzen Reiseplan auf diesen Punkt ausgerichtet.

Am Sonntagmorgen empfing uns Don Bartolomé in seinem Salon, und bald kam auch Don Hector dazu. Für uns war es von großer Bedeutung, klar zu definieren, dass wir uns für die Übernahme von San Mateo Peñasco verpflichteten, nicht aber für die Nachbarpfarrei Achiutla, die seit etlichen Jahren von San Mateo her mit verwaltet wurde. Don Bartolomé übernahm sofort die Initiative und verdeutlichte diesen Punkt gegenüber Don Hector. Damit war die erste Hürde schon genommen. Der weitere Punkt war dann ein Termin für die Amtsübernahme. Unsere Bitte, von den Bischöfen persönlich eingeführt zu werden, wurde sofort bejaht. Dann blätterten beide Bischöfe eifrig in ihren Kalendern. Don Hector ließ bei jedem Vorschlag wissen, dass er da schon etwas anderes habe. So blieb die Sache bei Don Bartolomé hängen, mit seinem Einverständnis und zu unserer Freude. Don Bartolomé sicherte zu, deswegen am 6. Oktober persönlich nach San Mateo zu kommen. Von da an übernahm Don Hector die Initiative in dem Gespräch. Pater Roland erklärte ihm ein wenig unsere Ideen einer Pastoral mit franziskanischen Akzenten. Auf die Frage nach den Oberen wurde klargestellt, dass Helmut für San Mateo zuständig sei und ich, Arno, weiterhin für Chalcatongo. Das heißt, dass die beiden Pfarreien grundsätzlich eigenständig geführt würden. Es klang dann schon ziemlich komisch, als Don Hector Roland gegenüber seine Kompetenz als Bischof mit Sondervollmachten markierte. Er sei vom Papst für den Klerus und die Ordensleute zuständig gemacht worden. Wir sollten deshalb jeweils um Erlaubnis bitten, wenn wir von den Pfarreien etwa wegen einer Reise abwesend sein müssten. Im Übrigen erwarte er, dass wir beide Bischöfe gleichermaßen respektierten. Roland erklärte, dass wir, die Mitbrüder, ja mit der Absicht, in der Erzdiözese einen Dienst zu tun, nach Mexiko gekommen seien und dass es uns fern liege, unser eigenes Süppchen zu kochen. Don Hector sprach dann von einer seiner Lieblingsideen, dass nämlich von Mexiko her Priester als Missionare in die Welt geschickt werden sollten, um andere Völker (besonders jene, die vom Säkularismus befallen seien) zu evangelisieren. Don Hector verabschiedete sich schließlich, und wir hatten noch Zeit, mit Don Bartolomé allein zusprechen. Der Bischof fragte mich, welchen Eindruck ich denn von dem Gespräch habe. Ich sagte: »Mit dem Ergebnis sind wir einverstanden.« Mit deutlichem Seitenhieb auf Don Hector kommentierte er: »Ich dachte, es würde noch schlimmer kommen.«

28.8.1991

Ich mache mir Gedanken über den sozialen Konflikt in Israel zur Zeit Jesu. Ich empfinde eine große Ähnlichkeit zwischen damals und heute. So wie die Campesinos hier in der Mixteca leben, könnten die Menschen in Galiläa auch gelebt haben. Jesus hat überall die Unterprivilegierten bevorzugt. Das ist seine Option für die Armen. Er hat sich zunächst und vorwiegend an sie gewandt, sich ihren Anliegen gegenüber aufgeschlossen gezeigt. Erst danach hat er auch mit den Bessergestellten zu tun bekommen. Und die Privilegierten, die Pharisäer, haben ihm sofort und ohne Umschweife den Vorwurf gemacht, dass er sich mit den Armen, den Sündern, an einen Tisch setze. Auch in der Wahl seiner Helfer griff er auf die »Letzten« zurück und benannte Fischer vom See, arme Schlucker. Aus einer charismatischen Position heraus, ohne offizielle Ämter und Würden, hat er in Anlehnung an Johannes den Täufer das »Reich Gottes« angesagt und in seinen »Wundertaten«, den Heilungen, dieses »Reich Gottes«, die neue soziale Wirklichkeit, anfänglich aufscheinen lassen. Denn jede Heilung bedeutete unmittelbar ein gesellschaftliches Hereinholen dessen, der zuvor draußen war. Das Prinzip bestand darin, den Graben zu überwinden, der sich aufgetan hatte zwischen denen, die ihre Privilegien genossen und verteidigten, und jenen, die nirgendwo Anschluss fanden. Man muss nichts in die Bibel hineinlesen, um festzustellen, dass Jesus eine eindeutige, ausdrückliche Position auf der Seite der Armen eingenommen hat, dass also die »Besondere Option Gottes für die Armen« von ihm gelebt und gelehrt wurde. Sein Aufruf zur Bekehrung gilt folgerichtig den Privilegierten der damaligen Zeit. Das »Wehe euch, ihr Pharisäer« ist nicht zu überhören. Dennoch ist die Position Jesu keineswegs ausschließlich. Auch die Pharisäer sind ins Reich Gottes eingeladen. Sie tun sich nur schwerer, durch die enge Tür zu gelangen. Das »Reich Gottes« ist als klassenlose, geschwisterliche Gesellschaft gedacht. Im jeweiligen geschichtlich-gegenwärtigen Moment gibt es jedoch die sozialen Klassen, die sich herausbilden, weil die Privilegierten gar nicht daran denken, die Armen an ihren Reichtümern, an ihren Möglichkeiten, Teil haben zu lassen.

Interessant sind solche Überlegungen nicht zuletzt deswegen, weil die konservativen Köpfe in der Kirche den, wie sie denken, linken Agitatoren, den Vorwurf machen, sie dächten in der Line des »Klassenkampfes«, also marxistisch motiviert. Die Diskussion ist aussichtslos, solange innerkirchlich nicht klar ist, dass schon Jesus es zu seiner Zeit mit sozialen Klassen zu tun hatte. Die Frage ist eigentlich nur: Wer produziert in der Gesellschaft die sozialen Klassen? Wer zieht die Grenzen zwischen sich und den anderen, zwischen den »Gerechten« und den »Sündern« immer neu? Auf eine griffige Kurzformel gebracht heißt das: Der wahre Grund für die Armut der Armen ist der Reichtum der Reichen. Auf die Gefahr hin, dass es sich um eine nur ganz allgemeine These handelt, will ich im Hinblick auf die Indígenapastoral sagen, dass es Teil der Evangelisation sein muss, auf eine partizipatorischere Gesellschaft hinzuarbeiten. In Mexiko würde das bedeuten, das »Stillhalteabkommen« mit der politischen Macht aufzukündigen. Doch wie will eine Kirche diesen Punkt voranbringen, die selbst diesbezüglich erhebliche Defizite aufweist?

8.10.1991

Am vergangenen Sonntag, vor zwei Tagen, war nun die Einführung von Helmut, der jetzt Vidal genannt wird, und Damian in San Mateo Peñasco. Als unser Provinzial, Pater Roland Engelbertz, in Mexiko war, hatten wir ja bei einem Besuch in Oaxaca mit Don Bartolomé den Termin für die Übernahme der Pfarrei San Mateo auf den 6. Oktober festgelegt. Zuvor gab es noch einige Schwierigkeiten, und zwar deswegen, weil Silvano, den Don Bartolomé als Übergangspfarrer nach San Mateo geschickt hatte, sich übergangen fühlte. Zwar hatte ich ihn immer wieder über unsere Vorstellungen und den Stand der Dinge bezüglich des Gesprächs mit den Bischöfen unterrichtet, doch er, Silvano, wollte den Wechsel zum Jahresende haben, weil er bis zu diesem Zeitpunkt schon einige Termine geplant habe. Ihm fehlte ein Wort von Don Bartolomé, der ihn unglücklicherweise an Don Hector verwiesen hatte, von dem er aber auch nichts erwarten konnte. Schließlich, um es kurz zu machen, gab es Zweifel, ob Silvano den Wechsel nach Aichutla, seiner zweiten Pfarrei, überhaupt vollziehen würde beziehungsweise ob er bei der Amtseinführung von Helmut und Damian mitspielen würde. Als der Termin schon heranrückte, schrieb Don Bartolomé am 25.9. noch einen Brief an Silvano, den er mir zeigte und mir zur Weiterleitung übergab. Ich traf Silvano aber in San Mateo nicht an. Es fügte sich, dass ein Lehrer, der aus San Mateo stammt, in San-Miguel-el-Grande arbeitet, aber in Chalcatongo wohnt, Wind von der Sache bekam. Mit seiner Hilfe und durch einen Kontakt zur Autorität von San Mateo, der Helmut und ich bewussten Brief zur dringenden Übergabe an Silvano aushändigten, konnten wir zumindest davon ausgehen, dass das Dorf davon erfuhr, dass »der Bischof kommt«. Tatsächlich saßen wir ziemlich im Dunklen und wussten nicht, wie die Sache ausgehen würde.

9.10.1991

Don Bartolomé traf dann am Samstag, den 5.10. schon recht früh, gegen 14:00 Uhr, in Chalcatongo ein. Im Gespräch wollte er vor allem wissen, ob sein Brief übergeben worden sei. Wir konnten keine klare Auskunft geben. Schließlich stellten wir uns darauf ein, dass Silvano möglicherweise nicht anwesend sein und die Leute von San Mateo schlecht organisiert sein würden. Immerhin war aber die Dorfautorität im Bilde. Don Bartolomé hatte außerdem das Problem, dass er die Pfarrei nicht an uns übergeben konnte, bevor Silvano sie ihm nicht »zurückgegeben« habe. – Natürlich unterhielten wir uns mit Don Bartolomé auch über andere Dinge. Das Gespräch war recht tiefschürfend.

Am Sonntag zelebrierte Don Bartolomé zunächst um 8 Uhr hier in Chalcatongo die Heilige Messe. So war es abgesprochen. Er griff die Themen auf, die wir ihm nahegelegt hatten, und erklärte der Gemeinde die Notwendigkeit von Pláticas zur Sakramentenvorbereitung. Auch sprach er den Gemeinschaftscharakter der Heiligen Messe an und unterstützte uns in der Ablehnung von sogenannten Spezialmessen. So gab er uns in allen kritischen Punkten Rückendeckung. Besonders lobend unterstrich er, dass wir uns auch um die entlegenen Dörfer kümmerten. Nach der Messe kamen viele Leute in den Hof, um den Bischof zu begrüßen. Reden wurden nicht gehalten. Übrigens war Serapio, unser Mitbruder, als Vertreter der Kapuzinerdelegation mit Don Bartolomé in dessen Auto von Oaxaca her mitgekommen; für mich eine besondere Freude.

Um 11:15 Uhr fuhren wir dann mit dem Wagen von Don Bartolomé und unserem Jeep nach San Mateo. Die Stimmung war etwas gedrückt, weil keiner wusste, was passieren würde. Das erste Anzeichen von Leben waren dann ein paar kleine Jungen, die uns von San Mateo her entgegengelaufen kamen. Ich saß mit in dem Bischofsauto. Und schon sahen wir, als wir um die Ecke bogen, ein paar Frauen mit Blumensträußen. Dann der Blick hinunter zur Brücke, wo eine ganze Menschenmenge, Frauen und Männer und Kinder, auf den Bischof wartete. Das war in der Tat ein überwältigender Empfang! Wie auf einen Schlag schlug die Stimmung um, von Besorgnis zu heller Freude. Auf der Brücke angekommen, machte ich Silvano in der Menge aus und flüsterte Don Bartolomé die Nachricht zu. Er stieg aus, und es gab eine kurze Begrüßung. Dann aber musste er wieder einsteigen, weil er nicht recht laufen konnte. Ich dagegen mischte mich unter die Leute. Bald darauf kam auch Chapulín, der Jeep, mit den beiden »Kandidaten« und bildete das Schlusslicht der Prozession, die nun zum Dorf hinaufzog. Das ganze Dorf war versammelt. Oben angekommen, zogen wir unter Lautsprechermusik in die halb zerfallene Kirche ein. Don Bartolomé sprach erst einmal mit Silvano. Dann konnte die Heilige Messe beginnen. Der Bischof stellte der Gemeinde die beiden »Kandidaten« als ihre neuen Pfarrer vor, und die Versammelten spendeten Helmut und Damian einen herzlichen Applaus. Während der Messe sprachen die beiden das Glaubensbekenntnis und erhielten vom Bischof und einigen Honoratioren den Friedensgruß. Übrigens waren auch einige Vertreter von Chalcatongo, Don Manuel, Don Severiano und Josefina, mitgekommen. Nach dem Gottesdienst wurde zum Festmahl gebeten. Man hatte »Mole Negro«, das Beste, was man aufbieten konnte, zubereitet, und zwar für alle, für das ganze Dorf. Der Innenhof des Pfarrhauses war geradezu belagert. Ein herrliches Bild des Willkommens. Schöner hätte es nicht sein können. Wir saßen mit der Dorfautorität zusammen am Tisch. Schließlich verabschiedete sich der Bischof, um über den Berg bei San-Miguel-el-Grande die Rückreise nach Oaxaca anzutreten. Ich konnte noch schnell ein Foto machen und hatte allen Grund, mich bei Don Bartolomé zu bedanken. Auch Silvano verließ jetzt das Terrain. Er wurde von den Leuten aus Aichutla in Empfang genommen. Der Bürgermeister von dort bedankte sich bei mir, dass ich dafür gesorgt hätte, dass sie in Silvano jetzt endlich nach so vielen Jahren wieder einen eigenen Pfarrer hätten. Ehrlich gesagt, ich fühlte mich zu Unrecht bedankt, denn ich hatte daran keinen Anteil.

12.10.1991

Soeben sind Helmut und Damian mit Juan Nicolás nach San Mateo aufgebrochen. Nun sind sie also endgültig bei uns in Chalcatongo ausgezogen, um in San Mateo, im Pfarrhaus, zu wohnen. Natürlich werden wir uns schon bald wiedersehen, denn wir möchten ja die Pastoral in den beiden Pfarreien miteinander verzahnen. Beim Abschied waren auch einige Katecheten anwesend. Zurzeit läuft der Kurs, der zwei Mal im Jahr stattfindet. Josefina musste weinen, als sich Helmut und Damian bei ihr für die Zeit in Chalcatongo bedankten.

Was den Katechetenkurs betrifft, so versuche ich mit den Teilnehmer/-innen das Thema: »Die mixtekische Kultur anhand des Gesundheitswesens« zu erarbeiten. Ich selbst habe eigentlich keine Ahnung, was da eine Rolle spielt. Die Katecheten selbst sind die »Fachleute«. So haben wir uns bewusst gemacht, was in einer normalen Familie passiert, wenn jemand krank wird. Wie sprechen die Leute über die Situation, welche »Denkmuster« spielen eine Rolle? Von »schlimmer Luft« ist dann die Rede, von »heißen und kalten« Dingen und Zuständen, auch von »Hexerei«. Letzteres vor allem bei schwerwiegenden, unerklärlichen Phänomenen. Der Gang zum Heilpraktiker oder zum Arzt ist nicht nur wegen der Behandlung wichtig, sondern auch, weil der Kranke lernen muss, sich selbst als Hilfebedürftiger zu verstehen: »Mit mir ist etwas nicht in Ordnung.« Eine für unsereinen völlig unbekannte Auslegung von Krankheitsphänomenen ist der »susto«, der »Schreck«. Wenn jemand plötzlich erkrankt, wird er befragt, wo, an welchem Ort er einen Schrecken erlebt habe. Man geht dann mit dem Patienten an diese Stelle, irgendwo in der Landschaft, und vollzieht einen bestimmten Ritus. Die Vorstellung ist die, dass ein unerlöste Geist eines Verstorbenen an diesem Platz sein Unwesen treibt und dem Kranken seine »Seele entrissen« habe. Nun müsse man von diesem Unhold die Seele wieder zurückbekommen. Und das geht so: Man beschwört zunächst durch Anrufungen den bösen Geist, schüttet dann ein Gläschen Schapps auf die Erde, das den Unhold betrunken macht, sodass er die Sache nicht mehr unter Kontrolle hat. Sodann muss man mit dem Kranken schleunigst das Weite suchen. Auf diese Weise gewinnt man die Seele des Kranken zurück und kann jetzt allerhand Hausrezepte anwenden, die nun Heilung versprechen, weil der Kranke ja als Person wieder integriert ist.

13.1.1992

Vidal (Helmut) und Damian haben sich inzwischen in San Mateo eingelebt und entwickeln verschiedene Aktivitäten, wie die Renovierung des Daches des Pfarrhauses und natürlich pastorale Schritte in den dreiunddreißig Dörfern, die zur Pfarrei gehören. Am vergangenen Mittwoch waren wir zum ersten Mal alle in San Mateo zum gemeinsamen Dienstgespräch. Vidal und Damian haben die wichtigsten pastoralen Leitlinien des Dekanates, wie wir sie ja auch in Chalcatongo umzusetzen versuchen, für ihre Arbeit übernommen. Sie halten in den Municipien die Pláticas und versuchen, etwaige »Spezialmessen« zugunsten von Gemeinschaftsmessen zurückzudrängen. Außerdem bemühen sie sich, bei den Festen auch der kleinen Dörfer präsent zu sein, und fördern die Suche nach Mitarbeitern, nach Katecheten. In Oaxaca hatten wir bei den Schwestern das Auto für San Mateo, eine Ford Picup, auf den Namen Vallena, Walfisch, getauft. Mit Hilfe des Autos können die beiden leichter in den entlegenen Dörfern präsent sein.

Bei unserem Dienstgespräch hat Damian erkennen lassen, dass ihm die Rolle als Pastoralmitarbeiter nicht sehr zusagt. Er hatte sich die Dinge anders vorgestellt. Er möchte im Krankendienst tätig werden. In dieser Richtung hat er ja seine Ausbildung.

Eine andere Sache ist der Versuch, mit einer weiteren mexikanischen Schwesterngemeinschaft, den Misioneras Diözesanas MPD aus Torreón, zu einer Zusammenarbeit zu kommen. Die Provinzialin FFM, Elena, hatte die Kontakte ermöglicht. Das hat sich zunächst gut angelassen, bis Don Hector einen Strich durch die Sache machte. Die Schwesterngemeinschaft sei noch nicht reif für ein solches Unternehmen, meinte er kurzerhand. Die Gemeinschaft ist in der Tat noch sehr jung und von der »Option für die Armen« begeistert. Ich hätte mir gut vorstellen können, dass Damian und die Schwestern einen Weg gefunden hätten, den Krankendienst und die Pastoral miteinander zu verknüpfen.

30.1.1992

Vor einigen Tagen war ich in Oaxaca zur konstituierenden Sitzung des neuen Priesterrates. Vom Dekanat her war ich als Vertreter benannt worden. Die Sitzung blieb, wie man hier sagt, flau. Etwa die Hälfte der eingeladenen Priester war anwesend, die meisten aus der Stadt. Die Tagesordnung wurde gar nicht erst in Angriff genommen, ein Vorstand nicht gewählt. Der Aufenthalt in Oaxaca eröffnete dann die Möglichkeit, den Kapuzinerinnen auf ihre Anfrage hin einen Vortrag zu halten, um ihre Äbtissinnenwahl vorzubereiten. Die Wahl musste stattfinden, nachdem drei Jahre zuvor Schwester Amparo aufgrund eines konventsinternen Konfliktes als Äbtissin nicht gewählt, sondern vom Bischof autoritativ eingesetzt worden war.

Ich habe versucht, den Schwestern »gute Ratschläge« zu geben, ohne mich auch nur im Geringsten einzumischen. Abgesehen von den Schwestern selbst sei der Heilige Geist zuständig, eine zukunftsträchtige Lösung zu finden. Gewählt wurde dann unter Vorsitz von Don Hector gleich im ersten Wahlgang Schwester Socorro. Sie ist genauso alt wie ich und war auch Äbtissin, als wir 1985 nach Oaxaca kamen.

1.2.1992

Bezüglich der Schwestern sei unbedingt einmal erwähnt, dass wir dort immer sehr gut aufgenommen werden. Man gibt uns jetzt einen speziellen Raum innerhalb des Konventes. Seitdem Schwester Amparo Äbtissin wurde, hat man uns zu den Mahlzeiten stets in das Refektorium der Schwestern geholt. Früher haben wir im Pfortenbereich gegessen, wo auch die Salesianer, die auf der anderen Straßenseite ihr »Stadthaus« haben, ihre Mahlzeiten einnehmen. Die Kommunikation mit den Schwestern klappt bestens, allerdings sparen wir einige ideologischen Themen aus.

2.2.1992

Von Schwester Naty FFM, die bei uns auf dem Weg nach La Humedad einen Zwischenstopp einlegt, hören wir, dass die beiden Schwestern, die bei uns mitgearbeitet hatten, nun offiziell bei der Gemeinschaft FMM für (mindestens) drei Jahre angenommen wurden und dort zufrieden sind.

Die Aufgabe der Seelsorger, der Priester, sei die »Begleitung« der Menschen beziehungsweise der Dörfer. Das gilt in der Indígenapastoral als Grundhaltung. Wir dürfen nicht in die Rolle der »Macher« geraten, die immer schon wissen, welches die Ziele sind, die schneller und effektiver Lösungen erreichen möchten. Ohne dass »Mission« deswegen überflüssig ist, sollen und wollen wir vermeiden, in irgendeine Art von »Eroberungsmentalität« zu geraten. Dieses Konzept ist schwer verständlich zu machen. Auch wir Deutschen neigen dazu, die Schwäche der Schwachen zu unserer Stärke auszunutzen. Die Gesamtkirche tappt in dieser Hinsicht ebenfalls oft und immer wieder in die Falle. Die Impositionen, Bevormundungen, sind vielfältig, inklusive auf dogmatischem Gebiet. Das geduldige Wachsenlassen, das Sichzurücknehmen, fällt, wohin man schaut, schwer.

11.2.1992

Am vergangenen Mittwoch bis Freitag war wieder Dekantsversammlung, diesmal bei uns in Chalcatongo. Zunächst haben wir – wegen des lauten Marktgeschehens im Zentrum – einen Ausflug nach Progreso unternommen und uns dort unter Anleitung von Juan Antonio mit dem Buch DIE OFFENEN ADERN AMERIKAS (E. Galeano) beschäftigt. Sodann mussten wir weitere Punkte klären. Besonders beschäftigt hat uns die Wahl eines neuen Dekans, weil die Zeit von Felipe-de-Jesus abgelaufen ist. Der Wunsch der Bischöfe, eine Terna, also einen Dreiervorschlag, zu erstellen, hatte unter anderem dazu geführt, dass ich dort gegen meinen ausdrücklichen Willen an dritter Stelle genannt wurde. Inzwischen ist die Sache mit der Terna aus verschiedenen Gründen ins Leere gelaufen. Also blieb der Fall erst einmal offen. Meine Meinung zu unserer Arbeit im Dekanat ist zwar immer noch grundsätzlich positiv, doch sehe ich nach wie vor ein Problem darin, dass die Pfarrer ihre Position zu stark ausspielen und die Laien entsprechend ins Hintertreffen geraten. Besonders ärgerlich finde ich die Angriffe, die John Reuter mir gegenüber fährt. Sobald ich etwas sage, äußert er das Gegenteil.

16.2.1992

Vor einigen Tagen war ich mit Josefina und Rosendo auf dem Weg nach Chapultepec. Unterwegs hielten wir an, weil ich ein Ochsengespann beim Pflügen fotografieren wollte. Der Campesino war ein Verwandter der Santisima Modesta, einer Wahrsagerin, von der ich schon oft gehört hatte. Ich wurde jetzt der alten

Dame, einer kleinen, schmächtigen Frau vorgestellt. Sie sprach Mixtektisch. Josefina übersetzte ihre Wort für mich ins Spanische, sodass ich verstand: Ich solle ihr Haus segnen. Also formulierte ich ein Gebet und vollzog den entsprechenden Ritus. Aber die alte Dame war noch nicht zufrieden. Ich solle auch ihren Altar segnen. Sie ging mit uns in ein Nebenzimmer, das offensichtlich ihre Arbeitsstelle war: ein ebenerdiger Altar mit einer Reihe von Heiligenbilder und Figuren, davor eine Flechtmatte. Die Santisima Modesta ließ sich mit uns vor diesem Altar nieder und zündete eine Reihe von Kerzen an. Ich verstand langsam, wie sie ihre Arbeit angeht. Sie beobachtet das Flackern der Kerzen, schaut zu, wie sie sich in der Hitze verformen, und zieht daraus ihre Schlüsse. Dann teil sie ihren Besuchern die Botschaft mit, die sie empfangen hat. Es geht dabei zumeist um massive Probleme, die ihr von den Besuchern vorgetragen werden. Mord und Totschlag im Zusammenhang mit Viehdiebstal sind nicht selten. Durch die Messen, die die Leute bei uns bestellen, wissen wir von den Dingen. Die Santisima Modesta hilft den Menschen auf ihre Weise, die Gefühle von Rache zu überwinden und den Schmerz zu ertragen. Sie ist also im besten Sinne eine mixtekische Priesterin. Ich durfte nun ihre Arbeitsstelle, den Altar segnen. Sie erkannte auch mich als Priester an. Ihre Gestik, ihre Körpersprache, alles drückte großen Respekt aus. Und sie ließ uns nicht gehen, ohne uns ein Körbchen mit Eiern zu schenken, das ich ebenfalls mit großem Respekt entgegennahm.

13.3.1992

Während Joachim, Pirmin und Raymund noch in Yosonotú zur Fiesta des Señor de la Columna, des Herrn an der Geißelsäule, sind, bin ich bereits von San Mateo zurückgekommen, wo ich Helmut bei den Pláticas von San Agustín geholfen habe, weil Damian wegen Bandscheibenproblemen in Mexico City ist. Raymund war inzwischen für drei Wochen in La Humedad bei den Schwestern und hat dort erlebt, wie sie arbeiten. »Animation« oder auch »Begleitung« sind die Ausdrücke dafür, dass die Schwestern fast immer unterwegs in den Dörfern sind. Anders als wir kehren sie nur wenig an ihren Wohnsitz zurück. Sie werden jeweils von der Dorfautorität in praktischen Dingen versorgt. Diese Methode klappt bei uns kaum, zum einen deswegen, weil wir, nicht zuletzt infolge der Sektentätigkeit, in den Dörfern zu wenig Rückhalt haben, zum anderen deswegen, weil wir durch Erwartungen wie die Präsenz am Markttag ans Zentrum von Chalcatongo gebunden sind. Die Methode der »Animation« passt für das Engagement der Schwestern sehr gut. Sie sind ja keine Priester. Sie verfolgen als Ziel eine ganzheitliche Pastoral, die Soziales und auch Ökonomisches, dazu Kulturelles mit im Blick hat. Wir dagegen werden meistens als Priester angesprochen und auf die entsprechende Rolle festgelegt.

24.3.1992

Im Werkstattkurs der Katecheten dreht sich zurzeit alles um die Virgen de Guadalupe. Gestern habe ich versucht, das Bildnis, die originäre Quelle, auszulegen, heute stelle ich den »Nican Mopohua«, die alte Erzählung, vor. Ich habe das Wort »Überzeugung« zum Ausgangspunkt unserer Arbeit gemacht. Die Frage lautet dann: Wer überzeugt wen? Die Jungfrau überzeugt zuerst Juan Diego. Sodann soll Juan Diego den Bischof Zumáraga überzeugen. Das klappt aber nicht, weil der Bischof den Indígena nicht anerkennt. Es fällt Juan Diego schwer, seine Identität als Indígena durchzuhalten. Die Virgen hilft ihm jedoch, indem sie ihm jeden Beistand verspricht und ihm ein Zeichen, das Rosenwunder, mitgibt, das den Bischof überzeugen muss. Da sie dem Bischof sogar höchstpersönlich selbst als Indígenafrau erscheint, knickt der Bischof schließlich ein und tut, was die Virgen will. Im Resultat: Nicht der Bischof überzeugt den Indígena, sondern der Indígena überzeugt den Bischof. Die Logik der Geschichte von der Guadalupana stellt die Beziehungen auf den Kopf. Nicht der spanische Kirchenmann ist der »Missionar«, der mit dem Anspruch kommt, die Indígenas zu bekehren, sondern die Virgen und mit ihr Juan Diego sind die Missionare, die den Bischof bekehren.

Auf der Oberfläche lässt der »Nican Mopohua« auch die spanisch-christliche Interpretation zu, nämlich die, dass die Virgen Maria, die Mutter Jesu, sei und sozusagen in der Verkleidung als Indígenafrau den Neuchristen Juan Diego von sich überzeugen wollte. In dieser Auslegung gewährt die Jungfrau dem Bischof quasi das Recht, die Götzen der indianischen Religion zu zerstören und auf diese Weise dem christlichen Glauben in einer großangelegten »Mission« zum Durchbruch zu verhelfen. Historisch gesehen ist diese Strategie geschichtswirksam geworden. Die entsprechende Interpretation des Bildes und des »Nican Mopohua« ist bis heute die gängige. Sie wird in ganz Mexiko vorgetragen, sogar im Heiligtum der Guadalupana, in Mexico City selbst. Die mestizische Gesellschaft hat damit keine Probleme, die indianische sehr wohl. Ich für meinen Teil gehe jedenfalls nicht davon aus, dass es sich bei der Guadalupana um den beispielhaften Fall einer Inkulturation handelt. Die dominante Auslegung der Erzählung basiert auf der Unterdrückung ihres wahren Gehalts. Von einer Integration beider Sichtweisen kann meines Erachtens nicht die Rede sein.

Ich gehe noch einen Schritt weiter und sage, dass der »Nican Mopohua« eine sehr geschickte Taktik verfolgt, indem er die Virgen, die ursprünglich auf dem Erscheinungshügel von den Azteken und den anderen Völkerschaften der Region als »Mutter des Lebens«, Tonánzin, verehrte wurde, in die neue, von der Conquista geprägte Epoche hinüberrettet. Das Bildnis und die Erzählung enthalten eine Geheimbotschaft, die die Spanier nicht begreifen. Tonánzin, die Mutter allen Lebens, zeigt sich in aller Offenheit, lässt den Spaniern jedoch den Glauben, sie sei ihre »Mutter Gottes«. Sie stärkt ihre Kinder, die Indígenas, gibt ihnen neuen Mut, zu sich selbst zu stehen und auf den Moment zu warten, an dem sie von den Christen, der neuen Herrschaft, respektiert werden. Dieser Moment ist bislang allerdings noch nicht gekommen. Für uns ist es total traurig zu sehen, wie die Indígenas bis auf den heutigen Tag in ihrem eigenen Land als »Indios« herabgesetzt, geradezu verachtet werden. Ob die Erinnerung an die fünfhundert Jahre seit der Conquista an diesen Verhältnissen etwas ändert? Bis jetzt sieht es nicht sehr danach aus.

16.4.1992

Wir haben Besuch. Der Mitbruder Mauritius Moren, der in Kanada Missionstheologie lehrt, hat den Weg zu uns gefunden. Da die Karwoche mit all ihren Aktivitäten begonnen hat, ergibt sich für Mauritius manches Anschauungsmaterial für seine Studien zu den indianischen Wurzeln. Völkerkunde gehört heute zu den Fachgebieten, um die sich die Religionskritik bemühen muss.

Unsereiner hat sich mehr um praktische Dinge zu kümmern. Das ist vor allem wieder das Problem der Tanzveranstaltungen in der Heiligen Woche. Die Radicados, das sind die Leute, die in Mexico City leben, fallen zur Festwoche in ihre Heimatregion ein und wollen die Regeln bestimmen, nach denen hier die Veranstaltungen organisiert werden. Sie haben, da in ganz Mexiko arbeitsfrei ist, ein zwar verständliches, aber doch den Inhalten der Heiligen Woche gegenläufiges Interesse an Unterhaltung und lautstarkem Vergnügen. Als Pfarrer sind wir zwar traditionell die Hauptverantwortlichen, praktisch werden wir aber vielfach übergangen.

Außerdem packe ich meine Sachen und bereite mich auf meinen für drei Monate vorgesehenen Heimaturlaub in Deutschland vor. Die Brüder in Mexico City, Las Aguilas, unterstützen mich in meiner Absicht, auch einen Spanienbesuch zu machen. Ich möchte die Regionen Navarra und Katalonien kennenlernen, aus denen die spanischen Mitbrüder stammen, die hier in Mexiko zusammen mit den einheimischen Brüdern die Kapuziner-Delegation bilden.

3.9.1992

Ich bin jetzt wieder in Chalcatongo. Wir haben uns für das Patronatsfest am 8.9. als Predigtthema die Virgen de Guadalupe vorgenommen. Für jeden Abend in der Novene ist ein anderer Aspekt, ein weiteres Motiv, vorgesehen. Gestern habe ich über die »Gute Botschaft für die Armen« gesprochen. Die Virgen möchte, dass man ihr auf dem Hügel Tepeyác ein Heiligtum baut. Was aber bezweckt sie mit diesem Tempel? Im »Nican Mopohua« wird das genügend deutlich angesprochen. Die Virgen erklärt, sie wolle an diesem Ort die Hilferufe der Bedrängten anhören. Man soll sich hier an diesem Ort an sie wenden können. Zunächst ist dieses Motiv nicht besonders originell. Fast alle Wallfahrtsorte kennen das. Die Dinge werden aber sehr lebendig, wenn man sie in den historischen Zusammenhang stellt. Das Problem der Indígenas ist seit der Conquista, dass sie kein Gehör finden. Ihre Interessen spielen bei den neuen Machthabern keine Rolle. Sie haben keine Lobby, können sich nicht durchsetzen beziehungsweise werden erst gar nicht wahrgenommen. Die himmlische Frau will also einen Ort schaffen, an dem die Armen Gehör finden. Sie will selbst die Mutter sein, die ihre Kinder ernst nimmt. Im Gesamt der Erzählung soll aber auch der Bischof als Repräsentant der neuen Macht ein Hörender werden. Dort, wo die Not am größten ist, soll der Bischof und mit ihm die ganze spanische Führungsschicht zur Aufgeschlossenheit gegenüber dem eroberten indianischen Volk verpflichtet werden. Seine, des Volkes Interessen, müssen Vorrang haben. Diese Akzentuierung des »Nican Mopohua« hat insofern aktuelle Bedeutung als die 500-jährige Geschichte seit der Conquista gerade dieses Kennzeichen trägt, dass nämlich die indianischen Völker missachtet und marginalisiert wurden und bis heute werden. Immer sind es die Mächtigen, die ihre Interessen auf Kosten der Kleinen durchsetzen. Die Herausforderung des 500-Jahre-Gedenkens besteht darin, die Kolonisation der Bevölkerungsmassen, wie sie seit der Conquista fortbesteht, zu beenden und speziell den indigenen Völkern einen angemessenen Platz in der Gesellschaft Mexikos einzuräumen. Die Bedürfnisse der Armen müssen Gehör finden und bis hin zu den politischen Entscheidungen den ersten Rang einnehmen. Das ist die Botschaft der Guadalupana für das heutige Mexiko, wenn nicht für ganz Lateinamerika. Selbstverständlich fragen wir uns auch, wie diese Dinge von der lateinamerikanischen Bischofskonferenz, die anlässlich des 500-Jahre Gedenkens in Santo Domingo stattfinden soll, aufgenommen und verarbeitet werden. »Unsere Nöte herausrufen«, sagen die indianischen Laienvertreter, »können wir selbst. Die Kirche muss nicht unsere Sprecherin sein. Die Frage ist, ob wir Gehör finden, ob unsere Stellungnahmen ihren legitimen Ort bekommen.«

Übrigens habe ich zum diesjährigen Fest eine neue Litanei mit Motiven der Guadalupana verfasst. Don Bartolomé hat sie bei Gelegenheit durch seine Unterschrift offiziell gutgeheißen.

11.9.1992

Die Katecheten machen Fortschritte. Soeben habe ich eine schöne Summe Geld überreicht bekommen, den Verkaufserlös der Holzarbeiten vom Taller, der Katechetenwerkstatt. Damit haben die Katecheten, allen voran Rosendo, Josefina, Marcelina und Don Andrés, zum ersten Mal eine »Werkstattwoche« durch eigene Arbeit finanziert. Darüber hinaus haben sie auch ihre Veladoras, die Gläser mit Kerzenwachs, die hier überall beliebt sind, auf dem Markt von Chalcatongo zu eigenen Zwecken verkaufen können.

Joachim ist zurzeit in Oaxaca, um den Kapuzinerinnen Exerzitien zu halten. Zuvor war er in Begleitung von Josefina und Teresa in San Mateo Sosola bei Nochistlán, um bei der Professfeier von Schwester Josefina Chaves, die ja bei uns in San-Miguel-el-Grande mitgemacht hatte und jetzt zur Gemeinschaft der FFM gehört, dabei zu sein.

Um noch einmal auf unser Patronatsfest und das Thema der Guadalupana zurückzukommen: Im »Nican Mopohua« steckt auch die These der Gewaltlosigkeit. Sehr einprägsam wird nämlich immer wieder die Zärtlichkeit der Virgen und ebenso die Juan Diegos dargestellt. Auch das Rosenwunder und schließlich die Erscheinung der Jungfrau auf dem Umhang Juan Diegos sprechen diese Sprache. Die Kommunikation zwischen welchen Parteien auch immer muss von gegenseitigem Respekt und von Zärtlichkeit geprägt sein, wenn sie überzeugen und zu einem tragfähigen Ergebnis kommen soll. Insgesamt darf man wohl sagen, dass der Wesenskern der Guadalupana auf kirchlich offizieller Seite noch lange nicht voll erkannt wurde. Die Mechanismen der Imposición, Machtausübung, und der Missachtung sind noch erstaunlich ungebremst am Werk. Es stimmt traurig und auch ärgerlich, wenn man sieht, wie die Virgen de Guadalupe schon früh selbst als Mittel einer unheilvollen Missionierung der Indiovölker instrumentalisiert wurde. Die ersten Franziskaner und Dominikaner fanden nichts dabei, zu behaupten, die Virgen sei erschienen, damit die indigene Bevölkerung Vertrauen fasse und sich von ihr, der Virgen, die ja als Mutter Jesu vorgestellt wurde, bekehren lasse. Das scheint sogar weitgehend geklappt zu haben. Der Identitätsverlust der indianischen Bevölkerung ist jedoch ein hoch bedauernswerter Kollateralschaden.

Ich denke, dass sich die katholische Kirche in diesem Punkt deutlich von den früheren Sünden der Missionierung distanzieren muss. Ob das in Santo Domingo, der nächsten lateinamerikanischen Bischofskonferenz im Anschluss an Medellin und Puebla gelingen kann, ist jedoch nach dem Stand der Dinge zweifelhaft.

22.9.1992

Es gibt immer wieder Überraschungen! Heute Morgen haben wir die Freude, zwei Schwestern vom Institut der »Catequistas Guadalupanas« in San-Miguel-el-Grande einführen zu können. Die Vorgeschichte ist lang. Die beiden Schwestern, Sr. Sara Elia Raudry (geb. 1940) und Sr. Clementina Sanchez waren schon einmal für einen Monat (Mai '87) hier. Die Gemeinschaft hat in San-Miguel-Progreso beziehungsweise Chicahuastla, das auch zum Dekanat Tlaxiaco gehört, die Pfarrverantwortung. Wir kennen sie – und sie uns – daher schon lange. Jüngst war in Saltillo das Kapitel der Gemeinschaft. Ohne dass wir davon wussten, haben die Schwestern dort entschieden, bei uns mitzumachen. Die näheren Umstände will ich hier nicht alle erzählen. Jetzt ist die Neugründung tatsächlich zustande gekommen. So gesehen haben die Schwestern dieser Kongregation im Dekanat Tlaxiaco nun zwei Niederlassungen.

31.10.1992

Wir Kapuziner haben im Personalbereich eine Veränderung vorgenommen. Der Ausgangspunkt ist dieser: In San Mateo Peñasco sind zurzeit Vidal (Helmut) und Damian. In Chalcatongo sind dagegen vier von uns: Joachim, Pirmin, Raymund und ich. Außerdem arbeiten bei uns nun die beiden Schwestern Sara-Elia und Clementina mit. Dieser Personalstand ist ungleichgewichtig. Im Hintergrund ist zu bedenken, dass Raymund noch etwa ein Jahr in Mexiko bleibt und dass im Mai wahrscheinlich Bruder Gotthard Veith dazukommt. Ich habe gesagt, dass ich in diesem Triennium hier bleibe, aber das nächste Triennium in

Deutschland sein möchte. Damian hat vor, zu erproben, wieweit er in der Krankenpflege tätig werden kann. Wir sechs Kapuziner sind gemeinsam die Möglichkeiten zur Veränderung durchgegangen. Dann haben wir als Lösung der Frage festgelegt, dass Joachim nach San Mateo umzieht. Entsprechend haben wir einen Bericht an unseren Provinzial Roland in Deutschland mit der Bitte um Bestätigung geschickt.

13.11.1992

Wir hatten am 9.11. Besuch von der Generaloberin der »Hermanas Catequistas Guadalupanas« aus Saltillo, Maria-del-Refugio Reyes und einer Mitschwester. Die Umstände waren schwierig genug, aber wir konnten den Gästen doch einen gründlichen Eindruck von den Gegebenheiten hier vor Ort vermitteln. In den Gesprächen habe ich versucht, unsere »Missionsmethode« der »Wegbegleitung« zu vermitteln. Natürlich gab es auch Verhandlungen über finanzielle Punkte. Die Schwestern trugen zunächst die Erwartung vor, dass ihre beiden Schwestern, die jetzt bei uns mitarbeiten, 5.000 DM (zwei Mal 2.500) als Jahresgehalt von uns Kapuzinern bekämen. Die Summe habe ich sofort bestätigt, fand aber, dass sowohl die Schwesterngemeinschaft selbst als auch die Erzdiözese beteiligt sein müssten. Ich schlug vor, dass jeder ein Drittel der Summe übernehmen solle und befürwortete diesbezüglich Anträge an Adveniat. Dass San-Miguel-el-Grande als Gemeinde sich beteiligen sollte, auf diese Idee kamen wir erst gar nicht. Aber immerhin können die Schwestern ja das Cuarto bewohnen und dürfen auch sonst mit vielfachen Diensten seitens der Dörfer und der Leute rechnen. Falls noch eine dritte Schwester hinzustoßen würde, sollte das

Finanzvolumen um ein Drittel angehoben werden. Nach diesem Modell wurden wir uns relativ schnell einig. Die Aussichten sind also optimal.

30.11.1992

In den vergangenen zwei Wochen waren wir zunächst bei der Priestervollversammlung in Oaxaca, und dann bin ich weiter nach Mexico City gefahren, um an der Versammlung der Kapuzinerdelegation teilzunehmen.

In Sachen Aufenthaltsgenehmigung haben wir jetzt den Status »Inmigrado-Eingewandert« erreicht. Das macht viele Dinge einfacher. Die Priesterversammlung war eher »flau«. Unter der Moderation von Heriberto wurden Erfahrungen ausgetauscht. Erst ganz am Schluss sprachen die Bischöfe. Don Hector bezog sich auf die lateinamerikanische Bischofsversammlung in Santo Domingo, hatte diesbezüglich aber nicht viel mitzueilen. Er sprach dann von seinem Lieblingsthema, nämlich dass von Mexiko her Missionare in die Weltkirche gesandt werden müssten, um die »Neue Evangelisation« voranzubringen.

In Las Aguilas, im Haus »Buen Pastor«, fand die Versammlung der Kapuzinerdelegation statt. Als Gäste waren der Pater Guillermo, der Obere von Yécora, einer neuen Niederlassung der Kapuziner aus Kalifornien, und ich dabei. Wegen des plötzlichen Todes von Pater Matias, der bei einem Autounfall ums Leben gekommen war, musste ein neuer Oberer für die Delegation bestimmt werden. Die Wahl fiel auf Pater Jaime Zudaire, der noch nicht lange in Mexiko ist. Als Räte wurden Pater Marcél und Pater Juan-Miguel Subiza ausersehen. Die Delegation hat nun vier Niederlassungen und als Hauptaufgaben die Schwesternarbeit bei den Kapuzinerinnen und die Ausbildung der jungen mexikanischen Mitbrüder. Dazu kommt die Pfarrarbeit in Las Aguilas. Die Niederlassung in Cuernavaca wurde aufgegeben. Bei der Versammlung konnte ich kurz unser Projekt in der Mixteca Alta, Chalcatongo und San Mateo, vorstellen. Unsere Aufgabe ist nicht die Heranbildung von Ordensnachwuchs. Das ist eine Hauptaufgabe der Delegation. Wir sind aber gern bereit, diesbezüglich mitzuarbeiten, etwa durch zeitbegrenzte Einsätze der jungen Mitbrüder bei uns. Dazu gibt es ja auch schon kleine Vorerfahrungen. Als wichtiger Punkt des Kapitels wurde die Frage der »Circumscription« der Delegation besprochen. Die neue Situation, dass nämlich im Norden die kalifornischen Mitbrüder eine Niederlassung in Yécora, in der Nähe der Stadt Obregón, gegründet haben, gibt Anlass für dieses Thema. Pater Guillermo und ich wurden bei diesem Thema hinausgeschickt. Die Problematik besteht darin, dass die Brüder von Yécora ihre Hauptaufgabe in der Berufewerbung sehen. Das steht in Konkurrenz zur Delegation. Die Brüder der Delegation sehen darin eine Art Prosyletismus, insbesondere deswegen, weil die Propaganda speziell bei den Schwestern Kapuzinerinnen ansetzt, für die sich die Brüder der Delegation zuständig fühlen. Hinter diesen Aktivitäten steht auch der Generalminister des Ordens, Pater Flavio Carraro in Rom, der die kalifornischen Mitbrüder anscheinend in dieser Hinsicht ermutigt hat. Der gleiche Generalminister hat aber dafür gesorgt, dass die mexikanische Delegation unter die Führung der Provinz Navarra gestellt wurde. Ganz Mexiko sollte das geographische Gebiet der Verantwortung sein. Nun wurde vom gleichen Generalminister der Provinz von Kalifornien sozusagen der nördliche Teil Mexikos anvertraut. Das empört die Brüder von Navarra. Sie haben das Engagement in Mexiko unter der Voraussetzung begonnen, dass das ganze Gebiet von Mexiko ihre Circumscription sei. Der Konflikt zwischen »Navarra« und »Kalifornien« ist also vorprogrammiert. Wir deutschen Kapuziner betonen, dass wir keine eigene Circumscription sind und keine Berufewerbung betreiben. Wir halten uns in der Frage zurück. Unsere Sympathie gilt aber den Brüdern von Navarra, mit denen wir zusammenarbeiten möchten. Der Konflikt hat auch eine ideologische Komponente. Die Brüder von Navarra befürworten die »Option für die Armen«. Die Brüder von Kalifornien, die ursprünglich von der irischen Mutterprovinz abstammen, sind in diesem Punkt eher konservativ eingestellt. Die Brüder von Navarra wollen sich keine Flöhe in den Pelz setzen lassen und vor allem in der Nachwuchsfrage nicht zweigleisig oder doppeldeutig fahren.

Eine Konferenz in Las Aguilas zur Zukunft der Kapuziner in Mexiko, an der der spanische Provinzial von Navarra, Pater Miguel-Maria, und auch der kalifornische Provinzial, Pater Peter, teilnahmen, kam zu dem Ergebnis, dass man zu keinem Ergebnis gekommen sei und den Fall an den Generalminister zurückverweise.

21.12.1992

Bei uns in Chalcatongo ging das Gespräch wieder einmal um die »Guadalupana«. Das Thema ist unerschöpflich. Diesmal kam die Frage in den Blick, warum denn die Virgen eigentlich auf ihrem Hügel, dem Tepeyác, einen Tempel wolle. Die Antwort, im »Nican Mopohua« ausführlich dargestellt, lautet: um dort die Nöte der Armen anzuhören. Der Ort soll klarmachen, dass die seit der Conquista ausgebeuteten und marginalisierten Indígenas ein legitimes Interesse haben, in ihren Bedürfnissen gehört und ernst genommen zu werden. Man kann logischerweise von einer »Option der Virgen für die Armen« sprechen. Die Dynamik der Geschichte ist so angelegt, dass vor allem der Bischof diese Option der Virgen in Rechnung stellen muss. Die Kirche, die sich auf die Virgen bezieht, kann an dieser Option nicht wirklich vorbei. Sie muss sich dem stellen oder sie wird unglaubwürdig.

Wir können uns in der Sache auch untereinander in die Haare kriegen. Es geht dann um die Bewertung der Mängel, die die Armen uns aufbürden. Die Indígenas sind unpünktlich, verantwortungslos, weichen aus, ziehen sich zurück, lassen uns allein usw. Die praktische Wirklichkeit im Umgang mit ihnen lässt uns dazu neigen, ihnen die Schuld für ihre Schwächen selbst zuzuschreiben. Die Probleme wirken wie ein fataler Zirkel, aus dem niemand herauskommt. Wir kommen häufig in die Versuchung, ungeduldig zu werden. Tatsache ist, dass die Leute uns offen bitten, Geduld mit ihnen zu haben. Selbstverständlich müssen wir versuchen, die Passivität aufzubrechen, die Mentalität des »Versteckspielens« zu überwinden. Unsere Seite an der Arbeit ist es aber, nicht ungeduldig zu werden, nicht zu überfordern. Erst wenn wir ihnen mit Achtung, vielleicht auch mit Nachsicht begegnen, können sie sich öffnen. Im Hintergrund stehen immer die sozialen und ökonomischen Voraussetzungen. Dem einzelnen Menschen die Schuld für sein Elend zu geben, ist ungerecht und spiegelt nur die eigene Überheblichkeit wider. Ein spezielles Problem taucht auf, wenn es jemand schafft, den Zirkel der Abhängigkeiten ein Stück weit zu durchbrechen. Jetzt wird er stolz auf seine neuen Möglichkeiten. Er fühlt sich plötzlich der durchschnittlichen, dominanten Klasse Mexikos zugehörig, fängt an, seine Herkunft als Indígena zu verachten, hinter sich zu lassen. Das wird in unserem Bereich beispielsweise an den Händlern im Zentrum deutlich. Sie finden nichts dabei, ihre Dorfgenossen zu übervorteilen oder sie sich zu Diensten sein zu lassen. Wir stehen dann zwischen den Fronten und machen uns unbeliebt, wenn wir den wirklich Armen zuarbeiten. Armut muss überwunden werden. Es ist ungerecht, ganze Dörfer, ganze Bevölkerungsgruppen in der Armut zu halten. Wir müssen die Mechanismen der Unterdrückung aufdecken und anprangern. Das ist unsere Aufgabe im Sinne der Virgen de Guadalupe, ihrer »Option für die Armen«.

Am vergangenen Mittwoch haben wir hier in Chalcatongo zusammen mit den Schwestern an der Ausarbeitung unserer pastoralen Zielsetzung gearbeitet. Das ist ein Teilstück in dem Gesamtprojekt, einen Pastoralplan aufzustellen. In der Erzdiözese gibt es dazu einige Grundsätze. Die Methodik leitet sich von dem Dreiklang Sehen-Urteilen-Handeln ab. Dazu kommt die Vorstellung, sich von oben, dem allgemeinen Ziel, nach unten, zu den Teilzielen vorzutasten. Letztlich geht es um die Praxis der Teilziele. Doch muss zuerst einmal klar werden, welches die grundsätzlichen Handlungsmotive sind. Das klingt theoretisch, ist es auch. Es steckt viel Arbeit darin, sich über die Strategien der Pastoral klar zu werden. In den Diskussionen kommen Meinungsverschiedenheiten und auch persönliche Interessenslagen ans Licht. Genau das ist der Zweck der Übung. Eine durchschlagskräftige Linie zu finden, heißt auch immer, von allzu persönlich gefärbten Positionen Abschied zu nehmen und sich den gemeinsamen Zielen unterzuordnen. Nur so kann Teamarbeit gelingen. Wir stellen zunächst einmal fest, dass wir Kapuziner und die Schwestern Guadalupanas durchaus unterschiedliche spirituelle Ansätze verfolgen. Die Schwestern bringen viel praktische Erfahrung mit, sind aber auf theoretischen Feldern unsicher. Manchmal haben wir den Eindruck, als müssten wir ihretwegen wieder ganz von vorn anfangen. »Was wollen wir eigentlich?« lautet die Grundfrage. Wir wollen die »Option für die Armen« in die Tat umsetzen, möchten in der Indígenapastoral dazu beitragen, dass die Menschen »Subjekt ihrer eigenen Geschichte« werden, dass also auf allen Ebenen, ökonomisch, sozial, politisch, kulturell und ganz besonders religiös, ein Freiraum entsteht, in dem die Dörfer Abhängigkeiten hinter sich lassen und in Eigenverantwortung ihre Zukunft gestalten können. Man kann natürlich sagen: »Schön wär's!«, und wegen all der gegenteiligen Voraussetzungen die Sache auf sich beruhen lassen. Die Arbeit am Pastoralplan meint aber, konkrete Schritte auf das Gesamtziel hin zu unternehmen. Deshalb ist es wichtig, zunächst das globale Ziel zu fassen zu bekommen, damit die praktischen Schritte folgerichtig werden und alle am gleichen Strang ziehen. Die Erarbeitung eines Pastoralplanes ist schließlich nicht allein Sache der »Hauptamtlichen«, sondern sollte auf lange Sicht auch die Leute selbst, die Katecheten als deren Vertreter, einbeziehen. Alles das bedeutet eine große Aufgabe, die noch vor uns liegt.

29.12.1982

Gestern und vorgestern waren Raymund und ich zu den Pláticas in Atatlahuca. Wir hatten zirka 35 Taufen und sechs Hochzeiten. Dazu kamen etliche »Fälle«, die wir wegen fehlender Voraussetzungen nicht zu Ende führen konnten. Die »Papiere«, das Dokument der Hochzeit oder der Taufschein, werden von den Betroffenen nicht beigebracht, sodass zusätzliche Klärungen unausweichlich werden. Die Leute haben keinen Sinn dafür, vorher zu fragen, was gefordert wird. Sie kommen aus den entlegenen Dörfern in gutem Glauben ins Zentrum und erleben dann eine unerfreuliche »Bürokratie«. Was will man aber machen? Wir versuchen, früh genug zu informieren, aber das geht zumeist unter. Die Menschen denken anders. Manchmal spielt allerdings die eingespielte Tour des »Versteckspielens« eine Rolle. Dann heißt es: Man kommt am besten zum Ziel, wenn man sich dumm stellt. Das alles ergibt viel Ärger, der erst einmal verkraftet sein will.

In den Tagen zuvor haben wir Weihnachten gefeiert. Alle sechs gemeinsam mit den Schwestern, hier in Chalcatongo. Josefina hat sich viel Mühe mit dem Essen gegeben. Die Feier war gleichzeitig der Abschied für Joachim, der am Sonntag nach der Heiligen Messe nach San Mateo übergesiedelt ist.

9.1.1993

Vieles, was wir hier erleben, kann man unter dem Schema »Projekt des Lebens« im Gegenüber zum »Projekt des Todes« zu verstehen suchen. Meinen Predigten an den Sonntagen unterliegt oft dieses Schema. Als Gläubige versuchen wir, in allen nur denkbaren Umständen das Leben zu fördern, zu gestalten, zu stärken. Dem steht aber das »Projekt des Todes«, welches das Leben bedroht und zerstört, entgegen. Als Verantwortliche dürfen wir uns dem nicht öffnen, keine Strategien fahren, die nur das eigene Fortkommen im Blick haben, den Mitmenschen jedoch missachten und ihn dem Tod überantwortet. Bei allem, was wir tun, geht es immer um »Leben oder Tod«. Ich denke, dass dies auch die Kernaussage des Glaubens an die Erlösung, speziell auch an die Auferstehung ist. Wir setzen uns nicht zuletzt im geschichtlichen Sinn für die Versöhnung ein, möchten alte Verkrustungen überwinden und zu einer geschwisterlichen Gesellschaft durchfinden. So gesehen sind die Erlösung und die Auferstehung etwas sehr Irdisches und keineswegs nur Jenseitiges. Nicht umsonst ist Jesus auf die Erde gekommen, in menschlichem Fleisch erschienen. Der Inkarnation des Gottessohnes muss eine Inkarnation des Glaubens entsprechen. Um des Lebens willen. Ob diese Dinge mit den Ausdrücken »Inkulturation« und »Neuevangelisierung« zu fassen sind, lasse ich einmal dahingestellt sein.

22.1.1993

Weil ich gerade die statistischen Werte für die Diözese fertig mache, seien die Zahlen auch hier erwähnt: Für das Jahr 1991 registrieren wir 479 Taufen (normalerweise Kindertaufen, nur dreißig über drei Jahre alt). Bei den Eheschließungen kommen wir auf 96 (konfessionsverschiedene: keine).

21.2.1993

Vor Kurzem war in Tlaxiaco wieder die Dekanatsversammlung. Alle hatten Spaß an der Sache. Besonders gelungen war die von Vidal (Helmut) und Schwester Dema vorbereitete »Gerichtssitzung« zum Thema der 500 Jahre seit der Conquista. Die westliche Kultur wurde angeklagt, die indigene Kultur geknebelt zu halten. Das Rollenspiel brachte viele Einzelheiten zutage, Mechanismen, mit denen der Zustand der Unterdrückung aufrechterhalten wird. Ich war als erster Verteidiger der westlichen Kultur benannt. Als Zeugen rief ich Joachim in der Rolle des Apostolischen Präfekten Prigione auf. John Reuter fungierte als amerikanischer Unternehmer, Schwester Magdalena als Leiterin einer Eliteschule. Sie machten allesamt ihre Sache recht gut, sodass ein leuchtendes Bild entstand, auf welche Weise die »westliche Kultur« ihre Machtposition festhält. Die andere Seite, die »indigene Kultur«, wurde von den Katecheten gespielt. Dadurch, dass sie das »Spiel« der »westliche Kultur« kaum richtig durchschauten, hinterließen sie den sehr realen Eindruck, dass sie in Wahrheit in einer bösen Abhängigkeitssituation steckten. Das Gerichtsurteil hieß am Ende: »700 Jahre Kerkerhaft ohne Bewährung« für die westliche Kultur und »weitere 500 Jahre Unterdrückung« für die indigene Kultur, weil sie keine Anstrengungen unternahm, das Joch abzuschütteln.

Ein anderer Punkt bei der Dekanatsversammlung war die neue Gesetzeslage, die die gesamte Kirche in Mexiko betrifft. Die katholische Kirche hatte bis dato in Mexiko keinerlei juristischen Status. Nun soll beziehungsweise muss sich jede Kirchengemeinde einzeln als »Asociación religiosa« beim Staat eintragen lassen. Dazu ist es vonnöten, die Frage der »unbeweglichen Güter«, die die Kirche besitzt, zu klären. Meine Kenntnis besagt bislang, dass die Pfarrgemeinde keine einzige Kirche, keine Kapelle und auch kein Curato als ihren Besitz versteht. Alles gehört dem jeweiligen Dorf und wird der Kirche lediglich zur Benutzung überlassen. Die fünf großen Kolonialkirchen gehören formell dem Staat. Die Bischöfe haben nun einen Brief geschrieben und bitten darum, man solle mit den Dörfern sprechen, welche Immobilien der Kirche anvertraut werden können.

Ausdrücklich wird gesagt, man solle mit den Dörfern deshalb keinen Streit anfangen. Soweit ich sehe, müssen wir nichts anderes tun, als eine Liste der Kapellen und Curatos aufzustellen. Für weitere Schritte sehe ich noch keine Notwendigkeit.

Ein weiterer Punkt, der uns beim Dekanatstreffen beschäftigte, ist der Vorschlag der Diözese, einen »plan rector (Leitlinie)« für die Arbeit des Dekanates zu erstellen. Das ist praktisch die gleiche Idee, die wir bei uns auf Pfarrebene mit unserem Pastoralplan verfolgen. Die Initiative wurde ursprünglich von Don Bartolomé eingebracht. Er möchte wohl noch einen deutlichen Akzent setzen, bevor er sein Amt aus Altersgründen aufgeben muss. In der Dekanatsversammlung gab es aber nur wenig Zustimmung. Die Laien sagen, sie verstünden überhaupt nicht, was gemeint sei. Und bei den Pfarrern besteht der Eindruck, dass hinter der Sache die »Manager« der Diözese stehen, die sich profilieren wollen. Bei uns wird klar, dass so etwas nur auf lange Sicht, nicht als »Schnellschuss« in Frage kommt. Eine vernünftige Einstellung zeigt meiner Ansicht nach Silvano. Die Arbeit an einem »Plan« verlange ein neues Denken. Das würde uns gut tun.

3.4.1993

In Zaragoza, Chalcatongo, gibt es ein neues Problem, bezogen auf die Semana Santa. Unter Missachtung unserer Autorität haben sie dort für einen Gottesdienst einen Lefebvristen-Priester von außerhalb geholt. Die Begründungskette liegt so, dass wir uns gegen eine Tanzveranstaltung am Karfreitag ausgesprochen hatten und deshalb die Feier des Gottesdienstes nicht angenommen haben. Daraufhin sind die Leute »eigene Wege« gegangen.

Mit Don Bartolomé bin ich einer Meinung, dass das Dorf erst guten Willen zeigen muss, bevor wir uns auf andere Forderungen einlassen. Die Virgen des Dorfes, eine kleine Madonnenfigur, muss dann neu gesegnet werden.

Soeben kommt eine weitere Fuhre Ziegelsteine. Wir sind dabei, den zweiten Flügel des Hauses im Pfarrhof zu errichten. Der erste Flügel ist ja das Katechetenhaus. Dieser Neubau soll nun auch unsere eigenen Wohnbedingungen verbessern.

9.4.1993

Wo etwas positiv Gestalt annimmt und wächst, gibt es auch schnell eine Gegenseite. Die Semana Santa hat diesmal in Chalcatongo viele engagierte Fest-Verantwortliche. Aber es ranken sich auch manche störenden Aktivitäten um die Feiern. Die Tanzveranstaltungen habe ich schon öfter erwähnt. Dass jeder der Festverantwortlichen seine Spezial-Messe will, ist nicht in unserem Sinne. Und es gibt entsprechend Ärger, wenn wir die verschiedenen Intentionen zu einem Gottesdienst zusammenfassen. Auch das Marktgeschehen nimmt überhand. Die Lautsprecher der Händler sind allgegenwärtig. Die Händler kennen die Taktik des »Aprovecho«, das heißt: Dort wo etwas los ist, hängen wir uns dran. Wir »nutzen« die Gelegenheit. Da geht es dann manchmal recht brutal zu. Das Verfahren ist jedoch allgemein akzeptiert und zugleich wenig oder überhaupt nicht kanalisiert. »So spielt das Leben«, denken die Leute und machen sich nichts daraus, dass die einen gewinnen und die anderen verlieren.

10.4.1993

Heute ist Karsamstag. Gestern, am Karfreitag, war natürlich wieder der Kreuzweg. Die Feier wird jedes Jahr größer. Der Centurión (Hauptmann) und der Christus habe ihre Rolle einigermaßen ausgefüllt. Die Dramaturgie ist inzwischen eingespielt. Wenn die Prozession das Zentrum von Chalcatongo verlässt, um sich durch die Felder nach Reforma, das ist das nächste Dorf, zu bewegen, sind schon sehr viele Menschen mit auf dem Weg. Der Centurión, der als Erblindeter von zwei Soldaten begleitet wird, führt den Zug an, dann kommen die »Jungfrauen«, gefolgt von den Soldaten, die um den kreuztragenden Christus eine Art Freizone offen halten, denn die teilnehmenden Menschen drängen sich heran, wollen dabei sein und einen Blick ergattern. Die Stationen, Haltepunkte an vorbestimmten Stellen des Weges mit je einer Standszene, werden in großer Andacht mitvollzogen. Dann intonieren die kleinen Jungen wieder mit ihren Rasseln ein eindrucksvolles Geräusch, und der Zug setzt sich erneut in Bewegung. Auf dem Kreuzigungshügel angekommen, wird Jesus seiner Kleider beraubt und an das mitgeschleppte Kreuz geheftet. Das Kreuz wird aufgerichtet, und auch die beiden Schächer werden links und rechts gekreuzigt. Die Gemeinde schaut schweigend zu. Die Soldaten werfen das Los um das Gewand Jesu. Nun folgt die Predigt der »sieben Worte«, wie sie aus der Bibel überliefert sind. Ich spreche die Szenen an, in sehr kurzen, knappen Sätzen. Daraufhin stirbt der gekreuzigte Christus vor den Augen aller. Und jetzt erfolgt der eigentliche Höhepunkt: Der Centurión hebt seine Lanze, nähert sich dem Kreuz in langsamen Schritten und öffnet mit der Lanze die Seite des toten Christus. In diesem Moment springt ein Tropfen des Blutes des Erlösers über den Centurión, und es öffnen sich seine Augen und sein Mund. Der Hauptmann macht einen Schritt zurück und ruft der Gemeinde zu: »Der, den wir gekreuzigt haben, ist Gottes Sohn.« Hier liegt der Schlüssel zum Verstehen der ganzen Inszenierung. Es folgt die Kreuzabnahme. Der Leichnam wird vor seiner Mutter auf eine Bahre gelegt und dann zu Grabe getragen. Die Menschenmenge begleitet ihren Christus, der zum Heil der Welt sein Leben gegeben hat. Die Prozession führt den Hügel hinab zur Kapelle von Progreso, wo der Leichnam (der junge Mann, der den Christus gespielt hat), für die zuschauende Menge unsichtbar mit der hochverehrten Holzfigur des »Santo Entierro« vertauscht wird. Die Mayordomo haben die großen Kerzen bereitgestellt. Die Sonne geht unter. Der schwere Glassarg wird abwechselnd von je acht Personen geschultert und sehr, sehr langsam in Richtung des Zentrums Chalcatongo, zur Kapelle Calvario getragen. Ein Saxophonist und ein Trompeter spielen jetzt in Abwechslung mit dem Gemeindegesang in geradezu unendlicher Wiederholung den Vers »Wie groß unsere Schuld auch sein mag, noch größer ist, Gott, dein Erbarmen«. Niemand kann sich der Mystik dieser Prozession entziehen. Erst vier Stunden später, gegen 23 Uhr nachts kommt die Menschenmenge mit ihrem Christus an der Calvariokapelle an. Der Sarg wir nun feierlich abgestellt. Eine Kurzpredigt über das »Samenkorn, das in die Erde fällt und stirbt« rundet das Geschehen ab. Der Centurión und seine beiden Begleiter halten die Nachtwache. Die Leute gehen jetzt nach Hause, schweigend zumeist, in ihren Herzen beeindruck von der Wahrheit, die der Hauptmann ihnen zugerufen hat: »Jesus, der Gekreuzigte, ist der Sohn Gottes, unser Erlöser.« Von mittags um 14 Uhr bis tief in die Nacht hinein war die Karfreitagsprozession auch in diesem Jahr sicherlich einer der religiösspirituellen Höhepunkte des Gemeindelebens. Der Centurión,

Eduardo Martínez López, und der Mayordomo, Gerardo Soria, fanden, der lebendige Kreuzweg »in vivo« war eine runde Sache. Ob ich nicht auch der Meinung sei, dass Chalcatongo einen starken Glauben habe ...

Die Karwoche ist aber noch nicht zu Ende. Mit aller Wahrscheinlichkeit kann ich auch morgen nach der Osterfeier noch etwas Wichtiges erzählen.

20.4.1993

Inzwischen sind einige Tage vergangen. Ich erzähle dann noch den anderen Punkt aus der Karwoche. Es geht um die Auferstehungsfeier am Ostertag. Als ich vor ein paar Jahren zum ersten Mal in Chalcatongo die Verantwortung hatte, blieb mir eine Szene völlig dunkel. Am frühen Nachmittag gab es in den Straßen einen erheblichen Auflauf und viel Lärm. Eine Art Ralley mit zwei Pferden wurde veranstaltet. Die Reiter steckten in bunt schillernden Uniformen mit federgeschmückten Helmen. Ich habe mich, das weiß ich noch gut, über solch ein Spektakel am Ostertag damals geärgert. Der Punkt: Ich hatte keine Ahnung von der Bedeutung dieses Brauches. Inzwischen freue ich mich darüber, und zwar deswegen, weil ich den tieferen Sinn erkannt zu haben glaube. Nach der Ostermesse am frühen Morgen des Festtages, die übrigens notorisch schlecht besucht wird, geht es erst einmal zum Haus des Mayordomo. Der Empfang am »grünen Bogen« führt alle Festverantwortlichen der Heiligen Woche zusammen. Jeder wird feierlich vom Mayordomo willkommen geheißen. (Als Pfarrer bin ich auch dabei.) Eine Musikgruppe spielt auf. Dann wird das Festmahl serviert. Das ganze

Drum und Dran dauert ein paar Stunden. Im Hintergrund sieht man, wie zwei Pferde geschmückt und gesattelt werden. Schließlich sitzt der Centurión auf, in voller Uniform, und ebenso ein zweiter Reiter. Sodann zieht man, die Musikkapelle voraus, ins Dorf. In den Hauptstraßen wird jetzt der »Osterritt« veranstaltet. Das ganze Dorf schaut zu, wenn der Centurión sein Pferd durch die Straßen treibt. Vor und zurück, eine Drehung, und wieder vor und wieder zurück, stundenlang. Die Erwartung der Menge ist: Das Pferd muss tanzen! Je mehr umso besser. Und dann ist da ja noch der zweite Reiter. Das ist der Centurión für das kommende Jahr. Er kann schon einmal üben. Der Tanz der Pferde steht in unmittelbarem Zusammenhang mit der Rolle, die der Centurión am Karfreitag spielte. Er ist der Hauptmann in jeder Beziehung. Er geht dem Glauben des Volkes voran. Er drückt die Osterfreude aus, den Jubel über die Auferstehung, indem er sein Pferd zum Tanzen bringt. Nachdem ich den Brauch in seinem Sinn verstanden habe, bin ich ein überzeugter Anhänger der Szene. Ich vergesse alle Mühen und Ungereimtheiten bei der Vorbereitung der Heiligen Woche und schließe mich der Freude der Gemeinde an. Jetzt ist Ostern, neues Leben. Kein Karfreitag mehr, keine Trauer, keine Niedergeschlagenheit. Nur noch dieses Drama, diese überbordende Ausgelassenheit. So etwas gibt es sonst nicht. Die indigene Gemeinde baut auf uralten Bräuchen auf, wenn sie Ostern feiert. Die Inhalte mögen von den spanischen Missionaren eingeführt worden sein. Die Art der Feier zeigt aber deutlich die Spuren des alten Mexiko. Die Weise, in Rollen zu schlüpfen, Kostüme anzulegen und zu tanzen, weist auf originär indianische Muster hin. Der Indígena legt die Farben der Gottheit an und ist jetzt wirklich die Figur, die er darstellt. Der Christus der Heiligen Woche ist der Christus. Der Centurión ist der Centurión. Diese Art der Identifikation in Glaubensdingen ist für uns Europäer überraschend und erstaunlich. Sie hat etwas Faszinierendes, eine Dimension, die wir in Europa nicht mehr kennen, vielleicht nie gekannt haben. Der Ostertag endet schließlich mit einem großen Feuerwerk. Noch einmal staunt die Gemeinde, blickt zum Himmel, spürt die kosmische Reichweite der Osterbotschaft.

22.4.1993

Weil es mir gerade einfällt: Was ist die Weisheit der indigenen Kultur? Es gibt das sprachliche Prinzip der Doppelaussage. Ein einziger »Gegenstand« bildet noch keine Wahrheit. Es müssen zwei Dinge zusammenkommen, damit eine Wahrheit entsteht. »Himmel« ist noch keine Wahrheit. Erst wenn »Himmel und Erde« zusammenkommen, scheint Wahrheit auf. »Mann« ist nichts Wahres. Wenn aber »Mann und Frau« in Beziehung stehen, tritt Wahrheit zutage. So gibt es viele Beispiele, die in ähnlicher Weise eine Wahrheit bilden. Eine »sparsame Großzügigkeit«, eine »leuchtende Dunkelheit«, eine »nachgiebige Aggressivität« oder eine »verkannte Schönheit« und so weiter. Westliche Denker wollen immer eine eindeutige Abgrenzung, eine Definition erarbeiten. Die indianische Kultur, so scheint es, folgt ihren eigenen Prinzipien. Die Wahrheitsfrage wird anders gestellt beziehungsweise anders beantwortet.

Nebenbei: Jemand hat mir empfohlen, das Buch PHILOSOPHIA NAHUATL zu studieren. – Das Buch von Josef Höffner zur Frage der moralischen, juristischen Begründung der Conquista habe ich inzwischen mit Interesse gelesen. Die »Evangelisation« ist demnach der Hauptgrund für die Eroberung Mexikos durch den Spanier H. Cortés gewesen. Um die Indígenas zu ihrem Heil zu führen, »mussten« sie die Taufe empfangen. Dies wiederum erforderte zuvor ihre durch kriegerische Handlungen erzwungene Unterwerfung. Folgerichtig hat H. Cortés als erste Initiative von der damaligen Krone Spaniens die Entsendung von Missionaren gefordert. Diese Rolle haben gleich zu Beginn die Franziskaner, dann auch die Dominikaner und die Jesuiten übernommen.

12.5.1993

Gestern bin ich mit Bruder Gotthard hier in Chalcatongo angekommen. Seine Aussendungsfeier war am 2.5. in Ottersweier, seiner Heimat, der Flug von Amsterdam nach hier am 4.5. Alles hat gut geklappt. In Mexico City konnte ich ihn genau pünktlich vom Flughafen abholen und nach Las Aguilas bringen, wo er gleich die dortigen Mitbrüder kennenlernte. In den nächsten Tagen unternahmen wir einige wichtigen Schritte, so einen Besuch in der Nuntiatur und bei der Behörde Gobernación, der Aufenthaltsgenehmigung wegen. Am Mittwoch, den 5.5. besuchten wir die Basilika der Virgen de Guadalupe, am Samstag das neue Noviziat der Kapuziner in Huexpotla. Eine Besichtigung des anthropologischen Museums in Mexico City und der großen Pyramiden von Teotihuacán etwas außerhalb der Metropole durfte nicht fehlen. Paco Sadaba machte den Führer. Am Montagabend ging es dann per Nachtbus nach Tlaxiaco. Am Dienstagmorgen waren wir schon in San Mateo Peñasco und konnten alle drei dort lebenden Brüder begrüßen. Schließlich ging es weiter nach Chalcatongo, Gotthards neuem Bestimmungsort. Auch hier waren alle anwesend, inklusive Josefina. Gotthard wird hier in Mexiko nun mit seinem alten Taufnamen »Rodolfo« angesprochen werden.

14.5.1993

Der neue Delegat der Kapuziner in Mexiko, Pater Jaime Zudaire, hat mir bei dem Treffen in Las Aguilas versprochen, dass er uns baldmöglichst in der Mixteca besuchen will. Er erzählte auch von dem Kapitel der spanischen Provinz Navarra in Zaragoza. Der Provinzial Pater Miguel Maria Andueza, den ich schon kennengelernt hatte, ist wiedergewählt worden. Anwesend war auch der Pater Generalminister Flavio Carraro. Verhandelt wurde unter anderem das noch neue Mexiko-Engagement der Provinz. Das Kapitel stellte sich gegen die These des Generalministers, dass Mexiko groß genug sei, zwei Kapuzinerprovinzen, eine im Süden unter Führung von Navarra und eine im Norden unter Führung von Kalifornien, zu beherbergen. Die Spanier schlagen vor, dass die beiden Provinzen unter der Führung von Navarra in ganz Mexiko zusammenarbeiten sollen. Damit wären dann die vorschnellen Zusagen des Generalministers an Kalifornien vom Tisch. Das Kapitel schrieb offiziell einen Brief mit diesem Vorschlag an das Generaldefinitorium. Der Generalminister aber stellte sich dem entgegen. Er will anscheinend der Provinz von Kalifornien, die bislang in Mexiko nur die eine kleine Niederlassung in Yécora unterhält, zuarbeiten.

24.5.1993

Pater Jaimes Visite hier bei uns hat ganz gut geklappt. Er kam zunächst mit dem Flugzeug nach Oaxaca. Dort waren auch Vidal, Rodolfo und ich anwesend. Für Besuche auf dem Monte Alban und in der Stadt haben wir uns aufgeteilt. Am nächsten Morgen ging es nach »großer Verabschiedung« durch die

Schwestern Kapuzinerinnen Richtung Mixteca. Zuerst sind wir in San Mateo ausgestiegen, um Damian zu begrüßen. Joachim ist inzwischen auf Heimaturlaub nach Deutschland geflogen. In Chalcatongo kamen wir bei Anbruch der Dunkelheit an. Raymund hatte eine Pizza gebacken, die wir mit Genuss verspeisten. Am nächsten Morgen ging eine Tour nach Mier-y-Terán. Rodolfo und der Gast, Jaime, schauten sich in diesem entlegenen Dort an der Bergkante der Mixteca-Alta um, während Pirmin ein Gruppengespräch mit den Katecheten hatte. Am Sonntag gab es zwei Gottesdienste als Konzelebration. In Chalcatongo und San-Miguel-el-Grande übernahm der Gast, Jaime, die Predigt. Nach dem Mittagessen bei den Schwestern war noch genügend Zeit für ein gemütliches Beisammensein.

Heute Morgen beim Montagsgespräch habe ich vorgeschlagen, eine Info für die Mitteilungsblätter der Delegation und der Provinz Navarra zu verfassen. So machten wir es dann auch. Wir haben einfach erzählt, wie wir gerade dran sind. Und nun – jetzt ist es 17:30 Uhr – bringt Raymund Jaime nach Tlaxiaco, von wo aus er mit dem Nachtbus nach Mexico City zurückkehren wird, beladen mit Grüßen an die Brüder der Delegation. Jaimes Besuch bei uns war sehr wertvoll, weil es unsere Position gegenüber den spanischen Mitbrüdern verstärkt. Wir werden schon viel besser wahrgenommen als am Anfang. Natürlich liegt das auch daran, dass wir personelle Aufstockung erfahren durften und nun an den beiden Orten Chalcatongo und San Mateo die Verantwortung haben. Trotzdem wollen wir nicht unser eigenes »Süppchen kochen«, sondern mit der Delegation in gutem Einvernehmen zusammenarbeiten. So ähnlich, denke ich, könnte es doch auch mit den Brüdern von Kalifornien gehen. Kann es aber nicht, weil die Mentalitäten, die spirituellen Ausrichtungen, zu verschieden sind.

26.5.1993

Bezüglich der neuen Gesetze zwischen Staat und Kirche in Mexiko sind auf Diözesanebene allerhand Aktivitäten in Gang. Zu Jahresbeginn hatten wir eine Informationsveranstaltung mit einem Herrn, der selbst im Parlament sitzt und an der Ausarbeitung der Gesetze beteiligt war. Daraufhin wurde eine »Bestandsaufnahme der Immobilien« angekurbelt. Bei der folgenden Versammlung, die die Diözesanverantwortlichen leiteten, habe ich Ignatio Cervantes, dem Generalvikar, für die Gemeinde Chalcatongo unsere »Bestandsaufnahme« abgegeben, eine Liste aller Kirchen und Kapellen mit den dazugehörigen Curatos. Die Anweisung seitens der Leitung war dann, dass jedes Dorf für die entsprechende Kapelle usw. eine Schenkungsurkunde zugunsten der Kirche ausstellen sollte. Da die Kirche juristisch bis dato überhaupt nicht existierte, müsse man nun den »Kirchenbesitz« reklamieren. Wer zu spät komme, würde seiner Ansprüche verlustig gehen. Natürlich ist es nicht unproblematisch, von den Dörfern entsprechende Dokumente zu verlangen. Die Dörfer vertreten schließlich die Auffassung, dass sie selbst die Besitzer sind, während die Kirche lediglich als Nutznießer akzeptiert ist. Um solcher Art Urkunden zu erwirken, bräuchte man in jeder Gemeinde eine Dorfversammlung. Alles das ist aber nicht zu bewältigen. Aus diesem Grund habe ich zunächst nur eine kirchlich einseitige Auflistung der Objekte abgegeben, sonst nichts. Pater Ignacio hat mich dementsprechend tüchtig zusammengestaucht, weil ich »Fragen anmelde, statt auszuführen, was verlangt« wäre. Bei der jüngsten Priesterratssitzung wurde festgestellt, dass einige entlegene Pfarreien nur unvollständiges Material und diverse Stadtpfarreien überhaupt nichts abgeliefert hätten. Ein von der Regierung entsandter Vertreter, ein Licensiado Nicéfero Guerrero, der einen Notar dabei hatte, nahm den formellen Antrag der Erzdiözese auf Errichtung einer »Asociatión Religiosa« entgegen. Als Anhang wäre die Liste aller »Besitzansprüche« fällig gewesen. Letzteres wurde aber bis Mitte Juli ausgesetzt. Dann gab es die Möglichkeit, Fragen zu stellen, die der Repräsentant des Staates beantwortete. Der springende Punkt war, dass der hohe Gast kundtat, es gehe um nichts weiter, als dass die Kirche ihre historisch gewachsenen Ansprüche auflistet, damit diese Aufstellung bei eventuellen künftigen Verhandlungen zur Einsichtnahme vorliege. Der Falle eines Falles würde nur eintreten, wenn die kirchlich reklamierten Ansprüche von anderer Seite angefochten werden sollten. Wo eventuelle Ansprüche nicht in der Liste auftauchten, könnte der Staat ein Objekt eventuell neu vergeben.

Ich hatte meinen Spaß. In der Sitzung der Dekane am Nachmittag habe ich dann Ignacio direkt angesprochen und gefragt, ob er nicht auch der Meinung sei, dass die ganze Arbeit mit den »Geschenkurkunden« überflüssig gewesen sei. »Ja«, gab er zu. Wir mussten lachen. Im Endeffekt wird die Sache so aussehen, dass die Erzdiözese eine ellenlange Liste aller Kirchen und Kapellen samt Curatos als »Anhang Nummer 1« einreichen wird, dazu eine zweite Liste mit kaum mehr als sieben oder acht Positionen, die einen direkten Kirchenbesitz bedeuten, als »Anhang Nummer 2«. Somit ist meine Auffassung, die ich beim ersten Treffen mit dem Herrn, der im Parlament sitzt, gewonnen hatte, bestätigt worden. Es geht im Moment um nichts anderes, als dass die Kirche in Zukunft in wer weiß welchen Konfliktfällen als juristisches »Subjekt« auftreten kann. Die neuen Kirchengesetze sollen hier die Voraussetzungen schaffen.

19.6.1993

Im Unterschied zu den vergangenen Jahren hat es diesmal erst sehr spät angefangen zu regnen. Am 8. Juni setzte die Regenzeit ein, dann aber sehr massiv.

Bei unseren Teamgesprächen sind wir dabei, den Pastoralplan auszuarbeiten. Wir kommen zwar nur langsam voran, aber es gibt eine Menge an guten Ideen. Zurzeit stehen die »Reflektionsgruppen« im Vordergrund. An dieser Stelle engagiert sich besonders Raymund. Die Schwestern haben in den Gemeinden von San-Miguel-el-Grande gute Motivationsarbeit gemacht. Hausbesuche gehörten auch dazu. In den Dörfern Madero, Zarargoza, Inturbide und im Zentrum treffen sich jetzt schon solche Gruppen. Auch in den Dörfern von Chalcatongo und Atatlahuca ist etwas auf dem Weg. In der Pfarrei San Mateo waren die Schwestern in San Pedro Molinos und Santa Catarina Ticua aktiv.

Gestern ist Rodolfo mit dem Motorrad von Oaxaca wiedergekommen. Er war wegen seiner Aufenthaltsgenehmigung unterwegs.
Vor einigen Tagen ist unser neues Haus im Pfarrhof von Chalcatongo fertig geworden. Es hat vier Zimmer. Baumeister war Don Patrocinio. Kosten: zirka 25.000 Mark. Das Geld stammt zu 100 Prozent aus unserem Mexiko-Fond in Münster. Seinerzeit hat Don Pablo, der Bürgermeister, ausdrücklich Zustimmung zu dem Neubau gegeben und den Zweck definiert: »Zur ausschließlichen Verfügung des Pfarrers von Chalcatongo.« Dazu liegt ein Dokument vor.

Heute Nachmittag soll eine offizielle Dorfversammlung, eine Junta, stattfinden. Eingeladen haben der neue Bürgermeister

Don Vito und Don Manuel Zafra als »presidente des templo«. Mal sehen, was da herauskommt.

21.6.1993

Vorgestern war also die Junta. Die Versammlung war in allen Punkten unbefriedigend. Mit meinen Vorstellungen zur öffentlichen Ordnung in der Semana Santa und zu den Restaurationsarbeiten an der Umfassungsmauer der Kirche, dazu in diversen Geldangelegenheiten, stieß ich überall auf Widerstand. Insgeheim wundert mich das nicht, denn die Teilnehmer der Junta waren ausschließlich Leute vom Zentrum, die wir unter dem Begriff »Gustavos« zusammenfassen, die Clique der Händler, die das Leben der Kirche in ihren Interessen okkupieren wollen. Da es anfing zu regnen, vertagten wir die Probleme und verabschiedeten uns recht freundlich und friedlich. Rodolfo war geschockt. Er meinte, er sei nicht nach Mexiko gekommen, um sich den Streit über Finanzen anzuhören, sondern um pastorale Arbeit zu leisten. Recht hat er. Aber natürlich gehören auch solche »weltlichen« Dinge zum Geschäft.

29.6.1993

Den mit Problemen belasteten Jeep, Chapulín, haben wir sehr günstig an Pater Fernando verkauft, fast verschenkt. Sein Bruder führt eine Jeep-Autowerkstatt. Das passt. Wetterbedingt hatten wir einige Abenteuer zu bestehen. Pirmin blieb mit unserem neuen Auto, einem Ford Pick-up, bei Mier-y-Teran im Schlamm stecken. Er kam zu Fuß zurück, um das Unheil zu melden, woraufhin Rodolfo mehrmals mit dem Motorrad an die Stelle fuhr, um das Gefährt freizubekommen. Klappte aber nicht. Schließlich haben wir (bei Soria) einen Trecker engagiert, der sich ebenfalls mit Mühe einen Weg dorthin bahnte, dann aber die Lösung erreichte. Kostenpunkt: zirka 125 Mark. Das geht noch, wenn man bedenkt, wie weit und schwierig der Weg ist: drei Stunden Treckerfahrt hin und noch einmal drei Stunden zurück. Wegen des Wetters habe ich auch einen Termin in Reforma, ganz oben am Rand des Gebirges, platzen lassen. Das ist übrigens in all den Jahren das erste Mal, dass ich eine Verpflichtung nicht eingehalten konnte.

Am Sonntag war ich in San Mateo, um Vidal bei einer Dorfversammlung zu unterstützen. Es ging um Grundstücksfragen. Hinter dem Pfarrhaus befindet sich ein Gelände, das dem Pfarrer seit fünfzig Jahren zur Verfügung steht, um für den Eigenbedarf Mais anzupflanzen. Vom Dorf her weiß man, dass dies immer so war, aber es gab auch Versuche, dem Pfarrer das Grundstück streitig zu machen. So auch jetzt. Vidal hatte im Zuge der Klärungen, die von der Diözese gewünscht wurden, eine »Schenkungsurkunde« für die Kirche, das Curato und eben dieses Grundstück erbeten. Bezüglich der Kirche und des Curatos waren die Dorfautoritäten einverstanden, das Grundstück wollten sie aber lieber anderen öffentlichen Zwecken zuführen. In den Akten steht für die Kirche und das Curato der Eintrag »Staatsgüter«. Für das Grundstück heißt es jedoch: »Eigentum der Gemeinde«. Die Besprechung fand jetzt nur mit den Dorfautoritäten, nicht mit der ganzen Gemeinde statt. Schließlich stimmte man zu, das Grundstück dem Pfarrer weiterhin zu überlassen. Die Formulierung in einer neuen Akte lautete nun: »Eigentum der Gemeinde, der Kirche zur Nutzung überlassen«.

21.7.1993

Langsam beruhige ich mich. Es geht mal wieder um die Musik, die mit voller Lautstärke über den Dorfplatz tönt. Sie kommt vom Municipio. Jetzt haben sie sie abgestellt. Ich war vor einer halben Stunde im Municipio, um mein Missfallen kundzutun. Der Sekretär verwies mich an den Bürgermeister, der mir erklärte, dass die Musik zum Wohle des Volkes aufgelegt würde. Ich hatte einige Mühe, deutlich zu machen, dass sie bei mir Unwohlsein auslöse, zumal das Getöne durch die hohe Kirchenwand in unsere Zimmer reflektiert und dadurch noch verstärkt wird. Natürlich gibt es andere, wichtigere Probleme. Die dauernde Lautsprechermusik geht aber direkt ins Ohr. Also gut. Jetzt beruhige ich mich.

24.7.1993

Im DIARIO OFFICIAL DE LA FEDERATION, dem Amtsblatt der Regierung vom 6. Juli 1993, ist nun auch die Delegation der Kapuziner als »Asociatión Religiosa« aufgeführt und damit staatlich anerkannt. Da die Repräsentanten gebürtige Mexikaner sein müssen, sind Serapio und José Luis in dieser Funktion angegeben.

12.8.1993

Vorgestern und gestern hatten wir hier in Chalcatongo das Dekanat zu Gast. Die Teilnehmerzahl war nicht gerade erbaulich. Das liegt zum einen am Fehlen der Schwestern, die in dieser Jahreszeit ihre Mutterhäuser im Norden der Republik aufsuchen.

Zum anderen hatten zwei Pfarreien keine Teilnehmer geschickt. Ähnlich war es auch schon beim letzten Dekanatstreffen. Frage also: Steckt irgendwo der Wurm drin? Ich muss mir diese Frage auch persönlich stellen, weil mich Don Hector vor Kurzem zum Dekan ernannt hat. Wünschenswert wäre eine Aufarbeitung des Problems bei Anwesenheit aller Beteiligten. Vom Dorf Chalcatongo her wurde uns gut zugearbeitet. Die Unterkunft konnten wir durch die Möglichkeiten mit dem neuen Haus innerhalb des Pfarrhofes bewältigen.

Nun denn. Zuerst war jetzt ein Studientag geplant. Raymund und Marcelina hatten dazu das Thema »Inkulturation« vorbereitet. Wir wollen das Thema langfristig angehen und zu Beginn die eigenen religiösen Traditionen der Region in Augenschein nehmen. Das entspricht dem methodischen Schritt »Sehen«. In einer unserer Werkstattwochen hatten die Katecheten sich schon mit dem Motiv der »Serpiente emplumada«, der gefiederten Schlange, befasst. Dazu wurden jetzt »Geschichten« gesammelt. Der springende Punkt bei der mythischen Schlange besteht darin, dass sie das Prinzip »Himmel und Erde« darstellt. Sie kommt aus ihrer Erdhöhle, in der sie wohnt, heraus, um am Himmel die Wolken zusammenzutreiben, die den Regen bringen. Deshalb ist sie wie ein Vogel der Lüfte gefiedert. Sie gilt als göttlich, weil sie mit den Wolken den Regen, sprich das Leben, bringt. In der Erwartung der Regenzeit beten die Mixteken an den Eingängen der Höhlen um den notwendigen Regen. Uns, den Priestern, sagen sie nichts davon, weil sie fürchten müssen, dass die Kirche sie als Heiden, als Teufelsanbeter disqualifiziert. Unsere Katecheten sprechen von diesen Dingen als ihren »Creéncias«, was so viel sagt wie spirituellen Traditionen. Heute sind wir der Meinung, dass die Mixteken unsere, der Kirche, Wertschätzung wegen ihrer durchaus sinnvollen Glaubensüberzeugungen erfahren sollten. Betreffs einer noch zu leistenden Inkulturation sind diese Dinge in Rechnung zu stellen.

2.9.1993

Ich glaube, ich habe noch nicht notiert, dass Vidal, Raymund und ich in Puebla bei der Priesterweihe der Mitbrüder Francisco und José Manuel zu Gast waren. In einem noch sehr jungen, unfertigen Vorort von Puebla, Colonia de los Gabilanes, wurde von Seiten der Kapuzinerdelegation vor nicht langer Zeit eine neue Niederlassung eröffnet, die als Postulatshaus gedacht ist. Eine große Kirche der Gemeinde steht bereits im Rohbau. Dort fand die Priesterweihe der beiden Mitbrüder statt.

Jetzt ist es mein Anliegen, von dem Rücktritt von Don Bartolomé Carrasco zu berichten. Wie üblich hielt die Erzdiözese anlässlich des Namens- und Geburtstags (75 Jahre) von Don Bartolomé eine Generalversammlung ab. Zuerst trafen sich die Laien, quasi zur Vorbereitung, dann alle. Ungefähr sechshundert Personen, darunter beinahe vollständig die Priester und Ordensleute, versammelten sich in dem neuen »Haus der Kirche«, das in unmittelbarer Nähe des Klosters unserer Kapuzinerinnen liegt. Nebenbei bemerkt: Von uns Kapuzinern aus Deutschland wurde der Bau dieses Hauses großzügig unterstützt. Zunächst hat man nun zwei Tage lang an einem Pastoralplan für die Diözese gearbeitet. Am dritten Tag startete das Festgeschehen. Am Vorabend gab es einen Festakt zur Herausgabe der Predigtsammlung von Don Bartolomé. Das Sinfonieorchester der Stadt Oaxaca präsentierte aus diesem Anlass ein beeindruckendes Konzert. Die Einladung zum Abendessen im Kloster der

Kapuzinerinnen fiel allerdings ins Wasser. Die Honoratioren, der Gouverneur und seine Mannen, blieben aus. Der eigentliche Festtag begann mit den traditionellen Mañanitas schon um 5 Uhr morgens. Dann war um 10 Uhr die Gratulation der einzelnen Gruppen im Bischofshaus Carmen Alto. Schon hier wurde eine große Anhänglichkeit gegenüber Don Bartolomé deutlich. Dann zog man zur Kathedrale. In der Sakristei mussten wir ein wenig warten. Schließlich trafen auch Don Arturo Lona, Bischof von Tehuantepéc, und ein Vertreter von Don Samuel Ruiz, Bischof von San Cristobal in Chiapas, ein. Dazu kamen von CENAMI Clodomiro Siller und José Manuel. Die Messe dauerte geschlagene vier Stunden.

Einige Höhepunkte möchte ich ansprechen. Zunächst forderte Don Hector Don Bartolomé auf, die Anerkennung, die er ihm gegenüber ausspreche, »in Eucharistie zu verwandeln«. Dann sprachen Vertreter der Diözesanversammlung und trugen kurz die Ergebnisse der Arbeit vor. Die Predigt hielt Don Bartolomé selbst. Er las vom Blatt, sprach sehr schnell, sodass ich nur die Hauptlinien mitbekam. Er »durchpflügte« alle Aspekte der Pastoral. Wichtig waren die Einleitung und der Schluss, in denen er mittteilte, dass er mit der heutigen Messe seinen vom Kirchenrecht vorgesehenen Rücktritt aus Altersgründen an den Papst richten wolle. Und – mit einem Augenzwinkern – er habe keinen Zweifel daran, dass der Papst diesen Rücktritt umgehend annehmen würde. Die Schlussworte waren dann: »Ich möchte – wenn Gott es will – hier in Oaxaca bleiben, weiter leben und sterben als Dünger in der Ackerfurche für die »tierra oaxaqueña«, die Erde Oaxacas.

Die Predigt enthielt einige sehr prägnant formulierte Positionen, die Don Bartolomé in seiner Amtszeit vertreten hat. Er sprach vom Klerikalismus und der Laienmitarbeit, von der ganzheitlichen Seelsorge, die auch die materiellen Nöte der Menschen einbezieht, die Mitarbeit der Ordensschwestern, die Ausbildung der Priesteramtskandidaten, die charismatische Bewegung und die Verhandlungen um ein Freihandelsabkommen. Der spirituelle Grundimpuls war zweifellos wieder die »Option für die Armen«, von der Don Bartolomé sagte, dass er einfach nicht verstehen könne, wieso es innerhalb der Kirche diesbezüglich Gegnerschaften geben könne.

Nach den Fürbitten sprach der Generalvikar von San Cristobal. Ich hatte zuvor nie so deutlich die »Führerschaft« Don Bartolomés in der Kirchenprovinz Pacifico Sur angesprochen gehört. »Pacifico Sur ist die treibende Kraft der nachkonziliären Erneuerung.« Die Bischofstreffen auf dieser Ebene hätten wegweisende Dokumente zum Beispiel in der Indígenapastoral hervorgebracht.

Dann kam, zur Gabenbereitung, der bewegende Moment, an dem Don Bartolomé das Rücktrittsdokument unterschrieb. Er bat dazu in sehr einfachen Worten fünf oder sechs ältere Indígenas ins Presbyterium der Kathedrale. Er wünschte, dass sie ihn segnen sollten. Die Frauen und Männer begriffen zuerst gar nicht und wollten ihrerseits vom Bischof gesegnet werden. Don Bartolomé kniete sich aber vor ihnen hin, und die alten Leute segneten ihn in der Weise, wie sie sonst ihre eigenen Kinder und Enkel segnen.

Vor der Präfation sprach Don Arturo Lona spontan ein paar freie Worte. Es drängte ihn, eine bestimmte Sache von damals, vom ersten Besuch des Papstes Johannes Paul II. in Mexiko zu erzählen. Damals, 1979 in Cuilapan, habe er selbst gehört, wie der Papst zu Don Bartolomé gesagt hat: »Ich behalte Sie als Kardinal in Erinnerung« *(in pectore)*. Dann aber sei die Kirchengeschichte nach Gottes verschlüsselten Plänen anders gelaufen.

Lona erklärte jetzt noch einmal den schmerzlichen Prozess, nachdem die »Option für die Armen« innerkirchlich und von außen angefeindet worden sei. Er sprach auch davon, wie vor inzwischen siebzehn Jahren ein kleiner linientreuer Mann, der nichts anderes kannte als den CODEX LURIS CANONICI, in Oaxaca Erzbischof wurde und wie dieser unscheinbare Mann dann aber in der Begegnung mit den Armen, insbesondere den Indígenas, von diesen selbst »umgekrempelt« worden sei.

Nach dem Gottesdienst gab es unter leicht chaotischen Bedingungen etwas zu essen, und schon zog man wieder los. Jetzt ging die Calenda, der Umzug, zum »Platz der Tänze« an der Basilika Soledad. Bis in die Nacht hinein wurde die Guelageza, die Tanzveranstaltung der indigenen Regionen Oaxacas, aufgeführt. Und schließlich endeten die Feiern mit einem Feuerwerk. Alles war sehr freudig, ungebrochen, ohne jeden aggressiven Ton.

Dennoch: Sämtliche Teilnehmer/-innen waren sich darüber im Klaren, dass dies vorläufig das letzte unbeschwerte Fest gewesen sein dürfte. Der Koadjutor Don Hector braucht ja nur zu warten, bis Rom das Rücktrittsgesuch von Don Bartolomé angenommen hat. Automatisch ist er dann in »Amt und Würde«. Don Bartolomé wurde während des Festes mit »Prophet unserer Zeit« betitelt. Er selbst bezeichnet sich eher als »armer Sünder«. Welch ein Kontrast zum Koadjutor, der sich in die Brust wirft und sagt: »Ich bin es.«

24.9.1993

Allerlei Aktivitäten. Man kann gar nicht alles aufschreiben. Unser Personalbestand hat sich durch die Mitarbeit der Schwestern und die Ankunft der neuen Brüder erheblich erweitert. Während der eine in den Dörfern unterwegs ist, nimmt der andere an einem Kurs zur Fortbildung teil. Aus beiden Gründen gibt es viel Bewegung, das heißt Abwesenheiten von unseren »Hauptquartieren« und dazu die entsprechende Reisetätigkeit. Auch müssen fortlaufend neue Anträge wegen der Aufenthaltsgenehmigung eingereicht und wieder abgeholt werden. Rodolfo liebt sein Motorrad, Raymund und die Schwestern sind, so wie Joachim und Pirmin, gern zu Fuß unterwegs. Damian kundschaftet andernorts aus, wie und wo er vielleicht doch zum Einsatz in der Krankenpflege kommen kann.

Für mich ergab sich ein interessantes Engagement in Oaxaca. Es ging um Exerzitien bei den Schwestern Kapuzinerinnen. Das Thema war: »Die Guadalupana«. In der letzten Zeit habe ich mich ohnehin mit dieser »Figur« befasst. Die zehn Tage bei den Schwestern waren dennoch eine Art geistliche Entdeckungsreise, auch für mich. Jeder Tag bekam einen Aspekt der Geschichte von den Erscheinungen der Virgen zugeordnet. Zum Beispiel »Der Hügel Tepeyác« oder »Die Rosen«.

Insgesamt war mein Anliegen, die Geschichte der Guadalupana mit dem Grundthema der Kontemplation zu verbinden. Und ich meine, das ist bestens gelungen. Jedenfalls kam von den Schwestern ein sehr positives Feedback.

Gewundert hat mich allerdings, dass die Schwestern meinten, sie hätten früher nie etwas zum Thema Kontemplation gehört. Erst jetzt, durch die Einführung von Joachim und mir, seien sie an die Sache, die doch originär ihre Sache ist, herangeführt worden. Die Stille-Übungen im »Sitzen« waren für sie ganz und gar unbekannt.

Meine Vorträge zur Guadalupana, die ich zunächst spontan gehalten habe, konnte ich jeweils nachträglich ein wenig aufzeichnen, sodass ich im Fall eines Falles wieder darauf zurückgreifen kann.

5.10.1993

Soeben haben sich Raymund und Damian verabschiedet, um nach Deutschland zurückzukehren. Raymund, der insgesamt drei Jahre hier bei uns in Mexiko war, will anschließend in Brasilien, São Paulo, Missionstheologie studieren. Damian hat zu viele gesundheitliche Schwierigkeiten, um länger hier zu bleiben. Gestern haben wir in Zusammenhang mit dem Franziskusfest Abschied gefeiert. Die Schwestern von San Miguel, jetzt Clementina und Coty, waren auch da. So geht hier in der Mixteca Alta wieder eine Etappe zu Ende. Die Personalfragen sind manchmal schwierig zu regeln, weil von der Provinzleitung in Deutschland die Strippen gezogen werden. Die Kommunikation mit uns hier vor Ort, lässt zu wünschen übrig. Das hängt natürlich auch mit den Kommunikationsbedingungen zusammen. Wenn einer von uns sich in der Stadt, Mexico City oder Oaxaca, aufhält, kann er vielleicht einmal telefonieren. Ansonsten dauert die briefliche Korrespondenz, hin und zurück, ziemlich genau einen Monat. Trotz der »Abgänge« von Raymund und Damian sind wir in personeller Hinsicht nicht schlecht dran. Ich selbst habe gesagt, dass ich noch ein oder anderthalb Jahre hier bleiben möchte, um dann in Deutschland weiter zu machen. Meine Begründung liegt in unserem Ordenscharisma. Wir sind auf »Wechsel«, auf »Itineranz«, angelegt. Zu viel an »Stabilität« schadet dem Grundauftrag. Insbesondere sollte man in verantwortlicher Position nicht auf dem Stuhl festwachsen.

6.11.1993

Gestern kam die Kopie eines Schreibens, das der Pater Generalminister Flavio Carraro an die Provinziale von Navarra und Kalifornien richtet. Das Generaldefinitorium in Rom habe entschieden, heißt es dort, das Territorium Mexikos in zwei Teile zu teilen, sodass der Norden des Landes als Zuständigkeitsbereich der Provinz Kalifornien zu gelten habe und die Mitte und der Süden in die Verantwortlichkeit der Provinz Navarra falle. Die Begründung ist wohl, dass beide Provinzen sich die »Einpflanzung des Ordens« zum Ziel gesetzt haben. Daher müsse eine Konkurrenz im gleichen Territorium vermieden werden. Man will mit dieser Entscheidung offenbar einen Schlussstrich unter die Querelen ziehen, die die Arbeit der Kapuziner in Mexiko belasten. Ob das gelingen kann, wage ich zu bezweifeln. Die Aktivitäten der kalifornischen Provinz in Mexiko haben erst im Jahr 1985 mit der Gründung der Niederlassung in Yékora, Sonora, begonnen. Das gibt noch keinen genügenden Rahmen ab, um junge Leute in das Leben als Kapuziner einzuführen zu können. Die spanisch-mexikanische Delegation steckt allerdings in den gleichen Problemen. Es gibt kaum eine Niederlassung, die den jungen Leuten als beispielhaft gelten könnte. Im luftleeren Raum kann man aber nicht ausbilden. Lediglich ein Postulat und ein Noviziat zu eröffnen und Interessenten aufzunehmen, heißt doch: ein Haus auf Sand bauen. Aus diesem Grund sind die Spanier/Mexikaner an unserem Engagement interessiert. Sie können die jungen Mitbrüder für eine begrenzte Zeit zu uns schicken, damit sie hier unsere Lebensart als Kapuziner kennenlernen, in die sie hineinwachsen sollen. Bislang gelten die Kalifornier bei den Spaniern als »Rosenkranzklapperer«, was so viel heißt wie: Mit ihrer erzkonservativen Einstellung kommen wir nicht zurecht. Die Navarra-Spanier sind von Haus aus kritische Geister. Das habe ich bei meinem Spanienbesuch während des Heimaturlaubes deutlich sehen können. Außerdem wird das ganze Unternehmen dadurch belastet, dass weder »Spanier« noch »Nordamerikaner«, sprich Gringos, in Mexiko generell einen guten Stand haben. Die jetzige Entscheidung »von oben« gibt den Kaliforniern recht. Die Spanier dürften verärgert sein. In vierzehn Tagen ist in Mexico City wieder eine Jahresversammlung der Kapuzinerdelegation. Ich bin gespannt, was ich dann hören werde.

4.12.1993

Die dreitägige Priestervollversammlung im vergangenen November wurde vom Priesterrat, dem ich als Dekan von Tlaxiaco neuerdings angehöre, als »*frio*«, kalt, gewertet. Im »Haus der Kirche«, inzwischen fertiggestellt, kann man zwar solch große Versammlungen recht gut abhalten, dennoch war man atmosphärisch nicht zufrieden. Positiv fand ich vor allem, dass tatsächlich die gesamte Priesterschaft, 130 Personen, anwesend war. Ausnahmen bestätigen die Regel. Don Bartolomé tauchte nur einmal für eine Messfeier auf. Don Hector kann demnach die gute Beteiligung für sich verbuchen. Umstritten bleibt er trotzdem. Die Debatte wurde ein wenig verlagert. Man beschäftigte sich mit den Angriffen, die Don Samuel Ruiz in Chiapas derzeit zu erleiden hat. Wieder hat Prigione, jetzt offiziell Nuntius, seine Finger im Spiel. Es heißt, Don Samuel werde zum Rücktritt gedrängt. Das Magazin Proceso unterstellt eine deutliche Verquickung von Kirche und Politik. Der Tenor: Die konservative, neoliberale Politik, die ökonomisch Mächtigen von Chiapas, wollten im Verein mit Prigione Don Samuel Ruiz, der ihnen als »Linker« gilt, endlich loswerden. Vor allem wegen seiner Menschenrechtsarbeit ist er ihnen ein Dorn im Auge. Nebenbei: Vor Kurzem hat Don Samuel in den USA einen Preis wegen seiner Arbeit bekommen.

Im Anschluss an die Diözesanversammlung bin ich nach Mexico City gefahren, um dort am Kapitel der Kapuzinerdelegation teilzunehmen. Die Nachrichten, bezogen auf die geografische Neuaufteilung des Staatsgebietes von Mexiko zwischen der kalifornischen Provinz und der Provinz Navarra, waren ja schon durchgedrungen. Das Kapitel beschäftigte sich nur noch kurz mit dieser Sache. Deutlich wurde, dass der Generalminister Flavio seine Sicht gegen das eigene Generaldefinitorium und gegen die Voten aus dem lateinamerikanischen Bereich des Ordens durchgesetzt hat. Pater Jaime informierte die Brüder entsprechend. Man entschied, die Sache jetzt auf sich beruhen zu lassen.

Ein weiterer Punkt beim Kapitel war dann der Besuch des Generalsekretärs der mexikanischen Bischofskonferenz, Gudíñez. Er zeigte ein Video von der letzten Bischofsversammlung, das deren Prioritäten darstellen sollte. In den Kommentaren unsererseits fiel das Propagandawerk einhellig durch. Einem zweiten Video, diesmal über die Bischofsversammlung in Santo Domingo anlässlich des 500-Jahre Gedenkens seit der Conquista, eine Arbeit von LUMEN, ging es nicht besser. Moniert wurde der triumphalistische Duktus, nach dem Motto: Die Kirche hat immer alles gut gemacht. Der arme Bischof konnte sich in der Diskussion nur dauernd wiederholen, indem er meinte: »... da bin ich anderer Meinung.« Insgesamt wirkte er wie ein nicht sonderlich kompetenter Sachwalter. Das eigentliche Ziel seines

Besuches, zur Neubestimmung des Verhältnisses zwischen Bischöfen und Ordensleuten im Hinblick auf die baldige römische Synode etwas Erleuchtendes zu erarbeiten, fiel dabei gänzlich unter den Tisch. Meiner Ansicht nach fehlte es vor allem an einem kritischen Blick auf die Geschichte. Die Rede von einer »Neuevangelisierung« läuft ins Leere, wenn nicht klar wird, was denn das »Neue« gegenüber dem »Hergebrachten« sein soll.

Aufgrund der Umstrukturierung des Ordens in Mexiko entsteht nun eine Perspektive, die besagt, dass die beiden Wahlkreise des Ordens, die von Navarra abhängen, als eine Einheit gedacht werden sollen. Gemeint ist die Zusammenarbeit zwischen der Delegation in Mexiko und der Vizeprovinz von Texas in den USA. Es gibt bereits eine personelle Verschiebung. Von Texas kam Bruder Oscar, der nun in Puebla im Postulat mitarbeitet. – Von Francisco habe ich gehört, dass die drei Junioren im Februar bei uns in der Mixteca Erfahrungen sammeln sollen.

11.12.1993

Nach einigen weiteren Umdrehungen wegen der Opferstöcke beziehungsweise der allgemeinen Finanzen bin ich nun etwas zufriedener. Das Komitee für die Kirchensanierung hat endlich seinen Rechenschaftsbericht veröffentlicht. Und Don Demetrio konnte ausbezahlt werden. Ein weitere Punkt zur Zufriedenheit besteht darin, dass mir Don Manuel Zafra, der ja der Verantwortliche für Kirchenangelegenheiten seitens des Dorfes ist, endlich offiziell die vom Bürgermeister unterschriebene Akte über das Kirchgrundstück überreicht hat. Ich hatte darum wegen der neuen Gesetzeslage gebeten.

20.1.1994

Vom 28. Dezember bis zum 14. Januar hatten wir zum zweiten Mal den Besuch von Provinzial Pater Roland Engelbertz in Begleitung von Bruder Ephrem Rapp. Wir haben diesbezüglich noch keine gemeinsame Auswertung gemacht, aber ich kann etwas aus meiner Sicht erzählen. Helmut, Vidal, hat die beiden in Mexico City abgeholt und ist mit ihnen gleich nach Oaxaca geflogen, um dann mit dem Auto weiter nach San Mateo zu fahren. Am 31. Dezember waren Rodolfo und ich schon einmal in San Mateo zur Kontaktaufnahme. Als Pirmin auch dazukam, haben wir zunächst die fälligen Einzelgespräche mit Roland organisiert. Am 4. Januar zogen Roland und Ephrem nach Chalcatongo um. Jetzt konnten gemeinsame Gespräche stattfinden. Am 5. waren wir in Guadalupe Victoria, San-Miguel-el-Grande. Am 7. trafen wir uns mit den Schwestern, während Vidal und Joachim in San Mateo Pláticas hatten. Inzwischen war auch Paco Sádaba von Mexico City dazugekommen, sodass die Gäste ein wenig von der Kapuzinerdelegation erfuhren. Und, erstaunlich und erbaulich zugleich: Von Yujia kam Don Andrés, unser erster Katechet, in einem vierstündigen Marsch nach Chalcatongo, nur um die beiden Gäste zu begrüßen. Am 8. Januar brach die erste Abteilung nach Oaxaca auf. Die anderen Brüder folgten etwas später. Rodolfo brauchte viereinhalb Stunden mit dem Motorrad. Am 10. war dann in Oaxaca bei den Schwestern Fiesta. Das Motiv: mein silbernes Ordensjubiläum.

26.1.1994

Gern erzähle ich von dem Fest, das wir bei den Kapuzinerinnen in Oaxaca feiern durften. Wir hatten den Termin meines silbernen Ordensjubiläums ein wenig verschoben, damit unser Provinzial Roland und Bruder Ephrem, der Missionsprokurator, dabei sein konnten. Eigentlich wäre der 26. September 1993 der Stichtag gewesen. Das Fest war sehr schön, sehr rund, sehr freudig. Dazu einige Einzelheiten. Im Vorfeld wusste ich nicht recht, wen ich einladen sollte. Natürlich dachte ich zuerst an die Schwestern selbst. Dann sagte ich Josefina, Rosendo und Marcelina Bescheid (und bezahlte ihnen die Reise). In Oaxaca ließ ich Miguel H. und seiner Frau Hortensia die Einladung überbringen. Von Tlaxiaco trafen Felipe, dazu Adrián und Frau Sofia ein. Aus Orizaba kamen auf Hinweis der Schwestern zwei weitere Kapuzinerinnen, Guadalupe und Francisca, dazu zwei aus Tehuantepéc und zwei aus Veracrúz. Anwesend waren auch, von mir verständigt, Paco Sádaba, Serapio und Juan Miguel, dazu der Mitbruder Jerónimo aus Cuba. Ich hatte die Geladenen gebeten, schon frühzeitig da zu sein, damit man erst einmal guten Tag sagen könne. Kurz nach 12 Uhr ging ich in Richtung Sakristei. Mir fiel auf, dass die anderen nur sehr schleppend nachkamen. Ich hatte schon das Messgewand an, da kam plötzlich Don Bartolomé Carrasco den Gang entlang. Schnell zog ich das Messgewand wieder aus, um dem Bischof den Vorsitz zu überlassen. Aber ich musste wieder umschalten, denn Don Bartolomé wollte mich, wie er sagte, nur begleiten. Ich solle brav und gehorsam sein und der Eucharistiefeier vorstehen. Also legte ich das Messgewand wieder an. Dann zogen wir in die Kapelle der Schwestern ein. Ich bat Vidal (der übrigens im Hintergrund dem Bischof Bescheid gesagt hatte), die Begrüßung zu übernehmen, was er sehr schön machte. Zum Glück brauchte ich insgesamt nicht viel frei zu sprechen. Die Emotionen hätten mir da vielleicht einen Streich gespielt. Roland hielt die Predigt zu dem Vers aus der Bibel, in dem es heißt: »Du, Gott, legst Deine

Hand auf mich.« Joachim übersetzte gekonnt. Als Roland geendet hatte, fragte mich Don Bartolomé, ob er auch etwas sagen solle. Natürlich stimmte ich zu. Er sprach dann, eine zweite Predigt, über die »Inkarnation« und über die »geistliche Armut«, franziskanisch und im Zusammenhang mit der »Option für die Armen«. Der Tenor: Das Sich-arm-Machen um des Gottesreiches willen ist die entscheidende Voraussetzung, um den materiell Armen existenziell begegnen zu können, und damit die Bedingung der Möglichkeit einer Pastoral im Sinne der »Option«. Der Weg Jesu selbst ist von dieser Qualität, und in ihrer Christusnachfolge betreten die Jünger Jesu dieses Terrain. Die Ordensgelübde haben daher die »Option« als Bezugsrahmen. Diese »Option für die Armen« ist ein göttliches Projekt, und ohne diesen Bezug blieben die Gelübde irrig, unverständlich. Gott hat in Christus selbst die Armut angenommen, er hat sich in die Armut, in die Niedrigkeit hinein inkarniert. Das ist die »Option, die niemanden ausschließt, jedoch manch einen zur Bekehrung aufruft. Es geht um eine grundlegende Kehrtwende, einen Perspektivenwechsel, eine Karriere nach unten ...« Joachim übersetzte die Predigt des Bischofs simultan für Roland und Ephrem. Ich glaube, konzentrierter, erleuchteter als jetzt Don Bartolomé kann man über unser Engagement in Mexiko nicht sprechen.

Wie durch ein Wunder war nach dem Gottesdienst das Festessen angerichtet. Alle Geladenen saßen unter einer gelben Plane im Garten des Klosters, um es mit einem deutschen Wort zu sagen: recht gemütlich. Gute Sachen gab es: *Mole negro*. Es wurden auch Fotos gemacht. Dann kam der große Kuchen, ein wahres Kunstwerk, das die Schwestern gerade noch rechtzeitig vollenden konnten, dreistöckig. Ich habe, klar doch, gezögert, das

Messer anzusetzen, damit das Werk erst einmal von allen Seiten betrachtet werden konnte. Die deutschen Mitbrüder sangen derweil Volkslieder. Dann der Kuchen. Don Bartolomé wollte jetzt gehen, ich hielt ihn aber noch ein wenig auf, weil ich mit den Schwestern einige Melodien mit dem Kuhglockenensemble eingeübt hatte. Die Schwestern hatten zur Ausstattung des Festes schwarze Oaxaqueno-Blumenväschen besorgt. Als die ersten Gäste sich verabschiedeten, bekamen sie als Andenken ein solches Geschenk überreicht. Nach einer Verschnaufpause ging das Fest am Abend weiter, indem die Schwestern typische Tänze aus den Regionen Oaxacas vorführten. Fröhliche Gesellschaftsspiele rundeten das Ganze ab. Manchmal blieb uns vor lauter Lachen geradezu die Luft weg. Meine Zahnschmerzen habe ich mit *Mescál* (Feuerwasser) bekämpft und dann trotzdem gut geschlafen.

Der übernächste Tag brachte einen Besuch bei Don Hector. Der Erzbischof, jetzt als Ordinarius voll im Amt, empfing uns im Bischofshaus Carmen Alto, wo er soeben eingezogen war. Das Gespräch, bei dem ich die Rolle des Übersetzers einnahm, wurde von uns nachher als »atmosphärisch freundlich, aber inhaltlich oberflächlich« charakterisiert. Die Gemeinden Chalcatongo und San Mateo seien durch unsere Anwesenheit personell privilegiert ausgestattet. Don Hector betonte, dass es ihm gefalle, dass wie als Gemeinschaft die Verantwortung angenommen hätten.

Am Nachmittag holte uns Schwester Lilia, die rechte Hand von Don Bartolomé, mit ihrem VW-Käfer ab. Wir fuhren nach Tlacolula, um das Centro Guadalupano in Augenschein zu nehmen. Auch von Deutschland fließen Gelder in dieses Projekt

Don Bartolomés. Alles wirkt zwar noch wie in einer Vorbereitungsphase, doch läuft der Betrieb zur Ausbildung junger Leute zu Katecheten auf vollen Touren. Einige der älteren Schüler fungieren bereits wieder als Lehrer. Man orientiert sich an ähnlichen Einrichtungen bei Don Samuel Ruiz in der Diözese San Christobal. Insgesamt eine dynamische Sache. Ich habe aber das Gefühl, dass sich Schwester Lilia zu viel zumutet. Hoffentlich geht das gut.

Am folgenden Morgen waren wir zum Frühstück bei Don Bartolomé in seiner neuen Bleibe. Wir sprachen über den Konflikt in Chiapas, wo die Aufständigen um Comandante Marcos von Regierungstruppen bekämpft werden. Die harte Linie von Staatpräsident Salinas de Gortari wird von Don Bartolomé scharf kritisiert. Auch die »Kirchenfürsten« – hier meinte Don Bartolomé offensichtlich Prigione (jetzt Nuntius) und seine Parteigänger – spielen eine sehr unglückliche Rolle, weil sie auf unerhörte Weise Don Samuel Ruiz den Boden unter den Füßen wegziehen. Ephrem beurteilte das Gespräch nachher als tiefschürfend im Gegensatz zu der Plauderei mit Don Hector.

Mit den beiden Besuchern Roland und Ephrem sprachen wir auch über die langfristigen Perspektiven unseres Mexiko-Engangements. Ich habe selbst das Thema »Die Zukunft der Kapuziner in Mexiko« vorangetrieben, weil ich der Meinung bin, dass Perspektivlosigkeit ein schlimmes Übel ist. Wir müssen herausfinden, wie das Miteinander der verschiedenen Kapuzinerniederlassungen aussehen soll. Der Konflikt zwischen Navarra und Kalifornien betrifft uns zwar nur indirekt, doch müssen wir langfristig wissen, wohin wir gehören. Die Frage läuft darauf hinaus, ob wir mit den Spaniern beziehungsweise den Mexikanern auch institutionell zusammengehen können oder wollen. Das würde bedeuten, dass wir uns personell mit ihnen austauschen. Roland bringt Gesichtspunkte ein, die seinen Wunsch nach Harmonie erkennen lassen. Vielleicht geht es aber auch um Entschiedenheit. Jedenfalls dürfen wir hier in Mexiko nicht zu einem rein deutschen Club verkommen. Das Anliegen, den Orden in Mexiko einzupflanzen, das heißt ein Postulat und ein Noviziat zu führen, wird von der Delegation als ihre Hauptaufgabe gesehen. Wir können dem zuarbeiten, dürfen aber keine Strategie fahren, die als konkurrierend ausgelegt werden könnte. Das gilt auch der Diözese gegenüber, die unter Don Hector wahrscheinlich sofort negativ regieren würde, wenn wir dazu übergingen, Nachwuchswerbung zu betreiben. Festzustellen ist, dass wir zwar Absprachen, aber praktisch keine Vertragsgrundlage haben. Roland ist eher dagegen, zum gegenwärtigen Zeitpunkt schriftlich gefasste Verpflichtungen mit der Erzdiözese Oaxaca einzugehen. Bezogen auf die Kapuzinerdelegation liegen die Dinge ähnlich.

Für die Zukunft dürfen wir erwarten, dass Bruder Crispin aus Deutschland zu uns stößt. Das dauert aber noch. Mir hat Roland zugesagt, dass ich nach zehn Jahren zurückkehren kann. Ob noch ein weiterer Bruder für Mexiko gefunden wird, lässt sich noch nicht sagen.

4.3.1994

Es wäre einen Versuch wert, zu untersuchen, wieweit in den Methoden der Curanderos, der Heilpraktiker, die Absicht steckt, eine Krankheit rituell zu »bannen«. Manche Verfahren, etwa bei Mario, sind physiotherapeutisch angesetzt. Er verabreicht Tees, macht heiße Bäder, renkt Glieder ein und so weiter. Dennoch sind seine »Anwendungen« auch geistlich-spiritueller Art. Er nimmt die Krankheit aufs Korn, benennt ein Problem, gibt ihm einen Namen. Bei der Santissima Modesta ist dies die hervorstechende Seite. Sie sucht nach Zusammenhängen, die im außerphysischen, nicht unbedingt im seelischen, aber doch im spirituellen Bereich liegen. Eine ähnliche Strategie finde ich, sozusagen säkularisiert, in der homöopathischen Methode. Hier allerdings liegen die »Ursachen« im Innern der Persönlichkeit des Kranken. In der indianischen Auffassung liegen sie zunächst außerhalb des Patienten. Sie haben ihn überfallen, sind in ihn eingedrungen. Das ist das Konzept der »Brujeria«, der »Hexerei«. Während die technische Medizin diese von außen kommenden Anfechtungen als »Bakterien« usw. identifiziert, die das Immunsystem des Kranken angreifen, sind die Indígenas zumeist überzeugt, dass ein »Feind«, also eine böswillige Person, den Kranken belästigt. Dieser Feind kann ein lebender Nachbar sein, doch wird meistens angenommen, dass es sich um eine verstorbene Person handelt, die noch keine »Ruhe« gefunden hat, also noch herumgeistert, um Böses zu tun. Folglich muss in einem religiösen Ritus die Krankheit abgewaschen werden und ein spirituell stärkerer »Geist« den Patienten gewissermaßen mit einem Schutzpanzer ausrüsten. Den Ritus nennt man »Limpia«, Reinigung. Der Patient wird nicht, wie man meinen könnte, von seinen eigenen Fehlern und Sünden gereinigt, sondern von den Bedrohungen aus seiner Umgebung. Die Limpia ist durchaus ein Heilverfahren, eine spirituelle Segensgeste, kontrastiert aber deutlich gegenüber den medizintechnischen Anwendungen der offiziellen Gesundheitsfürsorge. Homöopathisch gesprochen stärkt eine Limpia die Selbstheilungskräfte des Patienten, medizintechnisch das Immunsystem. Nicht umsonst sagt man dem Patienten: »Du musst daran glauben! Sonst wirkt es nicht!« Dieser Glaube ist natürlich nicht durch mikroskopische Untersuchungen festzustellen. Man muss dann schon dem »Glauben glauben«. Erkennen kann man ihn im Aufatmen des Patienten. Ich erinnere an Jesus von Nazareth, der dem Glauben der Kranken göttliche Heilkraft zuschrieb.

12.3.1994

Die Dinge des Alltags nenne ich hier kaum noch. Vieles ist Routine geworden. Mein jüngster Aufenthalt in Oaxaca sah so aus: Am Dienstag war wieder der Einkehrtag für die Priester. Dann auch die Messe mit dem Bischof, bei der die heiligen Öle geweiht werden. Vidal war auch da. Abends waren wir in der Pfarrei »Los Pobres« zum Treffen der ehemaligen SERESURE-Seminaristen. Die Atmosphäre in der Diözese wird von den Teilnehmern als repressiv beschrieben. »Wir leiden unter Orientierungslosigkeit. Niemand wagt sich nach vorn.« Dann fand auch die Einweihung des neuen Priesterseminars in Etla statt. Ich behaupte, dass viele Priester nur deswegen dabei waren, weil sie Don Samuel Ruiz, der von San Cristobal in Chiapas gekommen war, treffen wollten. Auch zwei Vertreter von ADVENIAT waren da. An den fünf Fingern kann man ausrechnen, dass ADVENIAT am Seminar finanziell beteiligt ist. Ich selbst war nicht dabei. Ich habe die Zeit genützt, um zum Arzt zu gehen. Dr. Raul meint, dass meine Probleme mit dem vielen Amalgan zu tun haben könnten, das in meinem Mund steckt. Also hat mir seine Frau Ana-Maria, die eine Zahnarztpraxis betreibt, die Füllungen mit einem Plastikstoff ersetzt. Mal sehen, ob's hilft.

Der Reisebericht, den unser Provinzial Roland in Deutschland in unseren Mitteilungen veröffentlicht hat, lässt meiner Ansicht nach zu wünschen übrig. Eine Menge an Aufzählungen ohne einen geistlichen Faden. Immerhin erfahren wir, dass er aufgrund der Informationen, die er von Don Bartolomé über den Konflikt in Chiapas bekommen hat, einen Brief an die Regierung Mexikos geschrieben hat, in dem er für eine gewaltlose Lösung der Probleme eintritt. – In unserem Umfeld wird betont, dass in Chiapas die sozialen Probleme schärfer ans Licht treten als in Oaxaca. Der Unterschied besteht darin, dass der Landbevölkerung in Chiapas nicht einmal auf der untersten politischen Ebene ein Selbstbestimmungsrecht zugestanden wird, während im Bundesstaat Oaxaca die indianischen Dorfgemeinschaften ihre Führung selbst wählen können. Erst auf der nächsthöheren Ebene wird die Fremdbestimmung durch die staatlichen Instanzen wirksam.

15.3.1994

Eine Dorfversammlung in Zaragoza hat offiziell beschlossen, dass in der Heiligen Woche kein Tanz mehr veranstaltet werden soll. Folglich konnte ich die »Virgen de Dolores«, die Figur der Patronin, neu segnen.

Ein bemerkenswerter Fall wurde am vergangenen Sonntag in Yujia aktenkundig. Bei der Einschreibung zur Taufe wollte eine Frau ein kleines Mädchen anmelden. Und gleich noch ein zweites. Die Geburtsdaten lagen so eng bei einander, dass die Frau unmöglich die Mutter beider Kinder sein konnte. Ein kleines Gespräch ergab, dass das erste Kind von der Zweitfrau sei. Der

Vater ist etwa dreißig Jahre alt. Mit der einen Frau ist er offiziell verheiratet. Mit der zweiten Frau, die ebenfalls noch recht jung ist, ist er liiert, ohne dass jemand etwas dagegen zu haben scheint. Beide Frauen waren anwesend, der Mann nicht. Don Andrés, der Katechet, der als Dolmetscher dabei stand, griff zugunsten des Falles ein. Ja, so hätten sie das in Yujia immer schon gehandhabt. Entsprechend lag auch eine zivile Akte vor. Die wirkliche Mutter wird einfach nicht erwähnt, die offizielle Ehefrau gilt als zuständig. Normalerweise würden sie ein solches Kind ein Jahr später taufen, damit der Pfarrer es nicht merkt, wenn beide Kinder in derselben Liste stehen. Ich habe gesagt, dass ich erst einmal mit dem Vater sprechen möchte. Wir haben dann vereinbart, das Kind mit der wirklichen Mutter in die Taufakten einzutragen, weil jeder das Recht hat, seine biologischen Eltern zu kennen. Im Übrigen hat die Ehefrau offenbar keine Probleme damit, dass es eine – übrigens sehr hübsche – Nebenfrau gibt. »Sie hat sich mir angeschmiegt«, sagt der Vater. Da beide Kinder offensichtlich einen guten Einstieg ins Leben vor sich haben, kann die Taufe stattfinden.

19.3.1994

Statistisches über die Misere im Grundschulwesen der Indígena-Regionen Mexikos findet sich im PROCESO Nr. 906 vom 14.3.1994. Seit Jahren erreichen von den eingeschulten Kindern in den Dorfschulen nicht einmal 25 Prozent den Grundschulabschluss. Es gibt auf nationaler Ebene 7.361 Grundschulen in Indígena-Gebieten, verstreut in 23 Bundesstaaten. 4.518 davon haben weniger als 50 Schüler pro Einheit. In diesen Gebieten wohnen 56 verschiedene Ethnien mit ihren je eigenen indianischen Sprachen. Die Lehrer, die zum Teil lediglich Oberschulabgänger sind, die einen Schnellkurs von fünf Monaten absolviert haben, verdienen im Durchschnitt 500 DM monatlich. Im speziellen Bereich der »Zweisprachenschulen« arbeiten 3.365 Lehrer in 1.117 Schulen. Die Zahlen der Bewerber gehen in diesem Bereich ständig zurück. Es gibt keine Lehrerorganisationen, die bei der Entwicklung neuer Pläne zu Rate gezogen werden könnten. Dazu ist zu bemerken, dass die lokale Regierung im Bundesstaat Oaxaca es beinahe ständig mit Demonstrationen der Lehrer zu tun hat, die für ihre Rechte kämpfen. Die Kinder kennen entsprechend häufig ausgefallene Unterrichtsstunden. Das schlägt auch im Nahbereich unserer Pfarrgebiete durch.

28.4.1994

Gestern und vorgestern hat wieder eine Dekanatsrunde, und zwar in Itundújia stattgefunden. Leider waren drei Pfarreien, wahrscheinlich auch wegen eines Fortbildungskurses in Oaxaca, nicht anwesend. Für mich schlug besonders positiv zu Buche, dass Tlaxiaco wieder vertreten war, nachdem die Pfarrei unter Felipe-de-Jesus, meinem Vorgänger als Dekan, durch Abwesenheit geglänzt hatte. Felipe ist inzwischen nach Mihautlán versetzt worden. Schwester Dema von Tlaxiaco, die noch eine Dame namens Maru mitgebracht hatte, referierte zum Thema »Die Konfliktlage in Chiapas und das Wahljahr in der Republik Mexiko«. Ergebnis war seitens des Dekanates die Bestellung einer »Sonderkommission« zu politischen Fragen. Die nächste Versammlung im Juni soll die »Interna« des Dekanates zu Thema haben. – Die Kommission des Gästehauses in Tlaxiaco hatte sich im Vorfeld getroffen und unter anderem einen Vorschlag formuliert bezüglich der Einweihung der nun fertiggestellten Räume. Die kleine Feier soll im Juni stattfinden, wenn sich das Dekanat in Tlaxiaco trifft. Zu meinem Ärger, oder besser zu meiner Verwunderung, habe ich im Kreis der eigenen Mitbrüder, bezogen auf das Gästehaus in Tlaxiaco, mit Einwänden zu tun, die mir unverständlich sind. Besonders Joachim meint, er hätte die Sache früher schon blockieren sollen. Wahrscheinlich denkt er an die Kosten und möchte nicht, dass wir »Institutionen« verantworten. Bei näherem Hinsehen sind wir aber gar nicht selbst zuständig, sondern haben ja deshalb die »Gemeinnützige Stiftung Alma de la Tierra Mixteca« gegründet.

Hier in Chalcatongo stehen jetzt dank der Schwestern schon wieder eine Reihe von Erstkommunionfeiern an. Einige Dörfer, die zu San-Miguel-el-Grande gehören, haben angebissen. Dort läuft jetzt auch die Katecheten-Runde, die sich alle sechs Wochen trifft. Normalerweise nehmen etwa zwölf Personen teil. Das ist sehr ordentlich. Auch die Katechetenwerkstatt hier in Chalcatongo blüht auf. Beim letzten Mal haben acht Teilnehmer, davon fünf aus San-Miguel-el-Grande, mitgemacht.

14.5.1994

In unserem Team sind wir nun schon seit beinahe zwei Jahren dabei, einen Pastoralplan zu erarbeiten. Andere Themen geraten dadurch ein wenig in den Hintergrund. Andererseits kommen wir so ja auch systematisch auf viele Einzelheiten zu sprechen, die unsere Aufmerksamkeit brauchen. Und ich empfinde auch einen psychologischen Effekt wichtig: Wir wachsen als Team zusammen und lernen, an einem Strick zu ziehen: wir von

Chalcatongo, die Brüder von San Mateo und die Schwestern von San-Miguel-el-Grande.

23.5.1994

Und wieder war ich in Oaxaca bei den Sitzungen des Priesterrates, der Dekane und beim Pastoralrat. Einiges war erfreulich, anderes weniger. Ich konnte mit Don Hector über unsere Anliegen bezüglich der Firmungen sprechen. Manche Besprechungen kreisten um die Neuordnung des Verhältnisses zwischen Staat und Kirche, hauptsächlich um die Finanzen. Jede Pfarrei ist jetzt verpflichtet, über alle Einnahmen und Ausgaben Bücher zu führen, die der Finanzbehörde zugänglich gemacht werden müssen. Das wird eine ordentliche »Nebenbeschäftigung«. Um einen Fachmann als Begleiter für unsere nächste Dekanatsrunde zu gewinnen, war ich bei den Jesuiten. Pater Pepe López hat sich auf unseren Wunsch eingelassen.

16.6.1994

Der erste Tag des Dekanatstreffens war nun für die Besprechung der »Internas« vorgesehen. Pater Pepe kam am Vortag pünktlich in Tlaxiaco an. Die Initiative beim Vorgespräch übernahm José Antonio, der jetzt als Nachfolger von Felipe in Tlaxiaco der Pfarrer ist. So konnte ich mich erst einmal zurückhalten. Der Tag sollte auch einen spirituellen Charakter haben. Ein Punkt, der endlich ans Licht kommen musste, waren die Kommunikationsblockaden. Es zeigte sich, dass die mexikanischen Mitbrüder und auch die Laien darunter leiden, wenn wir Ausländer uns auf ihre Kosten Gefechte liefern. Das betrifft besonders John Reuter, den Amerikaner, und uns Deutsche, mich und Raymund. Das Tlaxiaco-Team ist deswegen eine Zeit lang nicht zu den Treffen gekommen. In der Sache stimmt der Vorwurf insofern, als John sich ständig mit mir anlegt, erst recht seitdem ich die Rolle des Dekans habe. (Er war früher auch schon einmal in dieser Position.) Eine andere Problematik liegt in der mangelhaften Beteiligung der Laien, die daher rührt, dass sich die Pfarrer ständig eine zu große Schnitte vom Kuchen abschneiden und die Laien nicht aufkommen lassen. Große Worte werden viel gemacht, die Verantwortlichkeiten aber gern weggeschoben. Da ich versuche, hier aktiv gegenzusteuern, gerate ich in die Schusslinie. Diese Erfahrung bestätigt mich in meiner Auffassung, dass es richtig ist, nach etwa zehn Jahren hier in Mexiko aufzuhören. Die Dinge dürfen sich nicht festfressen. Der gute Pater Pepe hat diesbezüglich nicht sehr produktiv mitgearbeitet. Er meinte, er verstehe die Sache nicht, und das liege vielleicht am Mentalitätsunterschied.

22.6.1994

Ich rede nicht zum ersten Mal davon: von den traditionell eingefleischten Mustern der »Verachtung« in der gesamten mexikanischen, wenn nicht lateinamerikanischen Gesellschaft. In Deutschland kennt man den Spruch »Nach oben buckeln, nach untern treten«. Den anderen zu verachten heißt dann, ihm aus dem eigenen Denken heraus eine niedrige soziale Stellung zuzuweisen und selbst nach Höherem zu streben. Ein Bild für diesen Zusammenhang, das ich auch in Gesprächsrunden benutze, ist das »Treppchen«. Das entsprechende, zumeist unreflektierte Sozialverhalten geht wie ein kulturell etabliertes Muster durch.

Der andere ist so, wie ich ihn sehe, oder besser: wie wir in unserer sozialen Gruppe ihn sehen. Etikettierungen und abschätzige Gesten sind Teil der Wirklichkeit. Was uns zu schaffen macht, ist der Umstand, dass die Indígenas ganz allgemein auf der untersten Stufe eingeordnet werden, ja, sich selbst auch so sehen. Die Stufen sind zwar prinzipiell durchlässig, aber eigentlich nur dann, wenn jemand einen ökonomischen Erfolg verbuchen kann. Bei den Campesinos in unserem Umfeld kommt Letzteres kaum vor, weshalb sie als die gesamtgesellschaftlich Verachteten in ihrer Rolle gefangen bleiben. Die Kirche wird dazu gebraucht, die sozialen Verhältnisse abzusegnen. In Mexiko kann man sehen, wie das geht: Die jeweils Privilegierten werden angehört, ihre Anliegen werden bestätigt, ihre Forderungen erfüllt. Das geht immer und immer auf Kosten der Unterprivilegierten. Wir spüren täglich selbst, wo die Falle ist. Allerdings lauten unsere pastoralen Ziele umgekehrt. Wir möchten zur Überwindung der Gräben beitragen, und zwar auf der Ebene des religiösen Grundverständnisses. Wir möchten das scheinbar selbstverständliche Denken aufbrechen, die Botschaft des »neuen Denkens« vermitteln und den Unterprivilegierten den Rücken stärken.

Zur Analyse der Grundgegebenheiten gehört es, zumal in Mexiko, den kirchlichen Einfluss zu beschreiben. Die weithin herrschende Vorstellung besteht darin, der mittleren »besseren Gesellschaft« anzugehören. Das ergibt ein sehr konservatives Bild, so, als ob die Vertreter der Kirche hauptsächlich damit beschäftigt wären, die sozialen Ansprüche und das Selbstbild der jeweils Privilegierten abzusegnen, zu bestätigen, zu untermauern. Ohne Skrupel zu empfinden, blickt der konservative Amtsträger auf die unteren Schichten der Bevölkerung, die Armen auf dem Land und in den städtischen Metropolen von oben herab. Das heißt, er hat die »Verachtung« gegenüber den

Unterprivilegierten internalisiert, denkt darüber nicht mehr selbstkritisch nach und verdreht damit den Kern der biblischen Botschaft in einer kaum bemäntelten Anmaßung. Er fühlt sich gut, weil er von den Bessergestellten gelobt wird, die es ihm danken, dass er auf ihrer Seite steht. Hinter der aktuellen Problematik steht die historische Entwicklung. Die Kirche hat nie etwas Anrüchiges dabei empfunden, sich den »Großen« der Geschichte anzudienen und deren Position zu legitimieren. Das hat ihren eigenen Status abgesichert. Und es hat nie an Theologen gefehlt, die in der Lage waren, das entsprechend triumphalistische Rüstzeug bereitzustellen. – Eine zumeist jüngere Gruppe der katholischen Priesterschaft im Verein mit vielen Ordensschwestern durchschaut heute die Problematik und möchte sich den Zwängen einer »Gefälligkeitspastoral« entwinden. Die »Befreiungstheologie« und die »Option für die Armen«, wie sie in Oaxaca, aber nicht nur hier, lebendig geworden ist, entwirft ein konträres Bild: Das Evangelium enthält den Impuls, die Armen an die erste Stelle zu setzen, anstatt sie zu verachten. Sie versucht, das Bemühen der »Kleinen«, sich Gott anzunähern und eine geschwisterliche Gemeinschaft zu bilden, zu legitimieren. Das schließt ein verändertes Kirchenbild ein. Das Ideal der »Kirche der Armen« begründet sich sehr direkt mit dem Hinweis auf die Reich-Gottes-Predigt des Jesus von Nazareth.

31.7.1994

Ephrem hat mir nach der letzten Definitionssssitzung der Provinzleitung mitgeteilt, dass Roland gern etwas Schriftliches von mir hätte, weil sie in Deutschland eine neue Ausschreibung für Mexiko machen möchten. Das hängt wohl damit zusammen, dass ich mit Roland meine Rückkehr in die Heimat für das Jahr 1995 abgesprochen habe. Eine Lücke, die so entsteht, soll gefüllt werden. Vorgesehen ist bereits, dass Bruder Crispin nach Mexiko kommt. Aufgrund der gegenwärtigen »Konstellation« bin ich der Meinung, dass er zunächst Chalcatongo zugeordnet werden sollte. Ich selbst möchte gern einen schriftlichen »Rückruf« von Roland bekommen, bevor die Schritte in der Heimatprovinz publik werden. In diesem Sinne habe ich Roland einen Brief geschrieben. Im Sinne des Gesamtprojektes kann ich zufrieden sein, wenn Crispin numerisch an die Stelle tritt, die ich dann aufgebe. Rodolfo und Pirmin sind entsprechend die »alten Hasen«. Die Schwestern in San-Miguel-el-Grande stocken die Zahl in Chalcatongo zusätzlich auf, benötigen aber auch selbst viel Aufmerksamkeit. In San Mateo sind Vidal und Joachim. Bislang kommen sie hin. Manchmal springt jemand von uns dort ein, zum Beispiel wegen Krankheit.

2.9.1994

Die Schwestern sind von ihrem Urlaub und dem Kapitel der Gemeinschaft in veränderter Weise zurückgekommen. Schwester Coty hat sich verabschiedet. Mit Schwester Clementina kamen jetzt Schwester Maria Guadalupe und Schwester Maria Magdalena, sodass sie jetzt in San-Miguel-el-Grande zu dritt sind.

3.9.1994

Die geistliche Spannung wächst, wenn das Patronatsfest heranrückt. Nicht nur, weil wir uns untereinander abstimmen müssen, sondern auch wegen der Predigtvorbereitungen. Wir müssen inhaltlich einen plausiblen Faden finden, um die vielen Gottesdienste zu bestreiten. Mein eigenes Thema ist zurzeit die »religiöse Legitimation«. Das hängt mit der Guadalupana zusammen. Bei uns ist es natürlich die »Virgen de la Natividad«. Ich habe aber noch nicht den Dreh heraus, diese Dinge auf die Gemeinde hin zu artikulieren.

4.9.1994

So, nun habe ich die erste Predigt hinter mir. Herausgekommen ist etwa Folgendes: Wir, das Volk Gottes, erbitten von der Patronin den Segen für unsere Wege. Wir wünschen, dass sie uns in unseren Schritten ermutigt, in unserem Handeln bestätigt. Sie soll uns segnen. Der Priester soll diesen Segen durch entsprechende Riten erteilen. Nun ist aber Segen nicht gleich Segen. Zum Beispiel kommt jemand aus der Stadt und möchte sein neues Auto gesegnet haben, hat aber keine Zeit, am Gottesdienst teilzunehmen. Oder jemand möchte der Virgen ein schönes Geschenk, zum Beispiel eine großen Strauß bunter Blumen, machen, den er mitten auf dem Altar platziert. In großen Lettern hat er ein Schild an dem Strauß angebracht, auf dem sein Name zu lesen ist. Oder jemand möchte einen Geldschein an den Mantel der Virgen heften. Er bittet auf diese Weise um einen Geldregen. Wenn ich als Priester in solchen Fällen um den Segensritus gebeten werde, bin ich nicht sonderlich glücklich. Es fehlt etwas. Mir scheint, es geht lediglich um das Eigeninteresse des Bittstellers. Es könnte sogar sein, dass ich den Weg, der ins Verderben führt, segnen soll. Ich sehe aber meine Aufgabe darin, den Weg des Lebens zu segnen, jenen Weg des Heiles, auf dem die Patronin ihr Volk sehen möchte. Derjenige, der das Auto gesegnet haben möchte, verteidigt sich und sagt: »Das Auto ist doch notwendig, damit ich zur Arbeit fahren kann. Das ist für mich und meine Familie ›Leben‹.« Das leuchtet ein. Derjenige, der sein Namensschild an den Blumenstrauß geheftet hat, sagt: »Ich habe einen großen Glauben an die Virgen. Es ist aus Dankbarkeit, weil sie mir geholfen hat.« Auch das leuchtet ein. Trotzdem bin ich nicht sehr begeistert. Ich habe dann den Eindruck: hier denkt jemand nur an sich, möchte reich sein, gut vorankommen. Es ist der Weg des Lebens »für mich«, aber eben nur für mich. So habe ich als Priester das ungute Gefühl, man geht am Willen der Patronin, der Virgen, vorbei. Der wahre Weg des Lebens ist nicht die Sorge um das eigene Fortkommen, um den sozialen Aufstieg. Der wahre Weg des Lebens ist die Sorge um den anderen, den Notleidenden, die Gemeinschaft. Wer nur an sich denkt, hat seinen eigenen Vorteil im Auge, der sehr schnell zum Nachteil, ja zum Leiden für jemand anderen werden kann. Wo ich aufsteige, trete ich andere nieder. Meine Stärke, mit der ich mich durchsetzen will, macht das Leben des Schwächeren zunichte.

Als Priester tue ich nichts lieber, als im Namen der Virgen den Segen zu spenden. Und zwar immer dann, wenn ich sehe, dass jemand an das Wohl des Nachbarn denkt, wenn er den Weg des Lebens betreten hat und für seine Gemeinschaft, seine Familie und sein Dorf einsteht. Ich segne mit dem größten Vergnügen alle Leute, die bereit sind, sich für die Gemeinschaft der Familie oder des Dorfes zu opfern und ihre eigenen Sorgen darüber beinahe vergessen. Das ist der wahre Weg des Lebens, der Weg der Patronin. Und das ist auch der Grund dafür, dass ich so gern an ihren Festen teilnehme. Ich darf den Mayordomo und die Novenarios segnen. Sie denken an ihre Dorfgemeinschaft. Sie geben das Fest im Namen der Virgen und laden alle ein, mitzufeiern, teilzuhaben. Sie verausgaben sich für ihre Gemeinschaft. Das verschafft ihnen zwar auch selbst Anerkennung und einen guten Platz in der Dorfgemeinschaft. Wirklich wichtig ist ihnen jedoch das Wohlergehen der Gemeinschaft, in der Gerechtigkeit und Friede regieren, dazu die innige Beziehung ihres Dorfes zu ihrer Patronin. – Sie sehen: Wir als Priester möchten uns für den Weg des Lebens stark machen. Es gibt so viele einfache Menschen, die den wahren Wert des Lebens darstellen, die in ihrer spontanen Freude die Gegenwart Gottes anschaulich machen, die aufzeigen, dass das Leben heilig ist. Mein Glückwunsch, mein Segen anlässlich des Festes geht an alle, die auf dem Weg des Lebens, dem Weg der Patronin, voranschreiten.

15.9.1994

Am Ende des Patronatsfestes bin ich auf einen Brauch gestoßen, der zwar nicht sehr hoch gehängt wird, der mir aber die geistliche Dimension des Festes deutlich macht. So war es diesmal hier in Chalcatongo. Der Mayordomo schickte als letzte Geste eine kleine Gesandtschaft zum Haus des künftigen Mayordomos. Es war ein Korb mit einigen – wie man sagte – »Überresten« des Festes gefüllt und mit Blumengirlanden geschmückt worden. Da ich noch anwesend war, wurde ich gebeten, den Korb zu segnen. Und so erfuhr ich vom Sinn der Zeremonie. Jetzt wurde der »letzte Rest« verschenkt. Zuvor war ja schon tagelang gefeiert worden. Das ganze Dorf nahm teil. Der Mayordomo hatte sich in jeder Hinsicht verausgabt. Und die Idee ist: Er muss alles, was in seinem Haus nicht niet- und nagelfest ist, als Ausgabe einsetzen. Sein Haus muss am Ende des Festes buchstäblich ganz und gar leer sein. Nur die Immobilien dürfen übrig bleiben. Erst dann hat er sein Gelübde erfüllt. – Ich weiß nicht, ob der aktuelle Mayordomo es wirklich so gehalten hat. Die schöne Gabe jedoch, der Korb mit dem »letzten Rest«, spricht diese Sprache. So wie die Virgen, die Patronin, ohne Abstriche auf das Wohl der Gemeinde bedacht ist, so soll der Mayordomo sich rückhaltlos, bis zur völligen Entäußerung, der Sache seines Dorfes hingeben. Das ist Religion.

27.9.1994

Es war der 11. September. Ich war ich bei den Schwestern in Oaxaca, um ihnen Exerzitien zu halten. Da kam die Nachricht, dass Rodolfo mit dem Motorrad auf dem Rückweg von Reforma einen Unfall gehabt hat. Viele Platzwunden im Gesicht und an den Lippen. Der Unterkiefer zwei Mal gebrochen. In dramatischer Weise konnte er zum Zentrum von Chalcatongo zurückfinden, wo ihm ein Arzt in drei Stunden die Platzwunden nähte. Dann ging es mit Pirmins Hilfe am nächsten Tag mit dem Auto nach Oaxaca, dort in der Nähe der Schwestern ins Krankenhaus, wo einige Tage später der Kiefer operiert wurde. Zuerst bekam Rodolfo deshalb einen Luftröhrenschnitt. Mit Drähten wurde der Mund verschlossen, sodass nur eine ganz kleine Lücke zwischen den Zähnen für die Nahrungsaufnahme blieb. Ich konnte ihn im Krankenhaus besuchen, bevor ich nach Chalcatongo zurückkehren musste. Inzwischen wird Rodolfo wohl bei den Schwestern sein und dort weitere Pflege erfahren. Nach der Fiesta in San-Miguel-el-Grande möchte ich noch einmal nach Oaxaca fahren, um zu sehen, wie es weitergeht.

Die Exerzitien bei den Schwestern haben mir auch selbst Freude gemacht. Das Thema war unser kapuzinisches Charisma. Ich habe das immergleiche Motiv auf verschiedenen Ebenen beleuchtet: anthropologisch, psychologisch, soziologisch, ideologisch, historisch, theologisch und franziskanisch. Mein persönlicher Gewinn liegt in der weiteren Sensibilisierung für den ursprünglich prophetischen Aspekt unseres Charismas. Es gibt guten Grund, zwischen den priesterlichen und dem prophetischen Berufungen zu unterscheiden. Die Adressaten der religiösen Ämter sind überall die Gruppierungen und sozialen Körperschaften der Gesamtgesellschaft, darauf bezogen einerseits die »Hirtenrolle« der Priester, andererseits die Rolle der kritischen Bewertungen seitens der Propheten. Die beiden Seiten sollten sich ergänzen, jedoch nicht gegenseitig »annullieren«. Während der Priester eher die Legitimationsfunktion der Religion vertritt, sollte der Prophet genau in diesem Punkt kritisch Stellung beziehen und verfestigte Positionen hinterfragen. Ausgangspunkt der prophetischen Kritik ist dann die Analyse der Realität, insbesondere unter dem Gesichtspunkt der »Armen«. Denn die Armut »schreit zum Himmel«. Die Teilnahme an der Macht und dem Reichtum der oberen Gesellschaftsschichten durch die Priesterschaft muss ebenfalls prophetisch entlarvt werden. Ich denke, dass all dies in der Person des Franz von Assisi und seiner persönlichen Biografie sehr anschaulich wird. Sein Pochen auf die »Armut« in der Lebensform, nicht in lauten Reden, wird von hierher verständlich. Die kritische Stellungnahme des Propheten wird unglaubwürdig, wenn er nicht selbst die Armut lebt. In der Kirche wird das Prophetenamt heutzutage fast gewohnheitsmäßig unter das Priesteramt subsumiert und damit entschärft. Nur genehme Propheten, also falsche Propheten, dürfen das Wort ergreifen. Leider erkenne ich auch in unserem Orden diesbezüglich erhebliche Mängel. Die Mentalität des Konformismus ist trotz oft bemerkenswerter Lebensstrenge weit verbreitet. Spirituell geht es dann eher darum, bei den Leuten angesehen zu sein als bei Gott. Man möchte seinen sozialen Status nicht gefährden. – Noch eine Bemerkung in diesem Zusammenhang: Ein prophetischer Nonkonformismus lässt sich von einem Einzelnen kaum durchhalten. Als Gemeinschaft, als Team sind wir deshalb hier in einer günstigen Ausgangslage. Wir gehen den Weg gemeinsam, setzen uns auseinander, korrigieren uns auch gegenseitig und fangen einander auf, wenn es notwendig wird. Allerdings ist unsere Aufgabe erst einmal die »Hirtensorge«. Die prophetische Seite wird vielleicht in der Art und Weise sichtbar, wie wir diesen Dienst ausüben; außerdem in unserem Lebensstil.

4.10.1994

Soeben ist der Katechetenkurs zu Ende gegangen. Ich hatte »Übungen« zum Auftritt in der Öffentlichkeit auf den Plan gesetzt. Man könnte sagen: das Fachgebiet der Rhetorik. Die Teilnehmerzahl lag bei 26, davon elf Neulinge. Die Schwestern hatten entsprechend Werbung gemacht. Der Kurs lief recht befriedigend. Der letzte Nachmittag brachte eine Theatershow. Fünf Gruppen stellten jeweils in spontanem Rollenspiel zu einem Thema eine Szene dar: »Die Mahlzeit«, »Die Arbeit«, Die Krankheit«, »Die Hoffnungslosigkeit« und »Die Manipulation«. Die Gruppen konnten selbst sagen, welche Szene sie spielen wollten. Alles stand unter der größeren Überschrift »Die Leiden des Volkes«. Als Vorübungen hatten wir zuerst eine »Beschreibung des Gegenstandes«, dann eine »Beschreibung der Abläufe« und schließlich eine »Beschreibung der Notwendigkeiten« unternommen. So baute sich das Theaterspiel logisch auf. Die Mitarbeit der Gruppen war viel freier, gelöster als noch beim letzten Mal. Ich erkenne große Fortschritte in der Sprach- und Ausdrucksfähigkeit. Alles in allem ein schöner Erfolg.

2.11.1994

Natürlich war jetzt wieder das Totenfest. Im Laufe der Jahre habe ich immer mehr entdeckt, wo kulturell und religiös der Knackpunkt liegt. In den ersten Jahren kam mir nur der Schlussakkord, nämlich die Versammlung des Dorfes auf dem Friedhof in den Blick. Jetzt weiß ich mehr. Das Fest beginnt damit, dass am Markttag die notwendigen Dinge eingekauft werden, sodass auf dem Zoccalo ein enormer Betrieb herrscht. Am 31.10. werden dann in sämtlichen Dörfern am Mittag die Glocken geläutet. Dann wird es sehr still. Alle Leute versammeln sich in ihren Häusern. Aus den Städten sind die Verwandten gekommen. Auf dem Hausaltar wurden alle Requisiten angerichtet. Jetzt kommen die Toten. Sie sind natürlich unsichtbar, aber im Glauben der Menschen tatsächlich anwesend. Sie haben gewissermaßen einen Tag Urlaub und dürfen vom Jenseits her die Häuser besuchen, in denen sie zu Lebzeiten gewohnt hatten. Die Hinterbliebenen sind am Altar versammelt. Der Hausvorstand nimmt jetzt das Wort und spricht die Toten ehrfürchtig an: »Sie hatten einen langen Weg. Nehmen Sie jetzt erst einmal ein Glas Wasser; das wird Sie erfrischen. Wir sind alle versammelt. So sehen Sie, dass wir die Bräuche, die wir von Ihnen ererbt haben, getreulich einhalten. Niemand lässt sich etwas zu

Schulden kommen, und wenn doch, versprechen wir Ihnen, dass wir einander wieder gut sind. Wir leben in Frieden mit unseren Nachbarn und setzen uns für unser Dorf ein, ganz so wie Sie es uns vorgelebt haben ...« Nun werden den anwesenden Toten die angerichteten Speisen, das Beste vom Besten, Mole, angeboten. »Essen Sie von den feinen Sachen! Riechen Sie den Duft der guten Dinge, die Mutter Erde uns zur Verfügung stellt. Wir haben das Jahr über (als Campesinos) gearbeitet und dürfen Ihnen nun unsere Dankbarkeit für das Leben, das wir empfangen, zeigen ...«

Das Fest findet in den Häusern, in den Familien, statt. Das habe ich lange nicht gewusst. Josefina hat mir nach und nach die Vorgänge erläutert. Am Abend, in der Nacht werden nämlich jetzt am offenen Feuer die Tamales zubereitet. Alle sitzen um den Feuerplatz in der Küche versammelt. Jeder hilft mit, den Maisbrei mit Maisblättern zu umwickeln und je ein Stückchen gegartes Ziegenfleisch hinzuzufügen. Und es wird erzählt. Die Geschichten, die sich um die Verstorbenen ranken, werden erinnert, der nächsten Generation weitergegeben. Niemand darf einschlafen, ausgenommen die kleinen Kinder. Das Feuer flackert und knistert. »Hört ihr das Knacken? Das ist bestimmt die Urgroßmutter! Seht ihr den Schatten? Das ist bestimmt der Urgroßvater!« Die Toten sind so leibhaftig anwesend, dass niemand an ihrer Gegenwart zweifelt.

Die jüngere Generation erlernt den Respekt, die Ehrfurcht vor den Ahnen und den Bräuchen, die jene von alters her überliefert haben. Ein Geist, eine Kultur wird erweckt und an die Nachkommenschaft weitergegeben. Das Fest legt den Grund für die indianische Identität.

Am folgenden Tag ziehen alle Familien zum Friedhof. Die

Gräber werden geschmückt und mit Weihwasser besprengt. In einem Totenmahl verabschiedet man die Verstorbenen, denn sie müssen zurück ins Jenseits. Natürlich ist auch Pulque, das alkoholische Agavengetränk, dabei. Dazu der Mescál (Tequila), der Trunk der Geister. – Wenn alle Bräuche erfüllt sind, ergreifen die Kandidaten für die baldigen Kommunalwahlen das Wort und stellen sich der Gemeinde vor. Ob jemand zuhört?

Die Atmosphäre des Totenfestes hat eine gewisse Ähnlichkeit mit dem, was wir in Deutschland an Weihnachten erleben. Es ist ein Familienfest und gehört zum Grundbestand der Kultur. Wenn alles vorbei ist, kommt die ein oder andere Person zum Pfarrhaus und übergibt ein paar überzählige Tamales, damit der Priester auch davon kostet. In seiner aufgeklärten Attitüde fragt unsereiner dann: »Und die Speisen, die für die Toten auf dem Hausaltar angerichtet wurden, haben die Toten sie denn verzehrt?« – »Aber Pater! Das wissen Sie doch! Die Toten können nicht essen! Sie sind vergeistigt und riechen die schönen Sachen! Wenn sie die feinen Aromen wahrnehmen, wissen sie, dass es uns gut geht. Deshalb sind sie ja gekommen. Sie wollen sehen, dass in ihrem Haus alles in Ordnung ist.«

Wer als Mexiko-Tourist zur Zeit des Totenfestes durch das Land reist, sieht überall die grinsenden Totenköpfe und Knochenmänner aus Zuckerguss in den Schaufenstern. Diese Dinge gehören in den Kulturkreis der Mestizen, der Mischbevölkerung zwischen Weißen und Indígenas. In unserem Umfeld, bei den Indígenas der Mixteca Alta, habe ich nichts davon gesehen. Möglicherweise sperren sich unsere Leute an dieser Stelle instinktiv vor kultureller Überfremdung. In Deutschland kennen wir das ja auch. Der amerikanische Weihnachtsmann ist nicht überall beliebt.

3.11.1994

Von unserem Provinzial in Deutschland, Roland, habe ich einen Brief bekommen, in dem er festlegt, dass Bruder Crispin, wenn er nach Mexiko kommt, der Gemeinschaft in San Mateo zugeordnet sein soll. Ich hatte mich zuvor, auch brieflich, anders geäußert. Eine »Erkundigung« bei den Mitbrüdern hier ergibt ein gemischtes Bild. Einige können sich vorstellen, dass er nach Chalcatongo kommt, andere sehen ihn eher in San Mateo. Die Entscheidung Rolands hat, scheint mir, mit seinen beziehungsweise Ephrems Eindrücken bei dem Besuch vor ein paar Monaten zu tun. Dass ich in Bälde das Terrain hier verlasse, ist anscheinend nicht in die Überlegung eingeflossen. Wie dem auch sei. Ich halte mich jetzt zurück und denke: Das ist nicht mehr mein Bier.

Ein anderer Punkt: Ich hatte darum gebeten, dass Roland in seiner Position als Provinzial für mich einen »Rückruf nach Deutschland« ausspricht. Obwohl wir meine Rückkehr nach Deutschland klar und deutlich vereinbart hatten, macht er jetzt deswegen Schwierigkeiten und sagt, er wolle nicht über meinen Kopf hinweg entscheiden. Für mich ist dieser »Rückruf« aber psychologisch wichtig. Ich möchte ja nicht einfach »abhauen«, sondern in der Linie der Ordensgelübde formell eine »Versetzung« in die Heimat erfahren.

7.11.1994

Die Vorstellung, nach Deutschland zurückzukehren, hier in der Mixteca aufzuhören, hat verschiedene Gründe. Zum einen gehört mit ins Bild, dass ich von Anfang an der Meinung war und bin, dass zehn Jahre eine angemessene Zeit für den Einsatz sind. Dazu kommt ein Motiv, das ich im Hinterkopf habe und das ich vor vielen Jahren von Pater Vinzenz Hoymann, einem meiner Lehrer und Erzieher, übernommen habe. Er sagte, wenn ein Fest gefeiert wurde: »Wenn es am schönsten ist, muss man aufhören.« So fühle ich mich. Ich bin, inzwischen fast fünfzig Jahre alt, auf dem Höhepunkt meiner Biografie angekommen. Die Arbeit in Mexiko macht Freude. Ich fühle mich keineswegs ausgebrannt oder »leer«. Ganz im Gegenteil: Ich konnte zum Beispiel noch nie so leicht und selbstverständlich predigen. Ich habe viel gelernt, was mir jetzt als geistlicher Reichtum erscheint. Der religiöse Glaube und die Lebensart der indianischen Bevölkerung, besonders der Campesinos, hat meine volle Sympathie. Die Anfangsmotivation, dass ich nämlich das »achte Sakrament« in der Begegnung mit den Armen erfahren möchte, gab und gibt den Takt vor. Trotz mancher »Brechungen« in der Realität haben sich die Ideale der »Option für die Armen« als Leitlinie bestätigt. Wichtig ist auch die Einsicht, »Stühle« nicht besetzt zu halten. Der Wechsel im Personalbereich ist eine Notwendigkeit des »Wachstums«. Auch muss ich nichts traurig zurücklassen. Das »Unternehmen Mexiko« läuft bestens. Ich brauche nicht zu befürchten, dass etwas zusammenklappt, wenn ich nicht mehr da bin. – Aber langsam! Es ist ja noch nicht so weit. Es gibt noch viel zu tun.

2.1.1995

Die Zeitschrift BLICK DURCH DIE WIRTSCHAFT vom November '94 spricht von einer Inflation von 180 Prozent in Mexiko zu Beginn der Achtzigerjahre. Für das Jahr 1993 wird 7,2 Prozent angegeben. Die Einwohnerzahl Mexikos liegt bei 88 Millionen. – In den letzten Tagen, den ersten Tagen des neuen Staatspräsidenten Ernesto Zedillo, hat es eine erdrutschartige Geldabwertung von 15 Prozent gegenüber dem Dollar gegeben.

12.1.1995

Das Magazin PROCESO meldet, dass 1990 laut staatlicher Statistik 43 Millionen Mexikaner unter Bedingungen der Armut lebten, davon 18 Millionen in extremer Armut.

21.1.1995

Eine vielsagende Ausdrucksweise: Die Kirche muss sich vom Rand her definieren. Das heißt, sie muss die traditionelle Position der »Lehrmeisterin« aufgeben, um authentisch biblisch sein zu können. In Mexiko und wohl in ganz Lateinamerika ist im Zuge der Kolonisation das – allerdings zwiespältige – Bild entstanden, dass die Kirche die Rechte der Armen und Unterdrückten verteidigt. Das war damals eine paternalistisch verstandene »Option für die Armen«. An der Seite der spanischen Krone, die ihrerseits versucht hat, die Exzesse der Ausbeutung einzudämmen, war sie die, wenn auch insgesamt wenig erfolgreiche, »Fürsprecherin« der einheimischen Völkerschaften. Das hat ihr bis zu den Unabhängigkeitskriegen eine Sympathie eingebracht, die wohl der Grund dafür ist, dass Lateinamerika der »katholische Kontinent« wurde. Die Impulse der Befreiungstheologie gehen aber weiter. Die Forderung an die Kirche, sich vom Rand her zu definieren, besagt, dass die paternalistische Attitüde in den heutigen Verhältnissen ausgedient hat und durch eine neue Haltung ersetzt werden muss, die es den Armen gestattet, ihre Sache in die eigene Hand zu nehmen. In der Bibel heißt es: »Die Letzten werden die Ersten sein.« Das ist die Leitfigur der Option für die Armen: »Die Letzten zuerst!«

23.1.1995

In meinem Heft, in dem ich diese Aufzeichnungen mache, sind nur noch wenige Seiten frei. Ich ziehe also langsam den Schlussstrich unter meine »persönliche Chronik«. Ich erlaube mir, einen Abschnitt aus den offiziellen Mitteilungen unserer deutschen, rheinisch-westfälischen Kapuzinerprovinz zu meiner Person wiederzugeben. Der Provinzial, Pater Roland Engelbertz, schreibt: »Pater Arno Dähling hat gebeten, nach Deutschland zurückkehren zu dürfen. Die Provinzleitung hat dem Wunsch von P. Arno entsprochen und ihn zum Provinzkapitel 1995 zurückgerufen. Nach zehn Jahren Mexiko ist uns Pater Arno in Deutschland herzlich willkommen. Wie ein Bruder schreibt, hat er mit allen Kräften dazu beigetragen, eine solide und echte Indígenapastoral grundzulegen! Dass das Mexikounternehmen der Provinz sich so gut entwickelt hat, ist sicher Pater Arnos Verdienst. Wir sind dankbar, dass unser Mitbruder all die Jahre sein Bestes für den Aufbau der Pastoral bei den Mixteken in Chalcatongo und San Mateo Peñasco gegeben hat [...]. Nach seiner Rückkehr wird Pater Arno zuerst eine Sabbatzeit nehmen. Ein neuer Ort und eine neue Aufgabe werden mit ihm nach seiner Rückkehr besprochen.« – Das ist der »Rückruf«, den ich erwartet hatte.

15.6.1995

Ein Nachtrag. Das war ein schöner Tag. Wir haben in Chalcatongo zum ersten Mal selbst zu einem Fest eingeladen. Der Anlass: Vor ziemlich genau zehn Jahren hat uns Don Bartolomé Carrasco die Verantwortung für das Pfarrgebiet von Chalcatongo übertragen. Das galt es jetzt zu feiern. Und ich habe die Möglichkeit bekommen, mich von den Menschen zu verabschieden. Der Pfarrhof füllte sich mit Gästen. Viele Katecheten kamen von weither. Eine Musikgruppe, die »Banda« von San Felipe Tindaco, spielte auf. Auch aus Chalcatongo kamen viele Leute, unter anderem jene »Bessergestellten«, mit denen ich manchen Strauß ausgefochten habe. Die Mitbrüder und die Schwestern von San-Miguel-el-Grande waren natürlich auch dabei. Josefina samt Helferinnen brachte ein schönes Festessen auf die Tische. Die Atmosphäre war gelöst, wenn nicht gar fröhlich. Zu einem passenden Zeitpunkt stand eine ältere Dame, eine Lehrerin, auf und hielt eine Rede, ungefähr so: »Patres! Als Sie damals vor zehn Jahren nach Chalcatongo kamen, waren wir nicht nur skeptisch, sondern feindlich gesonnen. Was wollen diese Deutschen hier? Sie sollen wieder weggehen! Wir fühlten uns unverstanden, sind zum Bischof gegangen, um Sie wieder loszuwerden. Das hat aber nicht funktioniert. Der Bischof, Don Bartolomé Carrasco, hat uns aufgefordert, Ihnen zu vertrauen: ›Es handelt sich um Kapuziner, die sich der Armen annehmen wollen. Sie sind nicht dafür da, nur im Zentrum von Chalcatongo schöne Gottesdienste, Taufen und Hochzeiten zu feiern. Sie verfolgen die Pläne der Erzdiözese, die ich selbst als Bischof aufgestellt habe. Sie gehen an die Grenzen, zu den Armen, in die entlegenen Dörfer. Sie kümmern sich um die kulturellen Werte und möchten sie fördern. Sie haben die für sie selbst fremde